O MUNDO
DE FALA PORTUGUESA

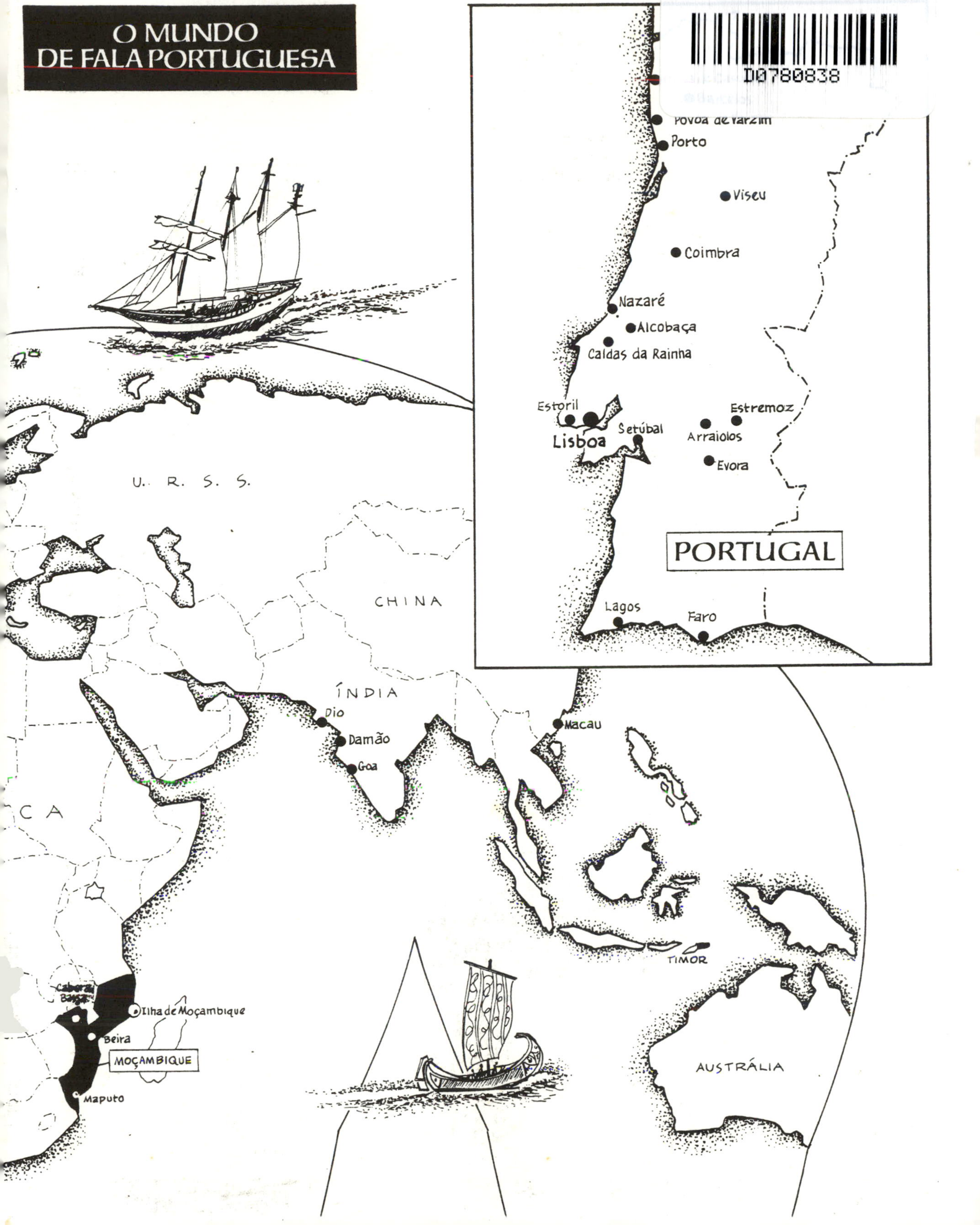

U. R. S. S.

CHINA

ÍNDIA

Dio

Damão

Goa

Macau

TIMOR

CA

Cabora Bassa

Ilha de Moçambique

Beira

MOÇAMBIQUE

Maputo

AUSTRÁLIA

Povoa de Varzim

Porto

Viseu

Coimbra

Nazaré

Alcobaça

Caldas da Rainha

Estoril

Lisboa

Setúbal

Estremoz

Arraiolos

Evora

PORTUGAL

Lagos

Faro

Portugal: Língua e Cultura

Second Edition

by
Tom Lathrop
and
Eduardo M. Dias

LinguaText Ltd.

Obra publicada com o apoio do
Instituto Camões/Portugal.

Table of Contents

Ao professor

*P*ortugal: *Língua e Cultura* is a new first-year college-level Portuguese textbook with an old name. It has structural, communicative, and cultural goals. The book is divided into twenty lessons, and is accompanied by a language lab program, a combination language lab/writing-manual, and an important instructor's manual.

In 1974, under the aegis of the Cabrilho Cultural Center at UCLA, the three original authors (Joseph G. Rosa was the third) published a trial edition of *Portugal: Língua e Cultura*. It was a typed, 8½ by 11 book, softbound, in a run of 550. We didn't know if we'd even sell a single copy. To our surprise and pleasure, the first pressrun sold out very quickly. In its first four years we printed that version four times. In 1978, now as the Cabrilho Press, we came out with a hardbound edition which was finally reprinted fifteen times.

Real language and *Vozes Portuguesas*

Portugal, the world, and language pedagogy have all changed vastly since 1974. About the only thing this book has in common with the first edition is its title. A major new feature of this book is the use of authentic language throughout its twenty lessons—there are 98 sections called **Vozes Portuguesas**. These are transcriptions of interviews with 45 Portuguese women and men of all ages—from 15 to 73—and from all walks of life. These people themselves explain facets of Portuguese life and culture as they see them. We had no desire to choose informants representing any opinion in particular, and certainly not our own. Interviews were done at random, whenever an informant familiar with a certain topic could be found, without regard to what position they might assume.

The **Vozes** serve two purposes. First, they give a true picture of what the language is like, how it is spoken today by ordinary people. These extemporaneous texts show turns of phrase, expressions, and vocabulary which students can imitate to give a fluency and a naturalness to their own speech. The **Vozes** also serve a cultural purpose since each one gives a viewpoint on one or more aspects of Portuguese life and society. Every lesson has a different cultural topic, and each **Voz** expresses opinions about that topic. Some of the opinions expressed in the **Vozes** may be controversial, sometimes their information is not correct (in which case we set the record straight), and some of the informants have proved to be highly critical of the Portuguese way of life. This seems to be a national habit—the Portuguese always tend to complain about the social and political system they live under, no matter what it is. We do feel that controversial opinions spark animated commentary by students.

To make the **Vozes** understandable to students, there are plentiful notes which explain and expand both language and culture, and there is an extensive individual vocabulary under each **Voz**.

Every **Voz** is accompanied by a drawing to introduce you and your students to each speaker. Some of our informants have lots to say, and you will see their faces several times. Some only appear once. The drawings will give you a feeling for who these people are. And when you see drawings reappear, you'll already know something about the speaker.

Other Cultural Texts

Complementing the **Vozes** are other authentic texts: **Leituras** and **Diálogos**, plus some additional **Notas Culturais** in English. Dialogues are translated in the first ten lessons, and are given only in Portuguese in the second ten lessons, followed by vocabularies.

In the **Diálogos, Leituras,** and **Notas Culturais** we have striven to give a realistic view of the country today. We want to show Portugal as it is in the present and was in the past, both with its achievements and shortcomings. We realize we have not (and could not have) given a complete picture. There are aspects we would have liked to include, but were forced to overlook due to space limitations.

Supplementary cultural information is given in **Notas Culturais**. In the early lessons especially, when students cannot cope with lots of information in Portuguese, these **Notas** impart most of the cultural information of the lesson. Elsewhere, the **Notas** provide information in a quickly digestible form.

Fluency and Correctness

Students can never be truly fluent unless they are accurate. If they don't use the future subjunctive, or cannot manipulate personal infinitives, if they confuse **ser** and **estar**, and especially if they don't know which prepositions go with what verb, they simply will not be fluent. We are well aware that some methods encourage error-filled speech with the vague promise that errors will fix themselves automatically in time. We know from our own experience and from years of observation that an ingrained mistake simply does not readily fix itself, and we also know from experience that it takes little time to ingrain such a mistake. It is our desire that students learn correctly from the beginning. We know it is easier to speak with mistakes, but we also know that the more difficult course of hard work and correctness pays off both in the short run and the long run.

Aside from the expected structural topics, there are sections dealing with proverbs, anglicisms and Brazilianisms, slang and other colloquial expressions, false friends, weights and measures, and abbreviations.

Students are strongly encouraged to buy a dictionary, even a pocket edition, as **Vozes** and other segments, such as **Palavras Cruzadas** in the **Caderno** do not always conform to the material (vocabulary and grammar) already presented. Vocabularies are provided, but they cannot cover every item. On the other hand, occasionally the translation of a less frequently used term is repeated so that a ready understanding of the text is facilitated. Definitions in the vocabularies apply only to the specific meaning in which the term occurs.

Grammatical explanations

The structural content of *Portugal: Língua e Cultura* has a number of features worth mentioning. First, in its explanations it avoids grammatical hyperbole and complicated syntax. In our view, it is crucial for our students to grasp structural concepts easily and immediately. If students cannot understand a rule, they have no hope of putting its information to use. Where definitions or concepts are given, they are in as succinct and understandable form as possible. We feel that our explanations of the direct/indirect objects, future subjunctive, preterite/imperfect, and the present subjunctive are particularly comprehensible.

Second, the structural information is organized so that there is a logical progression of grammatical information. One structure leads to the next or sets up a construction treated later. For example, as soon as all of the preterite is introduced, we give the future subjunctive, which is based on preterite forms. Since it is the most commonly used subjunctive tense, we felt it was important to introduce it before other tenses of the subjunctive.

Third, and this is most important, not every nuance, every ramification of every point of grammar is given in *Portugal: Língua e Cultura*. The book instructs only the common, important cases, and sticks with them until students have comfortably acquired them. Only then can the refinements be explained (many of these are reserved for the second year).

On addressing students

In Portuguese universities students, many of them still in their late teens, are normally addressed as **o senhor** and **a senhora.** In view of the more informal atmosphere of North American universities we opted for **tu** in our directions. Instructors are obviously free to choose a different form of classroom address if they wish.

Dois a Dois *Exercises*

In the typical language classroom, students may speak for a few seconds a number of times each class. This doesn't seem like enough speaking. In the **Dois a Dois** exercises, students break into groups of two to ask each other questions or perform some activity. In this way, they will speak for minutes rather than just seconds.

The Instructor's Manual

This manual will do a number of things to make your work easier and your classes better. You will see in this textbook that many oral exercises are referred to but not included in the textbook proper. It seemed counter-productive to us to *print* oral exercises in the textbook. Most exercises that could be done in a purely oral way have been put into the Instructor's Manual.

Pedagogical tips and organizational aids are also included here. What are ways of introducing the information in Lição 1, Section 1? If you like the suggestions, use them. If you want to modify them, that's fine. And if they're not your style, reject them.

A key to the language lab exercises is also given in this Manual. In this way instructors can see what the correct answers are without having to listen to the tapes.

The Writing/Language Lab Manual

The Writing Manual and Language Lab Manual are contained in the same volume. Each lesson starts out with exercises to be written, followed by what students need to do for their lab work.

Each structural section in the textbook is numbered. In the Writing Manual, exercises corresponding to that section bear the same number. If there is more than one written exercise per section, they are numbered with numbers and letters. Some writing manuals in recent years have included a key to the exercises in the back of the book. We feel this is counterproductive and have not included a key in the book itself.

The lab program that accompanies *Portugal: Língua e Cultura* starts with a pronunciation exercise, each one dealing (at first) with one major sound responsible for the typical North American "accent" in Portuguese.

There follows a series of grammatical exercises. Some are fully oral, some are fully written, and some are half-oral and half-written. Some of them are accompanied by drawings or realia so that students can answer questions based on them, and their answers will be confirmable by the tape. No exercise seen in the textbook is duplicated in the lab program, so students will always be doing something fresh in the lab. Mixed with the grammatical exercises are exercises based on the **Vozes**.

Ending each taped lesson is a comprehension text, taken from or continuing the cultural information from the book's lesson, and a dictation (given without indication of punctuation).

We hope you like teaching from this book, and your students enjoy learning from it. And please do not hesitate to write us (Department of Foreign Languages and Literature, University of Delaware, Newark, Delaware 19716, e-mail: lathrop@brahms.udel.edu; or Department of Spanish and Portuguese; University of California, Los Angeles, California 90024) to tell us what you do (and don't) like. Although this edition was improved by the critical reading of a number of colleagues, there is nothing like first-hand experience in the classroom to tell how it *really* works.

We are indebted to the following individuals, whose expertise on different areas made a most valuable contribution to this book:

Alfredo Pinheiro Marques
Carlos Cipriano
Elsa Macedo Lima Penalva
Eugénio Lisboa
Fernando Flores
Filomena Tralhão
Fr. Teotónio R. de Souza
Francisco Avelino Fernandes Simões
Germano António Felipe Tralhão
Göran Widlund
Guadalupe Frada
Inês Borges Coutinho

Helena Alexandra Matos
Joana Borges Coutinho
João José Cúcio Frada
Jorge Manuel Flores
José António Alves Cardoso
José Maurício Lomelino Alves
Maria Helena Mayone Dias Pereira da Silva
Mário Telles Ribeiro
Miguel de Carvalho
Olga Gonçalves
Paulo Goulart
Paulo Tiago Trindade

A special word of appreciation goes to Andrea E. Smith and Maria Ana Marques Guedes who patiently and carefully edited the whole text.

We also thank Luisa Araujo and Nuno Crato, both of Lisbon, who lent their voices for all twenty of the language lab tapes.

A number of the photographs used in the book—those that have no credit listed—are from our own collection. Other photographers made pictures specially for this book, notably Pedro Boffa-Molinar of the Gabinete de Estudos Olissiponeneses of the Câmara Municipal de Lisboa and Andrea Smith. Certain organizations and individuals also provided photographs. These include: Câmara Municipal de Viana do Castelo, Gabinete de Emigração e Apoio às Comunidades Açoriano, Sporting Club de Portugal.

Hal Barnell, our artist and long-time friend, developed all of the characters seen in the **Vozes portuguesas** drawings. Hal magically developed the faces and supplementary visual information to show what he envisioned the characters to be like.

T.A.L. and E.M.D.

Ao aluno

I f you have never stepped into a Portuguese classroom before, this book was written for you. If you happen to have studied Spanish—which is useful, but certainly not essential—there are footnotes that will point out differences between the two languages.

You may be surprised to learn that Portuguese is one of the world's "top ten" languages. In those top ten, Spanish is the only other language of European origin. With your **sotaque** *accent* you will be understood wherever Portuguese is spoken, not only in Portugal, and in the African Portuguese-speaking areas, but also in Brazil.

The major cultural thrust deals with Portugal, but Portuguese elsewhere is also treated. The history of Portugal—earlier history, and what has been going on since the bloodless revolution of April 15, 1974—is given in some detail as well.

For transmitting contemporary culture, we invented something: **Vozes portuguesas** *Portuguese voices*. They are short transcriptions taken from interviews with Portuguese speakers of all ages, from various regions, and of several professions. They tell you what we hope will be fascinating information about varied aspects of Portuguese life and customs. This is "real language"—and not the made-up information that usually fills language textbooks. We have added notes and vocabularies for each of these sections to make them comprehensible. Your deciphering of these texts will be worth the effort. Aside from learning what other people think, you'll learn ways to express yourself in authentic ways, and hopefully to understand the language better.

Many people say they want to learn to "speak the language, but not learn its grammar." By this they mean—we expect—that they don't want to learn all of the technical jargon and pseudo-philosophical grammatical rules, and with this we sympathize entirely. For us, grammar is the STRUCTURE OF A LANGUAGE. You cannot begin to be fluent or even understood unless you can put the right words in the right place at the right time. We will not encumber you with grammatical gibberish, but we will tell you in simple terms how to put sentences together. It is true that there are one-word exclamations which are highly meaningful (Wait! Stop! Nuts!), but if you want to communicate a thought or a desire, you will fail unless you know how to put a sentence together.

Will you make mistakes (even with our *clear* explanations)? Yes, of course. It's unavoidable. The material used in Lição 1—the gender of nouns and the use of articles—is deceptively simple. In fact, about the very *last thing* that people will master in learning a foreign language is precisely the gender of nouns and the use of articles. Don't think there is something the matter with you if you can't master these seemingly simple things immediately. We do hope that you will speak as correctly as possible as soon as possible since once an error gets ingrained it is very hard to get rid of it.

Language takes time—lots of time—and lots of exposure and practice before you can become fluent. There is simply no way around it. At the end of this year you should be able to take a trip to Portugal and get along fine in your day-to-day activities. But if someone asks you to explain your country's political policies, how to make a hamburger, or to describe your family dog, chances are you'd not be able to do it (although it's worth a try). This is what you will be able to do in a few years.

European Portuguese, and the culture it derives from, are both interesting and engaging, and we hope you will be captivated by both in this year of study. We equally hope you will enjoy meeting our cast of 45 people who have varied opinions and facts to tell you. With this we wish you good luck, and we hope you will enjoy this coming year of study. Let us know what you think—what you like, and what you don't. It'll be useful for the next edition (e-mail: lathrop@brahms.udel.edu).

T.A.L. and E.M.D.

Portugal: Língua e Cultura

Iniciação à língua portuguesa

THE PURPOSE OF THIS section is to show you that you already have a certain passive knowledge of Portuguese, even before you start to study it. In fact there are numerous similarities in vocabulary and structure between Portuguese and English, and many of these features can be easily recognized.

What we ask you to do is to form ten sentences in Portuguese by choosing words from the list below. You will have to learn only two single sounds to do this: **o** (the) and **é** (is).[1]

Profissões
actor
arquitecto
astronauta
dentista
director
general
inspector
mecânico
professor
supervisor

Animais:
búfalo
camelo
crocodilo
elefante
hipopótamo
leopardo
mosquito
rinoceronte

Objectos:
computador
dicionário
microscópio
projector
rádio
sofá
telefone

Lugares públicos:
aeroporto
bar
café
cafetaria
hotel
hospital
motel
parque
restaurante
supermercado

Nacionalidades:
americano
argentino
australiano
canadiano
chinês
filipino
italiano
japonês
mexicano
português

Qualidades:
admirável[a]
confortável
conveniente
cruel
eficiente
elegante
enorme
excelente
extraordinário
fantástico
horrível[b]
impossível
inferior
inteligente
magnífico
medíocre
moderno
sofisticado
superior
terrível

NOTES:
[a] Portuguese **-ável** equivalent to English **-able**.
[b] Portuguese **-ível** equivalent to English **-ible**.

_____

[1] We warn you, however, not to become overoptimistic. Cognates and near cognates can only go so far.

1
Tenho aula às três!

1. O verbo SER «to be»

A. Ser is one of the verbs that mean *to be.* It goes with nouns, tells geographical and permanent locations, and it deals with characteristics. A **characteristic** can be considered a trait that you expect to last for some years. Obviously, nothing is absolutely permanent in the world, but if you are thin, rich, or young today, you are reasonably certain that you will still be thin, rich, or young for some time, thus **ser** is the *to be* to use. Here is its conjugation:

---

estar

Ser *(to be)*

eu **sou** *I am*	nós **somos** *we are*
tu **és** *you are*	
o senhor, a senhora,	os senhores, as senhoras,
você **é** *you are*	vocês **são** *you (pl.) are*
ele, ela **é** *he/she is*	eles, elas **são** *they are*

B. About pronouns (**eu** = *I*, **tu** = *you*, etc.). There are three ways of saying a singular *you* in Portuguese. **Tu** is the "you" used with fellow students, friends, young people in general, family members and children (or even animals). **Você** is a common way of saying "you" informally among the older generation. It is now not generally used by the younger generation, having been replaced by **tu**. We will use **tu** in our instructions to students in this book. **O senhor** *the gentleman*, **a senhora** *the lady*, etc., are polite ways of saying *you*, reserved for someone who is much older than you, is in some way distinguished, or is a stranger. If a person has a certain title, this title is used in formal speech **o senhor doutor, a senhora professora, o senhor general, a senhora arquitecta.**

Portuguese has also another plural "you," **vós** which we don't even list since it is only used in very literary style or in some Northern variants. **Vocês** is the plural form for both **tu** and **você.**

Ele **é** inglês.
He *is* English.

Faro **é** em Portugal.
Faro *is* in Portugal.

Eu **sou** americano.
I *am* American.
Tu **és** meu amigo.
You *are* my friend.
Ele é jovem.
He *is* young.

Ela é rica.
She *is* rich.
O aeroporto é grande
The airport *is* big.
Nós **somos** de Lisboa.
We *are* from Lisbon.
Elas **são** do Norte.
They *are* from the North.

Prática oral

Actividade. Do you agree with the statements your instructor will read? Use **Certo** for *True* and **Errado** for *False*.

Notas culturais

Andrea Smith
Alunas da Faculdade de Letras

Portuguese is the language of Portugal (including the autonomous regions of the Azores [Açores in Portuguese spelling] and Madeira[a]) and Brazil, as well as the official language of the Cape Verde Islands[b] (Cabo Verde, where a Portuguese variant, **crioulo**, is also spoken), Guinea-Bissau [Guiné-Bissau], São Tomé e Príncipe, Angola and Mozambique [Moçambique].[c] It is also still spoken in Goa, Macau and East Timor.[d] Some four million Portuguese who have emigrated to various countries also retain their first language. Galician, spoken in northwestern Spain, is very similar to Portuguese. Altogether, Portuguese is the language of approximately 183,000,000 people. It is the eighth most spoken language, and it ranks third, behind English and Spanish, among European languages used around the world.

NOTES:
   [a] The Azores Islands are west of Lisbon in the Atlantic Ocean. Madeira is an island west of Morocco.
   [b] These are located west of the African coast off Senegal.
   [c] The Portuguese call these African countries PALOPS, **Países Africanos de Expressão Oficial Portuguesa:** Guiné-Bissau borders on Senegal to the south, São Tomé e Príncipe are two islands at the equator off the western African coast, Angola is a large country in south-western Africa, and Mozambique is a large country in

south-eastern Africa.

    [d] Goa is on the western coast of India—it used to be a Portuguese possession—, Macau is opposite Hong Kong to the west, and East Timor is a province of Indonesia.

2. O que é isto?

A. O que é isto? É um livro.

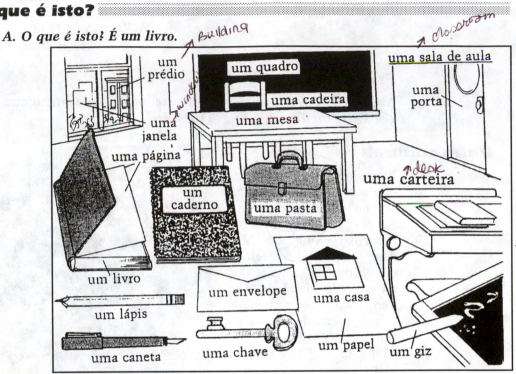

O que? means *what?* It has a longer, quite common, variant **o que é que** *what is it that?* = *what?*. It also has a shorter, less commonly used form, **que**:

> **O que**
> **O que é que**   é isto? *What is this?*
> **Que**

B. In Portuguese, nouns (persons, places, things) are *masculine* or *feminine*. Except for words such as **homem** *man* and **mulher** *woman* genders of nouns are arbitrary. There is nothing particularly feminine about **caneta** *pen* nor is there anything especially masculine about **lápis** *pencil*, yet the first is always feminine and the second is always masculine.

    Um is a ***masculine indefinite article***, and **uma** is a ***feminine indefinite article***; they both mean either *a* or *an*, and are used to ***identify*** what something is. If you hear a certain song that you don't recognize, you might ask:

umo casosto
cartciro

"O que é isto?" *What's this?*, and the answer would identify it for you: "É um fado!" *It's a fado!*[1]

	Indefinite articles	
	Masculine	*Feminine*
Singular	**um**	**uma**
Plural	**uns**	**umas**

Notas culturais

Portugal, approximately the size of the state of Indiana (92,389 square kilometers or 35,672 square miles, including the Madeira and the Azores) is the western-most country in Continental Europe, the home of some eleven million people. The country's boundaries are Spain to the North and East and the Atlantic Ocean to the West and South. Almost one quarter of the Portuguese population lives in or around Lisbon [Lisboa], the capital of Portugal. Other important cities are Oporto [Porto], Coimbra, Braga, Setúbal, Évora and Faro.

There are nine islands in the Azores, the largest being São Miguel and the smallest Corvo, with only about four hundred inhabitants. The main cities in the Azores are Ponta Delgada, Angra do Heroísmo and Horta. The total population is approximately 250,000. Madeira, and its smaller sister island, Porto Santo, account for some 240,000 inhabitants. The main city in Madeira is Funchal.

C. O género do substantivo.

It is easy to predict the gender of most nouns since their ending frequently tells you what the gender is. Nouns that end in **-o** are overwhelmingly masculine:

---

[1] The **fado** is the Portuguese national song, typically melancholic. You will learn more about the **fado** in Lição 9.

um carro *a car*   um resultado *a result*
um gesto *a gesture*   um facto *a fact*
um título *a title*   um palácio *a palace*

Most nouns that end in **-u** , **-l**, **-r**, or **-z** are masculine:

um peru *a turkey*   um professor
um hotel   um senhor *a gentleman*
um hospital   um rapaz *a boy*
um mar *a sea*

Nouns ending in **-ume** are masculine.[2]

um legume *a vegetable*   um cume *a mountain top*
um costume *a custom*

Almost all nouns that end in an unstressed **-a** are feminine:[3]

uma casa   uma janela
uma mesa   uma rapariga *a young woman*
uma flauta *a flute*   uma porta
uma toalha *a towel*   uma página

A few words ending in **-a** that have entered Portuguese from Greek and other languages are masculine: **um mapa** *a map*, **um telefonema** *a phone call*, **um cinema** *a movie theater*, **um planeta** *a planet*, **um programa** *a program*.

Nouns that end in **-dade** (English *-ty*) are also feminine:

liberdade   futilidade
identidade   sociedade

In almost all cases nouns ending in **-ção** (English *-tion*) are feminine:

acção   iniciação
invenção   atenção

Coração *heart* is masculine, and a number of words that end in just **-ão** are also masculine: **camião** *truck*, **avião** *airplane*, **pão** *bread*.

Virtually every noun that ends in **-agem** is feminine, too.[4]

uma viagem *a trip*   uma garagem *a garage*
uma paisagem *a landscape*

---

[2] If you know Spanish, its **-umbre** counterparts are all feminine: **la legumbre, la costumbre, la cumbre.**

[3] Many words that end in an accented final **-á** are masculine: **chá** *tea*, **sofá, Canadá, Panamá**, etc.

[4] These words correspond to the Spanish words ending in **-aje** (which are all masculine).

Nouns ending in **-ista** (English = *-ist*) can be either feminine or masculine because *dentists* and *optometrists* can be either female or male:

um, uma dentista	um, uma especialista
um, uma artista	um, uma tenista
um, uma jornalista *a journalist*	*a tennis player*

Prática oral

Actividade. Identify genders of the words you will hear.

D. Some nouns that end in **-e** are masculine and some are feminine. The gender of each noun ending in **-e** must be learned as you learn the noun.

Masculine	*Feminine*
nome *a name*	chave *key*
norte *north*	alface *lettuce*
tapete *carpet*	tarde *afternoon*
exame *exam*	frase *phrase*
pé *foot*	frente *front*
	fé *faith*[5]

Prática oral

Actividade. Make up sentences to include the words you will hear and include one of the categories given below.

um animal	uma fruta *fruit*	uma pessoa *person*
um lugar *place*		um veículo

MODELO: Uma zebra é um *animal*.

E. If a noun ends in an oral or nasal vowel[6] the plural is easy: just add an **-s**. The

---

[5] If two words are similar looking in Portuguese and Spanish and have the same meaning, the two languages usually have the same gender for the same word, with a few exceptions such as:

Portuguese	*Spanish*
árvore *tree* (fem.)	árbol (masc.)
cor *color* (fem.)	color (masc.)
dor *pain* (fem.)	dolor (masc.)
leite *milk* (masc.)	leche (fem.)
nariz *nose* (masc.)	nariz (fem.)
sal *salt* (masc.)	sal (fem.)
sangue *blood* (masc.)	sangre (fem.)

[6] Portuguese has nasal vowels. A nasal vowel is when the vowel sound comes out of the mouth *and* the nose. Oral vowels are what English speakers consider normal vowel sounds—they are produced when the sound moves only out of the mouth. Nasal vowels in Portuguese are indicated in spelling by an **m** or **n** after them, or by a **til** (~) over the letter **a** or **o**. In the words *maçã* or *onde* the letters in boldface are nasal vowels. In the words *massa* or *ode* they are oral vowels.

plural of the nasal diphtong **-ão** will be discussed in Lição 3.

Remember that the plural of the indefinite articles is **uns** and **umas** (they mean *some*):

um livro - uns livros	a book, some books
um caderno - uns cadernos	a notebook, some notebooks
um prédio - uns prédios	a building, some buildings
um chapéu - uns chapéus	a hat, some hats
uma casa - umas casas	a house, some houses
uma janela - umas janelas	a window, some windows
uma página - umas páginas	a page, some pages
um envelope - uns envelopes	an envelope, some envelopes
uma chave - umas chaves	a key, some keys
um nome - uns nomes	a name, some names
um peru - uns perus	a turkey, some turkeys
uma maçã - umas maçãs	an apple, some apples

Quem são eles? São **uns** amigos portugueses.

Who are they? They're *some* Portuguese friends.

O que é isso? São **umas** revistas francesas.

What are those? They're *some* French magazines.

Prática oral

Actividade. Say the proper indefinite article for each word that you will hear.

Notas culturais

Portugal has traditionally been a rural country. In 1990, the latest date for which statistics are available, only 33.6% of the population lived in urban areas. However, the country is densely populated, 106.3 persons per square kilometer (275.4 per square mile). 51.74% of the Portuguese are female and 48.26% are male. The birth rate is 12 per 1,000 population (world average 26.4). The natural rate of increase per 1,000 population is 1.5 (world average 17.2) The average number of births per child bearing woman is 1.5. Approximately one quarter of the Portuguese population is under 29 years of age.

The country is ethnically very homogeneous. However, since the sixties, and especially after the former Portuguese colonies acquired their independence in 1974-75, a number of Africans, mainly Cape Verdeans, entered Portugal. Gypsies constitute a relatively small minority group. Among the circa 170,000 non-citizens living in Portugal, the largest group is the Cape Verdeans (circa 39,000), accounting however for only some 0.4% of the population. Brazilians (circa 21,000) represent another 0.2%. US

Andrea Smith

Já não temos mais aulas hoje!

citizens constitute 0.1% of the total.[7] Many of these are naturalized emigrants who have returned to their home country.

The most recent statistics concerning religious affiliation date from 1981. At that time 96% of the population considered itself Christian (94.5% Roman Catholic). Practicing Catholics, nevertheless, represent a much smaller figure, approximately 26% of the group. In addition 3.8% of the Portuguese declared themselves to be non-religious, 0.1% Jewish and 0.1% Muslim.

3. É um livro; é o livro de Português

O que é isto? É **um** livro. É **o** livro **de** Português.
O que é isto? É **um** caderno. É **o** caderno **do** David.
O que é isto? É **um** lápis. É **o** lápis **do** professor.
O que é isto? É **uma** chave. É **a** chave **do** director.
O que é isto? É **uma** caneta. É **a** caneta **da** aluna
O que é isto? É **uma** carteira. É **a** carteira **do** aluno.

	DEFINITE ARTICLES	
	Masculine	*Feminine*
Singular	**o**	**a**
Plural	**os**	**as**

O is the ***masculine definite article***, and **a** is the ***feminine definite article***;

---

[7] These figures are approximate, as many illegal aliens have recently entered Portugal.

both mean *the*. Their plural forms just add an **-s** and still mean *the*: **os, as.** They are used to **specify** what something is: "O que é isto? É **o** livro **de** Português." *What is this? It's **the** Portuguese book.* Thus the definite article refers to a specific thing, whereas the indefinite article refers to an indefinite thing. Much of the time, the definite article is used when its noun is followed by **de** *of.* The reason is that the "**de**-clause" *specifies* the noun: "It's *the* Portuguese book" (and *not* the French book).

DE + DEFINITE ARTICLE

de + o = **do**   de + a = **da**
de + os = **dos**   de + as = **das**

DE + INDEFINITE ARTICLE:

de + um = **dum**   de + uma = **duma**
de + uns = **duns**   de + umas = **dumas**

When a noun is used in a general sense, the *definite* article is always used in Portuguese (and *never* used in English) as the examples below show.

> **A liberdade** é muito importante.
> *Freedom* is very important.
> **A língua** é comum a todo o mundo.
> *Language* is common to all people.

The names of persons you are familiar with are always preceded by a definite article: **O Francisco é inteligente. A Clara é brasileira. O Dr. Tavares é psiquiatra.** However, the article is not normally used if you refer to a famous personality, especially one no longer living: **Luís de Camões é o autor do poema épico *Os Lusíadas.***

Andrea Smith

A Faculdade de Letras

Prática oral

Actividade. Can you tell from these phrases left behind on the blackboard what goes on in these classes? Use the list of courses below as a guide.

MODELO: «Cogito ergo sum»
    É a aula de Filosofia.

Aulas:

Alemão *German*	Fonética	Literatura Inglesa
Álgebra	Francês	Literatura Portuguesa
Antropologia	Geografia	Matemática
Astronomia	Geologia	Música
Biologia	Geometria	Psicologia
Física	História	Química *chemistry*

1. Je ne parle pas anglais.
2. H_2SO_4.[8]
3. Calcule a área deste pentágono.
4. George Washington, líder da Revolução Americana.
5. Olhem pelos [*look through*] microscópios e desenhem as bactérias.
6. Auf Wiedersehen.
7. 4/4; 3/4; 6/8; dó, ré, mi
8. Luanda é a capital de Angola.
9. Eça de Queirós é um romancista [*novelist*] de fama internacional.
10. $x^3 + y = 59$
11. Evolução: a teoria de Darwin.
12. "Ser ou não ser, eis a questão!"
13. A constelação Cruzeiro do Sul não é visível no Hemisfério Norte.
14. Granito, basalto, calcário

Vozes portuguesas

Ana Mafalda is a young college professor in Lisbon.

Países de língua portuguesa

    A língua portuguesa tem hoje um grande número de falantes pois além de Portugal e do Brasil há[a] cinco outros países em África onde ela tem o estatuto de língua oficial. Esses cinco países são constituídos por ilhas, as ilhas de São Tomé e Príncipe e de Cabo Verde, e

---

[8] In Portuguese this would be SO_4H_2.

pela Guiné-Bissau, Angola e Moçambique.

NOTE:

ᵃ One verb you should learn at this point is **há** which means both "there is" and "there are": **Há um banco aqui** *There is a bank here*. **Há dois bancos aqui** *There are two banks here*.

além de besides	**grande** large	**outros** other
cinco five	**hoje** today	**países** countries
esses these	**ilhas** islands	**pois** as
falantes speakers	**língua** language	**tem** has
	onde where	

Prática oral

Choose the correct answer according to the text:

1. O português é a língua nativa de a. Santo Domingo e Haiti b. Portugal e Brasil c. Mali e Singapura
2. O português é a língua oficial de a. Malta e Mónaco b. Benim e Uganda c. Angola e Moçambique
3. Cabo Verde é a. um arquipélago b. uma península c. um continente

4. Uso da preposição DE: posse ou origem

A. The preposition **de** is used for *possession* or *origin* (either one's *place of birth* or the *material origin* of something, that is, what it's made of).

O Jorge é **de** Lisboa.
Jorge is *from* Lisbon.
O Carlos Gomes é **de** Coimbra.
Carlos Gomes is *from* Coimbra.
A Maria Isabel é **do** Algarve.
Maria Isabel is *from* Algarve.
A mesa é **de** madeira.
The table is *made of* wood.
O jarro é **de** plástico.
The pitcher is *made of* plastic.
A panela é **de** alumínio.
The pot is *made of* aluminum.

B. There are some easy rules that tell when to use and when not to use a definite article after **de**. Use **de** alone, without an article, when it is followed by the name of a city, the name of a class, or the name of what something is made of:

A Luísa é **de Setúbal.**
Luísa is *from Setúbal*.
É o livro **de geologia**.
It's the *Geology* book.

O prato é **de porcelana**.
The plate is *[made] of porcelain*.

The names of some cities in Portugal and Portuguese-speaking countries have meanings as "regular" nouns, such as "harbor," "fig tree," "river," "bay," "reef" or "beach." Thus in Portuguese (as in English), the article is necessary before the the name of the town: "He knows *the harbor*" (= **o Porto**), "*the* fig tree (= **a Figueira [da Foz]**[a] is near Coimbra," "we visit

Andrea Smith
Dispensados do exame final!

the river (**o Rio**)," "o João is from *the* reef (**o Recife**)," "the teacher is from *the* bay (= **a Baía**)"and "she is from *the* beach (= **a Praia**):

Ele é **do Porto**. (Porto means *harbor*)
    She is from Oporto.
Nós somos **da Figueira.** (Figueira means *fig tree*)
    We are from Figueira.
Ela é **do Rio**. (Rio means *river*)
    She is from Rio.
O João é **do Recife**. (Recife means *reef*)
    João is from Recife.
A professora é **da Baía**. (Baía means *bay*)
    The professor is from Bahia.
A senhora é **da Praia**? (Praia means *beach*)
    Are you from Praia?

NOTE: The full name of the fishing port and beach resort located at the mouth of the Mondego River is Figueira da Foz. (**Foz** means the mouth of a river.) However, for short it is often called just Figueira.

C. Use **de** + the definite article in all other cases, including the names of most countries except Portugal and three of its former possessions (Cabo Verde, Moçambique, and Angola), as well as Israel and Cuba:

É a chave **do professor.**
    It's the *teacher's* key.
É a porta **da sala de aula**.
    It's the door *of the classroom.*
É a janela **do quarto.**
    It's the window *of the bedroom.*
O Jacques é **da França.**

>   Jacques is *from France*.
>   O Sr. Alessandri é **da Argentina**.
>   Mr. Alessandri is *from Argentina*.

Sr. stands for **senhor**. **Sra.** stands for **senhora**.

Prática oral

Actividade A. Choose from the following categories and answer the questions you will hear.

   plástico/madeira/papel/metal/seda/alumínio

De que é... (a porta, o livro, a chave, a mesa, a panela, a caneta, a casa, a blusa, o lápis, a cadeira)?

Actividade B. Using the list below, match the items with their owners or with the place they belong.

   MODELO: É o **giz** do *professor*.

   Choose from the following:

   1. **pasta**   a. *sala de aula*
   2. **janela**   b. *Brasil*
   3. **táxi**   c. *livro de texto*
   4. **bicicleta**   d. *motorista*
   5. **página**   e. *director*
   6. **chave**   f. *porta*
   7. **(a) capital**[9]   g. *Maria Teresa*

Actividade C. Say in Portuguese the English phrases that you will hear.

Actividade D. Fill in the blanks with the proper definite or indefinite article when necessary. Be careful—you may need to make some contractions.

1. ___a___ Manuela é de ___do___ Porto.
2. _____ curso de Química é ___uma___ aula difícil.
3. ___O___ professor é de ___da___ cidade de ___de___ Lisboa.
4. ___A___ porta de ___das___ sala de aula é de ___/___ madeira.
5. ___O___ Dr. Alves é ___/___ professor de ___/___ Literatura Portuguesa.

Notas culturais

Entering a Portuguese university is not easy. A system exists, commonly

---

[9] **A** capital da França é Paris. **O** capital da firma é um milhão de dólares.

known as **numerus clausus** (Latin for closed number), which determines how many students can enter a certain program at a certain university in a certain year. Consequently it is often very difficult for a student whose grades in high school and in the college entrance evaluations are less than excellent to be admitted to the program and university of his of her choice. The result is that a student wishing, say, to study sociology in Lisbon may end up studying history in the Azores. Being admitted to a private university is easier, but these are very expensive and normally do not offer degree programs like medicine or engineering for the lack of proper facilities.

The equivalent of a B.A. is a **bacharelato**. A **licenciatura** is a degree between a B.A. and an

O traje académico

M.A.. An M.A. is a **mestrado**. There is no course work in the Ph.D. degree program or **doutoramento**. Rather, the student does independent research and writes a dissertation under the direction of a professor.

D. How do you say "it" in Portuguese? Generally you use no pronoun at all; just use the third-person verb form by itself (é = "*it* is"): **A casa do João Carlos é grande—é cara.** *João Carlos' house is big—it's expensive.* But if you *absolutely* require a pronoun for clarification, use **ele** *(masculine) it* or **ela** *(feminine) it*: **A casa do João Carlos é grande—ela é cara"** *João Carlos's house is big: it's expensive.*

These pronouns can mostly be omitted since the verb form or the context is usually clear enough to make them unnecessary.

Prática oral

Actividade A. Substitute pronouns for the subjects that you will hear.

Actividade B. How would you address the people (and your dog!) which your instructor will mention?

> MODELO: a stranger — «o senhor, a senhora»
>
> your sister — «tu»

Vozes portuguesas

Isabel is a first year student at the Faculdade de Letras College of Arts and Sciences in Lisbon. Her major is Portuguese Studies. Here she explains how a student can be admitted to the University.

As condições para entrar na Universidade.

Para entrar na Universidade o aluno primeiro tem que ter boas notas nos últimos três anos do liceu.[a] Depois tem que fazer uma prova de aferição[b] que consiste na matéria que se deu durante o último ano do liceu. Depois temos que fazer as provas específicas. Por exemplo eu, para Estudos Portugueses, tive que fazer a prova de Literatura Portuguesa e de Português. E são essas coisinhas todas juntas, somadas, que dão uma nota total.

NOTES:

[a] **Liceu** is the name commonly given to the last three years (grades 10-12) of the **escola secundária.**

[b] As Isabel explains, the **prova de aferição** is an exam covering the materials taught in the 12th grade. Awed by its importance, Portuguese students have jokingly nicknamed it **Prova de Aflição**

aluno student	**estudos** studies	**somadas** added
ano year	**fazer** take	**tem que** has to
boas good	**matéria** subject matter	**temos** we have
coisinhas little things	**nota** grade	**ter** have
dão give	**para** to	**tive** had
depois then	**primeiro** first	**todas juntas** all together
durante during	**prova** exam	**três** three
essas these	**se deu** was given	**último** last

Prática oral

What is the correct answer, according to the text?

1. Para entrar na Universidade é necessário ser: a.rico b .um bom estudante c. da família do director da faculdade
2. A prova de aferição consiste: a. na matéria do último ano do liceu b. em exames de Português, Matemática e História c. num exame oral
3. Para os candidatos ao curso de Estudos Portugueses as provas específicas são: a. Biologia e Anatomia b. Álgebra e Trigonometria c. Português e Literatura Portuguesa

E. To make **ser** (or any other verb) negative, just put **não** *not* in front of it:

> **Não sou** português.
>> *I am not* Portuguese.
>
> A professora **não** é daqui.
>> The teacher *isn't from* here.
>
> **Não somos** dos Açores.
>> *We aren't* from the Azores islands.
>
> Vocês **não são** burros.
>> *You aren't* stupid.

F. The word order in a question is the same as that of a statement. A written question is followed by a question mark whereas a spoken question is recognized as such by the intonation.

> A professora é portuguesa.
>
> A professora é portuguesa?

Prática oral

Actividade A. Answer the questions you will hear in the positive or the negative, whichever is appropriate. **Sim** is *yes*, and **Não, não** means *no, not*, which you should use in negative answers.

> MODELO: Tu és...?
>
>> Sim, sou...
>>
>> Não, não sou...

Actividade B: Answer more oral questions that ask **de onde?** and **de que?** There are no *yes/no* questions.

> MODELO: De onde é o Mário?
>
>> É de Coimbra.
>
> De que é o vestido?
>
>> É de seda.

Vozes portuguesas

Leonor is a first year Geography major at the Faculdade de Letras in Lisbon. Here she talks about her curriculum.

O curso de geografia

Existem as cadeiras obrigatórias e as opções. No meu curso, no primeiro ano não existe nenhuma opção, é tudo obrigatório. No segundo ano há uma opção. No curso de Geografia só existem duas aulas teóricas que são Geografia Física teórica e Geografia Humana teórica. E depois dessas duas também tem práticas. E as outras são teórico-práticas.

aulas subjects	**meu** my	**opções** electives
cadeiras subjects	**não... nenhuma** not any	**outras** others
curso major	**nenhuma** any	**segundo** second
dessas these	**obrigatórias** required	**também** also
duas two		**tudo** everything

Prática oral

Certo or **Errado**? Your instructor will give you the questions.

5. Um verbo importante: TER

A. **Ter** *to have* is among the two or three most common and most useful verbs in Portuguese (or any language). **Ter** is an irregular verb (you will soon start learning regular patterns), but since there are only five short forms, all beginning with **te-** it should be easy to learn:

Ter (*to have*)

eu **tenho** *I have*	nós **temos** *we have*
tu **tens** *you have*	
o senhor, a senhora,	os senhores, as senhoras,
você **tem** *you have*	vocês **têm** *you (pl.) have*
ele, ela **tem** *he/she has*	eles, elas **têm** *they have*

Tenho uma pasta velha.
   I have an old briefcase.
A professora **tem** um carro novo.
   The teacher *has* a new car.
(Nós) **temos** uma casa no Estoril.
   We have a house in Estoril.

Vocês **têm** um lápis?
   Do you have a pencil?
Tens dois carros?
   Do you have two cars?

Prática oral

Actividade A. Fill in the blanks with the appropriate conjugated form of **ter** and an indefinite article.

   MODELO: Vocês *têm uma* aula de espanhol.

1. Eu _____ caderno de Português.
2. Os senhores _____ casa bonita.
3. A Elisa _____ namorado americano.
4. Eles _____ problema difícil.
5. O senhor _____ amiga brasileira.
6. Nós _____ professora inteligente.
7. Tu _____ um bom dicionário.
8. Vocês _____ muitos amigos.

Actividade B. What do these people have [or *not* have]? Make logical sentences from the following lists, choosing items from anywhere in either list:

	A	*B*
1.	O/a professor/a (não)	muitos amigos
2.	Eu	uma aula interessante
3.	Os alunos	um bebé
4.	O presidente	uma casa bonita
5.	A minha família e eu	muita experiência política
6.	Tu e os teus *your* amigos	o número de telefone do professor
7.	A senhora	um exame amanhã

Actividade C. Answer the questions you will be asked with **sim** or with **não, não**.

MODELO: Tu tens uma família grande?
Sim, tenho uma família grande.
Não, não tenho uma família grande.

Actividade D. Answer the questions you will be asked. They are not of the *yes/no* type.

Vozes portuguesas

Pedro, Leonor's classmate, talks about political attitudes among Portuguese students.

Os estudantes e a política
Os estudantes já não estão muito politizados.[a] Mas ainda de vez em quando... Não se manifestam abertamente mas há debates entre estudantes. Quando há eleições da associação de estudantes, acho que qualquer estudante sabe mais ou menos qual é a ideologia política que está por detrás de cada lista. Mas não é assumida. Existe sempre uma parte da direita e uma parte da esquerda. E isso reflecte-se na associação de estudantes.

NOTE:
[a] The implication here is that in the years immediately after the April 25, 1974 coup (commonly referred to in Portugal as **o 25 de Abril**) which put an end to a long dictatorship, students were actively involved in politics.

abertamente openly	**de vez em quando** every	**esquerda** left
acho I believe	now and then	**está** is
ainda still	**direita** right	**estão** are
cada each	**entre** among	**já não** not any longer

mais ou menos more or less	**muito** very	**quando** when
mas but	**por detrás de** behind	**sabe** knows
	qual which	**sempre** always
	qualquer any	

Prática oral

Certo ou errado? You will hear the questions.

6. Dias e números

A. You need to know the names of the days of the week and a few numbers right away. While the rest of Europe was using the names of heavenly bodies and pagan gods for the days (*Moon Day, Mars' Day, Mercury's Day, Thor's day,* and *Freya's day*), Portuguese stuck to an ancient "market day" schedule. Sunday was the first market, but it bears the Christian name **domingo**. Saturday, **sábado**, derives from the Hebrew *Sabbath*.

> **domingo** *Sunday*
> **segunda-feira** "second market day" = *Monday*
> **terça-feira** "third market day" = *Tuesday*
> **quarta-feira** "fourth market day" = *Wednesday*
> **quinta-feira** "fifth market day" = *Thursday*
> **sexta-feira** "sixth market day" = *Friday*
> **sábado** *Saturday*

If you consider that Sunday begins the week, then the second day corresponds to the second market. If you consider that Monday begins the week, then it'll take more getting used to.

Much of the time, the word **feira** is omitted: "O exame é na sexta, não é?" *The exam is on Friday, isn't it?*

Prática oral

Give the day that precedes and follows the events that your instructor will mention.

B. Here are Portuguese numbers, 1 through 20. Notice that both "1" and "2" have feminine forms:

1 **um, uma**	6 **seis**	11 **onze**	16 **dezasseis**
2 **dois, duas**	7 **sete**	12 **doze**	17 **dezassete**
3 **três**	8 **oito**	13 **treze**	18 **dezoito**
4 **quatro**	9 **nove**	14 **catorze**	19 **dezanove**
5 **cinco**	10 **dez**	15 **quinze**	20 **vinte**

Prática oral

Exame de aritmética. Repeat the problem that you will hear and give the answer.

MODELO: Um e um, **dois**.
                Três menos dois, **um**.

Dois a dois

First, look at the list of classes given below. Ask your instructor for the Portuguese equivalent of any courses you have this semester which are not on the list. Then, following the schedule on the next page, in pairs each partner will inform the other of his or her class schedule. Take notes, because the instructor may ask you to tell about your partner's daily activities! Answer using a formula like "Geografia—nas quartas às onze. Psicologia—nas terças e nas quintas à uma." **À** and **às** means *at*. 13.00 is 1:00 P.M., etc.

Aulas:

Alemão	Direito *Law*	Inglês
Antropologia	Física	Literatura Portuguesa
Árabe	Fonética	Literatura Inglesa
Astronomia	Francês *French*	Matemática
Biologia	Geografia	Mineralogia
Cálculo	Geologia	Música
Chinês	Geometria	Psicologia
Contabilidade	História	Química
Accounting		

	segundas	terças	quartas	quintas	sextas
08.00					
09.00					
10.00					
11.00					
12.00					
13.00					
14.00					
15.00					
16.00					

Vozes portuguesas

Alípio is an economics major at the Universidade Autónoma de Lisboa[a]

O calendário académico

As aulas começam normalmente a quinze de Outubro. Existem as férias do Natal mais as férias da Páscoa. As primeiras provas de frequência[b] são normalmente realizadas durante o mês de Fevereiro. Depois há as segundas provas de frequência que se realizam durante o mês de Junho. Normalmente os alunos com média de doze nas duas frequências são dispensados do exame final. Os alunos com média inferior a doze vão ao exame final. A pontuação vai de zero a vinte.[c] No entanto o sistema é bastante flexível e depende dos professores.

NOTES:

[a] The Universidade Autónoma de Lisboa is a private university. The most prestigious private university in Portugal is the Universidade Católica Portuguesa, with campuses in several cities.

[b] **Provas de frequência** are the rough equivalent of midterms.

[c] Although the grade range goes from zero to twenty, grades above seventeen or eighteen are very rarely, if ever, assigned. Ten is the passing grade. Fourteen is considered a good average.

a quinze on the fifteenth	**Fevereiro** February	**normalmente** usually
aulas classes	**Junho** June	**Outubro** October
bastante rather	**mais** plus	**Páscoa** Easter
começam begin	**média** grade point average	**pontuação** grade range
dispensados exempted	**mês** month	**vai** goes
durante during	**Natal** Christmas	**vão ao** take
férias vacation	**no entanto** however	**vinte** twenty

Prática oral

Actividade. Answer the questions that you will hear.

C. Ordinal numbers. An ordinal number (*first, second, third*, etc) designates the place occupied by an item in a series.

1º - primeiro	4º - quarto	8º - oitavo
2º - segundo	5º - quinto	9º - nono
3º - terceiro	6º - sexto	10º - décimo
	7º - sétimo	

The ordinal number agrees in gender and number with the item.

> o Terceiro Mundo
> a 5ª (Quinta) Sinfonia de Beethoven
> os primeiros habitantes da América
> as primeiras horas do dia

As you learned earlier, the names of the weekdays (**segunda-feira, terça-feira**. etc.) include the ordinal numbers from second to sixth. Note however that Tuesday, **terça-feira** shows an abbreviated form of the ordinal number **terceira** *third*.

The ordinal numbers from eleventh to nineteenth are formed by adding the appropriate ordinal number to **décimo**. Notice that both parts of the number agree in number and gender: **décimo primeiro, décima primeira, décimos segundos, décimas segundas**, etc.

The ordinal numbers are used much as in English. In writing about kings or popes, Roman numerals are used: D. (Dom) João II (segundo) de Portugal, Carlos V (quinto) de Espanha, Henrique VIII (oitavo) de Inglaterra, o Papa Pio IX (nono). After ten you just use cardinals: Afonso XIII (treze) de Espanha, Luís XV (quinze) de França.

NOTES: You use Roman *numerals* for centuries, but you do not say the ordinals: **o século XX (vinte)**. In a complete date, months may also be represented by Roman numerals: 3-IV-96 is April 3, 1996. Notice that in Portuguese the day usually comes before the month.

Portuguese kings' names are preceded by the title of **Dom** or **Dona**, abbreviated to D.: **D. Afonso Henriques é o primeiro rei de Portugal; D. Maria I**. Curiously, the three Spanish kings who ruled Portugal from 1580 to 1640 do not seem to deserve that honor: **Filipe I, Filipe II, Filipe III**.

Prática oral

Actividade. Fill in the blanks with the correct ordinal number:

1. A _____ Avenida em Nova Iorque é uma avenida muito elegante.
2. A _____ Dama é a esposa do Presidente.
3. O _____ Mundo é constituído por nações muito pobres.
4. O _____ ano é o último do curso secundário.
5. Um _____ sentido é uma percepção extra-sensorial.
6. João Paulo _____ é o primeiro papa não italiano dos tempos modernos.
7. Nos Estados Unidos o _____ ano é o último do curso de bacharelato.
8. Filipe _____ é o filho de Filipe I.

Diálogo

The main character in the dialogues is Susan Atkinson from Santa Barbara, California. She has gone to Portugal to enroll in a year long program for foreign students at the Faculdade de Letras of the University of Lisbon.[10]

"Olhe, faz favor, um Sumol de ananás."   "Look, a pineapple Sumol, please."

É Novembro e a Susan está[a] numa esplanada do Campo Grande, um parque perto da Faculdade de Letras. Na mesa ao lado está a Ana Maria, também estudante da Faculdade de Letras.

It is November and Susan is sitting at an open air café in the Campo Grande, a park near the Faculdade de Letras. At the next table sits Ana Maria, also a student at the Faculdade de Letras.

ANA MARIA: Tu és inglesa?
SUSAN: Não, sou americana. Da Califórnia.
ANA MARIA: Ah, da Califórnia! De Miami?
SUSAN: Não, não! Miami é na Flórida. Sou de Santa Bárbara.
ANA MARIA: Desculpa, sou terrível em geografia. Tu és aluna de Letras?
SUSAN: Sou.[b] Do curso para estrangeiros.[c]
ANA MARIA: Ah, e que aulas tens?
SUSAN: Tenho Português Avançado, Literatura Portuguesa, História de Portugal, Linguística Portuguesa e Geografia de Portugal. E tu?
ANA MARIA: Eu sou aluna de Filosofia. *(Para o empregado.)* Olhe, faz favor, um Sumol[d] de ananás.
EMPREGADO: Só temos de laranja.
ANA MARIA: Pronto, está bem.
SUSAN: E outro para mim, faz favor.
ANA MARIA: Já duas e meia! Tenho aula às três! E tu?
SUSAN: Eu já não tenho mais aulas hoje.

ANA MARIA: Are you English?
SUSAN: No, I'm American. From California.
ANA MARIA: Oh, California! From Miami?
SUSAN: No, no! Miami is in Florida. I'm from Santa Barbara.
ANA MARIA: Sorry, I'm terrible in geography. Are you a humanities student?
SUSAN: Yes. I'm in the course for foreigners.
ANA MARIA: So, what classes do you have?
SUSAN: Advanced Portuguese, Portuguese Literature, History of Portugal, Portuguese Linguistics and Geography of Portugal. How about you?
ANA MARIA: I'm a philosophy student. *(To the waiter)* Look, a pineapple Sumol, please.

WAITER: We only have orange.
ANA MARIA: OK, that's all right.
SUSAN: Another one for me, please.
ANA MARIA: Two thirty already! I have a class at three! And you?
SUSAN: I don't have any more classes today.

---

[10] Through Lição 10, dialogues are translated, so no vocabulary is listed after them. Starting with Lição 11, dialogues will be followed by their vocabulary.

NOTES:

[a] **Está** is from **estar**, the other **to be**, which will be discussed in Lição 4. In this context it stands for **to sit.**

[b] Here the verb form itself, **Sou**, is used to indicate affirmation. We have a similar although less common usage in English. The conventional affirmative response to the question "Do you take this woman/man as your lawful wedded wife/husband?" is not "Yes" but rather "**I do.**" More about this in Lição 2.

[c] The **curso para estrangeiros** is a special program in Portuguese Language and Civilization for foreign students at several Portuguese universities. Students may take the course for one academic year or just for a summer session.

[d] **Sumol** is a popular fruit drink. In Portugal soft drinks are normally served cold but never with ice in them.

Prática oral

Form questions for the answers you will hear.

Dois a dois

In pairs, pretend you are Susan and Ana Maria. Continue the conversation they initiated.

Leitura

A universidade portuguesa

A universidade portuguesa é[11] fundada em Lisboa no ano de 1290 (mil duzentos e noventa) pelo rei D. (Dom) Dinis com o nome de Estudos Gerais. Devido a frequentes períodos de peste e de conflitos entre os estudantes e a população local a universidade é várias vezes transferida de Lisboa para Coimbra e de Coimbra para Lisboa. Finalmente no século XVI (dezasseis) fixa-se em Coimbra e pouco depois passa a ser dirigida pelos jesuítas. Até ao princípio do século XX (vinte) Coimbra é o mais importante centro universitário português. Depois da proclamação da República em 1910 (mil novecentos e dez) são criadas as universidades de Lisboa e do Porto. Na

---

[11] Portuguese, like English, uses a "historical present."

década de 1960 (mil novecentos e sessenta) os Portugueses fundam universidades em Luanda (Angola) e Lourenço Marques, hoje Maputo, (Moçambique). Presentemente há universidades, institutos politécnicos e escolas superiores de educação em muitas cidades do país.

ano year	**Estudos** Studies	**para** to
até until	**finalmente** finally	**passa a ser** becomes
cidades cities	**fixa-se** it settles	**pelo** by
com with	**fundada** founded	**peste** plague
criadas created	**Gerais** General	**pouco** soon
depois after(wards)	**mais** most	**princípio** beginning
devido a due to	**mil** one thousand	**rei** king
dirigida directed	**muitas** many	**século** century
duzentos two hundred	**nome** name	**sessenta** sixty
entre between	**novecentos** nine hundred	**transferida** transferred
escolas schools	**noventa** ninety	**várias** several
	país country	**vezes** times

Prática oral

All the sentences you will hear are false. Correct them according to the Leitura.

Um bocadinho de humor

Dois carteiristas no tribunal.

CARTEIRISTA: Senhor doutor juiz,[a] o caso é este. Nós "semos" carteiristas desde garotos.[b]

JUIZ: Não é "*semos* carteiristas," é "*somos* carteiristas."

CARTEIRISTA: Olha, pá,[c] o senhor doutor juiz também é!

NOTES:

[a] **juiz** *judge* ("Senhor doutor juiz" is the usual form of address for a judge, the equivalent of "Your Honor." More on forms of address in Lição 3).

[b] **desde garotos** *since we were kids*

[c] **olha, pá** *hey, man* **Pá**, short for **rapaz**, is a very common , colloquial form of address for male (and occasionally even female) friends and colleagues.

bocadinho little bit	**carteiristas** pickpockets	**tribunal** court
	também also	

2

Olha, vamos ao cinema. Queres vir connosco?

1. Cumprimentos e expressões úteis

A. Cumprimentos e despedidas *Greetings and farewells*:

Bom dia!	Good morning!
Boa tarde, senhor-a professor-a!	Good afternoon, professor!
Boa noite!	Good evening / good night!
Olá! [*familiar*]	Hi!
Como está?	How are you?
Tudo bem?	Everything ok?
Muito bem, obrigado,-a.	Fine, thanks.
Adeus!	Goodbye!
Até depois!	See you later!
Até logo!	See you later! *(in the day)*
Até amanhã!	See you tomorrow!
Tchau!	Ciao!

The Brazilian **ói!** for **olá** has become popular among young people.

B. Expressões úteis *Useful expressions*:

Perguntas e respostas comuns *Common questions and answers*

O quê?	What?
Como?	Pardon?
Como se chama?	What is your name?
Chamo-me...	My name is...
Está certo.	Right.
Não sei.	I don't know.
Compreende?	Do you understand?
Não compreendo.	I don't understand.
Como se diz *schedule* em português?	How do you say *schedule* in Portuguese?
Certo!	Sure!

Pedidos	*Requests*
Sente-se, por favor.	Sit down, please.
Abra (abram, *for more than one person*) o livro na página...	Open the book to page...
Feche (fechem) o livro.	Close the book.
Responda, por favor.	Answer, please
Fale mais devagar, por favor.	Speak slower, please.
Repita, por favor.	Repeat, please.
Repitam todos.	Everybody repeat.
Outra vez mais alto, por favor.	Once again, louder, please.
Comece (comecem) agora.	Start now.
Trabalho de casa para amanhã.	Homework for tomorrow.
Façam os seguintes exercícios para amanhã.	Do the following exercises for tomorrow.
Vá ao quadro, por favor.	Go to the board, please
Leia (leiam)...	Read...
Escreva (escrevam)...	Write...
Escreva a sua resposta no quadro.	Write your answer on the board.

NOTES: Both **por favor** and **(se) faz favor** mean *please*. **Trabalho de casa** is also known as **trabalho para casa**, often abbreviated as TPC in Portuguese schools.

Numa esplanada de Lisboa

Expressões de cortesia *Polite expressions*

Obrigado,-a.	Thank you
De nada.	You're welcome
Desculpe!/ Perdão!	Excuse me! [*When bumping into someone*]
Com licença.	Pardon me. [*When going past someone*]
Não tem importância.	That's O.K. [*Response to Desculpe!*]
Muito prazer.	Nice to meet you.

Prática oral

Actividade. What does one say...? Answer the questions your instructor will ask about what you would say in certain situations.

Vozes portuguesas

Here Pedro talks about what students at the University of Lisbon do for entertainment.

Teatro, música e desporto na universidade

E depois aqui na universidade também existe um grupo de teatro, a Tuna Académica,[a] o coro e depois existem jogos de basquetebol. Também se vê muito é[b] estudantes a fazer **jogging** de manhã. E depois existe também o **rugby**, o polo.

NOTES:
[a] The **Tuna Académica** is a typical musical group of Portuguese universities.
[b] The **é** is there only for emphasis.

coro chorus	**desporto** sports	**muito** a lot
de manhã in the morning	**jogos** games	**se vê** one sees

Prática oral

Choose the most appropriate answer according to the text:
1. Na Universidade de Lisboa existe: a. uma companhia de ópera b. um grupo de teatro c. um grupo de **ballet**
2. A Universidade também tem: a. uma orquestra sinfónica e uma banda militar b. uma orquestra de **jazz** e um grupo de **rock** c. a Tuna Académica e o coro
3. Os estudantes jogam: a. basquetebol, **rugby** e polo b. futebol, ténis e golfe c. andebol, voleibol e futebol americano
4. É possível ver estudantes a fazer: a. ioga b. ginástica c. **jogging**

2. O adjectivo—a descrição

A. Adjectives are words that describe nouns. In Portuguese, adjectives frequently go *after* the noun they characterize (unlike English, where they *precede*) because speakers of that language feel it is important to say *what it is* before saying *what it is like*:

> É uma casa **grande**.
>> It's a *big* house.
> É um teatro **pequeno**.
>> It's a *small* theater.

O Marcelo é um estudante **fantástico**.
Marcelo is a *fantastic* student.
O Pelé é um futebolista **famoso**.
Pelé is a *famous* soccer player.
Os Maias é um romance **interessante**.
Os Maias is an *interesting* novel.
O Ritz é um hotel **caro.**
The Ritz is an *expensive* hotel.

Some adjectives change meaning according to the position they occupy in the sentence:
Uma mulher **pobre** – a poor (destitute) woman
Uma **pobre** mulher – a poor (pitiable) woman
Um homem **grande** – a large man
Um **grande** homem – a great man
Um funcionário **alto** – a tall official
Um **alto** funcionário – a high official
Um amigo **velho** – an old (aged) friend
Um **velho** amigo – an old (long time) friend

In Portuguese, adjectives must *agree* with the nouns they describe. That is, if the noun is masculine and singular, the adjective must also be masculine and singular;[1] if the noun is feminine and plural, the adjective must be feminine and plural as well. Adjectives ending in **-o** in the masculine form end in **-a** in the feminine form:
A casa é **pequena**; o prédio é **pequeno**.
The house is *small*; the building is *small*.
O actor é **engraçado**; a actriz é **engraçada**.
The actor is *funny*; the actress is *funny*.
A bicicleta é **velha**; o carro é **velho**.
The bicycle is *old*; the car is *old*.

B. Now that you know *where* to place adjectives and how they work, you need to know some common ones so that you can describe people and things around you.

difícil *difficult*	O curso não é **difícil**.
fácil *easy*	O problema é **fácil**?
grande *big*	A biblioteca é **grande**.

---

[1] Some adjectives have separate forms for masculine and feminine (such as **pequeno** *small* masc., **pequena** *small* fem.), and some share the same form for both masculine and feminine (**difícil**, masc. and fem.). See more about this in sections C and D of this lesson.

pequeno *small*	A casa do professor é **pequena**.
rico *rich*	O Sérgio é **rico**.
pobre *poor*	O bairro é **pobre**.
bonito *beautiful*	A professora é **bonita**.
feio *ugly*	A universidade não é **feia**.
novo *new*	A cantina da universidade é **nova**.
novo *young*	O médico é **novo**.
velho *old*	O director é **velho**.
inteligente *intelligent*	O Augusto é **inteligente**.
parvo *foolish*	A Cecília é **parva**.
interessante *interesting*	O romance é **interessante**.
chato² *boring*	O filme é **chato**.
comprido *long*	A Avenida da Liberdade não é **comprida**.
curto *short*	O poema é **curto**.
simpático *nice*	A professora de História é **simpática**.
antipático *unpleasant*	O professor de Cálculo é **antipático**.
baixo *short*	O Fernando é **baixo**.
alto *tall*	A Ana Paula é **alta**.
gordo *fat*	Eles são **gordos**.
magro *thin*	Tu és **magra**.
barato *cheap*	Os sapatos italianos não são **baratos**.
caro *expensive*	Um computador é **caro** em Portugal.
forte *strong*	Tu és **forte**.
fraco *weak*	Eu sou **fraco** em Francês.

Other important adjectives:

amável *friendly*	A empregada é **amável**.
burro *dumb*	O João Carlos é **burro**.
doce *sweet*	Este melão não é **doce**.
engraçado *funny, cute*	O filme é **engraçado**.
estudioso *studious*	A Sara é **estudiosa**.
excelente *excellent*	Este restaurante é **excelente**.
famoso *famous*	A Amália Rodrigues é **famosa**.
importante *important*	O Porto é uma cidade **importante**.
óptimo *excellent*	Este vinho é **óptimo**!
sério *serious*	Esta firma não é **séria**.
universitário *pertaining to the university*	O meu pai é professor **universitário**.
útil *useful*	Ter um dicionário é **útil**.

---

² **Chato** is a slightly slangy term. A more formal equivalent is **aborrecido**. More on slang in Lição 12.

C. **Good and bad**. Masculine **bom** and feminine **boa** mean *good*. They often *precede* the noun they describe instead of following it.

> A Isabel é **boa/ má** aluna.
> > Isabel is a *good/bad* student.
> O Dr. Gomes é um **bom/mau** professor.
> > Dr. Gomes is a *good/bad* professor.

D. Adjectives that end in **-e** or in a **consonant** keep the same form with both masculine or feminine nouns:

> A fruta é **doce**; o pudim é **doce**.
> > The fruit is *sweet*; the pudding is *sweet*.
> A árvore é **verde**; o carro é **verde**.
> > The tree is *green*; the car is *green*.
> O empregado é **cortês**; a empregada[3] é **cortês**.
> > The waiter is courteous; the waitress is courteous.
> O exame é **fácil**; a lição não é **fácil**.
> > The exam is easy; the lesson is not easy.

But adjectives of *nationality* that end in a consonant in the masculine form have an **-a** for the feminine form: **um músico espanhol, uma orquestra espanhola** *a Spanish musician, a Spanish orchestra*. Notice that those adjectives with a circumflex on the final **-e** do not take a circumflex in the feminine form: **um actor inglês, uma actriz inglesa** *an English actor, an English actress*; **um médico português, uma médica portuguesa** *a Portuguese doctor*.

Prática oral

Actividade A. Repeat and complete the sentences you will hear with the correct form of an appropriate adjective.

Actividade B: Complete the statements you will hear by choosing an appropriate form of the adjective from the the following list:

> **espanhol, chinês, mexicano, brasileiro, americano, japonês, português, italiano, russo, alemão, argentino, polaco, canadiano, coreano, inglês, indonésio, francês, holandês, ucraniano**

Actividade C. As nacionalidades. Give an appropriate adjective from above to complete the sentences you will hear..

---

[3] **Empregado-a** may mean a waiter-waitress, a store attendand or an employe. **Empregada** may also mean a maid or cleaning lady.

Vozes portuguesas

Luís is a History professor at the University of Coimbra and an avid movie goer.

Os primeiros tempos do cinema português

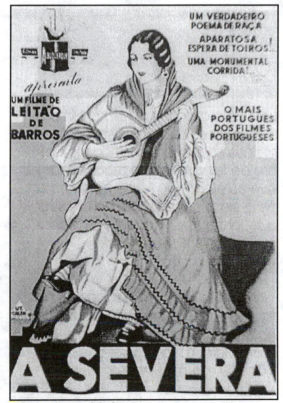

O cinema português começa nos anos trinta ... O cinema falado, com o filme *A Severa*[a] mas a grande fama do cinema português na primeira geração é o da comédia portuguesa. Ainda hoje a comédia portuguesa tem certo impacto, ainda há videogravações que atraem o público. Não é um grande cinema mas realmente vive de dois ou três grandes actores, nomeadamente António Silva e Vasco Santana, mais alguns outros. O cinema histórico foi uma tentativa que surgiu num determinado momento, apoiada pelo Estado Novo[b], mas não teve grandes hipóteses, sobretudo ao nível da divulgação popular.

O cinema falado começou com *A Severa*

NOTES:
[a] Silent films (short action films and documentaries) were first produced in Portugal in 1896 by an Oporto florist, Aurélio da Paz dos Reis. This was only one

year after the Lumière brothers' experiment in France. *A Severa* is from 1931. Severa was a famous nineteenth century fado singer (more about her in Lição 9).

[b] The New State was the authoritarian regime that followed a 1926 military coup, and lasted for 48 years.

ainda still	**divulgação** distribution	**num** in a
alguns some	**foi** was	**pelo** by the
apoiada supported	**geração** generation	**sobretudo** mainly
atraem attract	**hipóteses** chances of	**surgiu** appeared
certo particular	success	**tempos** times
cinema falado sound	**nível** level	**tentativa** experiment
movies	**nomeadamente** namely	**teve** had
determinado certain	**nos anos trinta** in the 30s	**videogravações** videotapes

Prática oral

Certo or **Errado**? Listen to the statements you will hear.

E. Colors.

As CORES			
branco	*white*	vermelho /	*red*
preto / negro	*black*	encarnado	
cinzento	*grey*	amarelo	*yellow*
azul	*blue*	verde	*green*
cor-de-laranja	*orange*	roxo	*purple*
castanho	*brown*	cor-de-rosa	*pink*

Pedro Boffa-Molinar

A Rua Augusta com o elevador de Santa Justa no fundo.

Colors that end in **-o** in the masculine form need an **-a** for the feminine form:

A casa é **branca**; o prédio é **branco**.

O lápis é **preto**; a página é **amarela**.

Verde, azul, cor-de-rosa and **cor-de-laranja** show no gender change:

A árvore é **verde**; o carro é **verde**.

The tree is *green*; the car is *green*.

A camisa é **cor-de-rosa** mas o chapéu é **azul.**

The shirt is *pink* but the hat is *blue.*

Cor-de-rosa and **cor-de-laranja** have no plural forms: **Ela tem oito blusas cor--de-rosa** *She has eight pink blouses.*

Prática oral

Actividade A. De que cor(es) é... Your instructor will ask you questions about the color of certain items.

Actividade B. What colors do you associate with...? Your instructor will mention some items. Tell what colors you associate with those items.

Notas culturais

About 926,000 young Portuguese, 97% of their age group, attend the 12,000 elementary (kindergarten to 9th grade) schools in the country, served by approximately 72,000 teachers. The pupil-teacher ratio is thus about 12.8:1.

Agora vamos falar da história de Portugal

As for secondary education (10th to 12th grade), there are about 815,500 students (37% of their age group), 1,400 schools and 64,500 teachers. Here the pupil-teacher ratio is thus approximately 12.6:1.

In addition there are about 85,000 students taking middle-grade vocational courses at 120 schools.

After graduation from high school 214,500 young Portuguese are now attending approximately 250 higher institutions, which include universities, teachers' colleges, technical institutes, nursing schools, etc., and are staffed by over 31,000 professors. The pupil-teacher ratio is thus 6.9:1. Those attending represent 18.4% of their age group.

In spite of dramatic progress made in recent years, the illiteracy rate still hovers around 13.2%. The percentage of the GNP assigned to education is 4.9% (6.8% in the U.S.).

Students in Portuguese schools come from 93 different countries. Many are from Africa. Others are the children of returning emigrants. These children born abroad often have a limited command of Portuguese.

Dois a dois

In pairs, compare personal characteristics and other details about yourselves. Afterwards, describe to the class how you are similar and your partner will describe how you differ.

3. Intensificação do adjectivo

Adjectives can be given shades of meaning by using *intensifiers*. These words precede the adjective:

O Hotel Méridien é **muito** grande.
> The Meridien Hotel is *very* big.

O Hotel Sheraton é **bem** grande.
> The Sheraton Hotel is *quite* big.

O José é **pouco** inteligente.
> José is *not very* intelligent.

Not very can be rendered by **não... muito**: A casa do José Maria **não** é **muito** grande.

The notion of *too* (as in *too small*) may be expressed just with **muito** or with **demais** following the adjective.

> Esta camisa é **muito** pequena para mim.
> Esta camisa é pequena **demais** para mim.
> This shirt is *too* small for me.

Prática oral

Actividade A. Answer the questions your instructor will ask.

Actividade B. Answer the questions your instructor will ask. Say how you feel about the various items.

> MODELO: A Química é difícil?
> Para mim *For me*, a Química é um pouco difícil.
> Para mim, a Química é muito difícil.
> Para mim, a Química é bem difícil.
> Para mim, a Química é difícil demais.

Actividade C. Using intensifiers, describe how you feel about another set of statements your instructor will make.

4. Mais sobre perguntas

A. As you have already learned in Lição 1, asking an ordinary question, one without a question word (such as **como**? and **quem**?), is very easy—just put a question mark at the end of a declarative sentence:

Statement	*Question*
Eles têm muito dinheiro.	Eles têm muito dinheiro?
Elas são americanas.	Elas são americanas?
Ela é vegetariana.	Ela é vegetariana?

When you want to ask a question to ***find out*** the description of something or someone, you begin your question with **como** *how* or *what is [something, someone] like*:

Como é o carro?	É grande.
Como é a professora?	É exigente (*demanding*).
Como é o João?	É simpático.

To ask *who*?, either singular or plural, just use **quem**? Since **quem**? asks *who*? a person's name or a pronoun is required in the answer.

Quem é o novo professor?	É o Dr. Pereira de Castro.
Quem tem o carro aqui?	A Teresa tem o carro aqui.
Quem são aqueles rapazes?	São o David e o Paulo.

NOTE: In Lição 1 **o que é que...?** was introduced as an equivalent for **O que é...?**. The emphatic element **é que** may also follow any other interrogative word. **Como é que é o seu carro? Quem é que é o novo professor?**

António Silva é também nome de rua

B. Asking a question with an adjective is also easy—just put a question mark at the end of an ordinary sentence, as the first column below shows. For emphasis, you can reverse the two halves of the sentence, as in the second column:

A turma é grande?	É grande a turma?
A casa é pequena?	É pequena a casa?
O romance é interessante?	É interessante o romance?

The emphatic version of the question differs from English word order. In English, only the ***subject and verb*** change place (Statement: *Elephants are smart*; Question: *Are elephants smart?*), but in Portuguese the ***two halves*** change place (Statement: **Os elefantes são inteligentes**; Question: **São inteligentes os elefantes?**)

Vozes portuguesas

Germano, a high school teacher, comments here on how the character of Portuguese cafés has changed over the years.

Os cafés ontem e hoje

Ainda se faz bastante vida de café,[a] embora com características totalmente diferentes. Antigamente, digamos, era quase obrigatório ir a um café, ter um contacto com um amigo, conversar sobre várias coisas. Agora praticamente só se vai lá para beber qualquer coisa, comer uma coisinha rápida porque também não se pode estar muito tempo com a vida activa que existe.[b]

NOTES:

[a] The implication here is that in past decades, before television invaded Portuguese homes, people would spend hours in cafés, socializing, doing business, reading the newspaper or even writing letters. When television first came onto the Portuguese scene in the early sixties, many people would congregate in cafés to watch it.

[b] Obviously, Germano's opinions reflect his own life style.

agora now	**embora** although	**ontem** yesterday
antigamente before	**era** it was	**qualquer** coisa something
beber drink	**ir** to go	**quase** almost
coisas things	**não se pode estar** one	**só se vai lá** one only goes
coisinha small thing	cannot stay	there
comer eat	**obrigatório** *de rigueur*	**sobre** about
digamos let us say		**vida** life

Prática oral

Actividade: Fill in the blanks with an appropriate word, according to the text.

1. Antigamente era quase _____ ir a um café para ter contactos com os amigos.
2. Agora praticamente as pessoas só vão ao café para tomar uma _____ rápida.
3. Com a vida agitada que temos agora não é possível passar muito _____ no café.

5. «Tu és estudante. És um estudante aplicado»

Following the verb **ser**, the indefinite article (**um, uma**) is not used in Portuguese before nouns of nationality, occupation, or religious or political affiliation.

> Ele é dentista.   Ela é socialista.
> Eu sou italiano.   Tu és católica

But when the noun is described with an adjective, the indefinite article *is* used: Ele é *um* mecânico competente. Ela é *uma* comunista muito activa.

Prática oral

Actividade A. Insert an article if necessary.

1. Ela é _____ estudante.
2. O Carlos é _um_ rapaz simpático.
3. O Rui é _____ brasileiro.
4. A Leonilde é _uma_ cantora.
5. A Glória é _____ rapariga bonita.
6. Elas são _____ americanas.
7. A Maria Eugénia é _____ óptima funcionária.
8. O Mário é _____ professor de Português.
9. O Mário é _____ bom professor de Português.
10. A Alice é _____ médica.

Actividade B. Answer the questions following the model. Begin your answer with **sim** *yes*.

> MODELO: A Rita é estudante. É aplicada?
> Sim, é uma estudante aplicada.

1. O Eduardo é dentista. É competente?
2. A Luísa é secretária. É eficiente?
3. O Dr. Sousa é médico. É bom?
4. O Rodrigo é funcionário. É amável?
5. A Margarida é empregada. É nova?
6. A Clara é advogada [*lawyer*]. É rica?
7. O Jorge é estudante. É pobre?
8. A Clara é cantora. É famosa?
9. Tu és aluno,-a. És aplicado-a?
10. Eu sou professor,-a. Sou exigente?

6. Verbos do primeiro grupo -AR

A. In Portuguese, there are three main groups of verbs: those whose infinitives end in **-ar**, those in **-er**, and those in **-ir**. (There are also a few infinitives ending in **-or: pôr** *to put* and verbs related to **pôr** like **compor, impor, depor**, etc.). An *infinitive* is the *to*-form of the verb (*to* work, *to* arrive, *to* speak). The infinitive is useful in Portuguese (as well as in English) in constructions such as: "I have *to work*" and "They want *to live* in Lisbon." The **-ar** group is by far the largest of the three groups. Here is a model of its formation:

Trabalhar (*to work*)

eu **trabalho** *I work*	nós **trabalhamos** *we work*
tu **trabalhas** *you work*	
o senhor, a senhora,	os senhores, as senhoras,
você **trabalha** *you work*	vocês **trabalham** *you (pl.) work*
ele, ela **trabalha** *he, she works*	eles, elas **trabalham** *they work*

O Carlos **trabalha** num banco.
Carlos *works* in a bank.
A Madalena **trabalha** no aeroporto.
Madalena *works* at the airport.
Nós **trabalhamos** na biblioteca.
We *work* in the library.

The three English ways of forming the present tense (*I study, I do study, I am studying*) may be rendered in Portuguese by just *one* (**trabalho**):

Eu **estudo** português na universidade.
I *study* Portuguese at the university.
Eu **estudo** português frequentemente.
I *do study* Portuguese frequently.
Eu **estudo** português agora.
I *am studying* Portuguese now.

Vozes portuguesas

Pedro talks about the places where he and his friends study.

Onde estudar

Eu estudo em casa e na Faculdade, prefiro. Mas acho que há casos em que os alunos estudam em conjunto, nas residências. Existem também cafés, mas é os alunos mais velhos...[a] Aqui não existem cafés perto, fora das Faculdades. É preciso andar muito. Ali em baixo no Campo Grande é que existem bares[b] e as pessoas que querem estudar vão para lá.

NOTES:
[a] Pedro obviously means **Existem também cafés mas são os alunos mais velhos**

que estudam **lá**.

    ᵇ A **bar** is often just a synonym for **café**: O bar da Faculdade, o bar da Biblioteca Nacional.

ali em baixo down there
andar walk
é preciso it is necessary
em casa at home
em conjunto together
estudar study

Faculdade Department
fora outside
mais velhos older
onde where
para lá there
perto near

pessoas people
prefiro I prefer
residências academic
            foyers
querem want
vão go

Prática oral

Choose the most appropriate answer according to the text:

1. O Pedro prefere estudar a. em casa e na Faculdade b. no museu e na biblioteca c. na cafetaria e na esplanada
2. O Pedro acha que há casos em que os alunos estudam a. no parque b. nas residências c. na discoteca
3. Nos cafés estudam geralmente os alunos mais a. gordos b. burros c. velhos
4. Perto da Faculdade não existem a. farmácias b. cafés c. restaurantes
5. Para chegar aos cafés é preciso a. chamar um táxi b. tomar o metro c. andar muito
5. No Campo Grande é que existem a. supermercados b. bares c. penitenciárias
6. As pessoas que querem estudar no Campo Grande vão para a. os bares b. os bancos c. as agências de turismo

B. Here are further examples using other important and common regular **-ar** verbs:

acabar *to finish*	Os alunos **acabam** os exercícios agora. The students *are finishing* the exercises now.
achar *to find, to think*	Ela não **acha** o cheque. She doesn't *find* the check. Eu **acho** que ela é inteligente. I *think* she is intelligent.
ajudar *to help*	Ela **ajuda** o colega. She helps her classmate.
começar *to begin*	Quando é que vocês **começam** a lição? When do you *start* the lesson?
comprar *to buy*	Nós **compramos** as disquetes no *shopping*. We *buy* the diskettes at the shopping center.
estudar *to study*	Tu **estudas** português. You *study* Portuguese.

falar *to speak*	Eu **falo** inglês.
	I speak English.
ficar *to be (situated)*	Onde **fica** a discoteca?
	Where *is* the discotheque?
jogar *to play (a sport, game)*	Nós **jogamos** futebol.
	We *play* soccer.
levar *to take, carry*	Elas **levam** as malas.
	They *carry* the suitcases.
morar *to live*	Onde é que tu **moras**?
	Where do you *live*?
pagar *to pay for*	Ela não **paga** o jantar.
	She doesn't *pay for* dinner.
procurar *to look for*	Eu **procuro** um novo assistente.
	I'm *looking for* a new assistant
tocar *to play*	Tu não **tocas** viola?
(an instrument)	You don't *play* the guitar?
tomar *to drink*	Tu **tomas** uma bica?[4]
	Will you *have (drink)* an expresso?
viajar *to travel*	Ela **viaja** muito.
	She *travels* quite a bit.
voltar *to return*	Nós **voltamos** cedo.
	We *return* early.

NOTES: **Começar** requires an **a** after it when an infinitive follows: **Começo o trabalho** but **Começo *a* trabalhar**. **Procurar** and **pagar** are ordinary verbs in Portuguese with no complications of any kind in that language. Yet, since they mean *to look **for*** and *to pay **for***, English speakers sometimes add prepositions to the Portuguese verbs—which are both unnecessary and wrong!

Prática oral

Actividade A. Pick an appropriate verb from the above list and fill in the blank with its proper form:

1. Nós _____ na Avenida dos Estados Unidos.
2. Os professores _____ os alunos com os seus problemas.
3. Todos os anos eu _____ de avião a Londres.
4. Os operários _____ oito horas por dia.

---

[4] Students who know Spanish may assume that **tomar** means in a general sense to consume alcoholic beverages. It does not. In this case the verb to be used is **beber**. Thus the Spanish **Ellos toman mucho** must be rendered as **Eles bebem muito**. **Tomar** must be followed by an object: **Ela toma chá. Tomas um gin tónico? Vamos tomar café!**

5. Eu não _____ a conta do restaurante para todo o grupo!
6. O público _____ os quadros dos artistas no museu.
7. O Rui e eu _____ sempre os livros nesta livraria.
8. Tu _____ sempre café depois das aulas?

Actividade B. Answer the questions your instructor will ask. Follow the model.

> MODELO: Os alunos estudam de segunda a quarta-feira? O que é que tu achas?
>
> Eu acho que sim, que eles estudam de segunda a quarta-feira.

C. A few verbs *do* need prepositions:

chamar (a) *to call*	Como é que vocês **chamam a** isto?
	What do you *call* this?
chegar (a) *to arrive*	Quando é que **chegamos** a Paris?
	When do we *arrive* in Paris?
entrar (em) *to enter*	Eu **entro n**a sala de aula.
	I *enter* the classroom.
gostar (de) *to like*	**Gostas de** sardinhas?
	Do you *like* sardines?
olhar (para) *to look at*	O Jorge **olha** insistentemente para a nova aluna.
	Jorge *looks* insistently *at* the new student.
precisar (de) *to need*	Eu **preciso d**a ajuda do professor.
	I *need* the teacher's help.

NOTES: When you *identify* what something is, use **chamar a**. When you *call* someone use just **chamar: A Susan chama o empregado para pedir um Sumol.** The verbs **entrar** and **chegar** use respectively **em** and **a** when you say where you enter and where you arrive. **Em,** like **de,** contracts with the articles (**o, a, um, uma,** and their plural forms): **O polícia entra *num* bar.** *The policeman enters a bar.* The same happens with **a: Nós chegamos de noite ao Porto.** *We arrive in Oporto at night* **A Irene chega cedo à universidade**[5] *Irene arrives early at the university.* **Gostar** and **precisar** both require **de** with what is liked or needed: **Eles gostam *de futebol*** *They like soccer,* **Eu preciso *de* mais dinheiro** *I need more money.*[6]

---

[5] The grave accent (`) doesn't show stress—it is used just to indicate that two a's have merged.

[6] Students who know Spanish may try to complicate **gostar de** by applying the Spanish construction, which results in gibberish. *They like coffee* is **Gostam de café;** *She likes the English classes* is **Ela gosta das aulas de Inglês.**

[handwritten margin notes: ao) to the / à) at the / a) in the]

Prática oral

Actividade A. Fill in the blanks with the required forms, prepositions, and articles, making contractions where necessary.

1. Vocês _gostam da_ aula de Português? (gostar)
2. Ele _precisa do_ livro de texto hoje. (precisar)
3. Como é que vocês _____ a este prato? (chamar)
4. Eu não ____ *no* biblioteca sem lápis e papel. (entrar)
5. Elas _chegam ao_ banco antes das cinco. (chegar)
6. O Diogo e eu _procuramos_ um bom dicionário de inglês. (procurar)
7. Os turistas _____ o mapa da cidade. (comprar)
8. Tu não _____ hoje com cheque? (pagar)
9. Eu _____ praia de autocarro. (chegar)
10. A Sónia e eu _____ a trabalhar muito cedo. (começar)

Actividade B. Translate the phrases you will hear.

D. As was mentioned in passing in Lição 1, besides a simple **sim** *yes*, you can answer questions affirmatively in one of three ways: 1) by beginning the answer with **sim** 2) the same way, but with **sim** at the end of the sentence, or 3) just by echoing the verb in the right person (this is an extremely common and colloquial way to say *yes*). Notice that the answer doesn't require a subject pronoun:

> O senhor mora no Estoril?
>> *Do you live in Estoril?*
>>> Sim, moro. *Yes, I do.*
>>> Moro, sim. *Yes, I do.*
>>> Moro. *Yes.*
> Vocês falam inglês?
>> *Do you speak English?*
>>> Sim, falamos. *Yes, we do.*
>>> Falamos, sim. *Yes, we do.*
>>> Falamos. *Yes.*

Prática oral

Actividade A. Answer the questions you will hear echoing the verb in the affirmative.

> MODELO: Tu fumas?
>   Fumo.

7. The impersonal SE

Often you need to express the idea that an action is performed by an undetermined person or group of people. There are two ways to do this in English. The first is to find an impersonal subject like *one, you, we, they* or *people*:

One doesn't say that in English.
You don't say that in English.
We don't say that in English.

They serve beer here.
People will believe that.

The second way is to use a passive form:

This is not said in English.
Smoking is not allowed in this building.
Beer is served here.

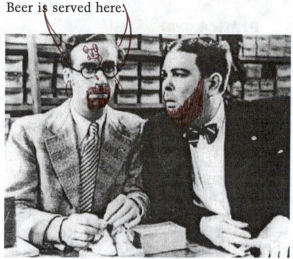

Ribeirinho e Vasco Santana,
dois astros do antigo cinema português

These forms may be rendered in Portuguese by a simple **se** in conjunction with the third person singular or plural of the verb. The choice between the singular or the plural form is determined by the object. If the object is singular use the third person singular:

Isso não se diz em português.[7]

One doesn't say that in Portuguese.

Não se serve cerveja aqui.

Beer is not served here.

Não se permite fumar dentro deste edifício.

Smoking is not allowed in this building.

Fala-se também francês no Canadá.[8]

French is also spoken in Canada.

Vende-se esta casa.

This house is for sale.

$a^2 - 2ab + B^2$

---

[7] Notice that in negative sentences (as well as after an interrogative word) the **se** always comes before the verb.

[8] When the **se** comes after the verb, a hyphen is required.

If the object is plural, use the third person plural:

Não se servem bebidas alcoólicas aqui.
> Alcoholic beverages are not served here.

Alugam-se quartos.
> Rooms for rent.

Nesta loja vendem-se postais e selos.
> They sell postcards and stamps in this store.

Prática oral

Actividade. Translate, always using a **se** construction:

1. One does not play baseball in Portugal.
2. They don't speak Portuguese in Argentina.
3. One does not use the Brazilian expression **batedor de carteira** in Portugal. One uses **carteirista**.
4. They don't accept dollars here.
5. They smoke a lot in Portugal.
6. One works hard (**muito**) here.

8. Dois verbos importantes: IR, VIR

A. Ir *to go* is extremely common—you'll use it dozens of times every day. Its forms bear no relation to the infinitive, but they are short and easy to learn:

Ir (to go)	
eu **vou** *I go*	nós **vamos** *we go*
tu **vais** *you go*	
o senhor, a senhora, você **vai** *you go*	os senhores, as senhoras, vocês **vão** *you (pl.) go*
ele, ela **vai** *he, she goes*	eles, elas **vão** *they go*

Elas não **vão** ao cinema.
> They don't *go* to the movies.

Vou a Cascais muitas vezes.
> I *go* to Cascais often.

Vamos para casa agora.
> We're *going* home now.

Tu **vais** ao supermercado aos sábados?
> Do you *go* to the market on Saturdays?

The prepositions **a** and **para** both mean *to* when used with **ir**: **a** is used to mean the stay will be short (short preposition = short stay), and **para** shows that the stay will be long (long preposition = long stay), or that the person is going to a frequently-visited place (such as one's own home).

Where there is possible confusion (for example, how would you express a *medium* length stay?), either **a** or **para** can obviously be used.

Ir para may also express direction: **Esta estrada vai para Viseu?** (Does this road go to Viseu?) **Vou bem por aqui para Évora?** (Is this right for Évora?)

The typical question words with **ir** are **para onde?** or just plain **onde?**, both meaning *to where*, and the question has to be answered with a place. If the question asks **para?** you should answer with **para**.

> **Para onde** vão eles? Vão **para** casa do José Luís.
> **Onde** vamos agora? Vamos ao correio *post office*.
> **Para onde** vais tu? Vou **para** os Açores.
> **Onde** é que ele vai? Vai **a**o banco.

When you say where you are going, you just use **ir** (**Vou ao cinema**), but when you are just "going away" you use **ir-se embora**:

> Ela **vai-se embora** hoje?
> Os alunos **vão-se embora** depois da aula.

The expression **Vamos embora!** means *Let's go!*. You will hear it very frequently.

Prática oral

Actividade A. Describe the activities of these people. Use complete sentences.

1. Hoje/o Miguel/ir/banco.
2. Eu/também/ir/parque/para/jogar/basquetebol.
3. A Lourdes e eu/ir/cinema.
4. O Fernando e a Lúcia/ir/café/para/tomar/bica.
5. O pai e mãe/ir/Paris/para/visitar/parentes
6. Nós/ir/supermercado/comprar/carne/peixe.
7. Tu/ir/clínica/fazer (*to have done*) um electrocardiograma
8. Elas/ir/casa/da Teresa/para/jantar.

B. Vir means *to come*. Whereas **ir** means *to go in any direction away from the speaker*, **vir** basically means *to come towards the speaker*. Its forms are irregular throughout, but short:

Vir (to come)	
eu **venho** I come	nós **vimos** we come
tu **vens** you come	
o senhor, a senhora,	os senhores, as senhoras,
você **vem** you come	vocês **vêm** you (pl.) come
ele, ela **vem** he, she comes	eles, elas **vêm** they come

The typical question word with **vir** is **de onde?** *from where?*
  De onde vêm elas? Vêm **do** trabalho..
  De onde vens tu? Venho **da** aula de História.

Que vem means *next* in time expressions: **o domingo que vem**, **a semana que vem, o mês que vem, o ano que vem,** etc. (You may also say **a próxima semana, o próximo mês, o próximo ano.**)

Prática oral

Actividade A. Your instructor will make statements such as the one in the model. Identify the place referred to and complete the sentences using **ir** or **vir** in your answer.
  MODELO: Acabo de comprar presentes para a família...
       Venho do *shopping*
Actividade B. Answer the questions you will be asked with **ir** or **vir**.

Vozes portuguesas

Filomena, Germano's wife and also a high school teacher, recalls the role that cafés played in the past in the literary scene.

Cafés famosos de antigamente

Eu penso que o café antigamente tinha um aspecto cultural importante. Foi nos cafés, nalguns tão conhecidos como o Martinho da Arcada ou a Brasileira do Chiado que se encontravam grandes nomes das artes e das letras que não só iam tomar o seu café mas também discutir assuntos importantíssimos de literatura e não só.[a] Poetas... Estou a pensar no Fernando Pessoa,[b] por exemplo, que normalmente ia ao Martinho da Arcada e se encontrava com os seus amigos mas com uma finalidade cultural. Fundamentalmente o café era um pretexto para se formar ali uma espécie de tertúlia.

NOTES:
 [a] Many Lisbon cafés did indeed act as rallying points for writers and artists until the early sixties. Most of these famous cafés like the Martinho, the Gelo, the Chave d'Ouro, the Portugal, and the Chiado are now gone. The Brasileira do Chiado, on Rua Garrett and the Martinho da Arcada in the Terreiro do Paço still exist, but they are mainly restaurants. In the Rossio there is also the Café Nicola, a descendant of the renowned eighteenth century **botequim** *bar* which the Pre-Romantic poet Bocage used to patronize.
 [b] Fernando Pessoa (1888-1935), the most famous of modern poets in Portugal, used to meet with his literary cronies in both cafés. On the sidewalk in front of the Brasileira, a bronze statue of the poet, showing him sitting at a café table, was recently installed.

assuntos topics
como as
conhecidos well known
encontravam met
ia used to go

importantíssimos
extremely important
letras letters
nalguns in some
pensar think
seus his

tão so
tertúlia conversation
circle
uma espécie de something
like

Prática oral

Actividade. Answer the questions you will hear.

Em frente da Brasileira:
um turista à mesa de Fernando Pessoa

9. O futuro com IR e VIR

A. To say what will happen, we frequently use the *present* tense in both English and Portuguese, especially if we are eager for that event to happen soon.

Amanhã **vemos** o novo filme português.
Tomorrow *we see* the new Portuguese film.
Para o ano **passo** dois meses no Brasil!
Next year *I'm spending* two months in Brazil.

B. There is a second very common way to express the idea of the future, and this parallels English: **ir + infinitive—Vamos ouvir a música** *We are going to hear the music.*[9]

Ela não **estuda** agora. **Vai estudar** depois.
O professor não **chega** hoje. **Vai chegar** amanhã.
O António não **volta** hoje. **Vai voltar** na semana que vem.
Eles não **começam** o curso agora. **Vão começar** depois.

----

[9] A more literary form of the future will be presented in Lição 18.

A senhora **toca** piano? **Vai tocar** no concerto de sábado?
Não **trabalhamos** agora. **Vamos trabalhar** mais tarde.

Prática oral

Actividade A: Modify the following text to tell what is going to happen in the future by using **ir + infinitive.** Your version begins with **Amanhã** *tomorrow*. All infinitives are of the **-ar** type.

Nós começamos o nosso dia muito cedo. Tomamos o pequeno almoço às sete. A Silvina fica em casa mas o António e eu temos uma aula de Biologia às nove. O Júlio estuda até às onze. O Paulo e o Zé estudam de tarde com os amigos no café. A Helena e o Vítor estão em frente da televisão toda a manhã. Eu levo os meus livros para casa do meu amigo Horácio porque estudamos juntos. A Cecília e eu trabalhamos de noite. A Beatriz telefona para mim às nove horas da noite. Ela chega a casa às oito.

Actividade B. Answer the questions your instructor will give.

C. The verb **vir** can be used similarly in this construction, if the motion is towards where you are:

Eles **vêm visitar** a família aqui amanhã.
O meu irmão **vem passar** o Natal aqui.
O meu pai não **vem jantar** a casa hoje.

Prática oral

Actividade. Answer the questions your instructor will ask.

Diálogo

Ainda temos tempo para uma bica!	We still have time for an expresso!

Depois das aulas a Susan encontra a Ana Maria e o seu namorado nas escadas da Faculdade.

ANA MARIA: Olá, Susan![a] Como estás?

SUSAN: Muito bem, obrigado, e tu?

ANA MARIA: Mais ou menos. Olha, Susan, vou-te apresentar o Jorge, o meu namorado.

JORGE: Jorge Sousa, muito prazer.

SUSAN: Muito prazer.

ANA MARIA: Já não tens mais aulas hoje?

SUSAN: Não, hoje já não.

ANA MARIA: Olha, vamos ao cinema.[b] Queres vir connosco?

After class Susan runs into Ana Maria and her boyfriend on the steps of the Faculdade.

ANA MARIA: Hi, Susan! How are you?

SUSAN: Fine, thanks. How about you?

ANA MARIA: Not bad. Look, Susan, I want you to meet my boyfriend, Jorge.

JORGE: Jorge Sousa. Nice to meet you.

SUSAN: Nice to meet you.

ANA MARIA: You don't have any more classes today?

SUSAN: No, not today.

ANA MARIA: Look, we are going to a movie. Would you like to come with us?

SUSAN: Bem... É um filme português?

ANA MARIA: Não, é americano. Como é o título em inglês, Jorge?

JORGE: Não me lembro agora mas o **Público**[c] tem uma crítica muito boa sobre ele.

SUSAN: Mas os filmes estrangeiros são dobrados, não são? É que o meu português...

ANA MARIA: Não te preocupes. Aqui em Portugal não dobram os filmes. São todos na versão original, com legendas em português.

SUSAN: Então não tenho problema. Vou com vocês. Tomamos o autocarro?

ANA MARIA: Não, vamos de metro.[d] É mais rápido.

JORGE: Ainda temos tempo para uma bica. Tu tomas café, Susan?

SUSAN: Claro! Vamos!

SUSAN: Well... Is it a Portuguese movie?

ANA MARIA: No, it's American. What's the title in English, Jorge?

JORGE: I don't remember it now, but **Público** has a good review about it.

SUSAN: But foreign films are dubbed, aren't they? The fact is that my Portuguese...

ANA MARIA: Don't worry. Here in Portugal they don't dub films. They are all in their original version, with Portuguese subtitles.

SUSAN: In that case I don't have a problem. I'm coming with you guys. Shall we take the bus?

ANA MARIA: No, we'll take the subway. It's faster.

JORGE: We even have time for an expresso. Do you drink coffee, Susan?

SUSAN: Sure! Let's go!

NOTES:

[a] The definite article is not used before a name when you address a person directly.

[b] In Portuguese you must distinguish between **um teatro** and **um cinema**. **Um teatro** refers only to a theater for plays only. A movie theater is **um cinema**.

[c] The **Público** is one of the best newspapers in Portugal. More about Portuguese newspapers in Lição 3.

[d] With means of transportation **de** is used after **ir**: **ir de bicicleta**, **ir de automóvel**, **ir de comboio**, **ir de avião**. For *to walk* use **ir a pé**.

Prática oral

Answer the questions you will be asked.

Leitura

Depois das Aulas

Depois das aulas os alunos da Faculdade de Letras, na Cidade Universitária, têm várias possibilidades de ocupar o seu tempo sem ir muito longe. Se necessitam preparar algum trabalho para as suas aulas, a Biblioteca Nacional e a Torre do Tombo[a] são ali muito perto. É também possível entrar numa livraria e ver quais são as mais recentes publicações portuguesas e estrangeiras. Se o tempo[b] está bom, porque não ficar uma hora num banco[c] do Campo Grande e conversar com um colega sobre qualquer tópico? O Campo Grande tem uma esplanada junto a um lago: aí é agradável passar um bocado em frente de uma bica ou de um refrigerante. Evidentemente também é possível fazer isto na cantina da Cidade Universitária. E que tal uma visita ao Museu da Cidade ou ao Museu Bordalo Pinheiro?[d]

No domingo assistimos a um jogo de futebol
no Estádio de Alvalade

À volta do Campo Grande existem vários restaurantes não muito caros. Um pouco mais abaixo, na Avenida dos Estados Unidos, os estudantes podem encontrar cafés. Para os estudantes com mais dinheiro existe outra possibilidade, ir tomar uma cerveja ou um **whisky**[e] no bar do Holiday Inn, um hotel muito moderno, no topo do Campo Grande. E no domingo outra possibilidade é assistir a um jogo de futebol no Estádio de Alvalade, onde também de vez em quando se realizam concertos de **rock**.[f]

NOTES:
   [a] The Torre do Tombo is the national archives. Its name dates back to medieval times, when important documents were stored in a tower of the castle now known as Castelo de São Jorge, on top of one of Lisbon's several hills.
   [b] Notice that Portuguese uses **tempo** for both *time* and *weather*
   [c] By the same token **banco** is used for both *bench* and *bank*.
   [d] The Museu da Cidade, as the name implies, offers exhibits on the history of Lisbon. The Museu Bordalo Pinheiro specializes in ceramics. Bordalo Pinheiro was a famous turn of the century artist, responsible for creating the figure of Zé Povinho, the Portuguese equivalent of Uncle Sam.
   [e] **Whisky** actually means Scotch.
   [f] All the places mentioned in this **Leitura** are within walking distance from the Cidade Universitária. On campus there is also a subway station and several bus stops.

à volta around	**biblioteca** Library	**de vez em quando** every
agradável pleasant	**cantina** school cafeteria	now and then
algum some	**cerveja** beer	**depois** after
assistir attend	**cidade** city	**dinheiro** money
aulas classes	**colega** classmate	**encontrar** find
avenida Avenue		**esplanada** sidewalk café

estádio Stadium
Estados Unidos USA
estrangeiras foreign
fazer do
ficar sit
futebol soccer
hora hour
ir going
isto this
jogo game
junto close to
lago pond

livraria bookstore
longe far
mais more
mais abaixo farther down
muito very
necessitam need
outra another
para for
passar spend
perto near
porque why

quais what
qualquer any
que tal what about
realizam take place
refrigerante soft drink
se if
sem without
sobre about
suas their
trabalho academic paper
um pouco a little
ver see

Prática oral

Listen to the statements and choices, then pick the correct answer according to the Leitura.

Um bocadinho de humor

É um dia muito frio de Dezembro. Num pequeno café um cliente está sentado junto da porta.

CLIENTE (para o empregado): Por favor, é possível fechar esta porta? Está um frio horrível lá fora!

EMPREGADO: Com certeza! Vou fechar. Mas olhe que o frio lá fora vai continuar na mesma.

cliente patron
com certeza sure
dia day

fechar close
frio cold
lá fora outside

mesma same
olhe notice
sentado sitting

3
Susan, vou agora ao supermercado

1. Respostas curtas

Review: You know that you can answer questions affirmatively in one of three ways (from p. 44): 1) just by saying **sim** *yes*, 2) by beginning the answer with **sim** *yes* or 3) the same way, but with **sim** at the end. Notice that the answer doesn't require a subject pronoun:

> Vocês falam inglês?
>> *Do you speak English?*
>>> Sim. *Yes.*
>>> Sim, falamos. *Yes, we do.*
>>> Falamos, sim. *Yes, we do.*

There are three similar ways to answer questions negatively, 1) just by saying **não** *no*, 2) by beginning the answer with **Não, não...** *No,... not* or 3) the same way, but putting one **não** at the end .

> Vocês falam chinês?
>> *Do you speak Chinese?*
>>> Não. *No.*[1]
>>> Não, não falamos. *No, we don't.*
>>> Não falamos, não. *No, we don't.*

If you want to be *really* emphatic, you can say **Sim, sim, sim** or **Não, não, não**.

Prática oral

Actividade A. Answer the questions you will hear positively or negatively.

> MODELO: Trabalhas em Lisboa?
> Não, não trabalho

---

[1] A simple **Não** may of course in some cases sound rather blunt.

2. Vamos fazer compras?

The expression *to shop* is translated into Portuguese as **fazer compras** *to make purchases*. Shopping in Portugal is sometimes the same and sometimes different from in North America. What is different is that there are no large department stores. You must go to smaller stores or a supermarket to buy **sabonete** *toilet soap* and **toalhas** *towels*, **pasta de dentes** *toothpaste*, and **escovas de dentes** *toothbrushes*, as well as **roupa** *clothing* and other articles such as a **vídeo** *VCR*, a CD (also pronounced **ceedee** in Portuguese) or a **batedeira** *blender*. What is about the same is that there are shopping malls, conveniently called **shoppings**, pronounced as in English, or **centros comerciais**.

There are also supermarkets—**supermercados**—(such as the **Pingo Doce** or **Expresso** chains) and smaller markets—**minimercados**—(such as the **Minipreço** chain). Very large supermarket complexes, usually with a small mall in front, are called **hipermercados**. They are include the **Continente** or **Pão de Açúcar** chains. However, much shopping for food throughout Portugal is still done at small stands, in the colorful public markets—**mercados**—or even from street vendors—**vendedores ambulantes**. In the public markets you may buy **legumes** *vegetables*, **fruta, frango** *chicken*, **peixe** *fish*, as well as **carne** *meat*.

O mercado aqui do bairro

You, either as a tourist or as a student living in Portugal, will have little use for a wallpaper store or a truck parts store, but there are some stores you'll need to know about for your daily shopping. We'll give articles for those words whose gender is not evident.

A mercearia is a grocery store. There, as well as at a **supermercado** you can buy:

	ovos = eggs		**manteiga** = butter
	batatas = potatoes		**cerveja** = beer
o	**bacalhau** = dried salted codfish		**vinho** = wine
	massas = pasta	os	**refrigerantes** = soft drinks
o	**arroz** = rice		**conservas** or **enlatados** = canned goods (**lata** = can)
o	**feijão** = beans	o	**leite** = milk
o	**azeite** = olive oil		

A charcutaria resembles a delicatessen. There you may find several of the products you can buy at the **mercearia**, (not rice, beans, codfish or potatoes), although they place an emphasis on quality and imported articles. Here are some of the items you can buy there:

o **fiambre** = very thinly sliced soft ham
presunto = hard ham
chouriço = pork sausage
queijo = cheese
anchovas = anchovies

O lugar de fruta, mainly found in the outlying areas of cities, was formerly a place where only fruit could be bought. Nowadays, in addition they sell products you may also find at the **mercearia**, as well as vegetables.[2] Here one can buy:

peras pears			**a alface** lettuce
maçãs apples		o	**tomate** tomatoes
laranjas oranges			**pimentos** bellpeppers
bananas			**pepinos** cucumbers
uvas grapes			

The **peixaria** sells fish (**o peixe**). Among the more common seafoods you may find there are:

	pargo red snapper		**sardinhas** sardines
o	**tamboril** monkfish		**lulas** squid
	pescada whiting	o	**camarão** shrimp
o	**peixe espada** ribbonfish		

Peixe espada looks like it means "sword fish." We give it here so that you won't be fooled if you order it in Portugal. They call it **peixe-espada** because

---

[2] **A frutaria** sells better quality fruit.

the shape of the fish is like that of a sword (swordfish = **espadarte**).

A **padaria** is a *bakery*. Most **padarias** also sell **bolos** *pastries*, as well as a variety of other foodstuffs. In the **padaria**, you can buy:

carcaças = bread rolls

o **pão caseiro** = home style bread

o **pão saloio**[a] = country style bread

os **pãezinhos de leite** = buns

os **cacetes** = *baguettes* (250 gram loaves)

broa = Portuguese style corn bread

os **queques**[b] = cup cakes

bolos de arroz = rice cakes

os **caracóis** = "snails" (spiral shaped pastries)

NOTES:

[a] **Saloio** is a word formerly applied to the peasants living on the north bank of the Tagus (**Tejo** in Portuguese) around Lisbon. They are supposed to be descendants of Moors who converted to Christianity and settled near Lisbon to supply the city with the produce from their vegetable gardens. **Saloio** is also a derogatory word, meaning roughly a stupid or clumsy person.

[b] This is an adaptation of the English word *cakes*.

Andrea Smith

Na pastelaria: "Dê-me um destes, faz favor."

Pastelarias sell an enormous variety of cakes and pastries. You may sit at a table or order pastries and coffee, tea, milk or a soft drink at the counter. When looking for pastries, you don't need to know the names of the individual ones. Just point and say: "**Dê-me um destes, faz favor**" *Give me one of those, please.* In many cases, if you are sitting at a table and are uncertain about the terminology, the waiter will suggest that you go to the counter and point out what you want. Among pastries, **pastéis de nata**, a sort of crunchy shelled custard pies, are extremely popular. Those sold at a century old **pastelaria** in the Lisbon district of Belém, and thus known as **pastéis de Belém**, are made according to a secret recipe, unknown even to the bakers themselves, and particularly well-liked. **Pastéis de laranja** are a specialty of the city of Setúbal, south of Lisbon.

A **livraria** is a *bookstore*. There are usually no university-run bookstores, but there are always bookstores near the **faculdades**, as well as throughout the town. In Lisbon the best bookstores are located in the Chiado area. Nearby, on Rua do Alecrim and Rua Nova da Trindade, you may find **alfarrabistas,** which are rare or second hand book dealers. In Oporto excellent bookstores are to be found on the streets leading up from the Avenida dos Aliados. At **livrarias** you can buy:

livros	**plantas da cidade** = city
dicionários	maps
o **atlas** (singular and plural, same form)	

At a **papelaria** or *stationery store* you will find:

o **lápis** (singular and plural, same form)	o **papel**
	cadernos
esferográficas ball-point pens	**agendas** datebooks

A **banca de jornais** or o **quiosque de jornais**[a] *news stand* is where you can buy:

os **jornais** = newspapers[b]	**revistas** = magazines
os **postais** = post cards	

NOTES:
[a] A **banca** might be just a table where newspapers are displayed or a simple structure with a small counter that folds up at night. A **quiosque** is obviously a kiosk.
[b] *Diário de Notícias*, *Público* and *Correio da Manhã* (Lisbon) and *Jornal de Notícias* and *Primeiro de Janeiro* (Oporto) are well-known newspapers. *Expresso*, a weekly that comes out on Saturdays, is an excellent source of information on Portuguese life. *A Bola* is an popular sports newspaper. The *Jornal de Letras*, commonly known as *JL* [jota ele], has interesting articles and news on the literary and cultural scenes. To buy foreign newspapers you usually have to go to a downtown **tabacaria**, a tobacco shop. In addition to **cigarros** (cigarettes) and other smoking materials, **tabacarias** also sell domestic and foreign magazines, souvenirs (**as recordações**), and some stationery supplies and postcards.

No quiosque vendem lotaria

A farmácia *pharmacy*. If you are not feeling well, the **farmacêutico** or **farmacêutica** can usually recommend simple medication. Toiletries and beauty supplies may also be obtained there. You may have a need for:

pensos rápidos = band-aids
o algodão = cotton
o álcool = rubbing alcohol
cosméticos

o creme para o sol = sunscreen
o champô = shampoo
o verniz para as unhas = nail polish
o after shave

O barbeiro/cabeleireiro/o salão de beleza (barber shop/beauty salon) are places you go mostly to get your hair cut and set or to get a manicure.

Men may ask for these services:

lavar a cabeça = a shampoo
um corte de cabelo normal = a regular haircut
curto dos lados = short on the sides
comprido atrás = long in the back
fazer a barba = a shave

Women may ask for:

uma *mise* = a set
uma permanente
um *brushing*

cortar o cabelo = a haircut
pintar o cabelo = to have the hair dyed

You may buy clothing at a **loja de confecções**. **O pronto-a-vestir** (literally "ready-to-wear," a direct translation from the French *prêt-à-porter*) sells ready made clothes. At **o alfaiate** or a **alfaiataria** (literally "tailor" or "tailor shop") you may buy quality ready to wear or made to order men's suits, as well as shirts, ties, scarves and other garments.

To buy shoes (**sapatos**) one goes to a **sapataria**. **O sapateiro** is a shoe repair place. Men and women are likely to ask them respectively to:

pôr meias solas nos sapatos = put in half soles
pôr capas nos saltos = to re-heel

A fotografia is a photo store. There you can:

comprar   **películas** = buy film
      pilhas = batteries
      máquinas fotográficas = cameras
      câmaras de vídeo
entregar um rolo de películas para revelar e fazer
      provas = have a roll of film developed and printed
revelar slides = develop slides

At a **fotógrafo** you may **tirar fotografias para passaporte** *have pictures taken for passports* or even get your wedding pictures taken.

Due AFTER next week (handwritten note)

Prática oral

Actividade A. Look at the selections below and pick the store associated with that item.

1. Compramos batatas a. na mercearia b. na padaria c. na livraria
2. Compramos tomates a. na sapataria b. no fotógrafo c. no supermercado
3. No lugar de fruta compramos a. óculos *eyeglasses* b. bananas c. aspirina
4. Na padaria têm a. pão caseiro b. dicionários c. perfume
5. Compramos o *Diário de Notícias* a. no barbeiro b. no sapateiro c. na banca de jornais
6. Na papelaria têm a. canetas b. pistolas c. *pizza*
7. Na mercearia compramos a. ovos b. *jeans* c. rádios
8. Na perfumaria compramos a. iogurte b. loção c. sapatos
9. Na farmácia têm a. alface b. presunto c. penicilina
10. Na livraria compramos a. vinho do Porto b. leite c. livros de texto

Actividade B. Match the names of the stores with the articles or services you may get there:

1. lugar de fruta
2. padaria
3. livraria
4. sapateiro
5. cabeleireiro
6. supermercado
7. farmácia
8. croissanteria
9. fotografia
10. pastelaria

a. feijão, arroz e sardinhas de conserva
b. um *flash* e película a cores
c. romances e livros de poesia
d. *croissants*
e. antibióticos
f. lavagem e uma permanente
g. pastéis de nata, *éclairs* e tartes de fruta
h. carcaças, pão de milho e bolos de arroz
i. pôr meias solas nas botas
j. bananas, tangerinas e melões

Actividade C. Listen to the answers your instructor will give. Then you provide a proper question.

Vozes portuguesas

Filomena talks about her shopping.

Faço compras no hipermercado

Faço compras habitualmente no hipermercado.[a] Como quase todas as donas de casa, normalmente no final de cada mês faz-se uma lista das coisas que vão ser necessárias durante o mês, das coisas mais importantes e vai-se ao supermercado e compra-se este mundo e o outro. Depois, no dia-a-dia, para aquelas coisas... pronto, [b] o pão, o do dia-a-dia, etc., o leite, então vai-se ao supermercado pequenino, ao supermercado do bairro, e quase todos os dias a gente[c] vai fazer uma compra mínima mas é sempre necessário fazer qualquer compra.

NOTES:
   [a] More about **hipermercados** later in this lesson.
   [b] **Pronto** is an extremely common emphatic word, a rough equivalent of "well..." **Pronto!** means *Ready!*
   [c] **A gente** is a colloquial equivalent of **nós**. It takes the singular form of the verb.

bairro neighborhood	**faz-se** one makes up	**no dia-a-dia** every day
compra-se one buys	**final** end	**pequenino** small
donas de casa housewives	**mês** month	**vai-se** one goes
este mundo e o outro everything in sight		

Comprando flores no Rossio

Prática oral

Answer the questions that your instructor will give.

3. O plural dos substantivos e dos adjectivos

You already know how to form basic plurals of words ending in most vowels or consonants. This section completes the picture.

A. Words than end in **-m** form their plurals regularly by changing the **-m** to **-n** and adding **-s**:

um-uns	one-some
jovem-jovens	young (persons]
paisagem-paisagens	landscape(s)
homem-homens	man-men
bagagem-bagagens	baggage
bom-bons	good
fim-fins	end(s)

B. Most words ending in **-l** change **-l** to **-i** and add **-s**:

natural-naturais	natural
material-materiais	material(s)
casal-casais	married couple(s)
insolúvel-insolúveis	insoluble
automóvel-automóveis	automobile(s)
túnel-túneis	tunnel(s)
azul-azuis	blue
casual-casuais	occasional

When the endings are stressed, only **-éis** and **-óis** bear an accent mark:

hotel-hotéis	hotel(s)
pastel-pastéis	pastry(-ies)
infiel-infiéis	unfaithful
espanhol-espanhóis	Spanish
sol-sóis	sun(s)

A stressed **-ais** or **-uis** has no accent mark: ***naturais, azuis***.
When the word ends in **-il**—and very few do—, one of two things happens.
If it is stressed on the last syllable, the **-l** disappears and an **-s** is added:

barril-barris	barrel(s)
funil-funis	funnel(s)

When **-il** is *not* stressed, it becomes **-eis** in the plural:

difícil-difíceis	difficult
fácil-fáceis	easy
fóssil-fósseis	fossil
fútil-fúteis	futile

Prática oral

Actividade A. Give plural forms of the words your instructor says in the singular.

Actividade B. Now give singular forms.

Actividade C. Review of adjectives. Listen to the questions and use the opposites in your answers.

> MODELO: O livro é interessante. E os cadernos?
> Os cadernos não são interessantes, são chatos.

C. The most common plural of nouns ending in **-ão** is **ões**. All nouns ending in **-ção** and **-são** have this plural ending.

a associação—as associações	association(s)
a condição—as condições	condition(s)
a lição—as lições	lesson(s)
a posição—-as posições	position(s)
a reacção—as reacções	reaction(s)
o balcão—os balcões	balcony(-ies), [store] counter(s)
o avião—os aviões	airplane(s)
o camião—os camiões	truck(s)

A few **-ão** words have plurals in **-ãos** and even fewer have plurals in **-ães**. You should just learn these individually. Here are the most common:

-ão to **-ãos**

o irmão-os irmãos *brother(s)*
a mão-as mãos *hand(s)*
o cidadão-os cidadãos *citizen(s)*
o cristão-os cristãos *Christian(s)*

-ão to **-ães**

o **cão**–os **cães**	o **alemão**—os **alemães**
o **pão**—os **pães**	o **capitão**—os **capitães**[3]

Prática oral

Actividade A. Your instructor will give the singular form of some words and you will say each word and its plural form as the word is dictated.

Actividade B. Say these sentences in the singular. They will make about as much sense in the singular as in the plural!

1. As funções dos generais são variáveis.
2. Os civis espanhóis não têm aviões.
3. As bagagens dos capitães são caras.
4. Os pães dos casais são duros.
5. Os irmãos dos oficiais são bons.
6. Os automóveis azuis são horríveis.
7. As decisões dos capitães são impossíveis.
8. Os coronéis têm os mísseis intercontinentais.
9. As questões difíceis são insolúveis.
10. Os alemães infiéis não são jovens.

Vozes portuguesas

Here Filomena tells us more about **hipermercados**.

Os hipermercados são úteis para quem tem pressa

Os hipermercados são lojas gigantescas, chamemos-lhe assim, é um espaço enorme, onde para além do sítio onde se compram bens alimentares há também normalmente um grande corredor da parte de fora onde nós podemos encontrar lojas de todo o tipo. Roupa, calçado, perfumarias, electrodomésticos, tudo aquilo que se pode imaginar que existe num *shopping center* nós encontramos num

---

[3] If you know Spanish, these irregular plurals will not seem so irregular since the equivalent Spanish plural forms overwhelmingly have the *same vowels* as the Portuguese plurals:

-ão to **-ões**: Sp. **el león**—Port. **o leão**	Sp. **-ones** = Port. **-ões**
Sp. **los leones**—Port. **os leões**	
-ão to **-ãos**: Sp. **la mano**—Port. **a mão**	Sp. **-anos** = Port. **-ãos**
Sp. **las manos**—Port. **as mãos**	
-ão to **ães**: Sp. **el pan**—Port. **o pão**	Sp. **-anes** = Port. **-ães**
Sp. **los panes**—Port. **os pães**	

hipermercado. Às vezes vamos para comprar comida e acabamos por comprar um casaco, uma mala e não só... Eles são espaços hoje em dia muito, muito importantes no dia-a-dia porque tornam a vida muito, muito mais cómoda. Tudo é mais rápido porque está tudo concentrado num só espaço. Há sempre um banco, normalmente há um banco em cada hipermercado, há caixas automáticas onde se pode facilmente levantar dinheiro, há sempre bombas de gasolina, toda uma série de serviços que são extremamente úteis para quem tem que viver à pressa.

acabamos por end up by
às vezes sometimes
bens alimentares groceries
bombas de gasolina gas stations
caixas automáticas ATM's
calçado footwear
casaco coat
chamemos-lhe assim as we call them
comida food

cómoda comfortable
corredor walkway
da parte de fora outside
dinheiro money
e não só and not only that
electrodomésticos household appliances
encontrar find
facilmente easily
levantar withdraw

mais more
mala purse
para além beyond
podemos can
roupa clothing
sítio place
tem pressa is in a hurry
toda uma série a whole range
tornam make
úteis useful

Prática Oral

Choose the correct answer according to the text:
1. Um hipermercado é   a. um supermercado normal   b. uma série de minimercados c. um enorme supermercado com outros serviços
2. Nos hipermercados nós podemos comprar   a. roupas, calçado e perfumarias b. haxixe, heroína e cocaína c. jipes, tractores e tanques
3. Às vezes os clientes vão com a intenção de comprar comida e acabam por comprar a. um automóvel ou uma motocicleta b. um casaco ou uma mala c. um computador ou uma câmara de vídeo
4. Os hipermercados são importantes porque tornam a vida muito mais a. monótona b. cara c. cómoda
5. Normalmente num hipermercado há sempre a. um museu de história natural, um planetário e uma biblioteca pública b. um banco, caixas automáticas e uma bomba de gasolina c. uma marina, um aeroporto e uma estação de metro

Dois a dois

Pair up for a few minutes to prepare a short conversation that takes place in one of the stores or businesses described in the text. Then perform the dialogue—others in the class will guess the location where the exchange takes place.

Vozes portuguesas

Germano has also something to say about **hipermercados**.

Os hipermercados não vendem helicópteros

O hipermercado agora vende de tudo, mesmo portanto[a] electrodomésticos, tudo. A única coisa que neste momento ainda não vende são helicópteros. O resto, uma pessoa pode encontrar de tudo.

NOTE:
[a] Portuguese speakers have recently started using a completely unnecessary **portanto** *therefore* in the middle of the sentence.

mesmo even　　　　　　　　**uma pessoa** one

Prática Oral

Germano was obviously being facetious when he said that the only thing **hipermercados** do not yet sell is helicopters. Now follow his train of thought and make up a list of ten things hipermercados sell and another list of ten things they do not sell.

4. Pesos e medidas

When you are shopping, sometimes you buy things by the unit, by weight, or by liquid amount. You should know how to say these amounts, so you can communicate how much you want and so you can understand.

Por unidade (*by the unit*)
 meia dúzia (de) = half dozen
 uma dúzia (de) = a dozen
Por peso (*by weight*)
 duzentos e cinquenta gramas = 250 grams, a little more than half a pound (1 pound = 453 grams)
 meio quilo = 500 grams, a half kilo
 um quilo = 2.2 pounds
 um grama = one gram
Por medida líquida (*liquid*)
 um litro = one liter, a little more than a quart (1.056 quarts)
 meio litro = half a liter
 dois decilitros e meio = a quarter liter
 sete decilitros e meio = three quarters liter

A liter of water weighs one kilo; one "cc" (cubic centimeter)—or "cm^3" in Portugal—of water weighs a gram; there are 1000 cc's per liter and 1000 grams per kilo—it is a neat system. To convert kilos to pounds is easy: double the number of kilos and add ten percent; 220 kilos would be 440 + 44 pounds, that is, 484 pounds.

Prática oral

Actividade A: Complete with the most appropriate choice:
O meu amigo Vítor compra:

1. duzentos e cinquenta gramas de: a. jornais b. manteiga c. sabonete
2. uma dúzia de a. ovos b. sapatos c. máquinas fotográficas
3. um litro de a. café b. chocolate c. leite · milk
4. um quilo de a. arroz b. iogurte c. pasta de dentes
5. meio quilo de a. revistas b. postais c. presunto

Actividade B. How do the Portuguese buy the following items?

por unidade	por garrafa
por pacote	por quilo
por dúzia	por litro

MODELO: Uvas. Eles compram uvas por quilo.

No Euromarché

Vozes portuguesas

Carlos is the editor-in-chief of a provincial newspaper.

Que jornal é que vais comprar?

Começando pelos diários, entre os maiores jornais portugueses o de maior tiragem é o *Jornal de Notícias*, do Porto. Depois vem o *Correio da Manhã*, um jornal feito em Lisboa. Apesar de tudo talvez os mais conhecidos no país sejam o *Público* e o *Diário de Notícias*. Depois podemos citar *O Primeiro de Janeiro* e *A Capital*.ª Gostaria também de dizer que houve um desaparecimento há relativamente pouco tempo de dois jornais que eram de facto duas instituições em Portugal, o *Diário Popular* e o *Diário de Lisboa*.[b] Quanto a semanários há naturalmente o *Expresso*. As grandes polémicas são criadas ao fim-de-semana, quando sai o *Expresso* e quando sai outro jornal muito bom em termos de investigação, que é *O Independente*.

NOTES:
     [a] *A Capital* is now the only evening newspaper in Lisbon.
     [b] *Diário Popular* and *Diário de Lisboa* were also evening newspapers.

ao fim-de-semana on weekends	**diários** daily papers	**quando** when
apesar de tudo in spite of everything	**dizer** say	**quanto** as to
	feito published	**sai** comes out
citar mention	**gostaria** I would like	**sejam** are
começando beginning	**houve** there was	**semanários** weeklies
conhecidos well known	**maiores** largest	**talvez** perhaps
	país country	**tiragem** circulation

Prática Oral

Answer the questions you will hear.

5. PORQUE? e PORQUE

A. **Porque?** (or **Porque é que?**) begins a question and means *why*; **porque** (not in a question) means *because*:

> **Porque é que** tu não ficas?
>   Não fico **porque** tenho aula às três.
> **Porque é que** vocês moram numa cidade pequena?
>   **Porque** a vida lá é muito calma.

B. But when *why?* stands alone or is stressed, it looks like this: **Porquê?**

> Não acabas o trabalho? **Porquê?**
> Elas não vêm à festa? **Porquê?**

Prática oral

Actividade. Answer the questions your instructor will ask.

6. Mais verbos seguidos por uma preposição

A. The expression **acabar de** + *an infinitive* conveys the same idea as the English expression *to have just* + *past participle*, although the two expressions obviously do not share any similarity in structure.

> **Acabamos de ouvir** o telejornal.
> We *have just heard* the newscast.

Fazendo compras no supermercado

Ela **acaba de preparar** um prato fantástico.
> She *has just prepared* a fantastic dish.

O empregado **acaba de trazer** a sopa.
> The waiter *has just brought* the soup.

Acabar por means *to wind up... -ing*: Ele **acaba por** não levar
dinheiro. He *will wind up* not charging. **Acabar** used alone, as you know,
means *to finish*: Quando é que tu **acabas**? When are you *finishing*?

B. Again, in Portuguese there is nothing unusual about **voltar a** + *an infinitive*, but
it also has an unusual equivalent in English: *to [do something] again.*

Quando me engano, **volto a escrever** a actividade.
> When I make a mistake, I *write* the exercise *again*.

Nós queremos **voltar a ver** esse filme.
> We want to *see* that film *again*.

Acabamos de almoçar e podemos **voltar a estudar**.
> We have just had lunch and can *study again*.

C. Two useful **ter** expressions are followed by infinitives:

ter que..., ter de... *to have to...*

Temos que ir ao cinema com os tios.
> *We have to* go to the movies with our aunt and uncle.

Tenho de trabalhar durante o verão.
> I *have to* work in the summer.

ter vontade de... *to feel like...*

Não **tens vontade de** estudar hoje?
> You don't *feel like* studying today?

Vocês **têm vontade de** ir ao cinema hoje?
> Do you *feel like* going to a movie today?

Ter vontade de always has an infinitive following. In English, this

Portuguese infinitive is always translated with an *-ing* form.

Vendedor ambulante de castanhas assadas

Prática oral

Actividade A. Answer the questions your instructor will ask.

Actividade B. Acabar de or **Voltar a**?

MODELO: No aeroporto a Cristina chama um táxi. Ela *acaba de* voltar de uma viagem à Alemanha.

1. Agora uso *jeans* mas se eu _____ trabalhar, uso roupa mais elegante.
2. Ela vai pedir uma bica porque _____ almoçar.
3. Nós podemos telefonar agora. O Luís _____ conversar com a namorada.
4. Eles tiram *take away* os pratos da mesa para lavar porque _____ jantar.
5. Estudamos de manhã cedo mas de tarde, depois das aulas, _____ estudar.
6. Vocês não têm que ir ao supermercado. Eu _____ vir de lá.

Actividade C. Translate the sentences you will hear.

Vozes portuguesas

Filomena talks here about public markets

Na minha zona o mercado é excepcional!

Os mercados públicos[a] são geralmente muito bons porque vendem fruta fresca, peixe fresco, carne fresca. Normalmente se a pessoa quer fazer uma alimentação cuidada dirige-se ao mercado público. Na zona onde eu vivo, por exemplo, o mercado é excepcional, tem de tudo um pouco, tem peixe excelente que vem da zona de Sesimbra.[b] Uma pessoa pode lá comprar uma pescada maravilhosa para cozer com feijão verde,[c] que também se compra nesse mercado, e fazer uma refeição extremamente saudável.

NOTES:
   [a] Public markets are to be found in large buildings where vendors have permanent stalls.
   [b] Sesimbra is a fishing town and tourist resort near Setúbal.
   [c] Boiled whiting, potatoes and green beans, seasoned with oil and vinegar, is popular fare on Portuguese tables.

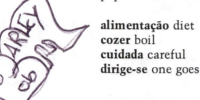

alimentação diet
cozer boil
cuidada careful
dirige-se one goes

feijão verde string beans
fresca fresh
maravilhosa marvelous
minha my

refeição meal
saudável healthy
vendem they sell
vivo live

Prática oral

Correct the statements you will hear according to the text.

7. «Vejo o Sr. Andrade. Como está, Sr. Andrade?»

The title of this section illustrates the concept it deals with. When you are talking *about* someone who has a title, you use the definite article (**o, a, os, as**) before the title, but when speaking directly to a person with a title, the article is not used. (Remember that the first note following the dialogue on p. 51 explains that the same thing occurs when you address a person by his or her given name.)

A title can be as simple as **Sr., Sra. (senhor,-a)**, (*Mr., Mrs., Miss*) or as high as **Senhor Presidente** or **Senhor General**. A lady is not addressed as **Senhora Rodrigues** or **Senhora Castro**, but rather by her first name(s) preceded by **Senhora Dona**, abbreviated as **Sra. D.: Boa noite, Senhora Dona Maria Antónia**. In a less formal tone you may skip the **Senhora: Boa noite, Dona Maria Antónia**. Addressing a lady as **Senhora Maria Antónia** might be strongly resented. Portuguese does not distinguish between **Miss** and **Mrs. Ms.** has no equivalent in Portuguese.

Any university graduate is addressed as **Senhor,-a Doutor,-a** with only two exceptions: **Senhor,-a Arquitecto,-a** and **Senhor,-a Engenheiro,-a**. Curiously, **Senhor,-a Professor,-a** could refer either to an elementary school teacher or to a university professor. High school teachers are addressed as **Senhor,-a Doutor,-a**. When a moderate degree of familiarity is attained, **Senhor,-a** preceding a title may be ommitted. In Lição 1 you saw that in court judges are addressed as **Senhor Doutor Juiz**.

Rigorously the abbreviation **Dr.,-a.** refers only to physicians, lawyers or individuals holding a B.A. or M.A. degree. **Doutor,-a** written out in full before a name applies to somebody with a Ph.D. degree.

Here are some typical titles:

Senhor (Sr.) *Mr.*
Senhor-a Doutor,-a (Sr.Dr., Sra. Dra.) *doctor*
Senhor Capitão *captain*

Senhora (Dona) (Sra. D.) *Miss, Mrs.*
Senhor Embaixador *ambassador*
Senhor-a Professor,-a *professor*

NOTES: Pronounced rapidly, **senhor doutor** sounds like **soTOR** and **senhora doutora** is pronounced **sotORA**. A woman ambassador is an **embaixadora**. An **embaixatriz** is an ambassador's wife.

> **O Professor** Schmidt fala português? **Professor** Schmidt, o senhor fala português?
>> Does *Professor* Schmidt speak Portuguese? *Professor* Schmidt, do you speak Portuguese?
> O **Dr.** Monteiro é um bom médico. **Dr.** Monteiro, como está?
> *Dr.* Monteiro is a good doctor. *Dr.* Monteiro, how are you?

Prática oral

Actividade. Diálogo. Fill in the blanks with the definite article when necessary.

ALUNO: _____ Senhora Professora, _____ senhora vai estar na Faculdade amanhã?

PROFESSORA: Amanhã tenho uma reunião ao meio-dia com _____ Professor Cruz

ALUNO: Preciso falar com _____ senhora e com _____ Professor Macedo sobre a minha tese *thesis*.

PROFESSORA: Vou voltar ao meu gabinete *office* depois da reunião mas de tarde tenho de falar com _____ Arquitecto Costa Mendes. Conversamos depois da aula?

ALUNO: Tudo bem. Muito obrigado, _____ Senhora Professora.

Diálogo

De que é que eu preciso?	What do I need?
A Susan mora com uma família portuguesa, os Saraiva. A dona da casa, a D. Fernanda, vai hoje fazer compras e convida a Susan para ir com ela.	*Susan lives with a Portuguese family, the Saraivas. The lady of the house, Dona Fernanda, is going shopping today and invites Susan to go with her.*
D. FERNANDA: Susan, vou agora ao supermercado. Quer vir comigo?	DONA FERNANDA: Susan, I'm going to the market now. Would you like to come with me?
SUSAN: Com certeza, D. Fernanda.ª Só cinco minutos, sim?	SUSAN: Sure, Dona Fernanda. Five minutes, OK?
D. FERNANDA: Olhe, vou ligar o carro. Está logo aqui em baixo, do outro lado da rua.	DONA FERNANDA: Look, I'm going to start the car. It's down there, right across the street.
SUSAN: Está bem, D. Fernanda. Até já!	SUSAN: OK, Dona Fernanda. See you in a minute.

(A D. Fernanda e a Susan chegam ao super-mercado. Encontram lugar para estacionar muito perto da porta de entrada.)

D. FERNANDA: Os carrinhos estão ali. Vou levar um.

SUSAN: Não se incomode, D. Fernanda, eu vou buscar.[b]

(Entram no supermercado e vão até ao fundo)

D. FERNANDA: Ora vamos lá ver... Por onde é que começamos? Ah, sim, pelo peixe. Está aqui mesmo. Hum, a pescada não está muito fresca. Vamos ver este tamboril.

SUSAN: Tem bom aspecto.

D. FERNANDA: Está caro, mas enfim... *(Para a empregada)* Quanto pesa este?

EMPREGADA: Um quilo e meio, minha senhora.

D. FERNANDA: Está bem. Vou levar. E agora que mais? Deixa-me ver... Fruta, claro. De que fruta é que a Susan gosta mais?

SUSAN: Eu gosto de tudo. A senhora é que sabe.

D. FERNANDA: Bem, vou levar bananas, umas peras, uvas, talvez uns pêssegos. Vamos ver o que eles têm. A Susan ajuda--me a fazer uma salada de frutas?

SUSAN: Claro que sim. A senhora não precisa de arroz? Já não há muito lá em casa.

D. FERNANDA: Sim, tem razão. Quero fazer um arroz de tamboril. O arroz está ali adiante. E agora que mais?

SUSAN: A senhora não tem aí uma lista de compras?

D. FERNANDA: Tenho sim. Desculpe, sou muito distraída. Está aqui no bolso. Ora aqui temos. Precisamos de açúcar, ovos, queijo, sumos, tomate, salsa e iogurte. E detergente também.

SUSAN: A senhora quer Tide?[c] Está aqui atrás.

(Dona Fernanda and Susan arrive at the market. They find a parking space very near the entrance door.)

DONA FERNANDA: The shopping carts are over there. I'm going to get one.

SUSAN: Don't bother, Dona Fernanda. I'll get it.

(They go into the market and walk down to the end.)

DONA FERNANDA: Now, let's see... Where do we start? Oh, yes, the fish. It's right here. Hm, this whiting is not very fresh. Let's look at this monkfish.

SUSAN: It looks good.

DONA FERNANDA: It's expensive, but oh well... *(To the clerk)* How much does this one weigh?

ATTENDANT: One and a half kilos, madam.

DONA FERNANDA: OK. I'll take it. Now what else? Let me see. Fruit, of course. What kind of fruit do you like best, Susan?

SUSAN: I like everything. Whatever you say.

DONA FERNANDA: Well, I'll buy some bananas, a few pears, grapes, maybe a few peaches. Will you help me make a fruit salad?

SUSAN: Of course. Don't you need rice? There isn't much at home any longer.

DONA FERNANDA: Yes, you're right. I'm going to make monkfish and rice. The rice is over there. Now what else?

SUSAN: Don't you have a shopping list with you?

DONA FERNANDA: Yes, I do. Sorry, I'm quite absent-minded. It's here in my pocket. Here we are. We need sugar, eggs, cheese, fruit juices, tomatoes, parsley and yogurt. And detergent, too.

SUSAN: Do you want Tide? It's right here behind us.

D. FERNANDA: Sim, traga, se faz favor.

SUSAN: Ali adiante têm vinho verde.[d] O Sr. Saraiva gosta muito.

D. FERNANDA: Boa ideia. Vamos levar duas garrafas de Gatão.[e] Fresquinho, vai bem com o arroz de tamboril.

SUSAN: Mais alguma coisa?

D. FERNANDA: Não, acho que é tudo. Depois passamos pela padaria. Gosto mais do pão que têm lá.

DONA FERNANDA: Yes, bring some, please.

SUSAN: They have "green" wine over there. Mr. Saraiva likes it a lot.

DONA FERNANDA: That's a good idea. Let's take two bottles of Gatão. Chilled, it goes well with the fish.

SUSAN: Anything else?

DONA FERNANDA: No, I think this is it. Later we can go by the bakery. I like the bread there better.

NOTES:

[a] Notice the several nuances in the forms of address. Since Susan is considerably younger than Mrs. Saraiva, Susan addresses her as **D. [Dona] Fernanda** and **a senhora**. Dona Fernanda opted for **a Susan**. This form may puzzle English speaking students, but is quite usual in Portugal: **O Miguel tem uma caneta que me empreste?** *Do you, Miguel, have a pen I can borrow?*

Store clerks often call female customers **minha senhora**, the equivalent of "madam." (Incidentally, foreign lady customers are addressed as **madame**.) Address hierarchy may prove to be confusing for non-native Portuguese speakers. A rule of thumb is that in case of doubt you should opt for the more formal expression. If it comes out too formal, you will be gently corrected. If you use a too familiar form of address, the person you speak to may resent it.

[b] In some Portuguese markets (similar to what sometimes is the case in the United States) a 20, 50 or 100 escudo coin must be inserted in a slot before the shopping cart is released. The money is returned after use.

[c] Be sure to pronounce it "teed."

[d] **Vinho verde** is a slightly sparkling wine from Northern Portugal. It is not green at all: it is normally white, but it can also be red. It is called green since it is not yet mature.

[e] Gatão is a popular brand of "green" wine. Others are Alvarinho, Gazela, Lagosta and Aveleda.

Prática Oral

Answer the questions your instructor will give.

Leitura

Lojas, Supermercados, Centros Comerciais e Vendedores Ambulantes

Em Portugal não existem grandes armazéns, como os *department stores*[a] dos Estados Unidos. Os Portugueses compram o que necessitam em pequenas lojas do seu bairro, nos estabelecimentos mais elegantes do centro das cidades[b] ou em minimercados, supermercados e hipermercados. Os hipermercados, aparecidos há poucos anos na periferia de Lisboa, são supermercados gigantescos, alguns com mais de cinquenta caixas.[c]

Existem ainda centros comerciais. Os mais importantes de Lisboa são o Centro Comercial das Amoreiras, o Carrefour, o Euromarché e o Imaviz. O *Cascaishopping*[d] também é muito conhecido. Aí as pessoas podem encontrar lojas de vários tipos, salas de cinema, supermercados e restaurantes. No Porto existem, entre outros, o Shopping Center Brasília e o Centro Comercial Dallas. Aos sábados e domingos muitas pessoas vão lá só para olhar para as montras ou talvez almoçar ou tomar um refrigerante e comer um *hamburger* ou uma fatia de *pizza*.[e]

Pedro Boffa-Molinar

Na Feira de Ladra

Nas ruas das grandes cidades podemos ver muitos vendedores ambulantes. Em Lisboa é comum ver ciganos vendendo roupa ou africanos vendendo peças do seu artesanato. Também há os vendedores de fruta, peixe ou hortaliça com os seus triciclos e os cauteleiros (vendedores de lotaria). No Inverno aparecem os vendedores de castanhas assadas. E quando chove os vendedores de chapéus de chuva começam logo a fazer o seu negócio!

NOTES:

[a] The only two moderately large department stores in Lisbon disappeared in the 1988 fire which destroyed several blocks of the Chiado area.

[b] Some Lisbon stores have interesting names such as «Onde É?», «Adão Camiseiros» (did Adam wear shirts in Eden?), «A Loja do Gato Preto», «Só Musica» or «Querquembrulhe». The latter is the way **Quer que embrulhe?** *Would you like me to wrap it up?* is typically pronounced..

[c] Among these are the Jumbo in Alfragide and the Continente in Amadora.

[d] In Cascais, a seaside resort 25 km. west of Lisbon.

[e] There is also a shopping center located at the Rossio railroad station in downtown Lisbon. Some subway stations have a minimall. Many other cities and towns in Portugal also have shopping centers.

almoçar have lunch	**castanhas assadas**	**comer** eat
armazéns department stores	roasted chestnuts	**conhecido** well known
artesanato folk art	**chapéus de chuva**	**estabelecimentos** stores
caixas cashiers	umbrellas	**fatia** slice
	chove rains	**montras** store windows
	ciganos gypsies	

necessitam need	**olhar** look	**triciclos** three-wheeled
negócio business	**salas** rooms	bikes

Prática Oral

Prepare and ask a classmate ten questions on this **Leitura**.

Um bocadinho de humor

O Sr. Fonseca tem um hábito estranho. É coleccionador de antiguidades e todas as semanas entra na loja do costume e pergunta ao empregado: "Então o que é que vocês têm hoje de novo?"

antiguidades antiques	**do costume** usual	**novo** new
coleccionador collector	**então** so	**pergunta** asks
	estranho strange	

Pedro Boffa-Molinar

Dê-me um quilo de peras, faz favor.

4

«É uma casa portuguesa, com certeza»

1. Dois verbos importantes: FAZER, VER

A. **Fazer** means *to do* and *to make* and is extremely common. Here is its conjugation:

Fazer (*to do, make*)

eu **faço** *I do, make*   nós **fazemos** *we do, make*

tu **fazes** *you do, make*

o senhor, a senhora, você **faz**   os senhores, as senhoras, vocês
  you do, make   **fazem** *you do, make*

ele, ela **faz** *he/she does,*   eles, elas *fazem they do,*
  makes   *make*

Faço todo o trabalho.   I *do* all the work.
Elas **fazem** os cálculos.   They *do* the calculations.
Tu não **fazes** as leis!   You don't *make* the rules!
Fazemos um bacalhau muito bom.   We *make* very good codfish.

When you ask a question with **fazer** in its meaning *to make*, the answer always will also contain **fazer**:

O que é que essa fábrica **faz**? **Faz** frigoríficos.
  What does that factory *make*? It *makes* refrigerators.
Quando é que **fazes** bacalhau? **Faço** todas as semanas.
  When do you *make* codfish? I *make* it every week.

But when **fazer** means *to do* (as in English questions such as: "What did you *do* last Saturday night?" or "What did Pedro Álvares Cabral *do*?") usually any verb *but* **fazer** will be used (as the answers to these questions show: "We *went dancing* on Saturday night," or "He *discovered* Brazil in 1500").

O que é que tu **fazes** na aula de Português?
  Falo português.
O que é que os estudantes **fazem** na biblioteca?
  Estudam e **preparam** os exercícios.
O que **fazemos** amanhã?
  Vamos à praia.

Fazer is also used in a great number of expressions. In the last lesson you saw how **fazer compras** was used for *to shop*. In addition to some with a direct translation in English (**fazer a cama** *to make the bed*, **fazer uma sopa**, **fazer um favor**) here are a few more:

fazer a barba *to shave*
fazer anos *to have a birthday*
fazer as pazes *to make up , i.e. to reconcile*
fazer de conta *to pretend*
fazer greve *to go on strike*
Não faz mal! *It's all right!*

Prática oral

Actividade A. Answer the questions asked by your instructor. All the questions use the verb **fazer**, but your answers may not necessarily use that verb.

Actividade B. You will be asked questions containing **fazer** about what different people do and where they do it. It is likely again that no answer will contain that verb.
  MODELO: O que é que a Ana Paula faz à tarde? Onde é que ela faz isso?
      Estuda. Estuda em casa.

Fazer can also be used with a number of weather expressions. In Portuguese "it makes" weather.

Como é que está o tempo?   What's the weather like?
Faz (bastante) sol.   It's (pretty) sunny.
Faz (muito) bom tempo.   It's (very) nice weather.
Faz (bastante) frio.   It's (pretty) cold.
Faz (muito) calor.   It's (very) hot.

Chover means *to rain*: "Quando é que **chove** aqui? **Chove** muito em Fevereiro." **Nevar** means *to snow*. In Portugal it usually snows only in the Northeastern area, especially in the Serra da Estrela, where you can ski.

Uma casa portuguesa, com certeza

Prática oral

Actividade A. Complete with a weather expression.
1. _____ ? Faz bom tempo.
2. Em Dezembro em Nova Iorque, sempre _____.
3. Em Dezembro no Rio de Janeiro, sempre _____.
4. É certo que no Norte de África _____?
5. Mas pelo contrário, em Inglaterra muitas vezes _____.
6. Em Angola nunca _____.

Actividade B. Answer the questions your instructor will give about the weather.

D. Ver means *to see*. Here are its forms:

Ver (*to see*)	
eu **vejo** *I see*	nós **vemos** *we see*
tu **vês** *you see*	
o senhor, a senhora.,	os senhores, as senhoras,
você **vê** *you see*	vocês **vêem** *you see*
ele, ela **vê** *he/she sees*	eles, elas **vêem** *they see*

Eles não **vêem** todos os filmes.
They don't *see* all the movies.
Não **vejo** bem sem óculos.
I can't *see* well without glasses.
Quando é que tu **vês** televisão?
When do you *watch* television?
Nós **vemos** o professor na sala de aula.[1]
We *see* the teacher in the classroom.

Ver is used in the meaning of *watch* when you look at television, as the example above shows. The **nós** form of **vir** and **ver** are similar: **vimos** and **vemos**. Since both verbs are quite short, and both begin with **v-**, it is important to keep them quite separated in your mind.

Vozes portuguesas

João is the young owner of a bar and restaurant in Sesimbra.

Os Portugueses, um povo sedentário.
O que acontece é que nós somos muito sedentários. O que eu quero dizer com isso é que... Por exemplo eu continuo a viver na mesma casa onde nasci. Portanto somos pessoas que mudamos muito menos do que estamos habituados a ver em Inglaterra ou mesmo nos Estados Unidos.[a]

NOTE:
[a] João is absolutely right when he states that the Portuguese rarely move from one dwelling to another. Rent control, among other factors, makes it practical not to leave an apartment with an extremely low rent where one has lived for some time for another, possibly even smaller, where the rent has accompanied inflation.

acontece happens	**muito menos** much less	**quero dizer com**
Inglaterra England	**nasci** I was born	**isso** mean by that
mudamos move	**povo** people	**viver** live

Prática oral

Answer the questions your instructor will ask.

Dois a dois

O que é que nós vemos na sala da minha casa? Describe something you see

---

[1] Students who know Spanish may wonder if there is a "personal **a**" in Portuguese. There isn't. To say "I see João" you just say **Vejo o João**.

to your partner who will then guess its identity.

STUDENT 1: Eu vejo uma coisa azul.
STUDENT 2: Tu vês uma carpete.
STUDENT 1: Não é isso, não. Vejo uma coisa azul perto da janela.
STUDENT 3: Tu vês um sofá.
STUDENT 1: É isso mesmo.
        etc.

2. Os possessivos: «Ele tem a minha caneta!»

Possessive adjectives or pronouns[2] indicate **who** possesses something and agree in number and gender with what is possessed. Here are their forms:

o(s) meu(s) *my*	os meus amigos
a(s) minha(s)	a minha caneta
o(s) teu(s)	a tua casa
a(s) tua(s)	as tuas camisas
o(s) seu(s) *your* (=**de você**)[3]	o seu carro
a(s) sua(s)	as suas irmãs
o(s) seu(s), dele *his*	os seus discos, os discos dele
a(s) sua(s), dele	a sua motocicleta, a motocicleta dele
o(s) seu(s), dela *her*	o seu rádio, o rádio dela
a(s) sua(s), dela	as suas lições, as lições dela
o(s) nosso(s) *our*	a nossa família
a(s) nossa(s)	os nossos colegas
o(s) seu(s) *your* (=**de vocês**)	o seu carro
a(s) sua(s)	as suas disquetes
o(s) seu(s), deles, delas *their*	os seus livros, os livros deles
	sua faculdade, a faculdade deles
a(s) sua(s), deles, delas *their*	o seu dicionário, o dicionário delas
	as suas bicicletas, as bicicletas delas

In English, *his* and *her* agree with the *possessor* (*his pen, her pencil*). This frequently leads English speaking students to make mistakes. (English-speaking students erroneously think: "She's a woman, therefore she should use the *feminine* form of the possessive for what she possesses!") If a

---

[2] You do not have to be too concerned with the difference between possessive adjectives and possessive pronouns. Possessive adjectives precede a noun (**o meu dicionário**) and possessive pronouns represent it (**De quem é esta carta. É minha.**). However, adjectives and pronouns share the same forms.

[3] Also means **do senhor, da senhora**, and below, **dos senhores, das senhoras**.

woman possesses something masculine, she'd   use the masculine possessive: **A Maria Lúcia tem o seu carro aqui.** And vice-versa, if a man possesses something feminine, he'd use the feminine possessive: **O José Pedro entende a sua lição.**

In principle **o(s) seu(s)** and **a(s) sua(s)** may refer to something possessed by *you (singular and plural)*, *him*, *her*, *it*, or *them*. But in practice—especially in speech, to avoid ambiguity, **o(s) seu(s)** and **a(s) sua(s)** tend to mean only *your* (singular and plural). To say ***her*** *car*, instead of saying **o seu carro** (*her car*), Portuguese speakers may say **o carro dela** (*the car of her*). **His** *car* would be **o carro dele**. The following table will help you to better understand this structure. Notice that only the article agrees with what is possessed.

	his	*her*	*their* (m.)	*their* (f.)
carro (m. s.)	(o) dele	(o) dela	(o) deles	(o) delas
bicicleta (f. s.)	(a) dele	(a) dela	(a) deles	(a) delas
carros (m. pl.)	(os) dele	(os) dela	(os) deles	(os) delas
bicicletas (f. pl.)	(as) dele	(as) dela	(as) deles	(as) delas

Este lápis não é meu. É **dele**.
> *This pencil is not mine. It is **his**.*

Esta raquete de ténis não é minha. É **dela**.
> *This tennis racquet is not mine. It is **hers**.*

Este dinheiro não é nosso. É **deles** [do Carlos e do Pedro].
> *This money is not ours. It is **theirs** [Carlos and Pedro's].*

Esta pasta não é tua. É **delas** [da Márcia e da Isabel].
> *This briefcase is not yours. It is theirs [Márcia and Isabel's].*

If the possessor of something is obvious, as it is in *I put my hand into my pocket* (since your hand is *connected* to you and you are *wearing* your pocket), Portuguese speakers don't use a possessive: **Meto a mão no bolso.** The possessive is also understood (by Portuguese speakers at least) in sentences such as **Ele leva o irmão ao cinema?** *Does he take his brother to the movies?* and **Onde é que tu tens o carro?** *Where is your car?* This concept is hard for English speakers since English *requires* the possessive. In normal everyday speech the definite article must precede a possessive that comes before a stated or implied noun: **O meu irmão está na Madeira. O teu [irmão] ainda lá está?** It is only in very literary discourse—something you won't use for a while—that the article is omitted: **A Madeira, com suas esplêndidas paisagens e seu pitoresco folclore...**

3. A Joana está muito _____ porque o namorado está aqui.
4. Na aula não é permitido fazer um exame com os livros _____.
5. O Chico[4] gosta da Aida mas ela está _____ pelo irmão dele, o Eduardo.
6. Vocês não estão preparados para o exame de amanhã? Estão _____?
7. Eu acabo de ver um filme antigo, *História de Amor*, com Ali McGraw e Ryan O'Neil. Agora estou _cansado_
8. Elas estão com frio porque as janelas estão _abertas_
9. Nós estamos _doentes_; vamos ao médico.
10. Eu não vou sair com a minha namorada hoje porque ela não quer. Está _zangada_ comigo.

B. *Como é?* vs. *como está?* Como é? asks about characteristics: **Como é o professor? É simpático e inteligente. Como está?** asks about someone's health: **Como está o professor? Está doente.**

Vozes portuguesas

Here Filomena talks about her home cooking and take home food

Às vezes compro comida preparada

Na minha casa faço comida típica portuguesa. Não pode faltar a sopa no início da refeição, sobretudo ao almoço, e depois o cozido à portuguesa se for inverno, ou uma feijoada. Se for de verão lá iremos para um frango assado, uns bifes com batatas fritas e as sardinhas assadas, que às vezes não podem faltar, mesmo que se assem na varanda. Mesmo que se assem na varanda é sempre agradável juntar às vezes até uns familiares e fazer uma sardinhada. E o bacalhau também.[a]

Às vezes compro comida preparada no supermercado. Já há comida congelada muito boa que se pode fazer rapidamente, até aquecendo no micro-ondas. Dá sempre jeito quando se têm muitos afazeres. As *pizzas* também são muito práticas. Há também muitos pronto-a-comer, hoje em dia já é fácil ir a um pronto-a-comer e comprar até comida ao quilo.[b] É muito prático, muito cómodo para quem trabalha, como a maior parte das mulheres portuguesas hoje em dia trabalha.

NOTES:
[a] Filomena is referring here to a few staples of typical Portuguese cuisine. **Cozido à portuguesa** is cooked with boiled meats, *chouriço*, potatoes, cabbage, carrots, chickpeas, and sometimes chicken and white rice. The *feijoada*, unlike its Brazilian cousin, is made with white beans and includes different types of meat and sausage. *Sardinhas assadas* are fresh grilled sardines. If you grill them in the balcony, as Filomena mentions, you may run the risk of losing your neighbors'

---

[4] Chico is a nickname for Francisco.

friendship, as the odor is not altogether pleasant. A *sardinhada* is a grilled sardine meal, usually prepared as a social event. Filomena mentioned soups in general, but did not refer to two of the most popular in Portuguese cuisine: *canja* (chicken soup with rice) and *caldo verde* (a soup from Northern Portugal made of finely shredded kale cooked on a puréed potato base with a couple of thin *chouriço* slices added for flavor). If you are wondering about eating habits, the Portuguese, like most Europeans, always keep their fork in their left hand and their knife in their right—there is no switching as in North America.

[b] The *pronto-a-comer* is a recent phenomenon in Portuguese life. Sometimes food is sold by the kilo out of private homes.

a maior parte the majority
afazeres things to do
agradável pleasant
almoço lunch
ao quilo by the kilo
aquecendo warming up
assado roast
assem are grilled
batatas fritas French fries
bifes steaks

comida preparada prepared food
como like
congelada frozen
dá sempre jeito it's always convenient
fácil easy
faço I make
faltar be left out
familiares family members

frango chicken
juntar gather
lá iremos para we'll prefer
micro-ondas microwave oven
mulheres women
se for if it is
sempre always
varanda balcony
verão summer

Prática oral

Answer the questions your instructor will ask.

4. O verbo ESTAR com preposições

Since **estar** shows temporary locations, you will need to learn some prepositions (*in, near, far from*) so that you can show location.

A. **Em** contracts with articles, as you have seen:

	EM + DEFINITE ARTICLE		**EM** + INDEFINITE ARTICLE	
	Masculine	*Feminine*	*Masculine*	*Feminine*
Singular	**no**	**na**	**num**	**numa**
Plural	**nos**	**nas**	**nuns**	**numas**

Eles estão **no** cinema.
O dicionário está **numa** estante (*on a bookcase*)
Elas estão **na** praia. (*at the beach*)

NOTE: You associate **em** with **estar**, but **de** can be used in a few expressions that show temporary conditions: **estar de pé** *to be standing*, **estar de férias** *to be on vacation*, **estar de cama** *to be bedridden*.

The contraction of **em** and **de** with the definite article is mandatory. The contraction of **em** and **de** with the indefinite article is not, although preferred in spoken Portuguese.

A maioria dos Portugueses
habita em andares

B. There is a number of other useful prepositions. (With geographic and permanent location, **ser** or **ficar** are also used.)

perto de *near*	O Estoril é **perto de** Lisboa.
ao pé de *close to*	Ela está aqui **ao pé de** nós.
longe de *far from*	O nosso pai está **longe d**aqui—está em Moçambique.
ao lado de *next to*	O banco está **ao lado d**o meu trabalho.
debaixo de *underneath*	O dicionário está **debaixo d**a mesa.
sobre,[5] **em cima de** *on*	O dicionário está **em cima d**a mesa.

---

[5] **Sobre** is slightly more literary than **em cima de**.

em frente de *in front of*	O professor está **em frente d**os alunos.
atrás de *behind*	O carro dela está **atrás d**o meu.
à direita de *to the right of*	O rádio está **à direita d**a televisão.
à esquerda de *to the left of*	O sofá está **à esquerda d**a janela.
entre *between*	O João está **entre** o pai e a mãe.

Prática oral

Actividade A. Make complete sentences using these words as a base. You'll have to use proper forms of verbs, adjectives, and nouns. Where there is an asterisk, you choose either **ser** or **estar**.

1. filha/professor/Português/*/doente/hoje.
2. alunos/aula/Química/*/muito/inteligente.
3. eu/não/*/meu/casa/agora.
4. universidade/*/perto/centro/cidade.
5. estudantes/estrangeiro/não/*/contente/com/residências/universitários
6. casas/seu/parentes/*/muito/grande/e/cómodos
7. professor/*/sala de aula/Química/universidade.
8. trabalhadores/*/Portugal/mas/*/Nova Iorque/agora.

Actividade B. Look at the map and answer the questions your instructor will ask.

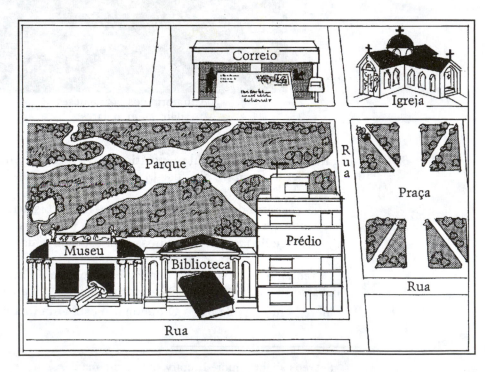

Actividade C. Fill in the blanks with a correct form of **ser** or **estar**. In some cases both **ser** and **estar** apply. Your instructor may want to discuss the difference in meaning.

1. O escritório do meu pai _é está_ num prédio alto e moderno.
2. O meu pai _está_ lá no escritório agora.
3. Como _é_ o nome da sua amiga?
4. A Greta _está é_ alemã.
5. A bomba de gasolina *gas station* _é_ perto da auto--estrada *freeway*.
6. A Inglaterra _é_ um belo país.
7. Os pais do Paulo _estão_ em Espanha. Eles _são_ de Madrid.
8. Todos os cadernos _estão_ novos.
9. O hotel _é_ em Cascais.
10. A mãe do Álvaro _está_ doente; _está_ no hospital.
11. Ele _é_ mecânico.
12. Onde _está_ o empregado com as cervejas?
13. A Susan e eu _somos_ dos Estados Unidos. De onde _está_ vocês?
14. Que dia _é_ hoje?
15. Não _é_ possível encontrar emprego *job* agora.
16. O Maurício, o José Manuel e o Artur _são_ colegas.
17. A Fernanda não _é_ muito bonita, mas _é_ simpática e inteligente.
18. O Dr. Antunes não _é_ dentista. A mulher dele _é_ economista.
19. De quem _são_ estes livros?
20. O carro do meu irmão _está_ na garagem.

Nos bairros da lata vivem ali todos uns em cima dos outros

Vozes portuguesas

Guadalupe is an elementary school teacher in a run-down area north of Lisbon where many Cape Verdeans live. Here she talks about living *conditions in this **bairro da lata**.*

Bairros da lata

Eles vivem em bairros degradados, em bairros da lata,[a] barracas,[b] e vivem ali todos uns em cima dos outros quase. As ruas chegam a ter... não têm mais de um metro e meio de largura. São autênticos guetos. E as casas... as casas, eu não sei, eles... acho que eles devem trazer alguns materiais que sobram das construções onde trabalham[c] e depois aproveitam esses materiais e ajudam-se uns aos outros e fazem aquelas casitas. Umas são autênticas caixas de fósforos empilhadas, não é?, outras em madeira mas agora a maior parte delas já são construídas em tijolo e tal.

Agora o Governo está a querer derrubar tudo, a deitar abaixo todos estes bairros degradados e está-lhes a dar, portanto, habitações económicas, com esgotos, com electricidade, casas normais, não é?, num bairro normal. Agora a maior parte das barracas não tem água corrente. Eles vão à fonte para se abastecerem de água... quase nenhuma tem. A maior parte delas são clandestinas.

NOTES:
   [a] Lisbonites use the expression **bairros da lata** for the slums where housing sometimes consists of tin (**lata**) shacks.
   [b] **Barracas** is the general term for the shacks in the **bairros da lata**.
   [c] Many **bairro da lata** dwellers are unskilled construction workers.

abastecerem obtain	**deitar abaixo** knock down	**madeira** wood
água corrente running water	**derrubar** demolish	**meio** half
ajudam-se help one another	**devem** must	**não chegam a ter** don't get to be
aproveitam use	**e tal** and such	**sei** know
caixas de fósforos match boxes	**empilhadas** stacked	**sobram** are left over
casitas small houses	**esgotos** sewers	**tijolo** brick
dar give	**está a querer** wants	**trazer** bring
degradados run-down	**fazem** build	**uns em cima dos outros** on top of one another
	fonte fountain	**vivem** live
	guetos ghettoes	
	habitações housing	
	largura width	

Prática oral

Choose the most appropriate answer according to this text:
1. Os bairros da lata são   a. zonas extremamente pobres   b. bairros económicos construídos pelo Governo   b. bairros históricos na parte antiga de Lisboa
2. As barracas são   a. blocos de apartamentos modestos   b. prédios antigos

no centro de Lisboa c. pequenas habitações construídas em madeira ou tijolo

3. O Governo pretende a. penalizar os habitantes das barracas b. construir habitações mais modernas para substituir as barracas c. instalar os habitantes das barracas em hotéis

4. A maior parte das barracas não tem a. portas b. telhados *roofs* c. água corrente

5. Os habitantes dos bairros da lata que não têm água corrente em casa a. vão abastecer-se a uma fonte b. compram água destilada no supermercado c. pedem água a um vizinho *neighbor*

C. **Prepositional pronouns**. When you need pronouns with the prepositions mentioned above (except **entre**), use subject pronouns except for **mim** *me*, **ti** *informal you* and **si** *formal you, him, her..*

SUBJECT PRONOUNS	PREPOSITIONAL PRONOUNS
eu	(de) **mim**
tu	(de) **ti**
o senhor, a senhora, você	(do) **senhor**, (da) **senhora** (de) **você**, also (de) **si** in all three cases
ele, ela	**dele, dela**
nós	(de) **nós**
os senhores, as senhoras, vocês	(dos) **senhores**, (das) **senhoras**, (de) **vocês**
eles, elas	**deles, delas**

Eles pensam muito **em ti**.
　They think a lot *about you.*
O seu marido vai a Madrid **sem** a senhora?
　Is your husband going to Madrid *without you?*

Entre can use either subject pronouns or prepositional pronouns, unlike English: **Não há segredos entre tu e eu/ti e mim**. *There are no secrets between you and me.* **Há alguma coisa entre tu/ti e ela?** *Is there something between you and her?*
The preposition **com** normally has unexpected changes when you need to add a pronoun:

Com + mim is always **comigo; Com + ti** is always **contigo**.
Com + você, o senhor, a senhora can stand as is, or can be **consigo** interchangeably for any of the three.
Com + ele, ela is the usual form meaning *with him, her*, but when it

implies "with him/herself," **ter, levar, trazer** (an irregular verb meaning *to bring*), **falar** (when you talk to yourself), etc., **consigo** is used.

Com nós is **connosco**, but the rest of the forms (**com vocês, com os senhores, com as senhoras, com eles, com elas**) show no changes.[6]

Queres ir à praia **comigo?**
Do you want to go to the beach with me?
A professora conversa muito **contigo?**
Does the professor talk a lot *with you?*
Sr. Matos, o director combina isso **consigo.**
Sr. Matos, the director is going to arrange that *with you.*
Elas vão à festa **connosco.**
They are going to the party *with us.*
Queres estudar **com eles?**
Do you want to study *with them?*

Prática oral

Actividade A. Complete using a pronoun. Form contractions if necessary:

1. O Octávio vai amanhã jantar com _____. (o Fernando e a Isabel)
2. O João trabalha para _____. (o Sr. Gomes)
3. Ele nunca vai à ópera sem _____. (a Rita e tu)
4. Não moramos longe de _____. (a Maria Lúcia e o Carlos Alberto)
5. Elas querem ir ao teatro com _____. (eu)
6. A minha mãe não pode fazer as compras hoje sem _____. (a Ana e eu)
7. Ele mora perto de _____. (eu)
8. Vou conversar com _____. (a D. Virgínia)

Actividade B. Answer the questions you will be asked, but substitute a pronoun for the noun which follows any prepositions in the question.

MODELO: Vais comprar um presente para *o Rui?*
Sim, vou comprar um presente para ele.

D. When you want to ask where *the* something is, you need to ask a question using **estar** or **ser/ficar**: "Onde **é/fica a** biblioteca nova?" *Where is the new library?* But when you want to ask where *a* something is, you need to use **há** *there is*: "Onde **há uma** biblioteca pública?" *Where is a public library?*

Vozes portuguesas

Fernando has worked as a scout for a supermarket chain, locating desirable property where new shops can be built.

---

[6] A rather formal or literary **convosco** (com + **vós**) also exists.

É impossível encontrar uma casa barata!

Eu vejo a malta[a] toda com problemas enormíssimos incluindo o problema do acesso à habitação, porque neste momento só um trouxa[b] é que compra uma casa[c] para alugar, não há ninguém que compre casas para alugar.[d] Mesmo com juros bonificados, pergunta-se: quanto é que um indivíduo necessita ganhar para comprar uma casa, que em termos gerais não encontra por menos de oito, nove mil contos na periferia das grandes cidades? Não encontra, já não encontra. Nove mil contos, com juro bonificado, são noventa contos por mês.[e] E eu pergunto: quem é que ganha noventa contos por mês neste país? Quem ganha noventa contos por mês é um privilegiado![f]

NOTES:

[a] **A malta** is a slang word meaning in this case "everybody."

[b] **A trouxa** is a "sucker."

[c] The term **casa** may mean building, house, apartment or even room. If you want to be specific use respectively **prédio**; **moradia** or **vivenda**; **andar** or **apartamento**; and **divisão**. You may want to say something like "**Esta casa** [i.e. *andar*] **tem cinco divisões. Casa de jantar** is a dining room and **casa de banho** is a bathroom.

[d] What Fernando means is that nobody in his or her right mind would buy (or construct) an apartment building and rent it out. Frozen rents (until recently) and rising inflation would make this unprofitable. Consequently, apartments are usually bought as condominiums, not rented.

[e] If an apartment costs nine million escudos (**nove mil contos**) the mortgage payments will be 90,000 (**noventa contos**) a month. One **conto** is a thousand escudos.

[f] Here Fernando is referring to the enormous difficulty that low and middle income families have in finding affordable housing. However, he was being a bit too pessimistic when he said that at the time the interview was taped, only privileged people would make as much as 90,000 escudos a month.

barata inexpensive	**juros bonificados**	**noventa** ninety
encontrar find	subsidized interest	**pergunta-se** one may ask
ganhar earn	**ninguém** nobody	**vejo** see

Prática oral

Complete the sentences that you will hear according to the text.

Diálogo

A Susan dá-me uma ajudazinha com o jantar?

Susan, will you give me a hand with dinner?

O casal Saraiva e a Susan acabam de almoçar. O Sr. Saraiva ainda toma o seu

Mr. and Mrs. Saraiva and Susan have just finished lunch. Mr. Saraiva is still having

café. O telefone toca. A D. Fernanda atende.

his coffee. The phone rings. Dona Fernanda answers.

D. FERNANDA: Era o João Carlos. Ele vai trazer cá hoje a Fátima para jantar.

DONA FERNANDA: That was João Carlos. He is bringing Fátima here for dinner tonight.

SR. SARAIVA: Óptimo! A que horas vão chegar?

MR. SARAIVA: Great! At what time are they coming?

D. FERNANDA: Aí pelas sete.

DONA FERNANDA: Around seven.

SUSAN: A Fátima é a noiva do seu filho?

SUSAN: Is Fátima your son's fiancée?

D. FERNANDA: É. Vão casar em Maio. Ela é muito boa rapariga. Gosto muito dela. Olhe, a Susan dá-me uma ajudazinha com o jantar?

DONA FERNANDA: Yes. They'll be married in May. She's a very nice girl. I like her very much. Look, Susan, will you give me a little help with dinner?

SUSAN: Com certeza, D. Fernanda. Vamos já a isso.

SUSAN: Sure, Dona Fernanda. Let's get to it right now.

D. FERNANDA: Obrigado, Susan. Hoje não é dia de vir a empregada.

DONA FERNANDA: Thanks, Susan. The cleaning lady is not coming today.

SR. SARAIVA: Bem, vou andando. Não trabalhem muito. Até logo!

MR. SARAIVA: Well, I'll get going. Don't work too hard. See you later!

D. FERNANDA: Até logo! Não venhas tarde!

DONA FERNANDA: See you later! Don't come home late!

SUSAN: O que é preciso fazer, D. Fernanda?

SUSAN: What do we have to do, Dona Fernanda?

D. FERNANDA: Vamos já pôr a mesa.

DONA FERNANDA: Let's set the table right now.

SUSAN: Para cinco pessoas?

SUSAN: For five people?

D. FERNANDA: Sim. Os pratos e os talheres estão no armário.

DONA FERNANDA: Yes. The dishes and the silverware are in the cupboard.

SUSAN: Aqui na casa de jantar?

SUSAN: Here in the dining room?

D. FERNANDA: Aqui mesmo. A toalha e os guardanapos estão na gaveta de cima.

DONA FERNANDA: Right here. The tablecloth and the napkins are in the top drawer.

SUSAN: Ponho copos para vinho?

SUSAN: Do I set wine glasses?

D. FERNANDA: Sim, por favor. Estão na cozinha. Na máquina de lavar a loiça. Veja se estão bem limpos.

DONA FERNANDA: Yes, please. They are in the kitchen. In the washing machine. See if they are clean.

SUSAN: Precisamos de outra cadeira.

SUSAN: We need another chair.

D. FERNANDA: Vou trazer uma da sala.

DONA FERNANDA: I'll bring one from the living room.

SUSAN: O que é que a senhora vai fazer para o jantar?

SUSAN: What are you going to make for dinner?

D. FERNANDA: Tem de ser uma coisa muito simples. Susan, faça-me um favor. Veja quantas caixas de pastéis de bacalhau há no frigorífico.

DONA FERNANDA: It'll have to be something very simple. Susan, do me a favor. See how many boxes of codfish cakes there are in the freezer.

SUSAN: As que a senhora compra no

SUSAN: The ones you buy at the market?

supermercado? Há cinco.

D. FERNANDA: Então chega e sobra. Faço uma sopa e uma salada. Também há gelado no congelador. Com isso está bem.

SUSAN: Que sopa é que vai fazer?

D. FERNANDA: Talvez sopa de cebola. Tenho aí uma receita. Acho que está no meu quarto. Importa-se de ir ver? Deve estar em cima da cómoda.

There are five.

DONA FERNANDA: Then it'll be more than enough. I'll make some soup and a salad. There's some ice cream in the freezer, too. That'll do it.

SUSAN: What kind of soup are you going to make?

DONA FERNANDA: Maybe some onion soup. I have a recipe somewhere. I believe it is in my room. Do you mind to look for it? It must be on top of the dresser.

Prática oral

Complete the following sentences:

1. A família acaba de almoçar mas o Sr. Saraiva ainda _____.
2. O telefone toca e a D. Fernanda _____.
3. Hoje o João Carlos e a Fátima _____.
4. Eles vão vir _____.
5. Em Maio o João Carlos e a Fátima _____.
6. Hoje a empregada _____.
7. A D. Fernanda recomenda ao Sr. Saraiva que ele não deve _____.
8. A Susan e a D. Fernanda vão _____.
9. Os pratos e os talheres _____.
10. A D. Fernanda explica que os copos para vinho _____.
11. Para o jantar a D. Fernanda vai fazer _____.
12. No congelador há _____.
13. A D. Fernanda também vai fazer _____.
14. A D. Fernanda acha que a receita _____.

Leitura

A habitação em Portugal

Como é óbvio, as condições de habitação dos Portugueses variam muito segundo a região, o nível económico, as preferências pessoais e outros factores.

Em muitas aldeias[a] as casas são de um modo geral pequenas e frequentemente não têm água corrente ou esgotos. Por vezes, junto da casa, há instalações para os animais: cavalos, burros, vacas, porcos, galinhas ou coelhos. Nas aldeias e vilas podemos ver também as chamadas "casas dos emigrantes." São moradias modernas que se destacam do perfil habitual da comunidade. Estas casas são construídas com o dinheiro que os emigrantes ganham na França, na Alemanha, no Canadá, nos Estados Unidos e noutros países.

Em muitas aldeias as casas são de um
modo geral pequenas

Nas vilas e cidades, a maioria dos Portugueses habita em andares,[b] não em moradias. (O Presidente Mário Soares tem a sua residência oficial no Palácio de Belém mas prefere ir todas as noites dormir ao seu andar do Campo Grande!) Os prédios onde se situam estes andares podem ter de dois a oito ou nove pisos. Os mais antigos não têm elevador e portanto não passam normalmente de quatro pisos.[c]

Alguns portugueses alugam os seus andares e outros são donos deles. Nas zonas mais antigas das cidades as rendas são muito baixas para as pessoas que moram lá há muito tempo.[d] Em contrapartida as rendas recentes são excessivamente altas, pelo que agora é quase impossível alugar um andar por um preço razoável. Por isso muitas pessoas compram os andares onde habitam.

Em certas zonas dos subúrbios podemos ver moradias de aspecto agradável, separadas da rua por um muro ou gradeamento e por um pequeno jardim. Contudo, por vezes muito perto de áreas prósperas encontramos bairros da lata. É todavia curioso notar que a maioria destas barracas não tem água corrente mas não dispensa uma antena de televisão!

NOTES:
[a] An **aldeia** is a village. A **vila** is a small town, normally the head of a **concelho**, the rough equivalent of a county in the United States. A **cidade** is a city.

[b] Remember that **andar** may mean either floor or apartment. Another word for floor is **piso**.

[c] A typical Portuguese address would be something like R. [Rua] de Sto. [Santo] António, 47-2°[**segundo**]-Dto. [**direito**]. 47 is of course the house number. 2° is the **segundo andar**. **Dto**. stands for right side. Often there are only two apartments to a floor, **direito** and **esquerdo**, abbreviated as **Esq.** If there are more than two, the address will be something like R. de Sto. António, 47-2°-C. Unlike in the United States, the **código postal** (equivalent to the ZIP Code) is placed before the name of the city. The zip code consists of four digits. For Lisbon it starts with 1. Areas surrounding Lisbon start with 2. For Coimbra and Oporto the first digit is

respectively 3 and 4. A full address may thus look like this: Dr. Vasco da Silva Fernandes, R. do Campo Alegre, 124-7º-B, 4100 Porto. Within the European Community, country names are not used. Instead, an abbreviation of the country appears before the **código postal**: "P-4100 Porto," for example.

[d] Since rents were frozen in Portugal for many years, people paying extremely low amounts for their apartments sometimes sublet part of them at current rates and make a substantial profit. Many landlords receiving a low rental income cannot afford repairs and thus many of older buildings in the larger cities are in a state of decay. Rent adjustments were recently allowed. A typical increase would look like this: 1990 - 65 000$00, 1991 - 70 000$00, 1992 - 78 000$00, 1993 - 84 300$00, 1994 - 90 200$00. Still, an identical apartment whose tenant has lived there for a long time may cost only 22 500$00.

agora now	**destacam** stand out	**moram** live
Alemanha Germany	**dispensa** does without	**muro** wall
altas high	**donos** owners	**nível** level
alugam rent	**dormir** sleep	**noites** nights
burros donkeys	**em contrapartida** on he	**países** countries
chamadas so-called	other hand	**perfil** profile
coelhos rabbits	**esgotos** plumbing	**podemos** can
contudo however	**galinhas** chickens	**preço** price
corrente running	**ganham** earn	**razoável** reasonable
curioso interesting	**gradeamento** railing	**rendas** rents
de um modo geral	**jardim** garden	**segundo** according to
generally	**maioria** majority	**situam** are situated

Prática oral

Answer the questions your instructor will ask.

Um bocadinho de humor

Um polícia[a] prendeu um homem na Rua Washington. Depois, na esquadra, começa a escrever o relatório do incidente: "Hoje, às onze horas e dez minutos, na Rua..." Então pára e pergunta ao sargento:

—Meu[b] sargento, como é que se escreve Washington?

—Bem, é U-O... Não, W-O-X... Não, W-A-X... Oiça lá, seu[c] idiota, porque é que não prendeu o homem na Rua Fernão Lopes?[d]

NOTES:

[a] *O polícia* is the police officer. *A polícia* is the police.

[b] In police circles one addresses superiors by using **meu** before their rank title.

[c] **Seu** or **sua** are used for emphasis in direct speech before an insulting term like **idiota**. Thus **seu idiota** is the equivalent of "you idiot."

[d] The minimum educational requirement to enter the police force used to be the fourth grade. Nowadays you may find police officers who are college graduates.

então then	**esquadra** police station	**pára** stops
escreve spell	**horas** o'clock	**prendeu** arrested
escrever write	**oiça lá** listen	**relatório** report

5
Quantos irmãos tens?

1. Verbos do segundo e do terceiro grupos: -ER e -IR

A. Since you already know how **-ar** verbs work, you can apply the knowledge of that system to the **-er** and **-ir** verbs, because all three groups work in similar ways. Here are some model conjugations:

Escrever (*to write*)

eu **escrevo** *I write*   nós **escrevemos** *we write*

tu **escreves** *you write*

o senhor, a senhora,   os senhores, as senhoras,

     você **escreve** *you write*   vocês **escrevem** *you (pl.) write*

ele, ela **escreve** *he/she writes*   eles, elas **escrevem** *they write*

Abrir (*to open*)

eu **abro** *I open*   nós **abrimos** *we open*

tu **abres** *you open*

o senhor, a senhora,   os senhores, as senhoras,

     você **abre** *you open*   vocês **abrem** *you (pl.) open*

ele, ela **abre** *he/she opens*   eles, elas **abrem** *they open*

---

abrir *to open*	Tu **abres** as janelas durante o inverno? Não, não **abro**.
aprender *to learn*	Vocês **aprendem** História? Sim, **aprendemos**.
atender *to wait on, answer phone*	A empregada **atende** o cliente. Tenho que **atender** o telefone.
beber *to drink*	Os Portugueses **bebem** muito café? O que é que tu **bebes**?
comer *to eat*	Quando é que vocês **comem**? **Comemos** quando temos fome.
compreender *to understand*	Vocês **compreendem** a matéria? Sim, **compreendemos** tudo bem.

conhecer *to know*	Conheces alguém no Algarve? Sim, **conheço**[1] muitas pessoas lá.
correr *to run*	Vocês **correm** muito? Sim, **corremos** muito.
discutir *to discuss*	A professora **discute** esses pontos na aula? Não, nunca **discute**.
entender *to understand*	Tu **entendes** bem alemão? Não, não **entendo**.
escrever *to write*	Vocês **escrevem** bem inglês? Sim, **escrevemos** bastante bem.
partir *to leave*	Quando é que vocês **partem** para o Brasil? **Partimos** amanhã.
receber *to receive*	Vocês **recebem** muitas cartas? Sim, **recebemos** bastantes.
responder *to respond*	Tu **respondes** bem às perguntas do professor? Sim, **respondo** muito bem.
vender *to sell*	O senhor **vende** livros de Português? Não, não **vendo**.
viver *to live*	Onde é que vocês **vivem**? **Vivemos** em Sintra.

Prática oral

Actividade A. Fill in with the correct form of the indicated verb.
1. A advogada _____ os clientes todos os dias úteis. (atender)
2. Nós sempre _____ em casa no fim-de-semana. (comer)
3. A Clara nunca _____ cartas para os pais. (escrever)
4. Os avós dela ainda _____ . (viver)
5. Os meus amigos Rogério e Cecília _____ para o Canadá no domingo. (partir)
6. Este supermercado _____ tudo muito caro. (vender)
7. Eles nunca _____ política ou religião (discutir)
8. O Aurélio _____ muito? (beber)
9. Tu _____ algum dentista bom? (conhecer)
10. Eles _____ a loja muito cedo, às sete horas. (abrir)

Actividade B. Choose an appropriate verb from the list above and fill in.

1. Elas não _____ bem espanhol.
2. A Maria Antónia e eu _____ o dia inteiro.

---

[1] Notice the **ç** is used only in this form. The **cedilha** is needed because **c** plus **o** would be pronounced as in *como*. With the **cedilha** the **c** is pronounced as in the rest of the forms.

3. Tu _____ muita salada?
4. Nós _____ muitos postais *postcards* quando viajamos.
5. Os Alemães _____ muita cerveja.
6. Eu não _____ Paris.
7. Na papelaria _____ cadernos, canetas, papel, etc.

B. **Querer** *to want* and **ler** *to read* are two important **-er** verbs that are a bit irregular:

Querer (*to want*)

eu **quero** *I want*	nós **queremos** *we want*
tu **queres** *you want*	
o senhor, a senhora,	os senhores, as senhoras,
você **quer** *you want*	vocês **querem** *you (pl.) want*
ele, ela **quer** *he/she wants*	eles, elas **querem** *they want*

Ler (*to read*)

eu **leio** *I read*	nós **lemos** *we read*
tu **lês** *you read*	
o senhor, a senhora,	os senhores, as senhoras,
você **lê** you read	vocês **lêem** *you (pl.) read*
ele, ela **lê** *he/she reads*	eles, elas **lêem** *they read*

Prática oral

Respond to the questions you will be asked.

Vozes portuguesas

Filomena describes here how Portuguese young people tend to live with their parents until they get married.

Os filhos portugueses são muito dependentes dos pais

A grande maioria dos filhos ainda fica com os pais até casarem. Sem dúvida nenhuma. São muito poucos os jovens que têm, digamos, a coragem de sair de casa porque os filhos portugueses são muito dependentes dos pais, quer economicamente, quer emocionalmente.[a] Podem fazer férias com os amigos mas pouco mais do que isso. Até casar ficam com os pais.

É comum namorado e namorada viver juntos mas lá está, vivem com os pais e vivem juntos por exemplo nas férias. Mas não conseguem viver juntos a tempo inteiro porque economicamente não é muito fácil hoje em dia. Pelo menos enquanto muito jovens. Isso não é muito fácil. Até porque não há casas... Como é que eles podem viver juntos? Porque é muito difícil arranjar casa em Portugal, não há casas para alugar, há só praticamente andares para vender e se eles só são namorados, não vão comprar um andar.

NOTE:
    [a] Normally, when two adverbs ending in **-mente** follow each other, the first one loses its suffix. The usual form here would be **quer económica, quer emocionalmente..**

arranjar get	**fica** stays	**poderão** they may
até until	**filhos** children	**poucos** few
casarem get married	**jovens** young people	**sair** leave
conseguem manage	**lá está** there you have it	**sem dúvida nenhuma**
enquanto while	**namorada** girlfriend	without a doubt
fazer férias go on vacation	**namorado** boyfriend	**vender** sell
	pais parents	

Prática oral
Answer the questions your instructor will ask.

2. Verbos especiais da conjugação -IR

A. "Special" **-ir** verbs are those that have either an **-e-** or an **-o-** as the vowel before the **-ir** ending (**servir** *to serve* and **dormir** *to sleep*, for example). Verbs of this type show a predictable change in the **eu** form: the **-e-** changes to **-i-** and the **-o-** changes to **-u-**:

Servir (*to serve*)

eu **sirvo** *I serve*	nós **servimos** *we serve*
tu **serves** *you serve*	
o senhor, a senhora,	os senhores, as senhoras,
você **serve** *you serve*	vocês **servem** *you (pl.) serve*
ele, ela **serve** *he/she serves*	eles, elas **servem** *they serve*

Dormir (*to sleep*)

eu **durmo** *I sleep*	nós **dormimos** *we sleep*
tu **dormes** *you sleep*	
o senhor, a senhora,	os senhores, as senhoras,
você **dorme** *you sleep*	vocês **dormem** *you (pl.) sleep*
ele, ela **dorme** *he/she sleeps*	eles, elas **dormem** *they sleep*

---

dormir *to sleep*	Tu **dormes** bem? Sim, **durmo** muito bem.
mentir *to lie*	Tu **mentes** muito? Não, não **minto** nunca.
preferir *to prefer*	**Preferes** café ou chá? **Prefiro** chá.
repetir *to repeat*	Tu **repetes** bem a pronúncia do professor? Sim, **repito** muito bem.
seguir *to follow*	Tu **segues** bem a televisão em português? Sim, **sigo** muito bem.
servir *to serve*	O senhor é que **serve** aqui? Não, não **sirvo**. Quem **serve** é aquele meu colega.[2]

Seguir has a regular spelling change in the **eu**-form: **sigo.** The rest of the foms have a **-u-** to keep the **g-** hard.

B. A few **-ir** verbs have a **-u-** in the infinitive stem, in the **eu**-form, and in the **nós**-form and an **-o-** in the others. **Subir** and **fugir** are the most common ones:

Subir (*to go up*)

eu **subo** *I go up*	nós **subimos** *we go up*
tu **sobes** *you go up*	

o senhor, a senhora,
    você **sobe** *you go up*
	os senhores, as senhoras,
	    vocês **sobem** *you (pl.) go up*

ele, ela **sobe** *he/she goes up*	eles, elas **sobem** *they go up*

Fugir (*to flee*)

eu **fujo** *I flee*	nós **fugimos** *we flee*
tu **foges** *you flee*	

o senhor, a senhora,
    você **foge** *you flee*
	os senhores, as senhoras,
	    vocês **fogem** *you (pl.) flee*

ele, ela **foge** *he/she flees*	eles, elas **fogem** *they flee*

To keep the **-g-** sound of the infinitive, you need a **j** in **fujo.** It is not irregular—it just has a spellling change.

---

[2] If you know Spanish, you may wonder if there are any verbs in Portuguese like the Spanish ones which change their **-o-** to **-ue-** and their **-e-** to **-ie-**. There are none. These "special" **-ir** verbs correspond to the Spanish **-ir** verbs that change **-e-** to **-i-** and **-o-** to **-u-** in several forms (Sp. **servir: sirvo, sirve, sirven,** for example).

Prática oral

Actividade A. Complete the sentences in a logical way.

1. (servir) Neste restaurante os empregados _____
2. (dormir) Antes dos exames os alunos _____
3. (mentir) É verdade, às vezes eu _____
4. (seguir) Tu vais à frente. Nós _____
5. (repetir) Quando o/a professor,-a fala, eu _____
6. (preferir) Durante as férias nós _____

Actividade B. Choose some of the suggested words from below to help you make new sentences from what follows.

sempre *always*	**todos os dias** *every day*
muitas horas *many hours*	**de vez em quando** *once in a while*
poucas vezes *rarely*	**quase nunca** *almost never*
nunca *never*	

Quando é que...?

1. Os bebés/dormir
2. A minha família/ir ao teatro
3. Eu/mentir/aos meus pais
4. Nós/preferir/estudar no café
5. Os nossos amigos/servir bebidas alcoólicas
6. Os meus pais/abrir as minhas cartas
7. A Susan/ler o *New York Times*
8. Eu/fazer a cama de manhã

3. Nomes e apelidos

The two last names (**apelidos**)[3] that most people in Portugal have are their mother's last name first and their father's last name second. Or to be more accurate, their mother's *second* last name first, and their father's *second* last name second. For example, João da Silva Barros marries Clara Martins de Carvalho. She becomes Clara Martins de Carvalho Barros. Their child, Pedro, is Pedro de Carvalho Barros. Thus a child has normally the same surnames as his or her mother's last two.

In everyday usage Clara might want to drop her mother's maiden name (Martins) so as to make her new name less cumbersome: Clara de Carvalho Barros. Long before it was practiced in this country, Portuguese married women retained their original name after marriage.

A vast number of Portuguese women are called Maria, but not just Maria: Maria Luísa, Maria de Fátima, Maria Manuela, etc. If you decide not to use their full name, skip Maria plus any particle that may follow it. José Maria, António Maria, João Maria and a few other combinations are possible as male names. Maria José and Maria João are also common

---

[3] Apelido may mean *nickname* in the Azores.

women's names. Among the youngest generations the Marias are not, however, as numerous as among their mothers' generations.

Linking particles like **de**, **da**, **dos** or **e** are often used for euphony but are not part of the surname. Look for **Silva**, not **da Silva** in the phone book when you want to call Carlos Alberto Rodrigues da Silva.

A. A árvore genealógica

Kinship terms in Portuguese use the same system that they do in English. All relationships in parentheses are from the point of view of Ana, the "eu" below. In the family trees, the equal sign means "marries," and the lines that descend from the equal sign leads to the child(ren) of that marriage.

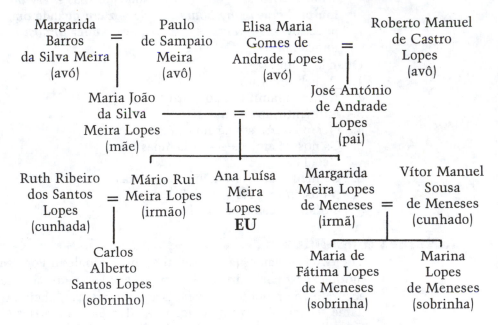

Margarida Barros da Silva Meira (avó) = Paulo de Sampaio Meira (avô)   Elisa Maria Gomes de Andrade Lopes (avó) = Roberto Manuel de Castro Lopes (avô)

Maria João da Silva Meira Lopes (mãe) ——— = ——— José António de Andrade Lopes (pai)

Ruth Ribeiro dos Santos Lopes (cunhada) = Mário Rui Meira Lopes (irmão)   Ana Luísa Meira Lopes **EU**   Margarida Meira Lopes de Meneses (irmã) = Vítor Manuel Sousa de Meneses (cunhado)

Carlos Alberto Santos Lopes (sobrinho)

Maria de Fátima Lopes de Meneses (sobrinha)   Marina Lopes de Meneses (sobrinha)

Vozes portuguesas

Gabriela is a student at the University of Lisbon.

Avós e netos

Em Portugal há muito o sentido de família. De maneira que as famílias são muito tradicionais, são bastante conservadoras. Quando a mulher trabalha é frequente verem-se os filhos entregues aos avós. Os avós gostam imenso de acompanhar o crescimento dos netos e por várias razões disponibilizam-se mais para os netos do que para os próprios filhos.

avós grandparents
crescimento growth
de maneira que so

disponibilizam-se make themselves available
entregues under the care of

netos grandchildren
próprios themselves
sentido sense

Prática oral

In five sentences, comment on this situation, comparing it with the way things are in your country.

B. Mais vocabulário sobre parentesco

The masculine plural form of any relationship really refers to both genders—**pais**, for example, means *mother and father*, **irmãos** means *brothers and sisters* (as well as, of course, just *brothers*). Notice, however, that the plural for "grandparents" seemingly uses the feminine form **avós**.

Mom and *dad* are rendered as **mamã** and **papá**. **Mãezinha** and **paizinho** are also used. Familiar equivalents for grandparents are **vovó** (for grandmother), and **vovô** (for grandfather). **Irmão** and **irmã** may become **mano** and **mana**, but almost only when you refer courteously to the siblings of the person you are talking to.

parentes (relatives)
filhos mais velhos (older children)
filhos mais novos (younger children)
marido (husband) + mulher/senhora (wife) = o casal
tio (uncle) + tia (aunt) = tios (aunt and uncle)
primo (cousin) + prima (cousin) = primos
sogro (father-in-law) + sogra (mother-in-law) = sogros (parents-in-law)
genro (son-in-law) + nora (daughter-in-law) = genros (children-in-law)
neto (grandson) + neta (granddaughter) = netos (grandchildren)
bisneto (great-grandson) + bisneta (great-granddaughter) = bisnetos (great-grandchildren)
bisavô (great-grandfather) + bisavó (great-grandmother) = bisavós (great-grandparents)
padrasto (step-father), madrasta (step-mother)
enteado (step-son), enteada (step-daughter)
padrinho (godfather) + madrinha (godmother) = padrinhos (godparents)
afilhado (godson), afilhada (goddaughter) = afilhados (godchildren)
namorado,-a = boy (girl) friend
noivo,-a = fiancé(e)

NOTES:
[a] A husband usually refers to his wife as **a minha mulher**. However, unless you address him very informally, you would not say **a sua mulher**, but **a sua esposa** or **a sua senhora**. **A minha patroa** (my boss) may be used facetiously. **O seu marido** is acceptable, although on very formal occasions you would prefer to use **o seu esposo**.
[b] **Compadre** e **comadre** refer to the relationship existing between biological parents and godparents. Say, for example, that Gustavo and Isabel asked Vicente and

Maria da Luz to be the godparents of their son. A four way relationship automatically develops, by which the two men and the two women become **compadres** and **comadres**.

Here are some *estado civil* *marital status* terms:

solteiro,-a = single
casado,-a = married
divorciado,-a divorced
viúvo,-a = widower, widow

Prática oral

Actividade A. Answer the questions you will be asked concerning your own family and relatives.

Actividade B. Give the relationship asked for.

MODELO: Quem é o pai da tua mãe?
   É o meu avô.

Actividade C. Take the role of the people specified and answer the questions about the relationship of certain people to "you."

MODELO: Maria Irene: O Gabriel é *o meu marido.*

1. PEDRO ANTÓNIO: A Alexandra é _____
2. PEDRO ANTÓNIO: A Maria José é irmã
3. MARIA MANUELA: O Pedro António é _____
4. MARIA MANUELA: A Maria José é _____
5. JOSÉ AUGUSTO: A Maria Irene é _____
6. JOSÉ AUGUSTO: O Mário é _____
7. MARIA IRENE: A Alexandra é _____
8. MARIA IRENE: A Maria José é _____
9. MÁRIO: O Pedro António é _____
10. MÁRIO: O Gabriel é _____
11. JOAQUIM JOSÉ: A Maria Manuela é _____
12. JOAQUIM JOSÉ: A Maria Irene é _____
13. GABRIEL: O Joaquim José é _____
14. GABRIEL: O José Augusto é _____

15. Alexandra: A Maria Manuela é _____
16. Alexandra: O José Augusto é _____
17. Maria José: O Mário é _____
18. Maria José: O Gabriel é _____
19. Mário: O José Augusto é _____
20. Mário: O Joaquim José é _____

Dois a dois

Pair up and ask each other about your families (size, members, work, residence, study, travel, etc.). You may take brief notes. Afterwards, describe your partner's family to the class, and tell the most interesting details you discovered about your partner's family.

Vozes portuguesas

Germano adds another reason why it is not common for Portuguese young people to live away from home.

Os pais portugueses são muito conservadores

Os pais portugueses ainda são extremamente conservadores. E portanto como os jovens não têm ainda hipótese de no princípio da vida conseguir aguentar-se economicamente, têm sempre que depender dos pais. Ora normalmente os pais não iam apoiar uma situação de dois jovens não casados viver maritalmente. Portanto automaticamente, como os pais em princípio não podem apoiar uma situação dessas, eles não seguem esse caminho. Embora haja uma certa tendência dos jovens querer fazer, como eles dizem, fazer a experiência para ver se se dão bem em todos os aspectos antes de se casar. Mas por enquanto ainda namoram, mudam muito facilmente de namorados e namoradas, estão sempre a mudar uns com os outros ou até trocar muitas vezes de namorados mas no fundo acabam por mesmo casar, não é?

aguentar-se manage	**mudam** change	**por enquanto** in the
apoiar support	**namoram** date	meanwhile
caminho path	**no fundo** in the end	**se dão bem** get along well
casados married	**ora** now	**seguem** follow
		trocar change

Prática oral

Answer the questions your instructor will ask.

4. SABER e CONHECER

Saber and **conhecer** both mean *to know*, but each represents a different kind of knowledge.

A. **Saber** is used for knowledge you can reproduce in one way or another—things you have committed to memory, such as formulas, lists, dates, names, poems, songs, and facts in general. When you say "I know Graça's phone number," "I know the Portuguese national anthem," or "I know the names of all the European capitals," you can reproduce the phone number, sing the anthem, or write the list. **Saber** is the right verb for such things in Portuguese. **Saber** is irregular only in the **eu** form:

Saber *(to know)*	
eu **sei** *I know*	nós **sabemos** *we know*
tu **sabes** *you know*	
o senhor, a senhora,	os senhores, as senhoras,
você **sabe** *you know*	vocês **sabem** *you (pl.) know*
ele/ela **sabe** *he/she knows*	eles/elas **sabem** *they know*

O Luís **sabe** os nomes de todos os colegas de curso.
Vocês sabem a direcção do médico?
Eu **sei** a canção "Uma Casa Portuguesa".

It happens that there is knowledge that can indeed be reproduced but which you simply don't know, but **saber** is still the verb you need:

Tu **sabes** qual é a capital do Nepal? Não, não **sei**.
O Duarte não **sabe** o hino nacional italiano.
Eu não **sei** a data da independência da Bolívia.

Saber is also used to mean *to know how to...* with an infinitive. It is the only "to know" possible in that circumstance:

Eu **sei fazer pastéis de bacalhau**.
O meu irmão **sabe falar japonês**.
Nós **sabemos tocar piano e violino**.

B. **Conhecer** is used to show you know *people* and *places*, in examples such as: "I know Patrício" and "I know the Algarve." Since neither Patrício nor the Algarve is a list, a formula, a sonnet, an address, or anything that can be written down, recited, hummed, or otherwise reproduced, **conhecer** is the required verb. Here is the conjugation of this regular verb::

Always use Saber
Quem
Onde
Como
Quando
Porque

Conhecer (_to know_)

eu **conheço** _I know_ — nós **conhecemos** _we know_

tu **conheces** _you know_

o senhor, a senhora, — os senhores, as senhoras,
  você **conhece** _you know_ — vocês **conhecem** _you (pl.) know_
ele, ela **conhece** _he/she knows_ — eles, elas **conhecem** _they know_

To keep the **-ss-** sound a **-ç-** must be used before **-o** in **conheço.**.

Conheço o professor de Francês.
O senhor **conhece** Budapeste?
Eles **conhecem** bem as ruas de Lisboa.
Vocês **conhecem** um bom mecânico?

Conhecer is also used for things that you are familiar with (but haven't memorized), or things you are acquainted with, such as movies and plays you've seen, books you've read, musical compositions you've heard, and so on. If you can conduct Beethoven's Ninth Symphony _from memory_, you'd say "Eu **sei** a Nona Sinfonia de Beethoven," but if you're only _familiar_ with it for having heard it, you'd say "Eu **conheço** a Nona Sinfonia de Beethoven."

A Raquel **conhece** _Os Lusíadas_ de Camões. _(She has read some of them but maybe cannot recite much [if anything] from memory.)_

O Mário **conhece** os romances de Júlio Dinis. _(He knows the story line and can recognize a few passages, but probably can't recite anything from memory.)_

As três irmãs adoram gelado

Of course, **conhecer** can almost reach the point of **saber**, as in a motion picture you have seen many times where you know at any given point exactly what comes next (but couldn't reproduce the screenplay from memory). **Conhecer** may also mean *to meet a person for the first time*: **Amanhã na festa *vou conhecer* um rapaz muito simpático.**

Prática oral

Actividade A. Insert the corrrect form of *conhecer* or *saber*:
1. Ele _____ o meu sogro.
2. Tu _____ que eu preciso estudar mais.
3. Os turistas não _____bem o país.
4. Eu _____ os romances de Eça de Queirós.
5. Elas não _____ que ele é pintor.
6. Nós _____ falar português e inglês.
7. Tu não podes _____ uma cidade como Nova Iorque em dois dias.
8. O João e eu _____ onde é o Banco de Portugal.
9. Eu _____ que vocês não _____ escrever em francês.
10. Nós não _____ a resposta.

Actividade B. Translate the phrases you will hear.

Vozes portuguesas

Here Guadalupe describes her relationship with the parents of her Cape Verdean students.

O que a professora diz é sagrado

Os pais dão-nos imenso apoio, dão-nos mais apoio que os pais dos brancos, inclusive. Acima de tudo, o que a professora diz é sagrado. Então, por exemplo, quando há qualquer probleminha eu contacto-os, peço... mando um bilhetinho, eles lêem o bilhete aos pais porque a maior parte dos pais são analfabetos, não sabem ler nem escrever, apenas sabem assinar o nome.

Então eles lá lêem o bilhete aos pais e os pais colaboram, vêm imediatamente, coisa que às vezes não acontece com os brancos, que nós insistimos, insistimos e eles nunca têm tempo, têm que fazer isto e aquilo, têm um emprego e assim. E estes pais, não. Vêm e ouvem-nos atentamente e falam preocupados, estão sempre a dizer "Professora, bate neles! Professora é mãe, é mãe na escola. É mãe para dar educação, é mãe para dar pancada. Só não bate na cara!ᵃ" (Eles não dizem "pancada," dizem "porrada"—"Dá porrada nele! Dá porrada no gajo!ᵇ" É assim que eles falam. "O gajo é malcriado, bota pancada nele! É trazer chicote, professora, para bater nele!ᶜ")

NOTES:
ᵃ At home Cape Verdeans speak Creole (**crioulo**), a Portuguese variant, and in some cases when they use standard Portuguese their speech is slightly stilted, as

Guadalupe tries to show here.

  [b] **Dar porrada** *to beat up* for **dar pancada** and **gajo** *guy* are slangy expressions. You will find more slang in Lição 12.

  [c] Teachers are evidently not allowed to use corporal punishment, and are definitely not allowed to use a whip.

a dizer saying	**cara** face	**lêem** read
acima de tudo above all	**chicote** whip	**ler** read
acontece happens	**coisa que** something that	**malcriado** rude
analfabetos illiterate	**dão-nos** give us	**mando** I send
apenas only	**dar pancada** hit	**não sabem** don't know
apoio support	**diz** says	how
assinar sign	**emprego** job	**nem** or
bate neles hit them	**escola** school	**ouvem-nos** listen to us
bilhete note	**escrever** write	**peço** I ask
bilhetinho little note	**falam** talk	**probleminha** little
bota pancada nele hit him	**isto e aquilo** this and that	problem
brancos whites		**sagrado** sacred

Prática oral

Certo or **errado**? If **errado**, correct. Listen to your instructor.

5. Números e quantidades

A. Numbers in Portuguese are reasonably easy to learn. In Portuguese, as you know, "1" **um, uma** and "2" **dois, duas** have both masculine and feminine forms. This holds true with larger numbers, too (**72 casas** would be different from **72 prédios**; **21 622 pesetas** would have a different "1" and "2" from **21 622 escudos**).[4]

Zero refers to the number *0*. If you are referring to *none*, you'd use **não**... **nenhum,-a: Não tenho nenhum livro sobre a história do Iraque.** You *do* use **zero** in phone numbers—the use of the letter "O" is exclusive to English.

Agora vamos para casa, Leninha

---

[4] In Spanish, only the "1" has two different forms.

You have already learned numbers up to twenty. Here are some more now. The numbers "20" to "100" use combinations of tens and units, as in English, except that Portuguese uses **e** between them:

20 **vinte**	60 **sessenta**
21 **vinte e um, uma**	61 **sessenta e um, uma**
22 **vinte e dois, duas**	62 **sessenta e dois, duas**
23 **vinte e três**	65 **sessenta e cinco**
30 **trinta**	70 **setenta**
31 **trinta e um, uma**	71 **setenta e um, uma**
32 **trinta e dois, duas**	72 **setenta e dois, duas**
34 **trinta e quatro**	76 **setenta e seis**
40 **quarenta**	80 **oitenta**
41 **quarenta e um, uma**	81 **oitenta e um, uma**
42 **quarenta e dois, duas**	82 **oitenta e dois, duas**
43 **quarenta e três**	87 **oitenta e sete**
50 **cinquenta**	90 **noventa**
51 **cinquenta e um, uma**	91 **noventa e um, uma**
52 **cinquenta e dois, duas**	98 **noventa e oito**
54 **cinquenta e quatro**	100 **cem**

From "101" to "199", the form of "100" to use is **cento**.
Notice that Portuguese uses **e** between hundreds and tens/units.

101 **cento e um, uma**
110 **cento e dez**
167 **cento e sessenta e sete**
191 **cento e noventa e um, uma**

From "200" through "999," hundreds show a masculine and a feminine form. In numbers over 200 that also contain either "1" or "2," both the form of the hundred and the unit will agree with what follows: **duzentos e trinta e um papéis, duzentas e trinta e uma páginas.** The words for "200," "300," and "500" are slightly irregular.

200 **duzentos,-as**	600 **seiscentos,-as**
300 **trezentos,-as**	700 **setecentos,-as**
400 **quatrocentos,-as**	800 **oitocentos,-as**
500 **quinhentos,-as**	900 **novecentos,-as**

The number **mil** *1000* is always invariable—it shows no masculine, no feminine, and no plural forms with numbers: 487 211 = **quatrocentos e oitenta e sete mil, duzentos e onze.** Notice that the *other* variable numbers will show changes in the thousands: **dois mil e um homens, duas mil e uma mulheres**.

When writing numbers, Portuguese may use a period where English speakers use a comma (and, conversely, uses a comma where we use a period: Our π is 3.1416, but it is 3,1416 in Portugal). However, modern usage favors a small space after millions and thousands: 3 847 211. But in years, no space it used: 1941.

E is used between all numbers except where there is a space or a period (as in the 487 211/487.211 above).

You will have little use for *million* **um milhão** or *billion* **um bilhão**, but you should be aware that a billion in Portugal (and throughout most of Europe) is a *million* million. Use **de** after millions and billions when a noun follows: **Portugal tem cerca de onze milhões de habitantes.**

Prática oral

Actividade A. Work these arithmetic problems. (= *mais*, – *menos*, = *são*)

1.	83 + 15 = ?	6.	108 + 620 = ?
2.	12 + 47 = ?	7.	700 – 360 = ?
3.	96 – 11 = ?	8.	1.006 + 4.201 = ?
4.	44 + 29 = ?	9.	1.500 – 300 = ?
5.	379 – 56 = ?	10.	2.400 + 7.600 =?

Actividade B. Recite these items:
1. 32 cidades
2. 106 dias
3. 105 casas
4. 925 lápis
5. 873 cadernos
6. no ano de 1965
7. em 1500
8. Vêm 22 mulheres e 31 homens no grupo
9. Ela acaba de receber 15 000 000$00 do seu tio. (Say it in two different ways, using both **escudos** and **contos**.)
10. A população dos Estados Unidos é aproximadamente de 260 000 000 de habitantes.

B. Numbers are useful only with those items that are countable. With those nouns you cannot usually count (such as *water, cheese,* and *traffic*) you have to use other words to show quantity:

Esta rua tem **muito trânsito**.
    This street has *a lot of traffic*.
Agora há **bastante comunicação** entre os Russos e os Americanos.
    Now there is *quite a bit of communication* between the Russians and the Americans.
Posso visitar **bastantes países** durante o verão.
    I can visit *quite a few countries* in the summer.

O João tem **pouca fé** nos políticos.
João has little faith in politicians.
Pouca gente gosta de lavar a loiça.
Few people like to wash dishes.
Temos **comida demais** para a festa.
We have too much food for the party

> **muito,-a**   *a lot of*
>   **muitos,-as** *a lot of/many*
> **bastante**   *quite a bit of*
>   **bastantes**   *quite a few*
> **pouco,-a**   *little*
>   **poucos,-as** *few*
> **...demais**   *too much/too many*

Not (very) much, not (very) many would translate as **não...muito-a, não...muitos-as.**

Não há **muito** que fazer aqui.
There is not much to do here.
Elas **não** têm **muitas** amigas.
They don't have many friends.

Pouco and **muito** show agreement in gender and number when they modify a specific noun.

Leio **muitos** livros mas **poucas** revistas.
I read many books but few magazines.

Bastante shows agreement only in number.

A gente come **bastante** carne.
We eat quite a bit of meat.
Conheço **bastantes** países da Europa.
I know quite a few countries in Europe.

Demais always follows the noun or verb and is invariable.

O café tem açúcar **demais**.
The coffee has too much sugar.
O Raimundo fala **demais**.
Raimundo talks too much.

C. To ask *how much?* you use **quanto,-a?** This is usually answered with an amount using one of the words above (or a number):

Quanto dinheiro tens hoje? Tenho **bastante.**
Quanta bagagem tem o João? Tem **pouca.**

Obviously, these questions could also be answered by mentioning a precise amount: Tenho **seis contos**. Tem **duas malas**.

To ask how many, you use **quantos,-as?** This is answered by a number or a quantity word:

Quantos livros em português tens tu? Tenho **dois mil livros** em português.

Quantas cartas escreves tu? Escrevo **muitas**.

Prática oral

Actividade. Answer the questions you will be asked.

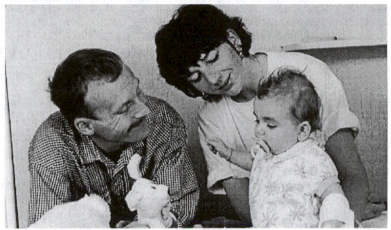

E agora a meina vai para a cama

6. O dinheiro português

As you certainly know, the Portuguese monetary unit is the escudo. One escudo has 100 centavos. The "dollar sign" is used where North Americans would use the decimal between dollars and cents. Thus, 2$50 is two escudos and fifty centavos. The lowest denomination coins, $50 and 1$00, have practically disappeared from circulation due to inflation. Other coins are 2$50, 5$00, 10$00, 20$00, 50$00, 100$00 and 200$00. There are 500$00, 1 000$00, 2 000$00, 5 000$00 and 10 0000$00 bills. At the time of publication one US dollar was worth approximately 145 escudos.

You remember that a **conto** is one thousand escudos. Normally, rather than saying **dois milhões de escudos**, people prefer **dois mil contos**.

Prática oral

Ask your instructor what the approximate current rate for the escudo is. One of your classmates will pose as a student from Portugal, and he or she will ask you about the price of various items in the United States. Convert dollars into escudos and answer the questions.

MODELO: Quanto custa um bilhete de cinema nos Estados Unidos?
Em dinheiro português pode custar aproximadamente 1 200$00
(**mil e duzentos escudos** or **um conto e duzentos**).

7. Quantos anos tens?

Now that you know numbers, you can ask about a person's age, if you don't
mind being occasionally indiscreet. In English we "are twenty years old"; in
Portuguese we "have twenty years."

Quantos anos tens? Tenho vinte anos.
Quantos anos tem o presidente? Tem mais ou menos **sessenta** anos.

Prática oral

Actividade. Say the names of your immediate family and tell their ages.

Diálogo

Tens uma família grande?	Do you have a large family?
Depois de jantar, a Fátima conversa com a Susan.	*After dinner Fátima talks with Susan.*
FÁTIMA: Quantos irmãos tens, Susan?	FÁTIMA: How many brothers and sisters do you have, Susan?
SUSAN: Tenho dois, um irmão e uma irmã. Eu sou a do meio.	SUSAN: I have two, a brother and a sister. I am the one in the middle.
FÁTIMA: O que é que eles fazem?	FÁTIMA: What do they do?
SUSAN: A minha irmã está na escola secundária. Acaba este ano e depois vai para a Universidade. O meu irmão é gerente de um hotel em San Francisco. A mulher dele também trabalha nesse hotel.	SUSAN: My sister is in high school. My brother is the manager of a hotel in San Francisco. His wife works there, too.
FÁTIMA: Tens sobrinhos?	FÁTIMA: Do you have any nephews?
SUSAN: Sim, tenho dois. Um tem três anos e o outro tem um ano e meio.	SUSAN: Yes, I have two. One is three and the other a year and a half.
FÁTIMA: E mesmo assim a tua cunhada trabalha?	FÁTIMA: And even so your sister-in-law works?
SUSAN: Sim, durante o dia a sogra do meu irmão toma conta deles. Ela gosta imenso dos netos.	SUSAN: Yes, during the day my brother's mother-in-law takes care of them. She likes her grandsons a lot.
FÁTIMA: E tu vives em casa dos teus pais?	FÁTIMA: And you live at your parents' home?
SUSAN: Só durante as férias. Em tempo de aulas vivo num apartamento com mais três amigas.	SUSAN: Only during my vacations. During the school year I live in an apartment with three other female friends.
FÁTIMA: Os teus pais moram longe?	FÁTIMA: Do your parents live far from you?

SUSAN: Não, vivem em Ventura, que é perto de Santa Bárbara. Quando não tenho muito que estudar vou passar os fins-de-semana a casa.

FÁTIMA: Tens avós?

SUSAN: Tenho, sim. Da parte da minha mãe vivem também em Ventura. Os pais do meu pai é que moram mais longe, em San Diego.

FÁTIMA: Então deves ter uma família grande.

SUSAN: Mais ou menos. Tenho vários tios e tias e muitos primos. Uns vivem na Califórnia e outros mais longe. E a tua família, como é?

FÁTIMA: Bem, eu vivo com os meus pais. Também temos lá em casa uma tia que é viúva e não tem filhos. Só tenho uma irmã, que está em Arquitectura. Ah, e um gato...

SUSAN: O gato também é parte da família?

FÁTIMA: Claro que sim! É um amor! E come de tudo o que nós comemos.

SUSAN: E tens avós?

FÁTIMA: Só pela parte da minha mãe. Mas estão em Coimbra. De vez em quando vou lá passar uns dias com eles.

SUSAN: Pensas ter muitos filhos?

FÁTIMA: Estás maluca? Com a vida como está? Não, talvez só um. No máximo dois.

SUSAN: No, they live in Ventura, near Santa Barbara. When I don't have too much studying I spend my weekends at home.

FÁTIMA: Do you have any grandparents?

SUSAN: Yes, I do. On my mother's side they also live in Ventura. My father's parents live farther away, in San Diego.

FÁTIMA: Then you must have a large family.

SUSAN: More or less. I have several uncles and aunts and many cousins. Some live in California and others farther away. And your family, what is it like?

FÁTIMA: Well, I live with my parents. We also have at home an aunt who is a widow and does not have any children. I only have one sister who is studying architecture. Oh, and a cat...

SUSAN: Is the cat part of the family?

FÁTIMA: Of course he is! He is precious! He eats everything we eat.

SUSAN: And do you have any grandparents?

FÁTIMA: Only on my mother's side. But they live in Coimbra. Every now and then I spend a few days with them there.

SUSAN: Do you intend to have a lot of children?

FÁTIMA: Are you crazy? With the cost of living the way it is? No, maybe only one. Two maximum.

Prática oral

Actividade A. Fátima tells her aunt about Susan. What did she say? Start with something like "A Susan é uma rapariga americana que vive em casa dos pais do João Carlos." Then tell as much as you can remember about her and her family.

Actividade B. Susan tells Ana Maria about Fátima. What did she say? Start with something like "A Fátima é a noiva do João Carlos, o filho da D. Fernanda." Then tell as much as you can remember about her and her family. You may even want to use your imagination and add a couple of facts on your own.

Leitura

[handwritten: A Portuguese family]

Uma família portuguesa

Os Saraiva não são uma família muito grande. António Manuel Ribeiro Saraiva e Maria Fernanda de Sousa Carvalho Saraiva só têm um filho. O João Carlos é engenheiro civil e de momento trabalha em Santarém, *[handwritten: place]* não muito longe de Lisboa. Vai casar em Maio e em Junho vem trabalhar para Lisboa, numa firma de construções. A noiva do João Carlos, a Maria de Fátima, é médica. Trabalha na Maternidade Alfredo Costa[a] e também numa clínica particular.

O Sr. Saraiva é funcionário do Banco de Portugal e a D. Fernanda é professora do Ensino Básico numa escola perto da sua casa. Ela vai a pé para a escola e o Sr. Saraiva toma o autocarro para o banco. Com os enormes problemas de trânsito que existem em Lisboa, eles preferem não usar muito o carro durante os dias de semana.

Depois das aulas a D. Fernanda cozinha e limpa a casa. Uma vez por semana a Olívia, a empregada, vem para a ajudar durante oito horas. Como o João Carlos não vive agora em casa, eles alugam o antigo quarto dele à Susan. A Susan é boa companhia e contribui um pouco para a economia da casa com o que paga pelo quarto e pela comida.

Os Saraiva são típicos representantes da classe média portuguesa. Não são ricos mas vivem numa casa confortável, embora antiga, das Avenidas Novas,[b] onde pagam uma renda bastante baixa porque já moram lá há vinte e oito anos. Têm boa mobília, electrodomésticos, uma televisão a cores e um Honda de 1992. O único problema é que a casa é fria no inverno. Como a maioria das casas portuguesas, não tem calefacção central e é preciso pôr aquecedores nas diferentes divisões da casa.

O Sr. Saraiva já não tem pais. A mãe da D. Fernanda, a D. Margarida, ainda é viva mas mora com outra filha, a Maria da Graça.[c] A Graça tem três filhos e a D. Margarida gosta de estar junto dos netos. Eles moram em Alvalade, perto das Avenidas Novas, e a D. Fernanda telefona todos os dias e vai até lá nos fins-de-semana. Outras vezes é a mãe que a vem visitar e geralmente gosta de ficar para almoçar ou jantar porque a D. Fernanda é realmente uma boa cozinheira.

NOTES:

[a] The Maternidade Alfredo Costa is a large obstetrics hospital in the Avenidas Novas.

[b] The Avenidas Novas were only new when the area was developed at the turn of the century. The name, however, has been preserved.

[c] Many elderly people still live with their children. There are many **lares** (rest homes) all over the country, but living conditions there are often less than desirable.

a cores color	**casar** get married	**engenheiro** engineer
ajudar help	**comida** food	**ficar** stay
aquecedores heaters	**cozinha** cooks	**fins-de-semana** weekends
calefacção heating	**cozinheira** cook	**fria** cold

funcionário employee	**médica** physician	**quarto** bedroom
jantar have dinner	**mobília** furniture	**renda** rent
limpa cleans	**paga** pays	**toma** takes
maternidade maternity clinic	**particular** private	**viva** alive

Prática oral

Your instructor will read a statement followed by three possible answers. Choose the most appropriate answer according to the Leitura.

A Ritinha vem hoje
brincar comigo

Um bocadinho de humor

Responde *answer* rapidamente a esta pergunta: Segundo a legislação americana, é possível um homem casar com a irmã da sua viúva?

pergunta question   **responder** answer   **segundo** according to

6

Queres ir a uma tasquinha?

1. Dois verbos juntos

A. You already know that **querer** can be used with things: "Quero **um carro** novo. Queremos **exames** fáceis." **Querer** can also be used with infinitives, just like its equivalent in English:

Queremos voltar para casa.	*We want to return* home.
Quero assistir à cerimónia.	*I want to attend* the ceremony.
Tu **queres comer** agora?	*Do you want to eat* now?

The expression **querer dizer** means *to mean*: "O que é que **queres dizer** com isso?" *What do you mean by that?* "O que **quer dizer** «açorda»?" *What does "açorda" mean?*

B. The verb **poder** *can, to be able* can really *only* be used with infinitives (except, of course, when you say "yes" by repeating a previous verb, as the first example below shows; or when the main verb is implied). It present tense has only one irregular form: **eu posso**—the rest of the conjugation is normal.

A senhora **pode vir** agora? **Posso.**	*Can you come* now? *Yes.*
Podemos escolher um bom lugar?	*Can we choose* a good place?

C. **Dever**, which is regular, means *ought to* or *should* with an infinitive:

Vocês **devem sair** agora.	You *ought to leave* now.
Devemos pagar esta conta.	*We should pay* this bill.

When not used with an infinitive, it means *to owe*:

Ela **deve** dez milhões de dólares ao governo.
She *owes* ten million dollars to the government.

D. **Gostar de** and **precisar** can also be used with infinitives in their usual meaning. You know that **gostar** is always followed by **de** when a direct object is mentioned. **Precisar** is often followed by **de** for emphasis. **Aprender** and **começar** can also be used with an infinitive, but they require an **a** before the infinitive:

Eu **gosto de comer** cedo.	**Aprendemos a falar** português.
I *like to eat* early.	We *are learning to speak*
O José **gosta de jogar** futebol.	Portuguese.

José *likes to play* soccer.

Eu **preciso estudar** muito antes do exame.

I *need to study* a lot before the exam.

Ela **precisa de comer** às onze.

She *needs to eat* at 11:00.

Elas **aprendem a dançar** o vira.

They *are learning to dance* the **vira**.

Quando é que tu **começas a estudar**?

When *do you begin to study*?

Começamos a tocar piano.

We *are beginning to play* the piano.

Prática oral

Actividade A. Listen to the statements your instructor will make, then say what the people referred to want to do this weekend.

MODELO: A minha mãe gosta da praia. A minha mãe quer ir à praia.

Actividade B. Answer the general questions asked by your instructor.

Notas culturais

Tascas and **tasquinhas**

Tascas are the somber, smelly wine houses in the working class neighborhoods of Portuguese cities, all but gone now. In them patrons would sit for hours at the counter or at marble topped tables chatting and sipping red wine served in two or three deciliter glasses (**copos de dois** and **copos de três**). Fried little birds, snails, codfish cakes and fried fish were available as snacks. The former were known as **passarinhos fritos** and a handwritten note on the door would offer an often misspelled message OJE À PASSARINHOS (**Hoje há passarinhos**). Sometimes a sprig of laurel hanging by the door announced to thirsty passers-by that wine was sold there.

Nowadays most of these establishments have neon lights and have become restaurants, or what the Portuguese call "snack-bars." They serve plain, tasty fare at reasonable prices and they are affectionately called **tasquinhas**. They are popular among all social classes. An evening of "slumming" by the most affluent, will necessarily include dinner at a **tasquinha**.

Vozes portuguesas

Inês, 15, is a high school student.

Hamburgers, chop suey e mais

Almoço geralmente no refeitório do liceu. As refeições lá custam 165 escudos. Nos fins--de-semana às vezes vou com a minha mãe a Cascais. Almoçamos geralmente no McDonald's ou no restaurante chinês. No McDonald's é onde eu gosto mais de comer. Gosto de comida chinesa e a minha mãe também gosta. O restaurante chinês é médio mas é mais para o barato. Às vezes vou a restaurantes mais caros, com a minha avó ou quando a minha mãe faz anos. Os pratos custam três, quatro contos.[a]

NOTE:

   [a] A meal at McDonald's would cost something like 700 escudos, about the same as in a **cantina** at the University.

caros expensive   **faz anos** has a birthday   **refeitório** lunch room
                             médio medium priced

Prática oral

Choose the correct answer according to the text.
1. Durante a semana a Inês almoça geralmente a. em casa b. num restaurante francês c. no refeitório do liceu
2. O almoço no refeitório do liceu custa a. 700 escudos b. 165 escudos c. 300 escudos
3. Nos fins-de-semana vai às vezes almoçar com a mãe a. a Cascais b. a Sintra c. ao Estoril
4. Quando a Inês vai a Cascais com a mãe almoça geralmente a. no Pizza Hut ou no Kentucky Fried Chicken b. num restaurante tailandês ou japonês c. no McDonald's ou num restaurante chinês
5. O restaurante chinês é a. relativamente barato b. bastante caro c. escandalosamente caro
6. Às vezes a Inês vai a restaurantes mais caros com a. a avó ou a mãe b. amigos ou amigas c. primos ou tios

Andrea Smith

Já conhecem o Pizza Hut em Portugal

2. Fazer, aceitar, adiar e recusar convites

Making, accepting, postponing, and refusing invitations are important things to know how to do in a foreign environment When you go to Portugal, you will doubtless meet people that you will want to invite out, and you will doubtless be invited out yourself. Knowing what to do and say is crucial in these affairs. We have tried to cover most possibilities here, and later in the lesson, you'll see additional examples to help you move around in young Portuguese society.

A. O Miguel aceita um convite.

JOSÉ CARLOS: Olha, Miguel, queres ir ao cinema esta noite?
MIGUEL: Claro que sim.
JOSÉ CARLOS: Óptimo! Então passo pela tua casa às oito.
MIGUEL: Certo!

B. A Guida não quer sair com o João Manuel.

JOÃO MANUEL: Guida, queres ir à praia no sábado?
MARGARIDA: Desculpa, João Manuel, mas já tenho um compromisso para o sábado. Fica para outro dia, sim?
JOÃO MANUEL: Está bem. Não faz mal.

C. A Ana Maria quer sair com a Susan mas não pode hoje.

SUSAN: Vou à Baixa fazer compras hoje à tarde. Queres vir comigo?
ANA MARIA: Hoje vai ser impossível. Tenho um exame de frequência amanhã de manhã. Desculpa! Podemos ir amanhã à tarde?
SUSAN: Sim, o que eu quero comprar não é nada urgente. Amanhã está bem.
ANA MARIA: Então telefono-te amanhã à hora do almoço.

D. A Maria Ângela tem que desfazer um compromisso.

MARIA ÂNGELA: Nuno, não vamos poder sair esta noite. O meu pai foi hoje para o hospital com uma apendicite aguda e eu tenho que estar lá com ele.
NUNO: Claro, não te preocupes. Eu telefono amanhã para saber como ele está.

E. O Mário tem que adiar um convite que fez.

MÁRIO: Olha, Irene, tenho um problema. Acho que já não podemos ir a Évora hoje. O meu carro não arranca. O mecânico diz que só o pode arranjar para amanhã à tarde.
IRENE: Não tem importância. Está bem.
MÁRIO: Queres ir na sexta-feira?
IRENE: Sim, na sexta-feira está óptimo.

Dois a dois

One student will invite another to:

1. tomar um refrigerante
2. dar um passeio na cidade
3. ficar na casa dele-a durante as férias
4. jantar num restaurante
5. ir a um concerto
6. estudar juntos

The other may accept, put off, or decline the invitation, explaining why.

Vozes portuguesas

Joana is a first year Law student at the Universidade Católica de Lisboa

As cantinas da universidade

Existem três cantinas na Universidade, uma na Faculdade de Direito, outra debaixo da biblioteca e da Faculdade de Teologia e uma no edifício de Gestão. Bem, as cantinas todas elas são diferentes. Portanto a de Teologia tem…, paga-se quinhentos escudos por um prato unicamente. Se quiser sobremesa ou bebidas ou sopa é tudo à parte. No bar da Faculdade de Direito é quinhentos escudos também só que inclui um prato, que não somos nós que escolhemos, uma sopa, uma bebida e uma peça de fruta ou outra sobremesa. No bar de Gestão é diferente. Portanto é uma cantina mais ou menos de *self-service* e a gente entra lá, escolhe os produtos que quer. Tem lá vários pratos, várias sobremesas, várias sopas, várias bebidas. Normalmente fica um almoço um bocado mais caro, lá para os setecentos escudos.

à parte extra	**escolhemos** choose	**peça** piece
bebidas drinks	**gestão** business	**se quiser** if you want
cantinas cafeterias	administration	**sobremesa** dessert
debaixo under	**lá para** something like	

Prática oral

Complete the sentences according to the text.
1. Na cantina da Faculdade de Teologia paga-se quinhentos escudos por _____.
2. No bar da Faculdade de Direito paga-se também quinhentos escudos mas esse preço inclui _____.
3. No bar de Gestão o sistema é diferente: _____.
4. Nesse bar um almoço custa cerca de _____.

3. Mais verbos irregulares

You have seen certain "irregular" verbs such as **poder** in which the only irregular form is the first person singular. The first three verbs listed here show only that irregularity.

A. Ouvir *to hear* and **pedir** *to ask for, to ask (a favor), to order (in a restaurant)*

Ouvir (*to hear*)	
eu **ouço** *I hear*	nós **ouvimos** *we hear*
tu **ouves** *you hear*	
o senhor, a senhora,	os senhores, as senhoras,
você **ouve** *you hear*	vocês **ouvem** *you (pl.) hear*
ele, ela **ouve** *he/she hears*	eles, elas **ouvem** *they hear*

Pedir (*to ask for*)	
eu **peço** *I ask for*	nós **pedimos** *we ask for*
tu **pedes** *you ask for*	
o senhor, a senhora,	os senhores, as senhoras,
você **pede** *you ask for*	vocês **pedem** *you (pl.) ask for*
ele, ela **pede** *he/she asks for*	eles, elas **pedem** *they ask for*

O meu cão **não ouve** muito bem.
> My dog *does not hear* very well.

Eu **ouço** música clássica.
> I *hear* classical music.

Nós **ouvimos** as explicações do professor.
> We *hear* the professor's explanations.

Elas **ouvem** as notícias pela rádio.
> They *hear* the news on the radio.

Vocês **pedem** laranjada?
> Do you *ask for* orangeade?

Pedimos sempre uma bica.
> We always *order* an expresso.

O que é que tu **pedes** no restaurante?
> What do you *order* in the restaurant?

Eu **peço** geralmente um bife.
> I usually *order* a steak.

Pedir is one of those verbs that is translated by a verb + *a preposition* in English. In Portuguese there is no preposition. **Peço** means *I ask for.* When you **ask someone for something** in Portuguese **tu pedes alguma coisa *a* uma pessoa,** a pattern you should get used to.

B. **Perder** to lose

Perder (*to lose*)

eu **perco** *I lose*   nós **perdemos** *we lose*
tu **perdes** *you lose*
o senhor, a senhora,   os senhores, as senhoras,
    você **perde** *you lose*   vocês **perdem** *you (pl.) lose*
ele, ela **perde** *he/she loses*   eles, elas **perdem** *they lose*

A minha amiga **perde** frequentemente as chaves do carro.
    My friend frequently *loses* her car keys.
Eu sempre **perco** dinheiro no casino.
    I always *lose* money at the casino.
Perder is regular everywhere except for the **eu**-form. **Perder** also means *to miss* as a train, plane, etc.: **Vamos depressa! Não quero *perder* o comboio.**

C. **Sair** *to leave, go out* and **dar** *to give*

Sair (*to leave*)

eu **saio** *I leave*   nós **saímos** *we leave*
tu **sais** *you leave*
o senhor, a senhora,   os senhores, as senhoras,
    você **sai** *you leave*   vocês **saem** *you (pl.) leave*
ele, ela **sai** *he/she leaves*   eles, elas **saem** *they leave*

Dar (*to give*)

eu **dou** *I give*   nós **damos** *we give*
tu **dás** *you give*
o senhor, a senhora,   os senhores, as senhoras,
    você **dá** *you give*   vocês **dão** *you (pl.) give*
ele, ela **dá** *he/she gives*   eles, elas **dão** *they give*

Quando é que tu **sais**?
    When *are* you *going out*?
Eu **saio** amanhã.
    I *leave* tomorrow.
Eles **saem** cedo do cinema.
    They *leave* the movies early.
Nós **saímos** às oito.
    We *leave* at 8:00.

Eu **dou** o exercício ao professor.
    I *give* the exercise to the teacher.
O Carlos nunca **dá** gorjeta.
    Carlos never *gives* a tip.
No Natal, **damos** presentes à família.
    At Christmas, we *give* presents to the family

Notice the accent mark on **saímos** but not on **sair**. Except for **damos**, **dar** is irregular everywhere—but not very!

D. Trazer *to bring* and **dizer** *to say, tell*

Trazer (*to bring*)

eu **trago** *I bring*	nós **trazemos** *we bring*
tu **trazes** *you bring*	
o senhor, a senhora,	os senhores, as senhoras,
você **traz** *you bring*	vocês **trazem** *you (pl.) bring*
ele, ela **traz** *he/she brings*	eles, elas **trazem** *they bring*

Dizer (*to say*)

eu **digo** *I say*	nós **dizemos** *we say*
tu **dizes** *you say*	
o senhor, a senhora,	os senhores, as senhoras,
você **diz** *you say*	vocês **dizem** *you (pl.) say*
ele, ela **diz** *he/she says*	eles, elas **dizem** *they say*

Quando é que o senhor **traz** as cartas?
   When *do* you *bring* the letters?
Nós **trazemos** os exercícios.
   We *bring* the exercises.
Vocês **trazem** maçãs e que mais?
   You're *bringing* apples
   and what else?
Eu não **trago** dinheiro comigo.
   I *don't bring* money with me.

Eu **digo** «bom dia» ao professor.
   I *say* "good morning" to the
   teacher.
Ela **diz** que sabe tudo.
   She *says* she knows
   everything.
Dizemos sempre a verdade.
   We always *tell* the truth
Elas **dizem** que o exame é fácil.
   They *say* the test is easy.

Como um *hamburger* ou um *cheeseburger*?

Trazer and **dizer** are similar to **fazer** except in the first person singular.

Prática oral

Answer the questions you will be asked.

E. **Pôr** *to put*

Pôr (*to put*)

eu **ponho** *I put*	nós **pomos** *we put*
tu **pões** *you put*	
o senhor, a senhora,	os senhores, as senhoras,
você **põe** *you put*	vocês **põem** *you (pl.) put*
ele, ela **põe** *he/she puts*	eles, elas **põem** *they put*

Onde é que tu **pões** a tua bicicleta à noite?
    Where do you *put* your bicycle at night?
O professor sempre **põe** a pasta debaixo da mesa.
    The professor always *puts* his briefcase under the table.
Nós **pomos** os exames na mesa da professora.
    We *put* our exams on the professor's table.

Pôr is irregular everywhere—except the **nós** form, which retains the infinitive's **-o-**. The forms are short and they all begin with **p-**, so they should be easy to learn. As mentioned before, there are several verbs ending in **-por** (no accent this time), all of them conjugated as **pôr**: **eu disponho**, **tu impões**, **ela compõe**, **nós depomos**, **vocês repõem**, **eles propõem**. Very often these verbs have cognates in English, all ending in *-pose*.

Vozes portuguesas

Maria da Conceição works for a large bakery.

    O Português[a] come muito à base de pão
    O pão, em geral, faz muito parte do regime português. O Português come muito à base de pão. Enquanto por exemplo o estrangeiro come uma sanduíche e procura o pão de forma que é aquele pão muito levezinho, de trigo, o Português não... Não há uma refeição em que passe sem pão. Portugal é muito rico em trigo, milho e centeio. Então só existem três qualidades de pão: a mistura ou centeio só ou trigo.[b] O comum é a carcaça. É aquilo em que o Português vai mais, por ser mais em conta. O que lhe fica mais em conta é realmente a carcaça. O mais saudável é o de mistura porque não é fabricado tanto à base de fermento.

NOTES:

a Note how a colective concept may be rendered by a singular form.

b Actually, in Northern Portugal **broa**, a dense sort of corn bread, is also very popular.

carcaça bread roll	**milho** corn	**procura** looks for
centeio rye	**mistura** mixture	**rico** rich
em conta inexpensive	**o estrangeiro** foreigners	**trigo** wheat
fermento yeast	**pão de forma** sandwich	**vai mais** prefers
levezinho light	bread	

Prática oral

Find questions for the answers you will hear.

4. Expressões com TER e ESTAR COM

A. In English "we *are hungry*." It is not so in Portuguese, where either **temos fome** *we have hunger* or **estamos com fome** *we are with hunger*. What's the difference between the two? Usually they are quite interchangeable, but there is a subtlety: **Estar com fome** may imply a temporary condition: **Tu estás com fome agora? Ter fome**, on the other hand, may imply a more drawn out condition: **A Isabel está de dieta e tem sempre fome!** Here are some expressions:

estar com/ter fome *to be hungry*	**Estamos com fome!** A que horas é o jantar? *We're hungry.* What time is dinner? **Temos** sempre **fome** às sete da noite. *We are* always *hungry* at seven o'clock.
estar com/ter sede *to be thirsty*	**Estou com** uma **sede** terrível! *I'm terribly thirsty!* No verão sempre **tenho sede**. In summer *I'm* always *thirsty*.
estar com/ter sorte *to be lucky*	A Alice **está com sorte**—os pais deram-lhe um carro novo. Alice *is lucky*—her parents gave her a new car. A Alice **tem sorte** quando joga no Casino Estoril. Alice *is lucky* when she gambles at the Estoril Casino.
estar com/ter pressa *to be in a hurry*	Tu **estás com pressa** agora? *Are* you *in a hurry now?* Tu sempre **tens pressa!** You *are* always *in a hurry!*
estar com/ter frio *to be cold*	Vamos para dentro de casa! Elas **estão com frio!** Let's go inside the house! They *are cold!* No inverno sempre **temos frio**. In the winter, we *are* always *cold*.
estar com/ter calor	Por favor abra a janela! **Estamos com** muito **calor!**

to be hot	Please open the window! We *are* very *hot!*
	Com o ar condicionado nunca **temos calor**.
	With the air conditioning we *are* never *hot*.
estar com/ter sono	É meia-noite—**estás com sono?**
to be sleepy	It's midnight—*are* you *sleepy?*
	À meia-noite eu **tenho** sempre **sono!**
	At midnight I *am* always *sleepy!*
estar com/ter medo	**Estou com medo**—esta rua é muito escura.
to be afraid	I *am afraid*—this street is very dark.
	Tenho medo quando estou só em casa.
	I *am afraid* when I am home alone.
estar com/	**Estamos com saudades d**o Algarve!
ter saudades de	We *miss* the Algarve!
to miss	Os meus amigos angolanos **têm saudades d**o seu país.
	My Angolan friends *miss* their country.

To be right is **ter razão**. Its meaning doesn't allow the **estar com** variant: O professor nem sempre **tem razão**. The teacher *is* not always *right*. You have already come across *ter vontade de* **to feel like**. *Estar com vontade de* is also quite common: **Tenho vontade de/estou com vontade de ir ao Porto.**

B. How do you say "I'm *very* hungry," "They're *pretty* lucky," or "We're *not very* afraid" in Portuguese? Since Portuguese uses nouns instead of adjectives in these expressions, you must use the equivalent of *much* instead of *very*; you have to say: "I am with *much* hunger," "They have *quite a bit of* luck," and "We aren't with *much* fear." You already know some of the forms you may use:

> **muito,-a** *much* (= *very* in English version of these expressions)
> **bastante** *quite a bit* (= *pretty* or *quite* in English expressions)
> **pouco,-a** or **não... muito** *not much* (= *not very* in English expressions)

Colloquially, **imenso** may be used for **muito**: A Madalena tem **imenso** medo do exame de Biologia.

Since **fome, sede, razão, pressa**, and **sorte** are *feminine* words, when "intensifying" them, you need the feminine forms **muita** and **pouca**. You recall that **muito** does not change its form before adjectives ("Elas são **muito** inteligentes," "A lição é **muito** comprida") but **muito** and **pouco** *must* agree with nouns. **Bastante**, ending in **e**, does not show a gender change:

> Às sete da noite **estamos com fome**; às oito **estamos com muita fome**
>
> At seven o'clock *we are hungry*; at eight o'clock we *are very hungry*.

> **Tens sede?** Sim, **tenho bastante** sede.
>
> Are you thirsty? Yes, I'*m* quite *thirsty*.

A Alice normalmente **tem sorte** quando vai ao casino mas hoje ela está com **pouca** sorte.

> Alice *is* usually *lucky* when she goes to the casino but today she is *not very* lucky.

The remainder of the expressions use masculine words (**frio, calor, sono,** and **medo**), so when "intensified," they require the masculine **muito** and **pouco:**

> Em Outubro elas **têm frio.** Em Dezembro elas **têm muito frio.**
>
> In October, they *are cold.* In December *they are very cold.*
>
> **Temos calor** agora. Vamos ter **bastante** calor em Agosto também.
>
> We *are hot* now. We are *are going to be quite hot* in August.
>
> A senhora **tem sono** à meia-noite? Não, **tenho pouco** sono à meia--noite.
>
> *Are* you *sleepy* at midnight? No, I *am not very* sleepy at midnight.

To help you say *when* you are thirsty or cold (etc.), here are some expressions of time, some of which you have already come across with:

de manhã in the morning	**no verão** in the summer
de/à tarde in the afternoon	**no outono** in the fall
de/à noite in the evening, at night	**no inverno** in the winter
	na primavera in the spring

You may also say **de verão** and **de inverno.**

Vinho branco com sardinhas? Que horror!

Prática oral

Actividade A. Complete the sentences you will hear with the right expression using **ter/estar com**.

Actividade B. Look at the drawings and answer the questions asked by the instructor.

Actividade C. Translate the sentences you will hear.

5. O infinito pessoal

A. A feature of Portuguese is the **personal infinitive**—an infinitive which has personal endings that agree in person and number with its subject and is used in certain situations to clarify or emphasize that subject, the person who is doing the action. The personal infinitive often follows a preposition and is frequently used when there are two subjects in a sentence or when the infinitive appears at the beginning of a sentence.

	dizer	estar	vir	pôr
eu	dizer	estar	vir	pôr
tu	dizeres	estares	vires	pores
o senhor, a senhora, você	dizer	estar	vir	pôr
ele, ela	dizer	estar	vir	pôr
nós	dizermos	estarmos	virmos	pormos
os senhores, as senhoras, vocês	dizerem	estarem	virem	porem
eles, elas	dizerem	estarem	virem	porem

B. The personal infinitive is frequently used after impersonal expressions. Its meaning can be seen in this example: **É difícil irmos agora** *It is difficult for us to go now.*[1] If a personal pronoun such as **eu, tu, você,** or **ele,** is used, it usually *precedes* the infinitive (although it *follows* the infinitive when **ao** is used, as shown in Section C below). Since the singular personal infinitive has no endings (except for the **tu** form), the singular pronouns tend to be used frequently to show whom the infinitive refers to. Of course, since **eles/elas** and **vocês** share the same form, it is often necessary to specify whom it refers to by using a pronoun.

É possível **tu entrares** às oito.

It is *possible for you* to enter at eight o'clock.

É impossível **ela saber** o segredo!

It's impossible *for her to find out* the secret.

É preciso **eu comprar** outro disco para a festa.

It's necessary *for me to buy* another record for the party.

É importante **falarmos** ao director.

It's important *for us to speak* to the director.

É fácil **eles chegarem** a tempo porque moram muito perto.

It's easy *for them to arrive* on time because they live very close.

É difícil **vocês dormirem** com todo este barulho!

It's hard *for you to sleep* with all this noise!

---

[1] The obvious difficulty here is that students become confused and think that the word *for* (*It is difficult for me to understand this!*) needs to be translated somehow in Portuguese. But absolutely no translation is possible!

The personal infinitive is also used in situations when we in English would use the *possessive + gerund* to indicate who is doing the action.

Ele escreveu a carta sem os pais **saberem**.

He wrote the letter without his parents *knowing*.

Prática oral

Actividade. Change the sentences to include the item in parentheses and make the infinitive personal.

MODELO: Temos que estudar História todo o dia. (É importante)

É importante estudarmos História todo o dia.

1. Ele não pode atender dois clientes ao mesmo tempo. (É impossível)
2. Tenho dificuldade em encontrar trabalho. (É difícil)
3. Gosto de viajar de avião. (É bom)
4. Elas precisam falar com o senhor sobre um assunto delicado. (É preciso)
5. Preferimos escolher um curso de Física. (É preferível)
6. Tu tens interesse em estudar outra cultura. (É interessante)
7. Ela adora ir à ópera. (É óptimo)
8. Não convém mentir aos pais. (Não é necessário nós)

C. The personal infinitive is also very useful and quite commonly used with the prepositions given below. Notice that **ao** "officially" is translated *upon*, but we hardly ever use *upon* in English. It is better to change the sentence around and use *when*. Instead of "Upon entering the room, João said that he was sick" would usually be said "When João entered the room, he said that he was sick." In the examples, **ao** will be translated *when*.[2]

para	*to*
sem	*without*
ao	*upon*
a fim de	*so that*
depois de	*after*
antes de	*before*

Eles pediram-nos **para tocarmos** na orquestra.

They asked *us to play* in the orchestra.

Tu saíste **sem eles verem.**

You left *without their seeing you.*

Ao terminar o romance, tu podes emprestar ao meu irmão?

When you finish the novel, can you lend it to my brother?

Ao abrirem a porta, viram o presente.

When they opened the door, they saw the present.

---

[2] The English tense that follows *when* is the same as the tense of the main verb of the sentence.

Dei o dinheiro ao Álvaro **a fim de ele comprar** uma camisa.
    I gave the money to Álvaro *so that he could buy* a shirt.
Depois de eu receber o convite, vou telefonar.
    After I receive the invitation, I'll call.
Antes de o senhor sair, deve falar com a secretária.
    Before you leave, you should talk to the secretary.

Prática oral

Actividade A. Fill in the blanks with the correct personal infinitive.
 1. É preciso vocês _____ aqui às nove em ponto. (estar)
 2. Ele não entende nós _____ tudo para o outro dia. (deixar)
 3. Saímos depois de o monitor _____ sobre as bolsas de estudo *scholarships*. (falar)
 4. Eu vou emprestar o dinheiro para eles _____ as propinas *school fees*. (pagar)
 5. É necessário nós _____ desculpa. (pedir)
 6. Ao _____ todos os professores, vai começar a palestra. (chegar)
 7. Achamos importante a professora _____ devagar para nós _____. (falar, compreender)
 8. A fim de _____ alguma coisa precisamos estudar. (saber)
 9. Só vou depois de elas me _____. (telefonar)
10. Acho estranho eles não _____ melhorar. (querer)

Actividade B. Change the subject of the personal infinitive in the sentences you will hear to an equivalent plural form.
    MODELO: Eu quero visitar a minha amiga antes de ela ir de férias.
        Eu quero visitar as minhas amigas antes de elas irem de férias.

D. For clarity the personal infinitive can be used in place of the regular one in situations different from A) and B) above. The sentence **Esta carne é para comer ao jantar** does not tell who is going to eat the meat for dinner. By using the personal infinitive, we can state **Esta carne é para a senhora comer ao jantar** (*eu* vou comer peixe); **Esta carne é para eles comerem ao jantar** (**nós só vamos comer uma omelete**).

Prática oral

Actividade. Change the sentences below according to the model.
    MODELO: Ele entrou na sala sem **ouvir**. (nós)
            Ele entrou na sala sem nós **ouvirmos**.
 1. O professor dá o exercício de gramática para **fazer**. (elas)
 2. O polícia prende os ladrões antes de **poder** fugir. (eles)
 3. A minha mãe tira os ovos do frigorífico para **preparar** uma omelete. (nós)
 3. O Jorge foi para Inglaterra sem **saber**. (tu)
 5. O director traz vinte cartas para **passar** à máquina. (as secretárias)
 4. O Sr. Santos quer falar disso antes de **sair**. (vocês)
 5. O pai compra uma máquina para **tirar** fotografias durante as férias. (os

filhos)
6. O Sr. Saraiva deita fora o jornal sem **ler**. (a D. Fernanda)
7. A professora explica esse ponto até **entender.** (tu)
8. Telefono de uma cabine pública quando **sair**. (nós)

Vozes portuguesas

Here Joana talks about students who prefer not to eat at the University
***cantinas**.*

Comer perto da Universidade
Os estudantes que não estão para gastar mais
de mil escudos, por exemplo, comem em *fast
foods* perto da Universidade ou em cafés,
pastelarias onde servem refeições ligeiras no
género bitoques ou *hamburgers* no prato ou uma
coisa assim. Só que os restaurantes e os cafés
que ficam mais perto das universidades têm
normalmente os preços mais caros porque como
sabem que dá mais jeito aos estudantes, só têm
uma hora para almoçar e às vezes até menos do
que isso, aumentam os preços.

Os estudantes quando têm um bocadinho mais de tempo para almoçar
saem da Universidade e vão comer mais longe, a cafés e pastelarias e tascas.
Os estudantes também comem muito nas tascas que é onde eles servem
assim um prato de polvo ou... Não sei, eles fazem grandes panelões de
comida e depois põem a quinhentos escudos o prato, chama-se o prato do
dia. Às vezes é arroz à valenciana ou feijoada e pronto.

arroz à valenciana *paella*	**e pronto** and that's it	**panelões** large pots
aumentam raise	**gastar** spend	**polvo** octopus
bitoques small steaks	**ligeiras** light	**prato do dia** daily special
dá mais jeito it is more convenient	**não estão para** don't feel like	**preços** prices
		um bocadinho a little bit

Prática oral

Answer the questions you will hear.

6. As refeições

You have already learned the names of some meals. Here is now a complete
list:

    o pequeno almoço *breakfast*   **o jantar** *dinner*
    o almoço *lunch*   **a ceia** *supper*
    o lanche *mid-afternoon snack*

Sometimes breakfast is just called **o café**. The expression **pequeno
almoço** is a direct translation from the French *petit déjeuner*. **Lanche** is a

misadaptation of another foreign word, in this case the English term *lunch*. Nowadays **ceia** is practically only applied to a late dinner on Christmas Eve (**ceia de Natal**) or New Year's Eve (**ceia de Ano Novo**). In the past it was usual for the upper classes to go to a restaurant for a **ceia** after the theater or the opera. In rural areas **ceia** meant dinner, as the word **jantar** was used for the midday meal, like the English *dinner = lunch, supper = dinner*.

For *to have breakfast, lunch,* etc the Portuguese use : **tomar o pequeno almoço (o café), almoçar, lanchar, jantar, cear**[3]

Prática oral

Actividade A: Tell the class what time you have your meals and what you generally eat and drink for each one of them.

Actividade B: Complete the following sentences with a reference to meals. Add any details you like.

1. Às oito da manhã _____.
2. Ao meio dia _____.
3. Às vezes por volta das quatro horas _____.
4. Na véspera de Ano Novo _____.

Vozes portuguesas

Here Joana compares restaurant prices in Portugal and abroad.

Em Portugal come-se mais barato
Regra geral, e em relação ao resto da Europa, Portugal tem uns restaurantes bastante baratos. Portanto aquilo que se vê mais nos prospectos turísticos de vindas a Portugal é que em Portugal se come muito bem e barato. Para nós, Portugueses, é lógico que os restaurantes mais caros são caros. Há restaurantes onde se pagam dois, três contos só pelo prato principal e isso é um bocado caro para a maior parte das pessoas, não é? No entanto, para estrangeiros, eles parecem achar que os pratos são baratos.

parecem seem	**regra geral** as a rule	**um bocado** somewhat
prospectos brochures	**se pagam** one pays	**vindas** visits

Prática oral

In three sentences explain what Joana said about Portuguese restaurants.

---

[3] Be sure not to use constructions like **ter o almoço** or **ter o jantar**, which make absolutely no sense in Portuguese. Likewise, do not use **ter** for *eat* or *drink*: **beber (tomar) um café** or **comer um** *hamburger*.

Diálogo

Vou pedir filetes de peixe com arroz e salada	I'm going to order the fish filets with rice and salad

O João Carlos e a Fátima convidam a Susan para jantar numa tasquinha.

*João Carlos and Fátima invite Susan for dinner at a **tasquinha**.*

JOÃO CARLOS: Esta mesa aqui está bem?[a]
FÁTIMA: Por mim está óptima. O que é que tu achas, Susan?
SUSAN: Por mim também.
(O empregado vem e entrega a ementa)

JOÃO CARLOS: Is this table here OK?
FÁTIMA: Fine with me. What do you think, Susan?
SUSAN: It's fine with me, too.
(The waiter comes and gives them a menu.)

EMPREGADO: Desejam uns queijinhos frescos[b] para começar?
JOÃO CARLOS: Pode ser. Vocês querem um pratinho de chouriço assado?
FÁTIMA: Sim, pede. *(Para o empregado)* E traga já o pão, sim?
EMPREGADO: Com certeza. O que é que vão tomar?
JOÃO CARLOS: Vinho da casa. Vocês preferem tinto ou branco?
SUSAN: Para mim tanto faz. E vocês?
JOÃO CARLOS: Então traga um jarro de vinho branco. Eu sei que a Fátima prefere branco.

EMPREGADO: Would you like some "fresh" cheese for starters?
JOÃO CARLOS: OK. Would you guys like a small dish of broiled pork sausage?
FÁTIMA: Yes, order one. *(To the waiter)* And bring us the bread now, OK?
EMPREGADO: Sure. What are you going to drink?
JOÃO CARLOS: The house wine. Do you guys prefer red or white?
SUSAN: It's all the same to me. And you two?
JOÃO CARLOS: Then bring us a pitcher of white wine. I know Fátima prefers white.

Os três olham para a ementa enquanto esperam pelo pão, pelo queijo, pelo chouriço e pelo vinho.

The three of them look at the menu while they wait for the bread, cheese, sausage and wine.

FÁTIMA: Eu vou comer um caldo verde. Vocês não querem?
JOÃO CARLOS: Deixa ver... Eu vou na sopa de feijão com hortaliça. E tu, Susan?

FÁTIMA: I am going to have **caldo verde**. Don't you guys want it?
JOÃO CARLOS: Let me see... I'll go for the bean soup with vegetables. How about you, Susan?

SUSAN: Acho que também vou comer caldo verde.
JOÃO CARLOS: Bem, o problema da sopa está resolvido. E agora que mais?
FÁTIMA: Olha, têm feijoada à transmontana. Eu adoro! O que é que vais pedir, Susan?

SUSAN: I think I'll also have the **caldo verde**.

JOÃO CARLOS: Well, the problem concerning the soup is solved. Now what else?
FÁTIMA: Look, they have **feijoada à transmontana**. I love it! What are you going to order, Susan?

SUSAN: Talvez peixe. O que é que vocês recomendam?
JOÃO CARLOS: Bem, tens sardinhas assadas... Não sei se gostas... Há pescada cozida,

SUSAN: Maybe fish. What do you guys recommend?
JOÃO CARLOS: Well, you have grilled sardines... I don't know if you like them.

com arroz e salada,[c] arroz de tamboril...

SUSAN: Sardinhas não. E arroz de tamboril comemos o outro dia. Vou pedir os filetes.

FÁTIMA: Também tens bacalhau à Gomes de Sá[d] aqui em baixo.
SUSAN: Não, prefiro os filetes.
JOÃO CARLOS: Pois eu vou pedir umas iscas.[e] Há tanto tempo que não como...

O empregado traz dois pratinhos com o queijo e o chouriço, um cesto com pão e um jarro de vinho. Depois pergunta:

EMPREGADO: Então já escolheram?
JOÃO CARLOS: Sim. Vão ser dois caldos verdes. uma sopa de feijão com hortaliça, uma feijoada, filetes de peixe e umas iscas.
EMPREGADO: Desculpe. Iscas já não temos.
JOÃO CARLOS: Bem, então deixe ver. Traga-me o cozido à portuguesa.
SUSAN: E um copo de água, por favor.[f]
EMPREGADO: Um copinho de água...[g] Mais alguma coisa?
JOÃO CARLOS: Por enquanto não.

Quando acabam de comer o empregado volta à mesa e leva os pratos.

EMPREGADO: Sobremesa desejam?
FÁTIMA: O que é que há?
EMPREGADO: Temos um melão muito bom, meloa,[h] uvas, pêssegos, arroz doce,[i] pudim flan e *mousse* de chocolate.
FÁTIMA: Para mim arroz doce.
SUSAN: E para mim pudim flan.
JOÃO CARLOS: Eu vou experimentar o melão.
EMPREGADO: Café, vão tomar?
JOÃO CARLOS: Sim, três bicas. E traga já a conta, se faz favor.[j]

There is boiled whiting, fish filets with rice and salad, monkfish with rice...
SUSAN: Not sardines. And monkfish with rice we had the other day. I'm going to order the fish filets.
FÁTIMA: You also have codfish Gomes de Sá style here at the bottom.
SUSAN: No, I prefer the fish filets.
JOÃO CARLOS: I'm going to order fried liver. I haven't had it for a long time...

The waiter brings two small dishes with the cheese and the pork sausage, a basket of bread and a pitcher of wine. Then he asks

EMPREGADO: Are you ready to order?
JOÃO CARLOS: Yes. We'll have two **caldos verdes**, one bean soup with vegetables, one **feijoada**, fish filets and fried liver.
EMPREGADO: Sorry. We're out of liver.
JOÃO CARLOS: Well, then let me see. Bring me the **cozido à portuguesa**.
SUSAN: And a glass of water, please.
EMPREGADO: A *small* glass of water... Anything else?
JOÃO CARLOS: Not for the moment.

When they finish eating the waiter comes back to the table and takes out the dishes.

EMPREGADO: Would you like some dessert?
FÁTIMA: What do you have?
EMPREGADO: We have very good melon, honeydew cantaloupe, grapes, peaches, rice pudding, custard and chocolate mousse.
FÁTIMA: Rice pudding for me.
SUSAN: And custard for me.
JOÃO CARLOS: I'll try the melon.
EMPREGADO: Will you have coffee?
JOÃO CARLOS: Yes, three expressos. And bring the check as well, please.

NOTES:
 [a] In the typical Portuguese restaurant you do not wait for somebody to seat you.
 [b] **Queijo fresco** is a home-made style unaged cheese. It should be tried with **pão saloio** or **broa**.
 [c] Salad is never served as a separate course, but rather to accompany fish or meat dishes.

[d] **Bacalhau à Gomes de Sá** is shredded codfish with potatoes, onions and black olives.

[e] **Iscas** is fried liver served with boiled or sautéed potatoes.

[f] You have to ask for water if you want it. The water will usually be at room temperature unless you specify you want **água fresca**.

[g] Diminutives are often used by waiters (and others) as a sign of politeness. Thus the expression **um copinho**. He might also have asked if they wanted **uma sopinha** or announced he was going to bring an extra **pratinho**.

[h] **Meloas** are small round honeydew melons. If you order it, you will get half of the melon.

[i] **Arroz doce**, extremely popular in Portugal, is rice pudding sprinkled with cinnamon.

[j] Most often you will have to ask for the check, otherwise it will not be brought to the table. The U.S. custom of asking for a "doggie bag" is highly frowned upon in Portugal.

Dois a dois

Imagine that you are in Portugal and invite a friend for lunch. Extemporize a short dialogue dealing with the invitation.

Leitura

Culinária e alguma coisa mais

Por detrás de muitos dos pratos da cozinha portuguesa encontramos um facto histórico, uma tradição ou um condicionalismo geográfico ou social.

Este é o caso, por exemplo, da chamada sopa de pedra, inspirada por um conto popular corrente em Portugal e em outras partes da Europa.[a] Esta sopa é típica da região de Almeirim mas em Lisboa também se pode comer, durante o verão, na Feira Popular.[b] Contém verduras, batatas, carne, chouriço-enfim o que a imaginação da cozinheira pode ditar. E no meio do prato vem uma pedra.

Outra sopa típica portuguesa é a canja. É um caldo de galinha que na sua forma mais autêntica, além do arroz leva miudezas e até ovos ainda em formação. No entanto, como o termo "canja" vem do Concani[c] ou do Malaio, a origem asiática deste prato é bastante provável. (É conveniente não esquecer a influência das várias culturas asiáticas sobre a portuguesa.)

De outros pratos também é possível determinar a origem. A caldeirada à fragateira é um guisado de várias espécies de peixe com batatas, cebolas, tomate, pimentos e umas fatias de pão. É característica da região de Lisboa e da Borda d'Água.[d] Pode ainda hoje comer-se, admirando ao mesmo tempo a vista do Tejo e de Lisboa, num dos restaurantes do Ginjal.[e] Os fragateiros eram os tripulantes das fragatas que cruzavam o Tejo impulsionadas pelas suas grandes velas vermelhas. Para preparar os seus jantares os fragateiros usavam os produtos que compravam aos camponeses da Borda d'Água mais o peixe de rio que pescavam. Diz-se que a verdadeira caldeirada deve levar vinte e seis qualidades diferentes de peixe mas na realidade ninguém segue esse preceito.

As alheiras[f] também têm a sua história. Quando nos fins do século XV D. Manuel I mandou converter à força os Judeus, estas conversões foram naturalmente apenas superficiais. Perseguidos ferozmente pela Inquisição, inventaram numerosos estratagemas para criar a ilusão de serem bons cristãos. Um deles foi fabricar uma espécie de chouriço com a aparência de conter carne de porco quando afinal só era feito à base de carne de aves.

As tripas à moda do Porto[g] parecem ter também uma venerável raiz histórica. Nos fins do século XIV os Castelhanos puseram cerco a Lisboa. Devido ao cerco, era enorme a fome que reinava na cidade. Então os habitantes do Porto decidiram enviar uma esquadra com mantimentos, que forçou o bloqueio castelhano. Com toda a carne disponível enviada para Lisboa, os portuenses viram-se forçados por algum tempo a comer só tripas e outras miudezas.[h]

O prato conhecido como carne de porco à alentejana consiste em pedaços de carne de porco frita, acompanhados de amêijoas e batatas coradas. Contudo parece que na sua origem o prato não vem do Alentejo mas sim do Algarve.[i] Nesta província os porcos eram, por vezes, alimentados com peixe. Então, segundo dizem, as amêijoas serviam para disfarçar o gosto adquirido pela carne

. Quanto às sobremesas, um facto comprovado é que muita da doçaria tradicional portuguesa tem uma remota origem brasileira. Quando o Brasil colonial começou a exportar grandes quantidades de açúcar para Portugal, em muitos conventos de freiras desenvolveu-se uma florescente indústria de doçaria. Daí tantos doces com nomes de implicações religiosas: papos de anjo, barrigas de freira, toucinho do céu, pastéis de Santa Clara, pingos de tocha, etc.

Em resumo: ao comer algum dos deliciosos pratos da cozinha nacional, não estamos apenas a entregar-nos a um prazer gastronómico. Estamos também a preservar uma cultura.

NOTES:

[a] This folk tale tells us that a mendicant friar would go from village to village with a rock in his hand. He would then knock at a door and ask if he could borrow a pot and some water to boil the rock and make soup with it. Of course villagers were surprised, and asked if the only ingredient for the soup was the rock. "Well, with a little oil and salt it will taste better," replied the friar. So they gave him the oil and salt. Still the villagers were puzzled and kept asking if that would be all it took to make the soup. "Well, a couple of cabbage leaves would help," added the friar. So the cabbage would go into the pot, too. And after the cabbage came potatoes, carrots, meat, saltpork, sausage, what not. Finally the friar would end up with a rich soup for his dinner. After he finished, the villagers would ask if he was not going to eat the rock. "Oh no, I'm saving it for my next meal," he would say.

[b] The Feira Popular is Lisbon's city fair, open during the summer months only. It offers a variety of games, rides, commercial stands and restaurants serving typical Portuguese food.

[c] Concani is an Indian language spoken at Goa, the center of Portuguese expansion towards the Orient during the sixteenth and seventeenth centuries.

[d] The Borda d'Água *water's edge* is the area on the right bank of the Tagus River, between Vila Franca de Xira and Santarém, where fighting bulls are raised. Their keepers, the mounted, pole armed **campinos,** are noted for their colorful garb and for their lively dance, the **fandango.**

[e] Ginjal is a small area in Cacilhas, across the river from Lisbon, just west of the ferry-boat landing. It is noted for its seafood restaurants.

[f] **Alheiras** are originally from Trás-os-Montes, the Northeastern area of Portugal where Jews expelled from Spain in 1492 first settled. They are to be found nowadays at most medium priced restaurants. They are made with chicken and now (in a very unkosher fashion!) with some pork, and served with fries, salad and a fried egg on top.

[g] Oporto-style tripe is served normally with white beans. Due to the popularity of this dish, Oporto natives are known as **tripeiros**.

[h] Others say that widespread consumption of tripe took place when the Portuguese were preparing the expedition that took the North African city of Ceuta in 1415.

[i] The Alentejo (literally "beyond the Tagus") is the province extending south from the left bank of the Tagus. The Algarve ("the West" in Arabic—it lies west of the former Muslim concentrations of Granada, Cordoba and Seville) is the coastal strip south of the Alentejo. It is now a favorite vacation spot not only for the Portuguese, but also for tourists from Northern Europe and other areas who come here to enjoy the year round mild climate.

afinal after all
alimentados fed
amêijoas clams
anjo angel
asiática Asian
aves fowl
barrigas bellies
bloqueio blockade
caldeirada à fragateira seafood stew
caldo broth
camponeses peasants
carne meat
Castelhanos Castilian
cebolas onions
cerco siege
céu Heaven
conto popular folk tale
coradas sautéed
cozinha cooking
cruzavam plied
desenvolveu-se developed
disfarçar disguise

disponível available
ditar dictate
doçaria sweets
doces sweets
em resumo in short
enfim well
entregar-nos enjoy
enviar send
esquadra fleet
esquecer forget
fatias slices
ferozmente savagely
florescente flourishing
fragatas Tagus sail barges
fragateiros fragata crew members
freiras nuns
frita fried
galinha chicken
gosto taste
guisado stew
impulsionadas propelled

Judeus Jews
leva takes
malaio Malay
mandou ordered
mantimentos food supplies
miudezas gizzards
ninguém nobody
papos craws
pedaços bits
pedra rock
pingos drops
por detrás de behind
portuenses Oporto natives
prazer pleasure
reinava reigned
rio river
segue obeys
tocha a large candle
toucinho saltpork
tripas tripe
velas sails
verduras vegetables

Prática oral

Certo ou **errado**? You will hear the statements.

Um bocadinho de humor

Um senhor entra num restaurante extremamente elegante, senta-se e põe o guardanapo ao pescoço. Então o **maître** aproxima-se e diz muito delicadamente: "Muito boa tarde. Barba ou cabelo?"

aproxima-se approaches **delicadamente** politely **pescoço** neck
barba shave   **guardanapo** napkin   **senhor** gentleman
cabelo haircut   **senta-se** sits down

Olha, frango de churrasco

7

Vamos a qualquer sítio no fim-de-semana

1. O que é que aconteceu? O pretérito perfeito

A. The preterite is the past tense you use to report *what happened*. **-Ar**, **-er**, and **-ir** verbs each have their own sets of endings, all of them quite similar. You will see that all endings of the regular preterite tense are stressed.

Present	*Preterite*
Não encontro a agenda.	Não encontrei a agenda.
Tu entras às oito.	Tu entraste às oito.
Ela toca piano.	Ela tocou piano.
Nós compramos iogurte.	Nós comprámos iogurte.
Vocês ajudam muito.	Vocês ajudaram muito.
Eles trabalham aqui.	Eles trabalharam aqui.

For all regular verbs (**-ar**, **-er**, and **-ir**) the **nós** form looks the same in both the present and the preterite—but in the preterite of **-ar** verbs, this form has an accent:[1] **Hoje nós estudamos /Ontem nós estudámos.**

REGULAR -AR VERBS: FALAR

eu **falei** *I spoke*	nós **falámos** *we spoke*
tu **falaste** *you spoke*	
o senhor, a senhora,	os senhores, as senhoras,
você **falou** *you spoke*	vocês **falaram** *you (pl.) spoke*
ele, ela **falou** *he/she spoke*	eles, elas **falaram** *they spoke*

[1] There is also difference in pronunciation between **-amos** and **ámos** which your instructor will demonstrate. The difference may sound subtle to you, but the two sounds are very distinct to Portuguese speakers.

There are regular spelling changes that affect the **eu**-form in the **-ar** preterite.

SPELLING CHANGES IN THE -AR PRETIRITE

- gar, - guei	chegar	jogar
	cheguei	joguei
- car, - quei	explicar	ficar
	expliquei	fiquei
- çar, - cei	dançar	começar
	dancei	comecei

The **-u-** preserves the "hard" **g** and **c** sounds before **e**. If you spelled **cheguei** without the **u**, **-ge-** would be pronounced as in **gente**. In **explicar**, the **-c-** has to change to **-qu-**, otherwise **-cei** would be pronounced as in **comecei**. Finally, a **ç** reverts to **c** before **-e-** and **-i-**.

Notas culturais

Lisbon offers numerous opportunities for an interesting weekend. You can, for instance, stroll around the Baixa, the Chiado or the Alvalade district. Many stores are closed Saturday afternoon and Sunday, but still window shopping is a possibility. And how about a leisurely beer, soft drink or cup of coffee at one of the **esplanadas** on Avenida da Liberdade or around the Rossio? In the **centros comerciais**, like the one at Amoreiras, you can have an elaborate lunch or sit at a table and have some pizza, a soft drink or an ice cream. If the American visitor is nostalgic for food from home there is McDonald's, Pizza Hut, and The Great American Disaster.

Exploring the Alfama and looking at the city and the river from a **miradouro** is another possibility. Don't miss the Castelo de São Jorge and the area around it. Then there are movies, mostly foreign, museums and monuments. At night, you may want to go to a **casa de fados**, although these places have recently become very touristy. On Saturdays the Feira da Ladra, a sort of swap meet, may provide some interesting buys.

B. Regular **-er** verbs

Present	*Preterite*
Eu viv**o** nos Açores.	Eu viv**i** nos Açores.
Tu com**es** pouco.	Tu com**este** pouco.
Eles não vend**em** esse livro.	Eles não vend**eram** esse livro.
Nós escrev**emos** as cartas.	Nós escrev**emos** as cartas.
Vocês aprend**em** bem.	Vocês aprend**eram** bem.
Eles conhec**em** o Algarve.	Eles conhec**eram** o Algarve.

Here is a model conjugation:

REGULAR -ER VERBS: **COMER**

eu **comi** *I ate*	nós **comemos** *we ate*
tu **comeste** *you ate*	
o senhor, a senhora	os senhores, as senhoras,
você **comeu** *you ate*	vocês **comeram** *you (pl.) ate*
ele, ela **comeu** *he/she ate*	eles, elas **comeram** *they ate*

Vozes portuguesas

Here Filomena mentions how her busy schedule does not allow for much leisure time on weekends.

    Fins-de-semana cheios de trabalho
    Normalmente eu aproveito os fins-de--semana para... Não deveria ser, deveria ser para passear, para nos divertirmos mas durante a semana há sempre tanto trabalho que no fim--de-semana temos que pôr tudo em dia. Uma vez que sou professora, tenho que aproveitar os fins-de-semana para programar todas as actividades da próxima semana. Mas tira-se sempre um bocadinho para ir lanchar fora, como nós costumamos dizer, e tomar uma bebida à tarde. Às vezes comer fora quando o orçamento familiar permite e pouco mais do que isso. No verão a praia, um bocadinho de praia.

cheios full	**não deveria ser** it	**passear** go out
comer fora eat out	shouldn't be that way	**pôr tudo em dia** catch up
costumamos are used to	**nos divertirmos** enjoy	with everything
	ourselves	**praia** beach

próxima next   sempre always   trabalho work
semana week   tanto so much   uma vez que since
                      tira-se one takes time off

Prática oral

How are your weekends similar to or different from those of Filomena?
Explain how they are or aren't.

C. Regular **-ir** verbs:

Present	*Preterite*
Eu part**o** agora mesmo.	Eu part**i** ontem às nove.
Tu assist**es** ao simpósio.	Tu assist**iste** ao simpósio.
Ele abr**e** a janela.	Ele abr**iu** a janela.
Nós ouv**imos** música clássica.	Nós ouv**imos** música clássica.
Vocês ped**em** mais tempo.	Vocês ped**iram** mais tempo.
Elas sa**em** às dez da manhã.	Elas sa**íram** às dez da manhã.

Normally none of these forms has an accent in the preterite, but **sair**
(and other verbs whose stem ends in **-a**) does in the following forms: **saí,
saíste, saíu, saímos, saíram**. When you compare the present **sai** (pronounced
"sá-i") with the preterite **saí** the reason for the accent mark is obvious.

-Ir verbs that have **eu**-forms with vowel changes in the present tense
(**dormir-durmo, mentir-minto, servir-sirvo**) show *no* similar changes in the
preterite (**dormi—dormiu, menti—mentiu, servi-serviu**).[2]

MODEL: -IR VERBS: **ASSISTIR**

eu **assisti** *I attended*	nós **assistimos** *we attended*
tu **assististe** *you attended*	
o senhor, a senhora,	os senhores, as senhoras,
você **assistiu** *you attended*	vocês **assistiram** *you (pl.) attended*
ele, ela **assistiu** *he/she attended*	eles, elas **assistiram** *they attended*

---

[2] Students who know Spanish might be looking for a vowel change in these
verbs (cf. Spanish **serví—sirvió**), but there is none in Portuguese.

D. Picturing sentences as scenes and scenes as sentences.

When you hear someone speak, in your imagination you can visualize all of the actions the person is talking about. When you do this, in your mind you have become a moviemaker, imagining the sentences you hear as scenes in a movie.

Movie scenes and sentences do have some characteristics in common: a movie scene is a string of individual frames with a beginning and an end, and a sentence is a string of individual words with a beginning and an end. Scenes and sentences can both show an action, and both the scene and the sentence can be related to the other—it is easy to describe scenes with sentences, and to pictures sentences as scenes.

Since you can already imagine sentences as scenes, you can put that skill to work to help you grasp a useful and interesting concept—the different ways of viewing the past in Portuguese.

This lesson deals only with *one* way of looking at the past; this way is represented by the preterite tense (**pretérito perfeito**). It is very easy to imagine this tense in a scene because the *entire* action of a preterite verb takes place within the scene. When you visualize the sentence "A Ana marcou o número," the scene opens, Ana picks up the phone and dials a number, then the scene closes. Did she do any of the dialing before the scene began? No, clearly not. The camera started to roll just before she dialed and followed her to the end of the dialing.

Picture also "O José comeu o bife." In your imagination first the scene begins—the camera starts—, José eats the steak, then the camera stops. The whole action (*the eating of the steak*) that you visualized took place within the scene—within the sentence—so the verb is clearly preterite.

Here is the way our artist visualized two more sentences as scenes:

A Mariana acordou às oito.

O Pedro entrou em casa.

Prática oral

Actividade A. O que é que aconteceu ontem? Change the verbs to the preterite.

1. Ontem a minha mãe (telefonar para o Porto / servir o almoço mais cedo / visitar os meus avós / partir para a Áustria).
2. Ontem à noite vocês (assistir à cerimónia / conhecer o Dr. Andrade / não comer nada / acabar o trabalho de casa).
3. Ontem à tarde nós (tirar muitas fotografias / ver um filme russo / comprar carne / sair às quatro).
4. Ontem de manhã eu (dormir até às onze / limpar o meu quarto / receber um telefonema / começar a ler **A Estrada do Tabaco**).

Actividade B. Answer the questions you will be asked. They deal with things that may have happened to you.

Actividade C. Complete the following sentences with an appropriate verb in the preterite:

1. Ontem os meus pais _____ para a Cidade do México.
2. Eu estou com sono hoje porque ontem à noite não _____.
3. A semana passada eu _____ uma carta ao meu amigo Daniel.
4. Nós não _____ nem _____ nada hoje e agora estamos com muita fome e muita sede.
5. Os alunos de Francês _____ cinco romances e muitos poemas o semestre passado.
6. O que é que vocês _____ no restaurante ontem?
7. Às sete da manhã, o padeiro _____ a porta e _____ na padaria. Logo a seguir ele _____ vários fregueses *customers*, _____ bastante pão e bolos e às onze _____ da loja para ir ao banco.
8. Todos gostaram imenso da festa no sábado. O Octávio _____ uma canção muito bonita e a Rita _____ muito com o Filipe. Nós _____ muitos croquetes e outras coisas e _____ vinho branco e cerveja. Todos _____ a casa já de madrugada.

Notas culturais

Some weekend you may also want to explore the areas outside of Lisbon, one of which is the Linha de Cascais with its cosmopolitan atmosphere. Alongside the Estrada Marginal and well into Cascais and Praia do Guincho there are dozens of restaurants with good food and excellent views of the ocean. At some of the beaches the water may be somewhat polluted, but those closer to Cascais offer good swimming and water sports. Estoril and Cascais are attractive towns, where a calm afternoon will be pleasantly spent. Sintra, in addition to its historical sites, offers breathtaking mountain views.

Podemos dar uma volta por Cascais

On the Outra Banda[a] you may start with a good meal at one of the several restaurants around the Cacilhas ferry landing. Costa da Caparica offers small, good restaurants and also discotheques. Further on Sesimbra and Palmela are interesting places to visit. And you must not miss the beauty of the Serra da Arrábida and the beach at Portinho da Arrábida. The city of Setúbal is also worth a visit, and from there you may cross the Sado river and spend a few hours at Tróia, with its magnificent beaches.

NOTE:
    [a] The **Outra Banda** is the left bank of the Tagus River, across from Lisbon.

Prática oral

Answer the questions you will hear.

Dois a dois

Entrevista. Ask questions in the preterite to a classmate to find out information about what he or she did recently. Here are some questions you might ask:

>   A que horas chegaste à universidade hoje?
>   Saíste ontem à noite? Com quem?
>   A que horas voltaste para casa ontem?
>   Que disciplinas tiraste o ano passado?
>   Onde passaste as férias de verão?

Then tell the class something of what you learned.

Vozes portuguesas

Here Pedro talks about his classmates' weekends.

Os fins-de-semana dos alunos de Geografia

Bem, nos fins-de-semana... A maior parte dos meus colegas do curso de Geografia são[a] todos de fora. Não vivem aqui em Lisboa e muitos fins-de--semana eles passam na terra[b] deles, em casa, com os pais. Os poucos fins-de--semana que eles ficam cá é para estudar, para os testes da semana ou então aproveitam e ou saem à noite com alguns amigos ou então fazem alguns passeios pela cidade.

Ah, e depois também há as festas, da Faculdade, que são geralmente organizadas à sexta-feira à noite ou ao sábado à noite. Há as festas de Geografia, há as festas de História, há as festas de Línguas. Há sempre um espaço de dança, com música e há um espaço ao lado que é portanto para conversa, para discussão.

NOTES:

[a] Actually Pedro should have said: "A maior parte dos meus colegas do curso de Geografia é..." since **maior parte** is the subject.

[b] Here **terra** means *hometown*.

alunos students	**de fora** from out of town	**espaço** space
ao lado close to	**em casa** at home	**festas** parties
		Línguas languages

Prática oral

Complete the following sentences according to the text:

1. A maior parte dos colegas do Pedro não _____.
2. Nos fins-de-semana eles geralmente _____.
4. Quando eles ficam em Lisboa eles aproveitam para _____ ou para _____.
5. Na sexta e no sábado à noite _____.
6. Nestas festas há sempre um _____ e um _____.

2. Advérbios de tempo

Now that you know how to relate actions in the past, you need to know the words that specify when actions happen in the present and in the past. You know some of these already.

agora *now*, **então** *then*

Agora estudo mais do que na escola secundária; **então** estudava muito pouco.

hoje *today*, **ontem** *yesterday*
> Tenho que telefonar ao Paulo **hoje**; não telefonei **ontem**.

anteontem *the day before yesterday*
> Eu vi o José Carlos **anteontem**.

nesse dia *(on) that day*
> Vi a minha namorada pela primeira vez **nesse dia**.

amanhã *tomorrow*
> É preciso ir ao banco **amanhã**.

no dia seguinte *(on) the following day*
> **No dia seguinte** à festa não estudei nada.

hoje à noite *tonight*[3]
> Vamos a uma discoteca **hoje à noite**.

ontem à noite *last night*
> Gostei muito do filme de **ontem à noite**.

nessa noite *that night*
> **Nessa noite** não dormi muito bem.

esta semana *this week*
> **Esta semana** tenho muito trabalho.

a semana passada *last week*
> Trabalhei muito **a semana passada**.

nessa semana *that week*
> Estudámos muito **nessa semana** dos exames finais.

este mês *this month*
> **Este mês** não posso gastar muito dinheiro.

o mês passado *last month*
> Vendi o meu carro **o mês passado**.

este ano *this year*
> **Este ano** quantas aulas tens?

o ano passado *last year*
> O que é que estudaste **o ano passado**?

nesse ano *that year*
> 1966... acho que **nesse ano** os meus pais compraram um Mini Morris.

Prática oral

Actividade A. Change the verbs in the sentences you will hear to the preterite tense. You'll have to change the adverbs, too.

MODELO: O pobre do Dr. Paiva **atende** quarenta pacientes **todos os dias**.
> O pobre do Dr. Paiva **atendeu** quarenta pacientes **anteontem**.

---

[3] Students who know Spanish might wonder about **à noite** which means *at night* in Portuguese and not *last night* (as its equivalent does in Spanish).

Vozes portuguesas

Alípio mentions how out-of-town students prefer not to spend their weekends in Lisbon.

Os fins-de-semana do Alípio

Eu não sou de Lisboa, portanto os fins-de-semana vou passar à terra com os meus pais. Portanto ao fim-de-semana vou para a Nazaré.[a] E os meus colegas que também não são de Lisboa..., vamos todos à terra para passar o fim-de-semana. Às vezes vamos tomar um café, comer qualquer coisa.

NOTE:
 [a] Nazaré is a picturesque fishing town north of Lisbon.

colegas classmates   **passar** spend   **qualquer coisa** something

Prática oral
Certo or **Errado**? If **Errado**, correct the statements you will hear.

3. «Comprei o meu carro há dois anos.»

In Portuguese, you didn't do something "three months *ago*," rather "*there is* three months" that you did something. The **há**... construction is useful when you are answering a question that asks **Quando...?** in the past.

Quando é que tu chegastes aqui?
Cheguei aqui há sete meses.
Quando é que Portugal aboliu a pena de morte?
Há mais de cem anos.

Prática oral
Answer the questions you will hear using an expression of time with **há**.

4. Quatro pretéritos perfeitos irregulares

The preterite of **fazer** begins all forms with **fi-**.

Fazer	
eu **fiz** *I made, did*	nós **fizemos** *we made, did*
tu **fizeste** *you made, did*	
o senhor, a senhora,	os senhores, as senhoras,
você **fez** *you made, did*	vocês **fizeram** *you made, did*
ele, ela **fez** *he/she made, did*	eles, elas **fizeram** *they made, did*

Eu não **fiz** a cama esta manhã.   Tu **fizeste** o trabalho de casa?
Fizemos o exame ontem.   Vocês **fizeram** a salada?

Ir has a preterite whose forms all begin with **f-**:

Ir	
eu **fui** *I went*	nós **fomos** *we went*
tu **foste** *you went*	
o senhor, a senhora,	os senhores, as senhoras,
você **foi** *you went*	vocês **foram** *you went*
ele, ela **foi** *he/she went*	eles, elas **foram** *they went*

Onde é que **foste** ontem? **Fui** a Setúbal.
Vocês já **foram** ao Rio? Sim, **fomos** o ano passado.

Vir	
eu **vim** *I came*	nós **viemos** *we came*
tu **vieste** *you came*	
o senhor, a senhora,	os senhores, as senhoras,
você **veio** *you came*	vocês **vieram** *you came*
ele, ela **veio** *he/she came*	eles, elas **vieram** *they came*

Eu **vim** à universidade de manhã.
Ela **veio** à festa com o namorado?
Nós **viemos** no metro.
Quando é que eles **vieram** do Alentejo?

Pôr	
eu **pus** *I put*	nós **pusemos** *we put*
tu **puseste** *you put*	
o senhor, a senhora,	os senhores, as senhoras,
você **pôs** *you put*	vocês **puseram** *you put*
ele, ela **pôs** *he/she put*	eles, elas **puseram** *they put*

Pus todo o meu dinheiro no banco.
Quem é que **pôs** a mesa?

Onde é que vocês **puseram** as chaves?

All other verbs ending in **-por** also follow the above conjugation: **Eu propus irmos aos Açores, Elas supuseram que tu vinhas** (*were coming*), etc.

Prática oral

Actividade A. Your instructor will mention a person and a place for you, then you will make up what that person did there yesterday.
   MODELO: Os alunos/biblioteca
              Os alunos estudaram para os exames finais na biblioteca.

Actividade B. Guess the meaning of the expressions in column B and then complete the sentences in column A with the expressions from B changing the infinitive to the preterite.

A.
1. Há dois anos o Sr. Saraiva e a D. Fernanda _____ pelo Brasil.
2. No último teste de Português a Susan não _____.
3. A D. Fernanda _____ para o jantar.
4. Acho que tu_____ quando compraste o BMW em segunda mão.
5. Eles _____ comprar um presente para a Sandra.
6. Podes levar o Carlos Alberto a casa? Ele _____ para cá.
7. No dia em que a Ana Maria _____os pais deram uma grande festa
8. Já _____no teu café?
9. O Luís reprovou *failed* em Matemática mas os pais nunca _____.
10. Tu _____ ou de carro?

B
a. fazer um bom negócio
b. vir a saber
c. fazer uma longa viagem
d. vir a pé
e. fazer muitos erros
f. pôr a mesa
g. ir ao centro comercial
h. ir de avião
i. fazer 21 anos
j. pôr açúcar

Vozes portuguesas

Here Filomena describes how going to the market might be a way to spend a couple of hours during the weekend.

Vamos hoje ao hipermercado?
Lisboa está cheia de supermercados. Então as famílias resolvem, sobretudo ao fim-de--semana, quando não têm mais nada que fazer, ir ao hipermercado, ver tudo com muito cuidado, comparar preços e fazer as suas compras. Os filhos compram

qualquer coisa, ficam felicíssimos porque fizeram uma compra e assim se passa uma tarde de domingo em Lisboa e não se gasta muito. Bebe-se depois de fazer as compras... bebe-se um sumo, come-se um bolo ou um *croissant* e assim passam umas horas agradáveis convivendo com os filhos uma vez que hoje em dia há muito pouca oportunidade de conviver com os filhos, uma vez que o tempo é superocupado.[a]

NOTE:
　[a] Because of Brazilian influence, it is now colloquial to intensify an adjective with the prefix **super-**. See more in Lição 19 about the Brazilian influence on European Portuguese.

agradáveis pleasant	**convivendo** enjoying the	**felicíssimos** extremely
bebe-se one drinks	company	happy
com muito cuidado very		**sobretudo** especially
carefully		**sumo** juice

Prática oral

Certo ou **errado**? Listen to the statements your instructor will offer. Correct those that are false.

A praia do Estoril

Diálogo

Vamos a qualquer sítio no sábado?	Shall we go somewhere on Saturday?
É quarta feira, depois das aulas. A Susan, o James, o Dieter, um colega alemão, e a Fie, uma colega dinamarquesa, foram jantar a um restaurante da Rua do Jardim do Regedor.[a] Ao café, o Dieter sugere saírem os	*It is Wednesday, after classes. Susan, James, Dieter, a German classmate, and Fie, a Danish classmate, went for dinner to a restaurant on Rua do Jardim do Regedor. While they are having coffee Dieter suggests*

quatro juntos outra vez no sábado.

DIETER: O que é que vocês acham? Vamos a qualquer sítio no sábado?

FIE: Não é má ideia. Onde é que pensas ir?

DIETER: Há várias possibilidades. Podemos ir a Évora,[b] a Sesimbra, mesmo à Nazaré.

JAMES: Évora e Nazaré devem ser um bocado longe demais para ir e vir num só dia. Como é que se vai até lá?

SUSAN: Não sei se há comboio até à Nazaré. Podemos perguntar nas informações do Rossio.[c] Para Évora tenho quase a certeza de que há comboio. Mas também podemos ir de autocarro.

FIE: E para Sesimbra?

JAMES: Comboio não há de certeza. Mas tem que haver autocarro, pelo menos da Outra Banda.[d]

FIE: Porque é que não vamos a Cascais?

SUSAN: Eu fui lá no domingo passado. Mas posso ir outra vez.

FIE: Não, nesse caso não. Vamos pensar noutra coisa. Um sítio com transportes fáceis para lá.

DIETER: Tenho uma ideia. Alugamos um automóvel.

SUSAN: Deve ser caro. E a gasolina? Sabes quanto custa aqui cada litro?

DIETER: Sei. É mais ou menos o que custa na Alemanha.

SUSAN: Na Alemanha talvez. Mas eu estou habituada a pagar à volta de um terço disso na América.

JAMES: No Canadá também é cara. Mas olhem que os transportes públicos nem por isso são muito baratos. O automóvel, dividimos entre os quatro. E temos muito mais liberdade de movimentos.

FIE: Se vocês estão de acordo, por mim está bem. Mas não contem comigo para guiar em Portugal.[e] Tenho medo.

DIETER: Medrosa! Não te preocupes, guio eu. Amanhã posso telefonar a uma agência e perguntar o preço do aluguer.

---

that the four of them go out together again on Saturday.

DIETER: What do you guys think? Shall we go somewhere on Saturday?

FIE: That's not a bad idea. What do you have in mind?

DIETER: There are several possibilities. We can go to Évora, to Sesimbra, even to Nazaré.

JAMES: Évora and Nazaré might be a bit too far to go and return in one day. How do you get there?

SUSAN: I don't know if there is a train to Nazaré. We can ask at the information bureau in the Rossio. I'm pretty sure there is a train to Évora. But we can also go by bus.

FIE: And to Sesimbra?

JAMES: There isn't a train for sure. But there must be a bus. At least from the Outra Banda.

FIE: Why don't we go to Cascais?

SUSAN: I went there last Sunday. I can go again, though.

FIE: No, in that case, no. Let's think of something else. Somewhere with easy transportation.

DIETER: I have an idea. We can rent a car.

SUSAN: That must be expensive. And gas? Do you know how much a liter costs here?

DIETER: Yes. It's more or less what it costs in Germany.

SUSAN: In Germany maybe. But I'm used to paying about one third of that in America.

JAMES: It's also expensive in Canada. But remember that public transportation is not so cheap either. We can split the car among the four of us. And we can move a lot more freely.

FIE: If you guys agree, it's OK with me. But don't count on me to do any driving in Portugal. I'm scared.

DIETER: Chicken! Don't worry, I'll drive. Tomorrow I can call an agency and ask about the rental price.

SUSAN: Bem, agora falta decidir onde é que vamos.

FIE: Vocês já foram a Sintra?

JAMES: Eu já, mas não me importo de ir outra vez. Com o carro podemos ir ao Palácio da Pena[f] e ao Castelo dos Mouros.[g]

DIETER: E até mesmo continuar depois até Mafra e ver o convento.[h]

FIE: E à Nazaré?

DIETER: Não, isso já não dá tempo. Fica para outro dia. Desta vez vemos Sintra, comemos umas queijadas[i] e depois vamos admirar o convento.

SUSAN: O que é que fazemos? Levamos comida ou comemos num restaurante?

JAMES: Até podemos fazer as duas coisas. Compramos pão, queijo, carnes frias, fruta e umas coisas para beber e comemos na Serra.[j] Depois podemos ir jantar a qualquer sítio.

DIETER: Vocês já foram à Ericeira?[k] É perto de Mafra. Dizem que têm lá peixe muito bom.

JAMES: Por mim pode ser.

FIE: E por mim também. E tu, Susan?

SUSAN: Certo. Vamos à Ericeira! Já há tempos que tenho vontade de ir lá. O Sr. Saraiva diz que vale a pena.

DIETER: Então parece que está tudo quase combinado. Só falta decidir onde nos encontramos e a que horas.

JAMES: Quero propor uma coisa. Vocês há bocado falaram na Carolina do Aires.[l] Na sexta-feira vamos até à Costa,[m] jantamos lá e decidimos os últimos detalhes.

SUSAN: Jaime, tu és um génio! Como é que tens sempre ideias tão brilhantes? Vamos jantar à Costa!

SUSAN: Well, now what's left to do is to decide where we are going.

FIE: Have you guys been to Sintra already?

JAMES: I have, but I don't mind going again. With the car we can go to the Pena Palace and to the Moorish Castle.

DIETER: We can even drive on afterwards to Mafra and see the monastery.

FIE: And to Nazaré?

DIETER: No, we won't have time for that. We'll leave it for some other day. This time we'll go to Sintra, eat some **queijadas** and then admire the monastery.

SUSAN: What shall we do? Shall we take some food or eat at a restaurant?

JAMES: We can even do both. We can buy some bread, cheese, luncheon meats, fruit and something to drink and we can eat in the Serra. Later we can go for dinner somewhere.

DIETER: Have you guys been to Ericeira? It's near Mafra. They say they have very good fish there.

JAMES: It's OK with me.

FIE: It's OK with me, too. How about you, Susan?

SUSAN: Sure. Let's go to Ericeira. Mr. Saraiva says it's worth the trouble to go there.

DIETER: Then it seems that practically everything is arranged. The only thing we have to decide now is where we meet and at what time.

JAMES: I'd like to propose something. A while ago you guys mentioned Carolina do Aires. On Friday we can go to the Costa, have dinner there and decide about the final details.

SUSAN: Jaime, you're a genius! How come you always have such brilliant ideas? Let's have dinner at the Costa!

NOTES:
    [a] The Rua do Jardim do Regedor, a short street off the Praça dos Restauradores in downtown Lisbon, has moderately priced restaurants where you can eat outside.
    [b] Évora, with its charming narrow streets and its historical monuments, is the most important city in the Alentejo.
    [c] At the Rossio railroad station there is a bureau where you can get train

schedules and other information on railroad travel.

[d] Many bus lines to different destinations in southern Portugal leave from Cacilhas, just in front of the ferry boat landing. There is also frequent bus service running from the Praça de Espanha in Lisbon to Sesimbra and Costa da Caparica.

[e] Portugal has one of the highest road accident rates in Europe.

[f] The Palácio da Pena is a mountaintop royal palace, famous for its diverse architectural styles.

[g] The Castelo dos Mouros is a medieval castle, also built on a mountain top. Nearby is the Convento dos Capuchos, a most interesting old Franciscan monastery.

[h] The Convento de Mafra is an imposing, massive eighteenth century monastery, famous for its carillons.

[i] **Queijadas de Sintra** are typical pastries, which have been around for a long time. In fact they were already mentioned in a 1227 document, when they were used as payment in kind. They are sold mainly at four Sintra pastry shops, all of them over a hundred years old, the most famous of which is the Piriquita.

[j] The Serra refers to the Serra de Sintra, the heavily wooded mountain range near that town.

[k] Ericeira is a fishing town and beach resort near Mafra.

[l] Carolina do Aires is a restaurant well known for its fish dishes.

[m] Sixty years ago a modest fisherman's village on an extensive beach where the half moon shaped boats used to rest, Costa da Caparica is now a bustling, extremely popular weekend and summer resort.

Pedro Boffa-Molinar

Na Feira de Ladra

Prática oral

Answer the questions you will hear.

Leitura

Um fim-de-semana da Susan

Claro que muita gente tem de trabalhar ou estudar durante o fim-de--semana. A Fátima, por exemplo, muitos sábados e domingos está de banco.[a]

A Susan, contudo, organiza sempre tudo de modo a ter o seu fim-de--semana livre para conhecer Lisboa e outros sítios não muito longe da capital.

No fim-de-semana passado resolveu dividir o seu tempo entre a cultura e a diversão. No sábado de manhã foi ao Museu dos Coches,[b] em Belém. Ficou muito impressionada com aquelas magníficas carruagens dos velhos tempos em que o ouro do Brasil tornou muito prósperos os reis de Portugal. Ao sair do museu entrou na Casa dos Pastéis de Belém, ali perto, porque o estômago também tem as suas exigências. Depois de comer três pastéis e beber um galão, apanhou um eléctrico[c] e saíu perto do Museu das Janelas Verdes, onde se encontrou com o James, o seu colega canadiano de curso. (Ela, por brincadeira, chama-lhe Jaime.) Passaram três horas neste museu, onde admiraram excelentes exemplos da arte antiga portuguesa.

Pedro Boffa-Molinar

A antiga fábrica dos pastéis de Belém

Depois foram a pé até à Baixa. Sentaram-se na esplanada do Piquenique, no Rossio[d] e discutiram onde ir jantar. "Vamos ao Solmar, Susan?," perguntou o James. "Não estás bom da cabeça!," respondeu a Susan. "Sabes como são os preços lá?" Então o James sugeriu irem comer qualquer coisa ao McDonald's ou ao Pizza Hut mas a Susan não achou bem a ideia. Acabaram por escolher um pequeno restaurante no Bairro Alto. Lá a Susan comeu açorda de marisco e o James pediu febras de porco.[e] Depois de jantar foram à Gulbenkian[f] assistir a um concerto pela Orquestra Sinfónica de Lisboa.

No domingo de manhã a Susan tomou um autocarro até ao Cais do Sodré[g] e aí encontrou-se com a Guida, irmã da Fátima, e dois amigos desta, o João Pedro e o Miguel. Então apanharam um comboio para o Estoril. Passaram toda a manhã na praia e depois deram uma volta pelo Casino, onde viram uma exposição de arte *naïf*. Então decidiram estar o resto do dia em Cascais. Pensaram ir almoçar ao João Padeiro[h] mas quando chegaram lá acharam os preços um pouco altos para as suas bolsas. Portanto sentaram-se ao balcão de um *snack*[i] e comeram umas tostas mistas[j] e beberam cerveja

A estação do Estoril

e Trinaranjus.[k] Depois a Susan quis ir ver as lojas de recordações. Aí comprou alguns postais para mandar aos amigos da Califórnia, uma pequena caravela de filigrana[l] para levar à sua mãe e uma camisola poveira[m] para ela. Mais tarde os quatro sentaram-se numa esplanada em frente da baía e conversaram por um bom bocado. Ao fim da tarde voltaram a Lisboa e no Cais do Sodré separaram-se. A Susan foi jantar a casa e depois ficou a ver televisão na sala com a família Saraiva.

NOTES:

[a] The **banco** is the emergency room at a hospital.

[b] The Museu dos Coches, next door to the Belém Presidential Palace, holds an impressive collection of old, gilded carriages.

[c] **Eléctricos**, street cars, still run through some of the old quarters in Lisbon.

[d] The Rossio is Lisbon's main square.

[e] **Febras de porco** are fried pork, usually served with French fries.

[f] Calouste Gulbenkian was an Anglo-Armenian oil magnate who spent the later years of his life in Portugal. Part of his fortune went into the Fundação Calouste Gulbenkian, which has done a remarkable job fostering Portuguese culture. In addition to promoting simposia, art exhibitions and concerts at their headquarters on Avenida de Berna in Lisbon, the Fundação gives out scholarships and research grants and sponsors an enormous variety of cultural projects, which include two excellent periodicals, **Colóquio/Letras** and **Colóquio/Artes**.

[g] The Cais do Sodré is a station by the river from where you may catch a train to Estoril and Cascais.

[h] The João Padeiro is one of the oldest restaurants in Cascais.

[i] You know that **um snack** is short for *um snack-bar*. Notice how the Portuguese like to hyphenate certain English compound expressions..

[j] A **tosta mista** is a grilled ham and cheese sandwich. Other popular sandwiches

are **pregos** and **bifanas**, respectively fried beef and fried pork in a roll.

ᵏ Trinaranjus is a very popular soft drink.

ˡ Filigree artifacts, especially in the form of a caravel, a 15th and 16th century boat used by early Portuguese explorers, are to be found in all souvenir stores.

ᵐ The **camisola poveira** is a heavy turtleneck sweater embroidered in front with fishing motifs and sometimes the royal arms of Portugal. It used to be worn by the fishermen at Póvoa de Varzim, a fishing town north of Oporto.

açorda de marisco a bread-based shellfish dish	**cabeça** head	**gente** people
	camisola sweater	**livre** free
	coches carriages	**lojas de recordações** gift shops
baía bay	**comboio** train	
balcão counter	**conhecer** know	**mandar** send
bolsas purses	**diversão** entertainment	**postais** postcards
bom bocado good while	**escolher** choose	**sítios** places
brincadeira joke	**exposição** exhibition	**volta** walk

Prática oral

A. Ask a classmate ten question about Susan's weekend.

B. Ask a classmate ten questions about his or her weekend.

Um bocadinho de humor

Durante o último período de ditadura no Brasil vários opositores ao regime "desapareceram." Então uma vez perguntaram a um brasileiro:

—O que é que você acha do nosso Governo?

—Eu não acho nada. Um amigo meu achou e nunca mais o acharam.⁴

ditadura dictatorship	**nada** nothing	**último** latest
durante during	**nunca mais** never again	**uma vez** once
	opositores opponents	

---

⁴ Remember that **achar** means both *to think about* and *to find*.

8

Hoje tenho que estudar!

1. O que é que acontecia? O pretérito imperfeito

A. In the last lesson you learned that the preterite is used to tell *what happened*. It is limited to actions that took place entirely within the sentence—within the scene that the sentence illustrates. When you imagine **A Laura vestiu a gabardine** as a scene in a movie, the scene opens, Laura puts on her raincoat, and the scene closes. The verb *has to* be preterite because all of the action goes on within the scene.

However, there is a *second* possibility, in which an action, instead of taking place totally within the scene, starts before the scene begins. For example, picture this scene: *While I studied, the bell rang.* Clearly, the instant the scene opens you are already studying, and the only action that takes place entirely within the scene is the ringing of the bell.

If the action happens within the scene, you use the preterite tense. If the action starts *before* the scene opens and continues into it, you use the *imperfect* tense (called **pretérito imperfeito** in Portuguese). Because the action *was going on* before the scene began, we often translate the imperfect with *was ...-ing*.

B. -AR verbs

-AR	
eu **falava**	*I was speaking*
tu **falavas**	*you were speaking*
o senhor, a senhora, você **falava**	*you were speaking*
ele, ela **falava**	*he/she was speaking*
nós **falávamos**	*we were speaking*
os senhores, as senhoras, vocês **falavam**	*you (pl.) were speaking*
eles, elas **falavam**	*they were speaking*

In all of the examples below, note how the imperfect action is already going on when the preterite action takes place.

Quando ele chegou à minha casa eu **estava** no chuveiro.
When he arrived at my house *I was in the shower.*

A senhora **preparava** o jantar quando eu telefonei?

Were you *preparing* dinner when I called?

Tu **estudavas** na esplanada quando viste a Maria João?.

You *were studying* in the sidewalk café when you saw Maria João?

Quando apagaram as luzes na biblioteca nós ainda **trabalhávamos**.

When they turned out the lights in the library we *were* still *working*.

Prática oral

Actividade A. Form sentences according to the model using the elements you will hear.

Quando o telefone tocou...

MODELO: Quando o telefone tocou/eu/estudar

Quando o telefone tocou eu estudava.

Actividade B. Form complete sentences using the elements below.

MODELO: Todo/ família/ jantar/ quando/ eu/ chegar/ casa.

Toda a família jantava quando eu cheguei a casa.

1. Miúdos *kids*/ brincar/ jardim/ quando/ mãe/ chamar para almoçar.
2. Meu/ pais/ morar/ Porto/ quando/ eu/ nascer *be born*.
3. Paulo/ conhecer/ Ana Maria/ quando/ eles/ andar/ liceu
4. Quando/ carteiro *letter carrier*/ tocar/ campainha *bell*/ eu/ estar/ casa de banho
5. Quando/ ele/ chegar/ ontem/ noite/ nós/ já estar/cama

Notas culturais

O ensino secundário: antes e depois

During the 1926-1974 Portuguese dictatorship, elementary education consisted of only four years of schooling. As a matter of fact, many children left school after completing the third grade exam, **o exame da terceira classe**, and a large number never attended school at all. If a student wanted to enroll in a secondary school, there were two possibilities. One was to take an entrance examination and be admitted to a **liceu** or academic high school. After seven years the student might then take an entrance examination and be admitted to the university and school of his or her choice. On the other hand, to attend a **escola técnica** or vocational school no entrance examination was required. The student would enter a two-year **ciclo preparatório** and then automatically enroll in a commercial, industrial or agricultural school. After graduation, access to the university could only be gained to specialized schools (Economics, Engineering or Agriculture) and only after completion of a three year course in a middle level institute.

The 1974 Revolution did away with the dual secondary school system, which was then considered to favor students coming from more affluent families. In the turbulent days after the **25 de Abril**, school authorities experimented with a universal type of school which offered some shop classes. Later it was found that this system did not prepare students adequately for a trade, and modified vocational schools were re-introduced in the system, although on a par with other schools. Presently, school attendance is mandatory up to the 9th grade (**ensino básico**). In order to gain entrance to a university students must then complete the **ensino secundário**, i.e. grades 10 to 12, also known as **liceu**. The number of public schools increased enormously after the **25 de Abril**. Many parents, however, if they can afford it, prefer to send their children to private schools (**colégios**), several of them run by priests or nuns.

C. -ER and -IR verbs

-ER	
eu **comia**	*I was eating*
tu **comias**	*you were eating*
o senhor, a senhora, você **comia**	*you were eating*
ele, ela **comia**	*he/she was eating*
nós **comíamos**	*we were eating*
os Sres., as Sras., vocês **comiam**	*you (pl.) were eating*
eles, elas **comiam**	*they were eating*
-IR	
eu **discutia**	*I was discussing*
tu **discutias**	*you were discussing*
o senhor, a senhora, você **discutia**	*you were discussing*
ele, ela **discutia**	*he/she was discussing*
nós **discutíamos**	*we were discussing*
os Sres., as Sras., vocês **discutiam**	*you (pl.) were discussing*
eles, elas **discutiam**	*they were discussing*

Notes: **Haver** has a regular imperfect, **havia**: *Antes **havia** um mercado neste bairro.* **Ir** has a peculiar, although perfectly regular conjugation in the imperfect: **eu ia, tu ias, ele ia, nós íamos, vocês iam, eles iam.**

Eu **lia** o jornal quando a minha irmã chegou.
　　I *was reading* the paper when my sister arrived.
Tu **saías** da biblioteca quando viste o acidente?.
　　Were you *leaving* the library when you saw the accident?
Ela **ia** ao cinema com o Osvaldo quando viu o Renato na rua.
　　She *was going* to the movies with Osvaldo when she saw Renato in the street.
O professor chegou enquanto nós **escrevíamos** no quadro.
　　The professor arrived while we *were writing* on the board.

Os dois garotos **dormiam** no sofá quando nós abrimos a porta.
The two kids *were sleeping* on the sofa when we opened the door.

Prática oral

Actividade A. Answer the questions you will be asked.
Actividade B. Make sentences with the given elements following the model.

MODELO: Avó/fazer/almoço/enquanto/avô/ler/jornal.
A avó fazia o almoço enquanto o avô lia o jornal.

1. Luísa/ ver/ televisão/ enquanto/ irmãos/ escrever/ cartas.
2. Professora/ italiano/ ler/ exemplos/ enquanto/ alunos/ corrigir/ frases.
3. Nós/ comer/ *pizza*/ e/ beber/ cerveja/ enquanto/ outros/ dormir.
4. Empregada/ servir/ jantar/ enquanto/ família/ fazer/ planos/ férias.
5. Gerente/ conferir/ contas/ enquanto/ secretária/ fotocopiar/ documentos.

Vozes portuguesas

Carla is a Law student at the University of Lisbon.

O sistema de ensino em Portugal

A escola primária são[a] quatro anos. Depois temos dois anos do ciclo, que é uma preparação para o sétimo, oitavo e nono anos, que é o ensino unificado.[b] Depois há o décimo, décimo primeiro e décimo segundo, que é o ensino secundário que é uma preparação... devia ser uma preparação para entrar na universidade mas geralmente não é assim que acontece. Nós damos coisas completamente diferentes[c] e chegamos aqui, não estamos preparados para entrar na universidade. Depois são os quatro anos de universidade. Quatro, cinco, até seis. Também temos estudos de pós-graduação,[d] depois de acabar a Faculdade.

NOTES:
[a] Notice how in Portuguese the verb may be determined by the predicate rather than the subject. Normally an **é** would follow **escola primária**. Here, however, the plural **quatro anos** attracts the verb.

[b] As mentioned, these nine years are also known as **ensino básico**.

[c] Carla was probably referring to course contents. Subjects in grades 10-12 do relate to the proposed college major.

[d] **Pós-graduação** is anything above a **licenciatura**, or roughly graduate school.

acabar finish	**de ensino** educational	**escola primária**
anos years	**devia ser** ought to be	elementary school

Prática oral

Actividade. You will hear statements followed by three choices. Repeat the statement and pick the best choice.

D. There are only four irregular imperfects, **ser**, **ter**, **vir**, and **pôr**.

Ser has unpredictable forms, but they share quite a regular pattern. It means *was/were*:

Ser	
eu **era** *I was*	nós **éramos** *we were*
tu **eras** *you were*	
o senhor, a senhora,	os senhores, as senhoras,
você **era** *you were*	vocês **eram** *you (pl.) were*
ele, ela **era** *he/she were*	eles, elas **eram** *they were*

Não **sou** muito mau aluno mas antes **era** melhor.

    I *am* not a very bad student, but I *used to be* better before.

Agora que tem vinte anos o Jaime é muito alto; aos doze anos **era** bem baixinho.

    Now that he is twenty years old, Jaime *is* very tall; at twelve he *was* quite short.

Ter, **vir** and **pôr** verbs share **-nha** in all imperfect forms. The imperfect of *ter* is translated with the simple *had*.

Ter	
eu **tinha** *I had*	nós **tínhamos** *we had*
tu **tinhas** *you had*	
o senhor, a senhora,	os senhores, as senhoras,
você **tinha** *you had*	vocês **tinham** *you (pl.) had*
ele, ela **tinha** *he/she had*	eles, elas **tinham** *they had*

Ela **tem** um carro novo agora. Antes ela **tinha** um Volkswagen de 1965.

    She *has* a new car now. Before she *had* a '65 vw.

Não **temos** cão agora. **Tínhamos** um mas morreu.

    We don't *have* a dog now. We *had* one but he died.

Vir is almost the twin of **ter** in the imperfect. It means *was/were coming*.

Vir

eu **vinha** *I was coming*	nós **vínhamos** *we were coming*
tu **vinhas** *you were coming*	
o senhor, a senhora,	os senhores, as senhoras,
você **vinha** *you*	vocês **vinham**
were coming	*you (pl.) were coming*
ele, ela **vinha** *he/she*	eles, elas **vinham** *they*
was coming	*were coming*

Eu agora não **venho** muito à praia mas antes **vinha** bastante.

> I don't *come* to the beach very much now, but I *used to come* quite a bit before.

Este ano **viemos** para a Residencial Atlântico. Antes **vínhamos** para a Residencial Maré Alta.

> This year we *came* to Residencial Atlântico. Before we *used to come* to Residencial Maré Alta.

The imperfect of **pôr** is unusual because of the **-u-** in all forms. It means *was putting*:[1]

Pôr

eu **punha** *I was putting*	nós **púnhamos** *we were putting*
tu **punhas** *you were putting*	
o senhor, a senhora,	os senhores, as senhoras,
você **punha** *you*	vocês **punham**
were putting	*you (pl.) were putting*
ele, ela **punha** *he/she*	eles, elas **punham** *they*
was putting	*were putting*

Onde é que tu **pões** as tuas coisas? Onde é que tu as **punhas** antes?

> Where do you *put* your things? Where did you *use to put* them before?

Nós **pomos** o carro na garagem. Antes **púnhamos** na rua.

> We *put* the car in the garage. We *used to put* it in the street.

Prática oral

Actividade A. Answer the questions according to the model:

    MODELO: A Ana Gabriela é vegetariana? / Agora não, mas antes era.

---

[1] Here again, remember that other **-por** verbs are conjugated like **pôr**.

Actividade B. Complete the sentences below according to the model:

MODELO: Agora/ eu/ carro/ motocicleta

Agora eu tenho um carro mas antes tinha uma motocicleta.

Agora...

1. nós/ casa grande/ apartamento pequeno
2. Sara/ lentes de contacto/ óculos *eyeglasses* muito grossos
3. eles/ computador novo/ máquina de escrever *typewriter* muito antiga
4. tu/ poucos amigos/ muitos
5. vocês/ gato pequenino/ cão enorme

Actividade C. Answer the questions you will hear according to the model:

Como é que...

MODELO: Como é que vens para cá?

Agora venho de carro mas antes vinha a pé. (de bicicleta, de motocicleta, de autocarro, de metro, de eléctrico, de táxi, de comboio)

Pedro Boffa-Molinar

A Biblioteca Nacional

Actividade D. Complete the following sentences according to the model:

MODELO: Quando eu chegava a casa/ comida no micro-ondas.

Quando eu chegava a casa punha logo a comida no micro-ondas.

Quando...

1. nós voltávamos/ carro na garagem
2. vocês acabavam de estudar/ mesa
3. eles sentiam frio/ uma camisola grossa
4. eu chegava do supermercado/ gelado no congelador
5. tu acabavas de comer/ pratos no lava-loiças *dishwasher*

E. More about scenes and sentences.

The imperfect always *starts* before the sentence—before the scene—begins. But when does it end? Often we do not know because it may continue until long after the scene is over, as in the example below, when no one can tell how much longer the person slept after the brother arrived quietly:

Eu **dormia** quando o meu irmão **chegou** sem fazer barulho.
I *was sleeping* when my brother *arrived* without making any noise.

But the imperfect action may easily come to an end in the middle of the scene, as in this case:

Eu **sonhava** quando o meu irmão me **acordou**.
I was *dreaming* when my brother *woke* me up.

The crucial point, therefore, is not when the action begins or ends, but rather only whether or not it was going on when the scene opened.

In some instances you may ask, "Which is correct, the preterite or the imperfect?" *Either one* may be right depending on what you mean. For example, both **Eu jogava futebol no liceu** and **Eu joguei futebol no liceu** are possible. In the first case you indicate that *in your high school days you were a soccer player*. The second sentence just means that *you played soccer at least once in high school*.

Prática oral

Actividade. Fill in the blanks orally with the correct form of the verb in parentheses. Use both the preterite and the imperfect if you feel it is appropriate to employ either of them.

1. Quando eu _____ (estar) na escola primária eu _____ (ser) escuteiro *boy scout*.

2. Quando o programa de televisão _____ (começar) tu _____ (estar) ao telefone.

3. Eles _____ (ser) muito pequenos quando o pai _____ (morrer *die*).

4. O meu cão _____ (correr) pela rua quando eu _____ (abrir) a janela.

5. Em 1994, quando nós _____ (passar) as férias no Algarve, _____ (ir) algumas vezes a Espanha.

6. A mãe dela _____ (entrar) na sala quando o Afonso _____ (beijar *kiss*) a namorada.

Vozes portuguesas

Here Leonor addresses the difficulty of being admitted to the major one wants.

A dificuldade de entrar para o curso que queremos

Eu queria entrar para Comunicação Social. Desde o décimo ano que queria entrar para Comunicação Social. Só que existe uma grande quantidade de pessoas a querer ir para esse curso, não é? Em Lisboa só existem duas escolas com esse curso e depois as pessoas não conseguem entrar.

Existem vários cursos em que é mais fácil entrar. Existe por exemplo a Biologia, a Oceanografia... Nesta faculdade sei que a Linguística é o curso que tem a média mais baixa.[a]

A nível nacional existe, claro, também uma grande concorrência para as universidades de Lisboa, Coimbra e Porto. E depois existe um grande número de Politécnicos e outros cursos superiores. E claro que uma pessoa que sai de Lisboa[b] tem mais possibilidades de arranjar emprego porque as outras escolas têm um nível de exigência muito mais baixo.

NOTE:
> [a] Leonor means that one can enter Linguistics with a lower GPA.
> [b] i.e. a student who graduates from a university in Lisbon

claro of course
concorrência competition
cursos superiores higher education courses

emprego job
nível de exegência standards

politécnicos technical colleges

Prática oral

Certo ou **errado**? You will hear the examples.

A Leonor diz que...

F. The *other* meaning of the imperfect.

The imperfect is also used to indicate *habitual action* in the past. In

English we convey the same idea with expressions like *used to*, *would*, *always* or *in the old days*: "When I was little we *used to* go to the beach every summer. We *would* play in the sand all day. We *always* got sunburned. *In the old days* the beach was not crowded like it is now."). Because of its nature, this meaning does not permit a visualization as a movie scene—how can you visualize "He *used to* get his hair cut downtown" as a single scene?[2]

It is easy to tell when the imperfect means "used to..." When a sentence has an imperfect form as its *only verb*, the meaning is usually "used to."

Eu **ia** muitas vezes ao Jardim Zoológico.

I *used to go* to the Zoo often.

A minha irmã **dormia** até às onze aos domingos.

My sister *would sleep* until eleven on Sundays.

Eu **trabalhava** no Porto.

I *used to* work in Oporto.

Nós **estudávamos** no Café Beira-Mar.

We *would study* in the Beira-Mar Café.

The imperfect is also used, at a somewhat literary level, to describe the *setting* or the *background* to an event: "**Era** uma noite escura. Todos **dormiam** quando de repente **se ouviu** (*preterite*) um ruído espantoso." The imperfect can thus be used to create a sort of still life painting of the way things were at a given time and place in the past.

Prática oral

Actividade A. Read the following paragraph, substituting the proper imperfects for the infinitives in italics.

SR. SARAIVA: Todas as manhãs às nove horas eu _____ (*ir*) para a paragem e _____ (*esperar*) o autocarro. Quase sempre _____ (*encontrar*) lá o meu colega Pinto e _____ (*ir*) juntos até à Baixa. _____ (*Chegar*) ao Rossio por volta das nove e vinte e o Pinto e eu ainda _____ (*ter*) tempo para uma bica antes do trabalho. _____ (*Entrar*) no Banco às dez e _____ (*trabalhar*) até ao meio-dia e meia. Então _____ (*sair*) e _____ (*almoçar*) com outros colegas num restaurante ali perto. Durante o almoço o Pinto _____ (*falar*) de futebol mas os outros _____ (*preferir*) discutir política ou problemas de trabalho. Quando

---

[2] In English, many times we *mean* "used to..." but do not use those words. For example, "We *went* to Saturday matinées when we were younger," clearly implies "used to go" but simply does not state it. Since a simple form such as *went* can substitute for "was ...-ing" and "used to...," it is important to understand the underlying principles of this tense—otherwise you might assume that a form like *went* must always be preterite.

_____ (*terminar*) o almoço _____ (*voltar*) para o Banco. _____ (*Ficar*) lá até às cinco e então eu _____ (*regressar*) a casa. _____ (*Conversar*) um pouco com a Fernanda e depois _____ (*jantar*) e _____ (*ver*) televisão ou _____ (*ler*) até à hora de me deitar.

Now you may want to tell how you spent your day when you were in high school: **Quando eu estava na escola secundária eu....**

Actividade B. What did these people do when they were on vacation? Listen to the clues and follow the model.

MODELO: mãe—não cozinhar.

Quando a minha mãe estava de férias, ela não cozinhava.

Actividade C. Change the following paragraph (**Há dois anos**...) from the preterite into the imperfect. Your new paragraph will begin with **Todos os anos**...

Há dois anos _____ a família Saraiva passou _____ um mês na Beira, onde vivem _____ os pais do Sr. Saraiva. Ficaram _____ em casa deles e de vez em quando deram _____ um passeio de automóvel. Foram _____ mesmo até Espanha e fizeram _____ compras lá. Fora disso passaram _____ os dias na vila. O Sr. Saraiva foi _____ muitas vezes ao café, conversou _____ com amigos e conhecidos e jogou _____ bilhar com eles. Algumas vezes toda a família foi _____ ao cinema. Comeram _____ muito e ficaram _____ um pouco gordos. Mas descansaram _____ e passaram _____ umas óptimas férias.

Actividade D. Choose either the preterite or the imperfect (sometimes either is possible):
1. Quando eu (conhecer)_____ a Inês ela (trabalhar) _____ num escritório.
2. Tu já _____(estar) no Brasil?
3. O Dr. Alves _____(ser) o meu professor de Inglês mas nesse dia a Dra. Raquel _____ (dar) a nossa aula porque ele _____(estar) doente.
4. Ela _____ (querer) ir connosco à festa ontem mas não _____ (chegar) a tempo.
5. Todos os sábados os meus sobrinhos _____ (brincar) no parque até à hora do almoço.
6. A senhora _____ (precisar) de ajuda para resolver esse problema ontem?
7. Quando _____ (começar) a nevar o inverno passado?
8. Antigamente o meu irmão _____ (dar) aulas de matemática mas depois _____(deixar) o ensino para trabalhar numa companhia de seguros.
9. Eles _____ (acabar) de entrar no avião quando a hospedeira lhes _____ (dar) um jornal.
10. A D. Fernanda _____ (fazer) sempre uma festa no dia dos anos do filho mas agora já não faz.

Actividade E. You will be asked you questions about what you do not do now, but your grandparents used to do. Use **antigamente** in your answers.

MODELO: Tu danças o tango?

Não mas antigamente os meus avós dançavam.

G. The imperfect also functions as a conditional, to express *would*:

Tu gostavas de ir à Tailândia? Adorava!

Would you like to go to Thailand? I'd love it!

Em caso de incêndio, como é que tu fugias de casa?

In case of fire, how would you escape from your house?

Tu fazias uma coisa dessas?

Would you do such a thing?

Prática oral

Actividade. Say the phrases you will hear in Portuguese.

Como...

Sempre estudávamos juntos

H. You may also use the imperfect in the form of a question to express a polite request:

Dava-me licença de telefonar?

Would you let me use your phone?

Assinava-me aqui por favor?

Would you sign here for me, please?

To make the request even more polite you may use the negative-interrogative form:

Não me dava licença de telefonar?

Não me assinava aqui por favor?

Prática oral

Prática oral

Actividade. Form polite requests using the clues you will hear according to the model.

    Model: pôr esta carta no correio
                  O senhor punha-me esta carta no correio?

Vozes portuguesas

Here Leonor says that she thinks the University entrance examinations are rather unfair.

          Essa terrível PGA!

    A PGA...[a] eu acho mal. Acho mal porque eu fui uma das pessoas que sofreu bastante com a PGA. Quer dizer, não é tanto a PGA em si porque acho que um estudante universitário deve ter cultura suficiente para... pronto,[b] para estar na universidade. Mas penso que ao mesmo tempo tem uma importância muito grande, ou pelo menos tinha na época em que eu entrei, tinha uma importância muito grande para o curso que eu queria. Isto é, em duas horas, eu tinha que ter... tinha que mostrar os meus conhecimentos em duas horas, conhecimentos que eu aprendi ao longo de três anos. E eu na primeira vez que fiz a PGA ia extremamente nervosa e fiquei bastante abaixo das minhas possibilidades, das minhas capacidades e sofri bastante. Estive um ano à espera de entrar para a Faculdade[c] mas quando entrei já foi para o curso que eu queria.

Notes:
    [a] Prova Geral de Acesso, an exam that selected high school seniors for admission to college. After this interview was taped, the name was changed to Prova Geral de Aferição, briefly mentioned in Lição 1. In addition to this general exam, every school or department requires a Prova Específica Nacional.
    [b] Remember that **pronto**, when interjected in a sentence, does not really mean anything. Under these circumstances it is a rough equivalent of *OK.*
    [c] This of course means that she failed the PGA the first time she took it.

à espera waiting for	**bastante abaixo** consider-	**época** time
acho mal don't think it's	ably below	**isto é** that is to say
right	**conhecimentos** know	**mostrar** show
ao longo de during	ledge	**sofreu** suffered

Prática oral

Answer the questions you will hear.

2. Verbos que indicam um estado pré-existente

Some verbs, such as *need, be, want,* and *know* show no visible action. This type of verb usually expresses pre-existing states or conditions. If you say that you *are* a good student, weren't you a good student before you said so?

If you say that you *want* something to eat, didn't you want something to eat before you made it known? If you reveal that you *know* something, didn't you know it before you said so? So to report this type of verb in the past, the imperfect is often used.

ser   Tu **eras** o meu melhor amigo quando estávamos na tropa.
          You *were* my best friend when we were in the Army.

estar Quando **estavas** no liceu tinhas boas notas?
           When you *were* in high school did you have good grades?

ter   Ela foi à Inglaterra quando **tinha** dezoito anos.
          She went to England when she *was* eighteen.

poder Ninguém **podia** entender a atitude dele.
           Nobody *could* understand his attitude.

dever A Olga não **devia** beber café mas bebe.
           Olga *should*n't drink coffee, but she does.

precisar Quando eu estava na Faculdade, **precisava** de estudar muito.
              When I was in college, I *needed* to study a lot.

querer A minha amiga não **queria** ir fazer compras mas acabou por ir.
            My friend didn't *want* to go shopping, but she finally wound up going.

conhecer Eu **conhecia** muitos brasileiros quando vivia em Lisboa.
              I *knew* many Brazilians when I lived in Lisbon.

saber Eu **sabia** os nomes de todos os países da América do Sul.
           I *knew* (or *used to know*) the names of all the countries in South America.

acabar de **Acabávamos de** chegar quando ouvimos a notícia.
               We *had just* arrived when we heard the news.

Prática oral

Actividade: Fill in the correct form of the preterite or the imperfect:
1. Quando chegámos aqui não _____edifícios altos. (haver)
2. Em mil oitocentos e cinquenta não _____aviões. (existir)
3. Antes de vir para Portugal o Hans não _____ português. (saber)
4. Naquele dia ele não _____ nada. (comprar)
5. O bagageiro *baggage handler* disse que não _____ levar as malas. (poder)
6._____ uma temperatura agradável ontem quando saímos. (fazer)
7. A Jessica _____ nervosa sempre que _____ português. (ficar/falar)
8. Eles _____ o seu andar o ano passado. (vender)
9. Ela não _____ ir ao cinema mas depois _____ de opinião. (querer/mudar)

10. Nós _____ a esse restaurante todos os domingos quando _____ no Algarve. (ir/estar)

Vamos voltar a casa para estudar!

Vozes portuguesas

Alípio describes how his major is organized

O curso de Economia

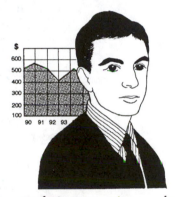

O curso de Economia está organizado por unidades de crédito. Ou seja, cada disciplina tem um equivalente em unidades de crédito. Varia de dois valores até seis. Geralmente as cadeiras[a] anuais têm seis unidades de crédito, que é o peso máximo. E as cadeiras semestrais entre três, três e meio ou dois e meio valores. E os alunos têm direito à licenciatura quando concluírem o número de cento e quarenta e uma unidades de crédito. Portanto não se pode dizer que o curso está estabelecido por anos. Está estabelecido por unidades de crédito. Enfim, acabar o curso em quatro anos é muito difícil. Eu, por exemplo, que nunca "chumbei"[b] em nenhuma cadeira, não vou acabar o curso em quatro anos.

NOTES:
  [a] **Disciplinas** or **cadeiras** are subjects.
  [b] **Chumbar** is academic slang for to flunk. More about slang in Lição 12.

anuais annual	**têm direito à** are entitled to get	**valores** points
enfim in short		**varia** it varies
ou seja that is to say	**unidades de crédito** credit units	

Prática oral

Say six sentences comparing the Portuguese and the U.S. (or Canadian) credit system: **Em Portugal...   Nos Estados Unidos/No Canadá...**

3. Que tempo fazia?

When you imagine a scene, there is often some kind of weather already going on as the scene begins and it is likely to continue. That is why past weather is so frequently reported in the imperfect.

> **Fazia bom tempo** quando tu chegaste.
> *The weather was nice* when you arrived.
> **Fazia** muito **sol** quando o avião aterrou.
> *It was sunny* when the plane landed.
> **Chovia** muito quando saí da minha casa.
> *It was raining* a lot when I left my house.
> **Fazia frio** quando eu estive em Moscovo.
> *It was cold* when I was in Moscow.

However, if you want to emphasize that a certain weather condition lasted througout a given period, you use the preterite: In **Fazia frio quando eu estive em Moscovo** you are emphasizing a going on situation. In **Fez frio quando eu estive em Moscovo** you are emphasizing the fact that, *in your own experience*, the cold period began when you arrived and lasted until you departed, despite the fact that temperatures could have been low before and after your stay.

Sometimes a storm or unusual weather crops up in the middle of the scene that you are visualizing, in which case you report it in the preterite.

> **Choveu** por dez minutos ontem à tarde.
> *It rained* for ten minutes yesterday afternoon.
> Durante a minha estadia na Argentina **nevou** uma vez.
> During my stay in Argentina, *it snowed* once.

Prática oral

Actividade. Answer the questions you will be asked.

Vozes portuguesas

Alípio tells the relationship among students and professors.

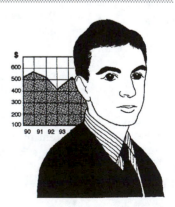

A relação entre professores e alunos

Não conheço todas as universidades mas aqui nesta universidade há um diálogo constante. Não há professores para um lado e alunos para outro. As aulas começam, as aulas acabam, nós estamos em contacto directo com os professores. Não há aquela distinção, aquela distinção rígida entre professores e alunos. Não, aqui na Universidade, no meu curso, os alunos estão à vontade e dialogam com os professores facilmente. São bastante acessíveis os professores.[a]

NOTE:
　　[a] Notice that Alípio inverted the normal sentence order (**Os professores são bastante acessíveis**) to give more emphasis to his statement.

estão à vontade feel　　**facilmente** easily　　**para um lado** on one side
comfortable

Prática oral

Compare the relation that exists between professors and students in Alipio's university with the situation in your own.

4. O corpo e a roupa

A. O corpo humano

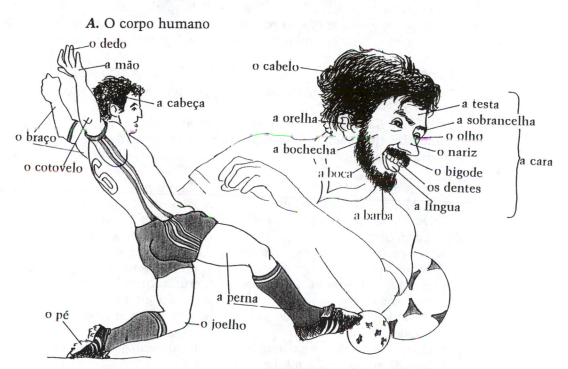

NOTES:　The **orelhas** are the outer ears. If you have an earache, what hurts you is the **ouvido**, the inner part of the ear. **Dedos** applies to both fingers and toes.

If you want to specify you may say **dedos da mão** or **dedos do pé**. You may come across some puzzling combinations concerning the human body, such as **a barriga da perna** *calf*, **o peito do pé** *instep*, **a cabeça do dedo** *fingertip* or **a boca do estômago** *the upper end of the stomach*.

Most often there is no need in Portuguese to use possessives with parts of the body. You normally say **Parti o braço direito** rather than **Parti o *meu* braço direito**, as nobody will suspect that you broke somebody else's right arm.

> O miúdo tem um arranhão na perna.
> The young boy has a scratch on his leg.
> Ela tem uma bolha no pé.
> She has a blister on her foot.
> A Ritinha lava os dentes antes de ir para a cama.
> Ritinha brushes her teeth before going to bed.

Here are some expressions you may want to remember:

abrir/fechar a boca	esfregar *rub* os olhos
abrir os braços	estender *stretch* as pernas
coçar *scratch* a cabeça	lavar as mãos
cortar *clip* as unhas	limpar as unhas
cruzar *cross* os braços/as pernas	torcer *sprain* o tornozelo *ankle*
encolher *shrug* os ombros	voltar *turn* as costas *back*

Prática oral

Actividade A. Complete the sentences you will hear with the name of a body part.

Actividade B. Match the phrases in column A with those in column B. Remember that some of the expressions may have the same metaphoric meaning as in English.

Column A	Column B.
1. A Márcia caiu pela escada e	a. lavo daí as mãos.
2. Depois de mudar o óleo ao carro, o mecânico	b. encolheu os ombros.
	c. estender as pernas.
3. A seguir às refeições devemos sempre	d. esfregou os olhos várias vezes.
4. Quando lhe perguntei a sua opinião ele só	e. lavou as mãos com gasolina.
	f. cruzaram os braços
5. Depois de estar sentado cinco horas sabe bem	g. torceu um tornozelo.
6. Quando me viu, o meu amigo	h. voltou-me as costas.
7. Ele não respondeu à minha pergunta e	i. lavar os dentes.
8. Não tenho nada que ver com esse caso e	j. abriu-me logo os braços.

9. Quando fui queixar-me à polícia
   eles não fizeram nada, só
10. Depois de ler duas horas, a Susa-
    na

Actividade C. Answer the questions your instructor will give.

B. Here are some colloquial expressions mentioning parts of the body:

perder a cabeça = to lose one's head
de cabeça para baixo = upside down
um,-a cabeça no ar = a thoughtless person
criar água na boca = to make your mouth water
Cala a boca! = Shut up!
ter mais olhos que barriga = your eyes are bigger than your stomach
Sou todo ouvidos! = I'm all ears!
meter o nariz onde não é chamado = to be nosy
a braços com = at grips with
dar com a língua nos dentes = to reveal a secret
não ter papas na língua = to speak openly
na ponta da língua = at the tip of the tongue
não ter estômago para = not to have a stomach for
de mão em mão = from hand to hand
à mão = at hand
dar uma mão = to give a hand
apertar a mão = to shake hands
ter dor de cotovelo = to be envious
de peito feito para = decided to
ter as costas largas = to be able to stand up to accusations
de/em pé = standing
a pé = on foot
ao pé = close to
dos pés à cabeça = from head to toe
sem pés nem cabeça = without sense
do pé para a mão = immediately

Prática oral

Actividade A. Using an expression from the list above, comment on the following situations according to the model.

MODELO: Ele serviu-se de muita comida e não a conseguiu acabar.
          Tem mais olhos que barriga.

1. Não me importa o que eles digam de mim.
2. Queres que eu resolva o caso imediatamente?
3. Não me fales de feijoada à transmontana!
4. Esse projecto é completamente ilógico.
5. Ele nunca pensa antes de fazer as coisas.

6. Não lhe digas nada sobre os seus problemas matrimoniais.
7. Ela disse-lhe tudo o que pensava dele.
8. Um aluno de Medicina desmaiou *fainted* durante a autópsia.

Actividade B. Your instructor will start a sentence. Repeat the sentence including the appropriate body part in your response.

> MODELO: Comi muito. Agora dói-me...
> Comi muito. Agora dói-me **o estômago**.

Actividade C. Answer the questions your instructor will give

Actividade D. O que é que vão fazer as seguintes pessoas? Your instructor will again start a sentence. Repeat it and complete it using the name of a body part.

> MODELO: A D. Fernanda acabou de jantar.
> Agora ela vai lavar os dentes.

Pedro Boffa-Molinar

Ali adiante também vendem roupa barata

C. A roupa

Para homem:
- o casaco
- o chapéu
- as calças
- a camisa
- a gabardine
- a gravata
- a T-shirt
- o cinto
- o pijama
- o fato
- o calção de banho

Para Senhora:
- o brinco
- a pulseira
- o colar
- o biquini
- o vestido
- a malinha de mão
- a blusa
- as meias
- a saia
- os sapatos

Para Senhoras e Homens:
- o guarda-chuva
- a camisola
- os óculos escuros
- a carteira
- o relógio
- as luvas

Numa entrevista os homens devem sempre vestir fato e gravata.
    In an interview, men should always wear a suit and tie.
Na praia as raparigas usam biquinis.
    On the beach girls wear bikinis.
Alguns pobres andam descalços porque não têm sapatos.
    Some poor people go shoeless because they have no shoes.

There are two ways to say *to wear*: **vestir** and **usar**. **Vestir** is a vowel-changing verb in the present tense: **eu visto, tu vestes, você veste, nós vestimos, vocês vestem.**

Prática oral

Actividade A. Your instructor will start a sentence. Repeat the sentence, completing it with an article of clothing.

Actividade B. Make complete sentences choosing an item from each column.

Coluna A	Coluna B	Coluna C	Coluna D
Em casa	os jovens		*shorts*
Para dormir	o meu avô		bata branca
Numa festa	as senhoras		vestido de seda
elegante	as crianças	usar	pijama
Em serviço	as raparigas		biquini
Num	os homens		uniforme
piquenique	os polícias		camisola
Na praia	os médicos		chinelas
No hospital			
No inverno			

Actividade C. Answer the questions you will hear.

Diálogo

Podias ir à Biblioteca Nacional

You could go to the National Library

A Guida telefonou esta manhã à Susan.

Guida called Susan this morning

GUIDA: Tudo bem, Susan? Olha, queria ir amanhã à Baixa comprar uma camisola e umas calças. Queres vir comigo?

SUSAN: Gostava mas não sei. Tenho tanto que fazer... Não podíamos ir para a semana? Eu também preciso de comprar roupa.

GUIDA: Eu queria ir mesmo amanhã porque preciso das coisas para depois de amanhã. Mas posso ir outra vez contigo na semana que vem. O que é que tu queres comprar?

SUSAN: Queria comprar um cachecol e um casaco de inverno. Achas que vai haver saldos?

GUIDA: É bem possível. É questão de procurar. Está bem, vamos para a semana.

SUSAN: Desculpa mas hoje realmente não me convinha nada. Tenho que apresentar um trabalho da Faculdade na sexta-feira.

GUIDA: Everything ok, Susan? Look, I would like to go downtown tomorrow to buy a sweater and a pair of pants. Would you like to come with me?

SUSAN: I'd like to, but I don't know. I've so much to do... Couldn't we go next week? I also need to buy some clothes.

GUIDA: I'd really like to go tomorrow as I need these things for the day after tomorrow. But I can go with you again next week. What do you want to buy?

SUSAN: I'd like to buy a muffler and a winter coat. Do you think they'll be having sales?

GUIDA: It's quite possible. It's a matter of looking for them. All right, let's go next week.

SUSAN: Sorry, but tomorrow it would really be inconvenient. I have to turn in a paper at the Department on Friday.

GUIDA: Que trabalho é esse?

SUSAN: É para a aula de História. É sobre a primeira República.[a] Ainda não sei bem onde é que vou arranjar elementos.

GUIDA: Podias ir à biblioteca da Faculdade ou mesmo à Biblioteca Nacional.[b] Na Biblioteca Nacional encontravas todos os livros que se publicaram em Portugal. Procuravas no ficheiro ou no computador.

SUSAN: Sim, já pensava ir. Mas também preciso de consultar os jornais da época.

GUIDA: Também deves encontrar lá. Vai à sala de periódicos. E podes pedir fotocópias do que precisares.

SUSAN: O que é que é preciso fazer para poder utilizar a Biblioteca?

GUIDA: Precisas de um cartão de leitor. Já não vou lá há tempo mas antes pediam fotografias. Tens que pagar qualquer coisa. Devem dar o cartão imediatamente.

SUSAN: Então vou logo de manhã. Com certeza que tenho que passar o dia inteiro na Biblioteca.

GUIDA: Nesse caso podias almoçar lá mesmo. Não é caro. O bar[c] é logo a seguir à sala de periódicos. E também podes ir de tarde tomar um café.

SUSAN: É isso mesmo que vou fazer.

GUIDA: Para jornais podias também ir à Hemeroteca.

SUSAN: Onde é a Hemeroteca?

GUIDA: Sabes onde é São Pedro de Alcântara? Olha, aí de casa ias no metro ou num autocarro qualquer até aos Restauradores[d] e depois apanhavas o elevador da Glória.[e] Ao saíres, a Hemeroteca é quase em frente.

SUSAN: Podia talvez ir depois de amanhã.

GUIDA: Outra ideia é ires à Biblioteca Americana, na Duque de Loulé. Deve haver lá

GUIDA: What kind of a paper is that?

SUSAN: It's for History class. It's about the first Republic. I don't know where I can find data for it.

GUIDA: You could go to the Department's library or even to the National Library. At the National Library you could find all the books ever published in Portugal. You could look them up in the files or in the computer.

SUSAN: Yes, I had thought about going there. But I also need to look up the newspapers of that period.

GUIDA: You should be able to find them there, too. Go to the periodicals room. And you can request photocopies of anything you need.

SUSAN: What do you have to do to be able to use the Library?

GUIDA: You need a library card. I haven't been there for some time, but before they asked for photos. You'll have to pay something. They ought to give you the card right away.

SUSAN: Then I'll go there first thing in the morning. I'm sure I'll have to spend the whole day at the Library.

GUIDA: In that case you could have lunch right there. It's not expensive. The coffee shop is right next to the periodicals room. And you can also go there for a cup of coffee in the afternoon.

SUSAN: That's exactly what I'm going to do.

GUIDA: For the newspapers you could also go to the Hemeroteca.

SUSAN: Where's the Hemeroteca?

GUIDA: Do you know where São Pedro de Alcântara is? Look, from your house take the subway or some bus to Restauradores and then catch the Glória cable car. As you get off, the Hemeroteca is almost in front of you.

SUSAN: I could maybe go the day after tomorrow.

GUIDA: Another idea is for you to go to the American Library, on Duque de Loulé. They

livros em inglês sobre história de Portugal.

SUSAN: Com certeza. Obrigadíssimo pelas informações.

GUIDA: De nada. Depois telefono-te para irmos à Baixa.

must have books in English about Portuguese history there.

SUSAN: Sure. Thanks a million for the information.

GUIDA: You're welcome. I'll call you later to go downtown.

NOTES:

[a] The **primeira República** is the period between October 5, 1910, when the royalty was toppled in Portugal, and May 28, 1926, when a military coup installed the dictatorship that lasted until April 25, 1974.

[b] As mentioned before, the Biblioteca Nacional de Lisboa is located in the Campo Grande, not far from the Cidade Universitária. Portuguese libraries have much stricter rules and regulations than U.S. libraries. There are, for instance, no open stacks. In order to request a book at the BNL you fill out a slip in which you mention the number of the seat you have selected. Then the librarian will give you a small metal piece (**cavilha**) with that number on it, which you place on top of the reading table. Then you relax (or fume) for about ten minutes, until the book is brought to your table. You can't always spend a quiet afternoon reading, though, due to the location of the Biblioteca, which is not too far from the Portela airport and right under the approach path for the big jets.

[c] Recall that the word **bar** in Portuguese usually means the same as in English, a cocktail lounge. A coffee shop in a public building is also called a **bar**.

[d] The Restauradores is a square just north of the Rossio, with an obelisk in its middle. The name comes from the revolutionaries who restored Portuguese independence in 1640, after sixty years of Spanish domination.

[e] Lisbon has three lines of **elevadores** (Glória, Lavra and Bica), cable cars that go up and down a steep street. The word **elevador** is also applied to the **Elevador de Santa Justa**, an early twentieth-century elevator that takes you from the Rua do Ouro, in the Baixa, to the Carmo district (in the photograph on p. 34). From the top you may admire a magnificent view of a good part of Lisbon.

BIBLIOTECA NACIONAL — Leitura Geral / Periódicos		
(A preencher pelo leitor)	*Conf. Catálogo*	*(A preencher pelos Serviços)*
Cota ....J. 2. 307.		Lugar n.º **51** ....
Autor ..../.............		**INF. DOS DEPÓSITOS:** ☐ Cota incompleta ☐ Cota errada
Título ... *DIÁRIO DE NOTÍCIAS* ...		A consultar em.......
....		☐ Reprografia ☐ Encadernação ☐ Mau estado ☐ Falta desde ....
Volume/ano/mês/número .... *JANEIRO / JUNHO 1926* ...		N.º volumes ....
		Outras ....
Nome *SUSAN ATKINSON*		
Data ....*12.04.95*.. Cartão n.º *15723*		Conf. ....../.......

Dois a dois

In pairs, one student plays Susan's part and the other Guida's. Re-enact the dialogue changing it slightly. For instance, instead of saying you want to buy a sweater and a pair of pants you may say you want to buy a raincoat and a pair of boots. You may also want to do your paper on the fado or bullfighting, go to downtown bookstores rather than the library, walk there, have lunch at the Pizza Hut, etc. Use your imagination.

Leitura

Trajes regionais em Portugal

Hoje em dia não existem diferenças sensíveis na maneira diária de vestir entre as várias regiões de Portugal. É óbvio que as pessoas se vestem de acordo com preferências relacionadas com a sua idade, tipo de trabalho ou condição económica. Um director de uma companhia, por exemplo, vai para o seu gabinete de fato e gravata, enquanto que um operário ou um estudante podem ir para a fábrica ou para a escola de camisa de manga curta e **jeans**. No seu trabalho, uma bibliotecária pode usar uma camisola e calças ou um vestido, enquanto que uma mulher do campo pode preferir um lenço na cabeça, uma blusa de algodão e uma saia rodada. Isto, contudo, acontece de norte a sul do país. Se existem pequenos contrastes, eles devem-se somente ao facto de alguns viverem em zonas urbanas e outros em zonas rurais.

Tempos atrás viam-se no entanto trajes que identificavam aqueles que os traziam como pertencentes a uma determinada região. Presentemente esses trajes são preservados mas só se usam em ocasiões especiais, como por exemplo durante exibições de ranchos folclóricos.[a] Um dos mais coloridos é sem dúvida o chamado fato à moda do Minho, usado pelas mulheres daquela província do norte de Portugal. Este traje é composto por um lenço de várias cores amarrado no alto da cabeça, uma blusa branca com bordados a azul, outro lenço idêntico cruzado sobre o peito, um colete de veludo, geralmente preto, um avental bordado, uma saia com riscas, meias brancas e chinelas. O avental e a saia podem ser vermelhos, verdes, azuis ou pretos. Sobre o peito colocam-se vários cordões de ouro, de que pende muitas vezes um ornamento em forma de coração. À cintura usa-se uma algibeira, também em forma de coração.

Os pescadores vestiam geralmente uma camisa grossa de xadrez. Na Nazaré as calças eram também do mesmo tecido. O traje complementava-se com um barrete e uma cinta pretos. As suas mulheres usavam um chapelinho negro, redondo, assente sobre um lenço, uma capa, blusa, avental e, segundo dizem, sete saias, sendo as seis interiores brancas com uma orla de renda.

Os campinos, guardadores de touros bravos no Ribatejo, usam também barrete mas este verde, com uma barra e uma borla vermelhas. O traje completa-se com uma camisa branca abotoada no pescoço, colete e cinta vermelhos, calção azul escuro, meias brancas até ao joelho e sapatos pretos.

Na mão levam o pampilho, ou seja a vara com que tocam os touros quando galopam nos seus fogosos cavalos acompanhando a manada.

No Alentejo tanto homens como mulheres usavam (e por vezes ainda usam) um chapéu preto, elas sobre um lenço que lhes cai sobre a nuca. Os pastores alentejanos vestiam um pelico, ou seja, uma espécie de colete de pele de carneiro e protegiam as pernas com safões.

O traje das mulheres da ilha da Madeira parece-se um pouco com o fato à moda do Minho mas é mais simples. Em vez do lenço cobrem a cabeça com uma barretinho redondo encimado por um pico e calçam botins em vez de chinelas.

Estes são apenas alguns dos muitos trajes que antes se podiam observar nas várias regiões do país. Ocasionalmente ainda podem ser vistos em festas locais, sobretudo durante o verão, como por exemplo as da Senhora da Agonia em Viana do Castelo.

NOTE:
   [a] **Ranchos folclóricos** are groups of performers dressed in the typical garb of a certain region who dance and sing traditional tunes at festivals.

abotoada buttoned up	**cintura** waist	**operário** worker
acontece happens	**cobrem** cover	**orla** edge
algibeira pocket	**colete** vest	**parece-se** resembles
algodão cotton	**coloridos** colorful	**pastores** shepherds
alto top	**cordões** necklaces	**peito** breast
amarrado tied	**cruzado** crossed	**pele** skin
assente sitting	**curta** short	**pende** hangs
avental apron	**diária** everyday	**pertencentes** belonging
barra edge	**encimado** topped	**pico** point
barrete stocking cap	**enquanto** whereas	**protegiam** protected
bibliotecária librarian	**escuro** dark	**redondo** round
bordados embroideries	**fábrica** factory	**renda** lace
borla tassel	**fogosos** lively	**riscas** stripes
botins boots	**grossa** thick	**rodada** full
bravos fighting	**guardadores** keepers	**safões** chaps
cai falls	**idade** age	**tecido** fabric
calçam wear	**interiores** undergarments	**tocam** prod
calção breeches	**lenço** scarf	**trajes** dress
campo country	**manada** herd	**traziam** wore
chapelinho little hat	**manga** sleeve	**vara** pole
chinelas slippers	**nuca** nape of the neck	**veludo** velvet
cinta cummerbund		**xadrez** checkered

Prática oral

Answer the questions you will hear.

Um bocadi\nho de humor

Sabemos que um OVNI é um OBJECTO VOADOR NÃO IDENTIFICADO, não é verdade? Então vai ser possível entender o nome que os alunos da Universidade de Lisboa deram a uma caldeirada pouco apetitosa servida na cantina da Cidade Universitária. É OMNI. Não sabes o que quer dizer? Pois é simplesmente OBJECTOS MARINHOS NÃO IDENTIFICADOS.

apetitosa tasty   **marinhos** marine   **voador** flying

Depois apanhamos o Elevador da Glória

9

Fado, futebol e touros

1. Mais pretéritos perfeitos irregulares

A. **Trazer** has the irregular stem, **troux-**, whose **-x-** is pronounced **-ss-**:

Trazer	
eu **trouxe** *I brought*	nós **trouxemos** *we brought*
tu **trouxeste** *you brought*	
o senhor, a senhora,	os senhores, as senhoras, vocês
você **trouxe** *you brought*	**trouxeram** *you (pl.) brought*
ele, ela **trouxe** *he/she brought*	eles, elas **trouxeram** *they brought*

O que é que tu me **trouxeste**?   Vocês **trouxeram** o carro?
Trouxe uma garrafa de vinho verde.   **Trouxemos**, sim.

Notas culturais

Silêncio, que se vai cantar o fado!

"Silêncio, que se vai cantar o fado!" is the sentence that formerly announced the beginning of a evening of song at a fado house. Lights would be dimmed and absolute silence on the part of the audience would prevail.

The fado singer, male or female, stands between the two chairs occupied by his or her male accompanists. One of them plays a guitar (**viola**) and the other a **guitarra**, an instrument that looks like an oversized mandolin. The woman singer traditionally wears a black shawl (**xaile**) over her shoulders. Male singers would formerly wear a white silk scarf in lieu of a necktie. Coimbra fado singers and accompanists, always male, wear their academic garb, with the **capa** dressed over the left shoulder.

Typical fare at the **casas de fado** is **chouriço** grilled at the table, bread and a pitcher of red wine. In our days the audience at these establishments is mainly composed of foreign tourists and the spectacle has lost much of its original purity. It is only around two in the morning, after the tourists have left, that true fado can be heard.

Cantar o fado fora de
Portugal—Fall River, Mass.

B. Ver *to see* and **vir** *to come* have preterite forms that confuse English speakers because they are similar, yet no form is shared between the two. You have learned **vir** and now must learn **ver**. Here they are, side by side, for comparison.

	Ver	**Vir**
eu	vi *I saw*	vim *I came*
tu	viste *you saw*	vieste *you came*
o senhor a senhora você	viu *you saw*	veio *you came*
ele, ela	viu *he/she saw*	veio *he/she came*
nós	vimos *we saw*	viemos *we came*
os senhores as senhoras vocês	viram *you (pl.) saw*	vieram *you (pl.) came*
eles, elas	viram *they saw*	vieram *they came*

Tu **viste** esse novo filme português? Sim, **vi** anteontem.
Vocês **viram** o jogo de futebol? Não, não **vimos**.

Quando é que a senhora **veio** para Lisboa?. **Vim** há quatro meses. Vocês **vieram** cá ontem? **Viemos** mas vocês não estavam.

Vozes portuguesas

Sara is a young fado singer.

Cantar o fado fora de Portugal

Sou de uma família pobre. Comecei a cantar por volta dos sete anos, pelas ruas. Depois começaram a reparar em mim, na minha voz, comecei a concorrer aos concursos juvenis de fado. Tive sorte, talvez. Fiquei em primeiro lugar Depois consegui alguma divulgação. E entretanto tenho cantado ultimamente mais para os emigrantes, o que me dá extremamente prazer porque acho que os emigrantes sentem o fado, faz-lhes lembrar a pátria que deixaram para trás.

cantar sing
concorrer compete in
concursos contests
deixaram para trás they left behind
lugar place

pátria fatherland
por volta around
prazer pleasure
reparar notice
sentem feel
voz voice

Prática oral

Answer the questions you will hear.

C. Graça

Agora é que o Estoril vai marcar um golo

C. **Dar** and **dizer**

Dar had a terrible identity crisis. In the **eu** form, it thought it was an **-ar** verb (which it is, of course), but for the rest of the conjugation it thought it was an **-er** verb.

	Dar	**Dizer**
eu	dei *I gave*	disse *I said*
tu	deste *you gave*	disseste *you said*
o senhor a senhora você	deu *you gave*	disse *you said*
ele, ela	deu *he/she gave*	disse *he/she said*
nós	demos *we gave*	dissemos *we said*
os senhores as senhoras vocês	deram *you (pl.) gave*	disseram *you (pl.) said*
eles, elas	deram *they gave*	disseram *they said*

Vozes portuguesas

João ought to know about fado since it is played and sung at his restaurant.

O fado, canção tradicional portuguesa

O fado é uma canção tradicional portuguesa. Tem sido bastante popularizado. A nossa Amália, a Amália Rodrigues, que explicou o que era o fado no mundo, é a mais famosa. É como o Eusébio no futebol.[a] De qualquer forma, o fado é uma tradição que morreu na década passada.[b] Portanto esteve bastante em crise na década passada. Penso que agora a juventude está novamente a olhar para o fado e está a renascer um novo interesse por aquela música, que é no fundo o contar as tradições do nosso próprio povo, não é?

NOTES:
[a] Eusébio, a Mozambican soccer player for the Sport Lisboa e Benfica, acquired international fame in the post World War II years.
[b] Actually the **fado** fell into near disgrace among certain circles immediately after the 1974 coup. The left wing felt that the **fado** was a "fascist" song in that it diverted attentions from more pressing social issues, and in those tense years very

few people dared to assume attitudes that might recall the past, so the **fado** went into a period of hibernation until the political situation became more stabilized.

canção song	**morreu** died	**mundo** world
juventude young		**olhar** look at
people		**renascer** to be reborn

Prática oral

Answer the questions you will hear.

D. You learned in the last lesson that **ser, estar, ter, poder, saber,** and **querer** are commonly used in the imperfect tense because they usually show a preexisting or ongoing state. So, the question is, how can we use these verbs in the preterite? We need to find circumstances in which their action happens "in the middle of the scene." All of the verbs listed in this section have irregular preterites.

Ser

eu **fui** *I was*	nós **fomos** *we were*
tu **foste** *you were*	
o senhor, a senhora,	os senhores, as senhoras,
você **foi** *you were*	vocês **foram** *you (pl.) were*
ele, ela **foi** *he/she was*	eles, elas **foram** *they were*

There are many instances where **ser** "happens" in the middle of the scene. Imagine these:

Como **foi** o filme que tu viste ontem à noite?

A feijoada que vocês comeram **foi** boa?

Gostaste da festa de domingo? **Foi** fantástica!

The preterite of **ser** is used to tell about people no longer living or things that no longer exist.

Pedro Nunes **foi** um famoso matemático.

D. Dinis **foi** o rei que fundou a universidade.

Vasco da Gama **foi** o navegador que descobriu o caminho marítimo para a Índia

Moçambique **foi** uma colónia portuguesa até 1975.

The irregular preterite of **há** is **houve**. It is often used to tell of events in the recent or remote past:

No sábado passado **houve** um festival de *rock* em Cascais.

Em 1755 **houve** um terrível terramoto em Lisboa.

Vozes portuguesas

Florbela is a college professor in her late thirties.

Estão a regressar ao fado

A minha geração cresceu distanciada do fado. O fado era tido como conservador, passadista, triste, melancólico, passivo. A minha geração rejeitou o fado, pelo menos até aos vinte e tal anos. Neste momento parece-me que as pessoas estão a regressar ao fado. É um certo regresso a valores conservadores que a evolução social portuguesa trouxe.

cresceu grew up
parece-me I think
passadista *passé*

regressar returning
tido considered

triste sad
trouxe brought about
valores values

Prática oral

Your instructor will recite sets of three opinions each. Pick the best one and begin your answer with **A Florbela diz que...**

E. **Ter** and **estar** show the same irregularities in their preterite forms:

	Ter	Estar
eu	tive *I had*	estive *I was*
tu	tiveste *you had*	estiveste *you were*
o senhor a senhora você	teve *you had*	esteve *you were*
ele, ela	teve *he/she had*	esteve *he/she was*
nós	tivemos *we had*	estivemos *we were*
os senhores as senhoras vocês	tiveram *you (pl.) had*	estiveram *you (pl.) were*
eles, elas	tiveram *they had*	estiveram *they were*

A Mila **teve** uma boa ideia.
Os meus tios **tiveram** oito filhos.
Tivemos medo de guiar com tanta chuva.
Não **tiveste** pena de ver o Sr. Sousa naquele estado?

The preterite of **ter** can mean *received*. If you go from not having something to having something in the middle of the scene, it means that you *received* it.

Eu **tive** três cartas hoje.
Eles não **tiveram** boas notas finais.
Teve notícias do seu irmão?
Vocês **tiveram** visitas ontem?

With **sempre** or **nunca** this form belies the regular concept of the preterite:

Sempre **tive** um grande amor por ele.
Nunca **tivemos** animais cá em casa.

The preterite of **estar** is also used if you specify *how long* you were somewhere, because the length of time is also the length of the scene, no matter how long it takes. If you were in some condition for a short time within a scene, the preterite is also called for.

O Ricardo **esteve** oito dias no Brasil.
Os Árabes **estiveram** em Portugal cerca de quinhentos anos.
Passei um mês em Paris mas durante oito dias **estive** doente.
Quando fomos a San Francisco **estivemos** duas horas em Nova Iorque.

Sometimes there is no duration of visit specified, yet you may still want to use the preterite—if you were in a place *one time*, for example:

Estive na Polónia há dez anos.

F. **Poder**, like **estar** and **ter**, shows two different vowels in the singular.

Poder

eu **pude** *I succeeded in*

tu **pudeste** *you succeeded in*

o senhor, a senhora,
    você **pôde** *you succeeded in*

ele, ela **pôde** *he/she succeeded in*

nós **pudemos** *we succeeded in*

os senhores, as senhoras,
    vocês **puderam** *you (pl.) succeeded in*

eles, elas **puderam** *they succeeded in*

In English, the preterite of **poder** translates as *succeed in*, because the preterite means that in the beginning of the scene you could not do it and in the middle of the scene you could.

Foi muito difícil encontrar o dicionário que queria comprar mas ontem por fim **pude**!

Depois de muitos anos de pesquisa o cientista **pôde** finalmente resolver o problema.

O Sporting **pôde** facilmente ganhar ao Estoril o domingo passado.

Vozes portuguesas

Here Gabriela points out that soccer fans are not exclusively male.

As Portuguesas também gostam
muito de futebol

As pessoas na generalidade gostam muito de futebol e são bastante aficionadas em relação aos clubes e ligadas aos clubes e acho que isso nem sequer é referente só ao sexo masculino. Eu conheço raparigas que gostam muito de futebol, gostam de ir aos jogos e que acompanham os jogos pela televisão...

acompanham follow	**jogos** games
aficionadas enthusiastic about	**ligadas** faithful
	nem sequer not even

Prática oral

Briefly explain the differences between football in Portugal and in the USA.

G. Except for **tu**, the preterites of **saber** and **querer** have only one form in the singular.

	Saber	Querer
eu	soube *I found out*	quis *I tried*
tu	soubeste *you found out*	quiseste *you tried*
o senhor a senhora você	soube *you found out*	quis *you tried*
ele, ela	soube *he/she found out*	quis *he/she tried*
nós	soubemos *we found out*	quisemos *we tried*
os senhores as senhoras vocês	souberam *you (pl.) found out*	quiseram *you (pl.) tried*
eles, elas	souberam *they found out*	quiseram *they tried*

In the preterite **saber** means *find out* because you go from not knowing to knowing in the middle of the scene.

Tu **soubeste** que a Alexandra ia para o Brasil?

Eu **soube** esta manhã que o Carlos Alberto está no hospital.

Os meus pais nunca **souberam** que eu "chumbei" em Literatura Francesa.

Although **conhecer** is regular in the preterite we should mention its meaning. When you go from not knowing a person to knowing a person in the middle of a scene, you *meet* that person: "Eu **conheci** o professor em Setembro. Depois do concerto, o meu irmão **conheceu** a pianista."

Jacinto Garrucho-Sintra

Uma tourada à corda

In the positive the preterite of **querer** may often mean *tried to* when it precedes an infinitive because you suddenly, in the middle of the scene, actively want to do something, regardless of whether you are able to do it or not:

Ele **quis** ir ao futebol no domingo.

Nós **quisemos** fazer esse bolo mas não pudemos.

Eu **quis** construir um avião em miniatura.

When followed by an object it can mean *asked for* or *demanded*:

Ela **quis** um gelado de morango *strawberry ice cream*.

Eles **quiseram** uma explicação.

In the negative, it means *refuse* with an infinitive because all of a sudden you actively don't want to do something.

Nós não **quisemos** pagar seis contos por essa camisa.

Eles não **quiseram** fazer os exercícios.

Ela não **quis** ir ao *shopping* com o José António.

Prática oral

Actividade A. Complete the dialogue with the correct forms of the preterite:

—Onde é que vocês (*estar*) ontem?

—Nós (*ter*) que ir ao casamento *wedding* de um amigo. Por isso nós não (*poder*) estar com vocês.

—E como é que (*ser*) o casamento?

—(*Ser*) bom! Eu (*conhecer*) lá muita gente. Eu também (*saber*) umas coisas interessantes. O pai do noivo é director de uma empresa no Porto e (*prometer*) arranjar-me um emprego lá.

—Óptimo! Quando eu (*querer*) arranjar emprego não (*poder*) porque a situação estava péssima para os recém-formados *new graduates*.

Actividade B. Fill in the blanks with the preterite of **ser, estar, ter, poder, saber**, or **querer**:

1. Cabo Verde _____ uma colónia portuguesa.
2. Eu já _____ em África duas vezes.
3. A Isabel e eu _____ muito trabalho a semana passada.
4. O meu amigo _____ ajudar-me mas não _____.
5. O Dinis _____ agora que a namorada _____ um acidente no fim-de--semana.
6. Nós _____ conhecer a América Latina.
7. Vocês _____ a primeira reunião ontem? Como _____?
8. Eles não _____ ouvir bem o recado porque a ligação telefónica era muito má.
9. Nós finalmente _____ o que aconteceu.
10. Ontem os alunos _____ um exame muito difícil.

Actividade C. Give an alternative response to the situations you will hear: Geralmente...

MODELO: Geralmente a minha mãe vai ao supermercado ao sábado mas no sábado passado... **ela foi fazer compras na Baixa.**

Vozes portuguesas

Marco, age 18, is an amateur soccer player.

Jogar por dinheiro ou por amor à camisola?[a]

Comecei a jogar futebol aos seis anos e acabei por gostar. Hoje em dia joga-se por amor à camisola e por dinheiro. As pessoas[b] mais antigas, que sempre gostaram de um clube e começaram num clube, pronto, continuam a jogar por amor à camisola e os que por dinheiro vão andando de clube em clube e aquele que paga mais é onde ficam. O futebol a nível internacional e a nível profissional envolve muito dinheiro. Isso por vezes tira a verdade do futebol, que é jogar por se gostar de jogar. Eu jogo por amor à camisola.

NOTES:

[a] **Jogar por amor à camisola** means to play out of loyalty for a certain soccer club, symbolized by the shirt with the club's colors, not for money.

[b] By **pessoas** Marco obviously means soccer players.

amor love	**tira** takes out
camisola shirt	**vão andando** keep
ficam stay	moving
jogar play	**verdade** truth
paga pays	

Prática oral

Answer the questions you will hear.

2. Podemos ir à praia, se vocês quiserem

A. You may have seen **quiserem** and forms like it in several of the **Vozes portuguesas** sections. It looks like the preterite of **querer** with something else added. The last little clause of the title of this section seems to mean something like "if you want." Actually, this is precisely what it means.

That form—**quiser**—bears the frightening name "future subjunctive" *futuro do conjuntivo*. No matter how terrifying the name of the tense is, its formation is easy to learn. Just take off the final **-am** from any preterite **eles** form, and that gives you the basic future subjunctive:

cantar~~am~~	=	cantar
comer~~am~~	=	comer
partir~~am~~	=	partir
for~~am~~	=	for
estiver~~am~~	=	estiver
vier~~am~~	=	vier

The only endings that can be added are **-es** in the **tu** form and the plural **-mos** and **-em**. For all verbs, regular or irregular, there is only one set of endings:

	começar (*começaram*)	**trazer** (*trouxeram*)	**vir** (*vieram*)
se eu	começar	trouxer	vier
se tu	começares	trouxeres	vieres
se o senhor, a senhora, você	começar	trouxer	vier
se ele, ela	começar	trouxer	vier
se nós	começarmos	trouxermos	viermos
se os senhores, as senhoras, vocês	começarem	trouxerem	vierem
se eles, elas	começarem	trouxerem	vierem

B. The future subjunctive is constantly used by Portuguese speakers in ordinary situations. Here are conjunctions that take the future subjunctive when the clause refers to a future action:

assim que	**logo que**
quando	**enquanto**
sempre que	**se**

Assim que *as soon as*

> Parto para Coimbra **assim que** *acabarem* as aulas, .
>> I'll leave for Coimbra *as soon as* classes *end*

> **Assim que** *conseguir* o dinheiro, quero comprar esse carro.
>> *As soon as I get* the money, I want to buy that car.

> **Assim que** *terminar* a conferência, apanho um táxi para a estação.
>> *As soon as the lecture ends*, I'll catch a taxi to the station.

> **Assim que** *chegar* o correio, saio de casa.
>> *As soon as the mail comes*, I'll leave the house.

Assim que and **logo que** are used in the same circumstances and mean the same.

Quando *when*

Telefonem-me **quando** *chegarem.*

Call me *when you arrive.*

Quando *for* possível, vou falar com ela.

When it's possible, I'm going to talk to her.

Quando tu *souberes* a resposta, avisa-me.

When you know the answer, let me know.

Quando vocês *estiverem* em Roma, falem com o Pietro.

When you are in Rome, talk to Pietro.

Sempre que *whenever*

Não te esqueças de lavar a loiça **sempre que** *cozinhares.*

Don't forget to wash the dishes *whenever you cook.*

Vou pedir lulas **sempre que** *for* a esse restaurante.

I'll order squid *whenever I go* to that restaurant.

Sempre que lhes *escreveres*, manda-lhes cumprimentos meus.

Whenever you write them, send them my regards.

Usem creme **sempre que** *forem* à praia.

Use sunscreen *whenever you go* to the beach.

Enquanto *while, as long as*

Enquanto você *estiver* doente, não se preocupe com o seu negócio.

While you are sick, don't worry about your business.

Enquanto eu *puder*, vou continuar a trabalhar.

As long as I can, I'll go on working.

Enquanto elas *estudarem*, os pais vão pagar as propinas.

As long as they study, their parents are going to pay their fees.

Enquanto ele ainda *tiver* dinheiro, vai continuar a jogar.

As long as he still *has* money, he will keep on gambling.

Se *if*

Se o senhor *puder*, chegue cedo à festa.

If you *can,* arrive early at the party.

Se vocês *quiserem*, podem jantar aqui.

If you *want,* you can have dinner here.

Se tu *fizeres* o trabalho à tarde, vais poder ir connosco.

If you *do* your homework in the afternoon, you can go with us.

Se a senhora *souber* o resultado hoje, não deixe de me dizer.

If you *find out* the result today, don't fail to tell me.

You will hear (and use) **se tu quiseres/se você(s) quiser(em)** (even occasionally **se Deus quiser!**) and similar forms every day.

The "regular" future subjunctive forms (such as **chegarem** and **estudarem** above) look *exactly* like the corresponding personal infinitive forms, but because their use is so different, they should not be confused. The "irregular" forms (such as **for, estiver,** and **souber** above), of course, do not look like the personal infinitive forms.

Prática oral

Actividade A. Fill in with the correct form of the future subjunctive.

1. Avise-me quando _____ essas cartas. (chegar)
2. Se nós _____ de ajuda, os nossos amigos podem vir cá. (precisar)
3. Eu vou trabalhar como intérprete enquanto _____ na Inglaterra. (estar)
4. Não se esqueçam de assinar tudo assim que nós _____ os papéis. (entregar)
5. Se nós _____ esse filme amanhã não vamos poder estudar para o exame. (ver)
6. Venham quando _____. (poder)
7. Enquanto tu não _____ trabalhar com computadores não deves procurar emprego como secretária. (saber)
8. Telefone-me quando _____ tempo. (ter)
9. Quando a empregada _____ o jantar na mesa, as crianças devem vir logo. (pôr)
10. Quando nós _____ muito dinheiro e _____ ricos vamos viajar por todo o mundo. (ganhar/ficar)
11. Não podemos organizar nenhum programa se o professor nos _____ muito trabalho para amanhã. (dar)
12. Se os meus pais me _____ quero fazer uma viagem pela Europa sozinha. (deixar)
13. O Sr. Mendonça insiste em pagar a conta toda quando nós _____ a esse restaurante. (ir)
14. Não vai acontecer nada se nós _____ tudo o que ele _____. (fazer/querer)

Actividade B. Make sentences using the future subjunctive by using the cued words that follow each model.

1. Eu quero ir ao cinema na quinta-feira se...
    a. vocês/me/acompanhar.
    b. eu/não/estar/muito ocupado.
    c. os meus primos/não vir/jantar cá em casa.
2. Tu devias estudar inglês enquanto...
    a. estar/em Lisboa.
    b. não começar/com o teu novo emprego.
    c. os teus pais/estar dispostos/a pagar o curso.
3. Podemos ir para o restaurante assim que...
    a. tu/estar pronta.
    b. o Carlos e a Margarida/chegar.
    c. vocês/poder.

4. Vamos telefonar para o aeroporto quando...
   a. faltar/ três quartos de hora/para a chegada do voo *flight*.
   b. eles/acabar de jantar.
   c. nós/saber/se eles chegam hoje.
5. Vocês devem começar a procurar emprego assim que...
   a. poder / b. voltar de férias / c. acabar o curso.

Actividade C. Answer the questions your instructor will ask, using the future subjunctive in your answer.

Actividade D. Complete the sentences you will hear logically (and with a future subjunctive).

Leiturinha

ALGUNS CONSELHOS EM QUE SE USA MUITO O FUTURO DO CONJUNTIVO:

Se aparecer à sua frente um cão que ameaça morder

PERGUNTA: Que devo fazer se aparecer à minha frente um cão que rosna e ameaça morder-me?

RESPOSTA: Você não tem outra alternativa senão ficar calmo. Se você correr, de certeza ele vai correr atrás de si. Os cães ficam agitados se virem alguma coisa a mexer. Fique quieto, com os braços cruzados. Fale com o cão na voz mais firme e segura que puder. Quando ele se acalmar, dê um passo para a frente e (se não houver objecções caninas), avance DEVAGAR, parando depois de cada passo dado. Se o cão ameaçar atacar quando avançar, tente recuar muito devagar. Se mesmo assim ele estiver decidido a atacar—diga-lhe para esperar até outra ocasião quando tivermos tempo para tratar dessa parte do problema.

aparecer appear	**devagar** slowly	**quieto** still
agitados excited	**houver** there is	**recuar** to back away
ameaça(r) threatens	**mesmo assim**	**rosna** growls
artigo article	nevertheless	**se acalmar** calms down
atrás de after	**mexer** move	**segura** confident
cruzados crossed	**morder** bite	**senão** except
dado given	**para a frente** forward	**tente** try
	passo step	

Notas culturais

"Eh, touro!"

Portuguese bullfighting does not offer the bloody, often gory spectacle that Spanish type **corridas** do. In Portugal there are normally no **picadores**— the burly men on horseback who repeatedly stab the bull with their long poles, and the animal is not killed.

Largada de touros em Vila Franca de Xira

Usually six bulls are fought at a **corrida**. In each set of three the first goes to the **cavaleiro** and the other two to the matadors. The **cavaleiro**, on a beautiful prancing horse, comes out at the initial parade (**cortesias**) dressed in a plumed three cornered hat, a frilled shirt, a bright silk or velvet long coat, white breeches and riding boots. Then he changes to a superbly trained horse (when he is placing a pair of **bandarilhas** he has to guide his mount with his knees only) and fights his bull. After that a bugle sounds and the **forcados** waiting impatiently behind the **trincheira** leap into the ring. Their leader, the **cabo**, his helpers in single file behind him, challenges the animal from a distance by clapping his hands, jumping up and down and shouting "**Eh, touro!**" (It is a fallacy that bulls are irked by the color red. Actually they are color blind, but will charge at anything that moves. Bulls are only fought once. They are fast learners and soon realize that they ought not to be fooled by a moving cape and should charge at the man. Thus they would become extremely dangerous if fought more than once.) This first bull has his horns padded so it is impossible for anyone to be gored. When he rushes at the **cabo**, the man throws himself between the horns and grabs the animal around the neck, while the others fall upon the bull and immobilize him. The biggest man in the group, the **rabejador**, holds on to the animal's tail after the others let go and skates around a couple of times until his team mates are out of range of the bull. That, of course, if the **pega** is successful. If not, the **cabo** is tossed in the air, possibly with a couple of cracked ribs, and the rest of the group is scattered all over the ring. Nuno Salvação Barreto, a famous former **cabo**, says that he has forgotten how many bones he had broken during his twenty-five years in the ring.

The other two bulls in each set are fought in the Spanish style, and when the "moment of truth" comes, the matador sets aside his sword and puts a **bandarilha** in the place where the sword would have gone in.

3. O QUE and QUAL

A. O que/ o que é que? *what* asks for a *definition* of something, as you have known since Lição 1.

>O que é uma casa de fados?
>**É um café ou restaurante onde se canta o fado.**
>O que é a Primeira Divisão?
>**É o grupo em que jogam os melhores clubes de futebol.**
>O que é um *muletazo*?
>**É um passe que o toureiro dá com a muleta.**
>O que é o Pedrito de Portugal?
>**É toureiro.**

B. **Qual/ Qual é que?** *what? which? which one(s)?* does not ask for a definition, but rather to select *the thing itself*. When you ask "What is the date?" you don't want to know how "date" is defined, but rather what the date itself is. When you ask "What is the problem?" you don't want to know the meaning of **o problema**, you want to know what the problem itself is. Both of these questions therefore require **qual?** The plural form of **qual?** is **quais?**

>**Qual** é a mais famosa fadista portuguesa?
>>É a Amália Rodrigues.
>
>**Qual** é o mais antigo clube português de futebol?
>>É o Futebol Clube do Porto.
>
>**Qual** é a mais famosa praça de touros portuguesa?
>>É a praça do Campo Pequeno.
>
>**Quais** são os principais países onde há corridas de touros?
>>São a Espanha, Portugal, a França, o México, o Peru, a Venezuela e a Colômbia.
>
>**Quais** são os livros que temos que ler para o curso de história?
>>São *História dos Descobrimentos Portugueses* e *Os Portugueses na Índia*.

Prática oral

Actividade A. O que, qual or **quais**?
1. _____ é seu número de seguro social?
2. _____ são as maiores cidades portuguesas?
3. _____ é um forcado?
4. _____ quer dizer a palavra «bandarilha»?
5. _____ destes discos preferes tu?
6. _____ são os mais famosos fadistas portugueses?
7. _____ é o futebolista português mais bem pago?
8. _____ estuda o teu irmão?

Actividade B. Make questions for the answers you will hear.

Actividade C. O que or **qual**? Which interrogative would be appropriate to use in the questions you will hear? Don't translate, just state which one would be used.

Actividade D. How would you ask the Portuguese equivalents of the English questions you will hear?

Actividade E. Answer the questions you will be asked.

Dois a dois

Plan what you are going to do this weekend. The options are a soccer game, a bullfight or an evening at a **casa de fados**.

Vozes portuguesas

*Hugo is 17. He was born in Terceira, Azores, and here he tries to describe how **touradas à corda** are held in his island.*

Há sempre loucos...

Eles amarram um touro com uma corda...É ainda novinho o touro. Depois atiram assim para a rua e as pessoas divertem-se com ele. Há sempre alguns loucos que vão para rua. Ele vai atrás das pessoas e então elas fogem. É mais ou menos assim. Às vezes acontece as pessoas magoarem-se. Já houve gente que morreu até. Eu não gosto de touradas, não vou a touradas.[a]

NOTE:

[a] **Touradas à corda** are extremely popular in Terceira. A street is fenced in and, after a warning rocket (**foguete**) explodes in the air, the bulls are released. As Hugo explains, a long rope is tied to the bull's neck. At the other end are several **pastores** or bull tenders who try to control the animal in moments of danger. Young men leap into the street and challenge the bull with a cape, an old jacket or even an open umbrella

amarram tie	**corda** rope	**magoarem-se** get hurt
até even	**fogem** run away	**morreu** died
atiram let loose	**loucos** crazy people	**novinho** rather young

Prática oral

Answer the questions you will hear.

Diálogo

João Pedro, tu gostas de fados?
A Susan e o João Pedro caminham pelo Bairro Alto e acabam de passar em frente do Restaurante Luso. Então a Susan pergunta:
SUSAN: João Pedro, tu gostas de fados?

João Pedro, do you like fados?
Susan and João Pedro walk in the Bairro Alto and have just passed by the Restaurante Luso. Then Susan asks:
SUSAN: João Pedro, do you like fados?

JOÃO PEDRO: Realmente não. Em Portugal a maioria dos jovens tem muito pouco interesse pelo fado.

SUSAN: Então que música é que preferem?

JOÃO PEDRO: Para dizer a verdade, preferem música americana e inglesa. Ou o **rock** português.[a]

SUSAN: Então quem é que vai às casas de fado?

JOÃO PEDRO: São sobretudo pessoas de mais idade. E estrangeiros. Vais lá e quase só vês turistas.

SUSAN: Mas os turistas gostam do fado? A mim parece-me bastante lento e triste.

JOÃO PEDRO: Bem, os turistas geralmente não entendem a letra. Vão porque se fala muito do fado, porque o ambiente é meio exótico, porque há boa comida e bom vinho, sei lá!

SUSAN: Mas têm que ouvir o fado...

JOÃO MANUEL: Não é só o fado. As casas de fado mudaram muito, adaptaram-se aos gostos do turista. Agora apresentam também danças regionais como o vira ou o fandango, que são muito mais animadas.

SUSAN: Olha, ouvi falar muito da Severa. Quem foi ela?

JOÃO PEDRO: Eu não conheço muito bem a vida dela mas sei que foi uma fadista famosa do século XIX. Era a amante do Conde de Vimioso, que a levava a touradas e festas. Morreu muito nova, na Rua do Capelão, na Mouraria.

SUSAN: Onde é que eu podia encontrar mais elementos sobre a vida dela?

JOÃO PEDRO: Há muitos livros sobre a história do fado. Procura na Biblioteca. E até acho que o Júlio Dantas escreveu uma peça sobre a Severa.[b] E também há um filme chamado **A Severa**, aí dos anos quarenta, se não me engano.[c] Na Cinemateca têm com certeza.

SUSAN: Gostava de escrever um trabalho sobre o fado para o meu curso. O que é que me podes dizer sobre fadistas mais

JOÃO PEDRO: Not really. In Portugal most young people show very little interest in the fado.

SUSAN: Then what kind of music do they like?

JOÃO PEDRO: To tell the truth, they prefer American and British music. Or Portuguese rock.

SUSAN: Then who goes to the fado houses?

JOÃO PEDRO: It's mainly older people. And tourists. You go there and you almost only see tourists.

SUSAN: But do tourists like fado? To me it sounds rather slow and sad.

JOÃO PEDRO: Well, generally tourists do not understand the lyrics. They go because one talks a lot about fado, because the atmosphere is somewhat exotic, because there is good food and good wine, whatever.

SUSAN: But they have to listen to fado...

JOÃO PEDRO: It's not only fado. The fado houses have changed a lot, they have adapted to the tastes of the tourists. Now they also show folk dances like the **vira** or the **fandango**, which are much livelier.

SUSAN: Listen, I heard a lot about Severa. Who was she?

JOÃO PEDRO: I am not too familiar with her life, but I know that she was a famous fado singer in the nineteenth century. She was the Count of Vimioso's mistress, and he used to take her to parties and bullfights. She died very young, on Rua do Capelão, in Mouraria.

SUSAN: Where could I find more information on her life?

JOÃO PEDRO: There are many books on the history of the fado. Look them up at the Library. And I even think Júlio Dantas wrote a play on Severa. There is also a movie called **A Severa**, from the forties or thereabouts, if I am not mistaken. They must have it for sure at the Film Archives.

SUSAN: I would like to write a paper on the fado for my class. What can you tell me about more modern fado singers?

modernos?

JOÃO PEDRO: Como te digo, não sei muito disso. Mas tens a Amália, claro. Parece que em pequena vendia laranjas na doca de Alcântara. Não sei se é verdade. Depois tornou-se muito famosa. Acho que participou num filme chamado **Capas Negras**, sobre os estudantes de Coimbra. Gravou muitos discos e até teve um grande êxito no Olympia, em Paris. Canta em várias línguas... Quer dizer, cantava, porque agora já só muito raramente aparece em público.

SUSAN: E outros fadistas famosos?

JOÃO PEDRO: Bem, havia a Ercília Costa, a Hermínia Silva, a Lucília do Carmo. Depois apareceu a Maria Teresa de Noronha, que era de uma família aristocrática. E a Celeste Rodrigues, que é irmã da Amália, a Maria da Fé. Com certeza outras, mas não me lembro dos nomes delas. A Hermínia Silva e a Maria Teresa de Noronha morreram há pouco tempo.

SUSAN: E entre os homens?

JOÃO PEDRO: O Alfredo Marceneiro[d] foi muito famoso. Depois há o Fernando Farinha e uma grande sensação que é o Carlos do Carmo. Entre os mais novos temos o Nuno Vicente da Câmara, também de uma família fidalga.

SUSAN: Tu tens discos ou cassetes de fados que me possas emprestar?

JOÃO PEDRO: Não, não tenho. O meu pai é capaz de ter. Mas, olha, vamos fazer uma coisa. Uma noite destas levo-te a uma casa de fados. Por ti faço esse sacrifício.

JOÃO PEDRO: As I said, I don't know much about that. But of course you have Amália. Apparently she used to sell oranges on the Alcântara docks when she was a young girl. I don't know if it is true. After that she became quite famous. I believe she was in a movie called **Capas Negras**, about the students in Coimbra. She cut many records and even had great success at the Olympia in Paris. She sings in several languages... That's to say, she used to because nowadays she very seldom appears in public.

SUSAN: And other famous fado singers?

JOÃO PEDRO: Well, there were Ercília Costa, Hermínia Silva, Lucília do Carmo. Then Maria Teresa de Noronha made her appearance, she was from an aristocratic family. And Celeste Rodrigues, who is Amália's sister, Maria da Fé. I'm sure there are others, but I don't remember their names. Hermínia Silva and Maria Teresa de Noronha died not so long ago.

SUSAN: And among the men?

JOÃO PEDRO: Alfredo Marceneiro was quite famous. Then you have Fernando Farinha and a great sensation, Carlos do Carmo. Among the youngest you have Nuno Vicente da Câmara, also from a family in the nobility.

SUSAN: Do you have any records or cassettes I could borrow?

JOÃO PEDRO: No, I don't. My father may have some. But, look, let's do this. One of these evenings I'll take you to a fado house. For you, I'll make that sacrifice.

NOTES:

[a] Two of the most famous rock groups in Portugal are GNR and Xutos e Pontapés.

[b] Actually Júlio Dantas (1876-1962) wrote both a novel and a play on the singer.

[c] Yes, indeed, João Pedro was wrong. The film was first shown in June 1931.

[d] His real name was Alfredo Duarte. He was called Marceneiro because he was a cabinetmaker by trade.

Prática oral

Actividade. Answer the questions you wil hear about the dialogue.

Uma rua do Bairro Alto

Leitura

A História da Corrida

O trecho seguinte foi extraído de um folheto turístico:

> *TOURADA: As touradas são uma tradição em Portugal, plena de cor e movimento, que remonta ao século dezoito, apresentando-se como um espectáculo de perícia, elegância e coragem. A grande figura deste espectáculo é o* **Cavaleiro** *que, montando um cavalo magnificamente ajaezado, veste casaca de seda ou de veludo bordada a ouro, tricórnio com plumas, bota de verniz até ao joelho e esporas prateadas. A terminar a tourada realiza-se a* **pega**, *na qual seis[a] homens tentam agarrar e imobilizar o animal.*

Esta descrição da tourada, ou corrida de touros, revela-se bastante correcta no que diz respeito às corridas à antiga portuguesa, apenas com uma excepção. De facto a corrida tem em Portugal uma origem muito mais remota do que o século XVIII. É certo que foi neste século que se fixaram as formas actuais da corrida, tanto a pé como a cavalo. (Os trajes dos cavaleiros, matadores, forcados e campinos[b] reflectem os usos dessa época.) No entanto é desde pelo menos os inícios da nacionalidade portuguesa, no século XII, que se correm touros. A corrida medieval era naturalmente muito mais primitiva e bárbara. Numa praça improvisada entrava um grupo de cavaleiros armados de ascumas, ou lanças curtas, seguido por vários cavaleiriços que traziam mastins à trela. Quando o touro aparecia na arena os cães eram soltos e corriam para o inimigo. O touro lançava alguns ao ar mas acabava por ser semi-dominado pela matilha. Os cavaleiriços conseguiam então afastar os mastins da sua presa e chegava a vez dos cavaleiros. Um deles citava o touro de longe e, quando ele investia, arremessava a sua ascuma. Outros faziam o mesmo até que por fim o animal caía morto.

Nos séculos seguintes as corridas de touros faziam parte de quase todas as festas reais. Realizavam-se, por exemplo, para celebrar o casamento do soberano com uma princesa estrangeira ou o nascimento de um principezinho ou princezinha. Ainda no século XVIII a corrida era um acontecimento aristocrático. Os touros eram lidados por fidalgos a cavalo. Para auxiliar o cavaleiro entravam também na praça os seus lacaios, que em momentos de perigo desviavam a atenção do touro agitando chapéus, capas ou pedaços de pano. Foi daqui que evoluiu o toureio a pé.[c] Os moços de forcado eram originariamente os homens que protegiam o rei e a corte das investidas dos touros. Faziam isso com uma vara bifurcada, que se chama precisamente "forcado" e que ainda hoje é usada nas cortesias. Em ocasiões de perigo podiam mesmo lançar-se à cabeça do touro, o que deu origem às pegas.[d]

Segundo parece, foi o Marquês de Pombal[e] quem no século XVIII proibiu os touros de morte. Conta-se que o Marquês, que não gostava deste espectáculo, assistia uma vez a uma corrida real em Salvaterra. Um jovem cavaleiro foi nessa altura morto pelo touro. O velho pai do cavaleiro desceu então à arena, de espada em punho, e matou o touro, vingando assim a morte do filho. O Marquês, impressionado com a perda inútil de um jovem, numa época em que todos os homens válidos eram necessários para defender Portugal contra invasões espanholas, tomou então a decisão de banir a morte do touro na arena.[f]

NOTES:

[a] Normally there are eight.

[b] As we have seen before, **campinos** are bull tenders.

[c] In Spain the Bourbons came to the throne by this time. Being French, they did not have any taste for bullfighting, and actually disapproved of it. So the noblemen, in order to gain royal favor, mostly abstained, and the corrida became a sport of the common people and later a paid occupation. Thus the larger emphasis on **toureio a pé** in Spain, as opposed to the Portuguese preference for **toureio a cavalo**.

[d] In the early nineteenth century the bull's horns began to be padded in order to make the **pegas** less dangerous. Three Portuguese kings, Afonso VI, Pedro II and Miguel I were good **pegadores**.

[e] Sebastião José de Carvalho e Melo, the Marquis of Pombal, was the ruthless eighteenth century prime minister (and one of the so-called "enlightened despots" of his time in Europe) who was the driving force behind the reconstruction of Lisbon

after the earthquake and subsequent fire that practically destroyed the capital in 1755. His statue stands now in a Lisbon roundabout called Praça do Marquês de Pombal, but known in everyday usage simply as **o Marquês**.

ᶠ The ban was lifted soon after. In the nineteenth century bulls were again killed from horseback. It was only in the early twentieth century that the present ban was established.

acontecimento event
afastar pull away
agarrar grab
agitando waving
ajaezado adorned
apenas solely
arremessava hurled
auxiliar aid
banir banning
bifurcada forked
casamento wedding
cavaleiro horseman
citava challenged
desceu stepped down
desviavam diverted
em punho in his hand
época period
esporas spurs
fidalgos noblemen

folheto brochure
impressionado moved
inútil unnecessary
investia charged
investidas charges
lacaios footmen
lançava threw
lidados fought
mastins mastiffs
matilha pack
montando riding
morto dead
nascimento birth
pano cloth
pega "grab"
perda loss
perícia skill
perigo danger

plena full
prateadas silver
presa prey
princezinha little princess
principezinho little prince
remonta goes back
seda silk
seguinte following
soberano sovereign
soltos released
trecho passage
trela leash
tricórnio three cornered hat
válidos able bodied
verniz patent leather
vingando avenging

Prática oral
Answer the questions you will hear.

Um bocadinho de humor

Numa escola do Ribatejo, uma região onde há muitos aficionados à corrida de touros, o professor de educação física perguntou aos alunos: "Vocês gostam mais de futebol ou de touros?"ᵃ Os alunos responderam entusiasticamente e em coro: "De touros! De touros!" Então o professor pensou um momento e depois comentou: "É curioso! Vocês têm os mesmos gostos do que as vacas!"

NOTE:
ᵃ **Gostar de touros** obviously means **gostar de corridas de touros**.

coro chorus   **gostos** tastes   **pensou** thought

10

Abra a boca e diga "aaah!"

open your mouth and say aaah.

1. Contrastes de vocabulário: TUDO e TODO

A. **Tudo** is invariable (that is, it has only one form: **tudo**) and means *everything*. Since it is a pronoun, it is never seen before a noun, although it can precede **isto, isso** and **aquilo: tudo isto** *all this,* **tudo isso,** *all that,* **tudo aquilo** *all that.* **Gosto de tudo isto aqui. Já sabia tudo isso que ele me disse. O que é tudo aquilo lá ao fundo?**

> Comi **tudo**.
> Serviram **tudo** muito depressa.
> Ele sabe **tudo**.
> **Tudo isso** é importante.

> **Tudo o que**... means *everything that...*
> **Tudo o que** tenho é barato.
> Ele comeu **tudo o que** tinha no prato.
> **Tudo o que sabem** é o que eu contei.

There are some useful expressions with **tudo** you should know:
> **Tudo bem?** *How are you? Is everything all right?*
> > **Tudo bem?** Como vai a vida?
> **Tudo menos isso!** *Anything but that!*
> > Faço **tudo menos isso**!
> **Mais que tudo** *above all*
> > **Mais que tudo,** é importante ter uma alimentação saudável.
> **Nem tudo** *not all*
> > **Nem tudo** o que luz é ouro.
> **Estar por tudo** *to be agreable to everything.*
> > **Estou por tudo** o que eles quiserem.

B. **Todo** means *all* (in the sense of *entire* or *whole*) in the singular and in the plural, but it usually can mean *every* only in the plural (as in the last two examples below). Since it is an adjective, it agrees in gender and number with the noun it modifies, and it *never* precedes **isto, isso,** or **aquilo.**

> Comi o bife **todo**.
> Ela sabe **toda** a lição.
> Nós lemos **todos** esses livros de astrologia.
> Elas aprenderam **todas** as palavras novas em alemão.

Vou ao supermercado **todas** as semanas.
Todos os domingos vamos ao cinema.

Obviously, the plural meaning of *every* (*all the weeks = every week*) will need some practice before it is mastered. Contrast **todo o dia** (or **o dia todo**), *all day*, with **todos os dias** *every day*.

Everybody is either **toda a gente** *all the people* or **todo o mundo** *all the world*. Both are singular, as in English ("Everybody *is* here,") and so they both take singular verbs: **Toda a gente sabe isso; Todo o mundo vai estar na festa.**

There are some expressions with **todo** and variants that you should learn:

> **todos os que** *all those who*
> **Todos os que** não estudarem vão "chumbar" no exame.
> **em todo o caso** *anyway*
> **Em todo o caso**, venha amanhã.
> **ao todo** *altogether*
> Tenho dois contos e oitocentos **ao todo**.

As in **todos os dias, todo** can be used with other measures of time: **todos os anos, todas as semanas** etc.

NOTES: Before **tudo, todo** and its variants (and **sempre**) use **nem** rather than **não**: **Nem todos os meus colegas são americanos. Nem sempre almoço na Universidade. Todo** may also be used to mean **muito**—it agrees with the adjective it precedes: **Ele estava todo nervoso antes do exame. Com esta chuva vais voltar toda molhada. Eles ficaram todos contentes com a nota que tiveram em Biologia. Porque é que elas chegaram todas tristes?**

Prática oral

Actividade A. Fill in with **tudo** or the right form of **todo,-a,-os,-as**:
1. Comemos _____ a comida que havia no frigorífico.
2. A senhora não sabe _____ o que aconteceu!
3. Eu não posso ajudar o Mário com _____ os seus problemas.
4. Vocês perceberam _____?
5. _____ o que ele diz é a pura verdade.
6. Saio da casa muito cedo _____ os dias.
7. O Dieter telefona aos pais _____ as semanas.
8. Ele já leu _____ sobre o caso.
9. A minha família vai para o campo _____ as férias.
10. Já recebemos _____ os documentos de que precisávamos.

Actividade B. Translate the sentences you will hear.

Actividade C. Answer the questions you will hear by repeating the correct form of **todo** or with **tudo**.

MODELO: Vocês compreendem tudo na aula de Português?
Sim, tudo. / Tudo, não. / Nem tudo.

2. O imperativo

A. Commands are "imperative" to know in any language; you use them to get things done (*Bring me the newspaper, please. Make* **cozido** *for dinner, please.*) In Portuguese, they are quite easy to form since there are very few exceptions to four general rules:

a. To make an affirmative command for the **tu** form, just use the third person singular of the present: **Estuda mais! Come mais!**
b. To make the command form for the **você** ou **o,-a senhor,-a**, remove the **-o** from the first person singular of a present-tense verb and add "the opposite vowel" (if it is an **-ar** verb, use **-e**; if it is an **-er,-ir** verb, use **-a**): **Estude mais! Coma mais!**
c. To make these forms plural, just add an **-m: Estudem mais! Comam mais!**
d. Negative commands for the **você(s)** forms are easy—just put **não** before them: **Não estudem! Não comam!** The negative of **tu** commands have their own pattern but there is no new form to learn. The negative **tu** command is nothing more that the negative **você** command + **-s: Não estude + s, Não coma + s: Não estudes! Não comas!**

	-AR Verbs	
	TU	VOCÊ(S)
estud**ar** [estud**o**]	**Estuda! Não estudes!**	**Estude(m)! Não estude(m)!**
volt**ar** [volt**o**]	**Volta! Não voltes!**	**Volte(m)! Não volte(m)!**
começ**ar** [começ**o**]	**Começa! Não comeces!**	**Comece(m)! Não comece(m)!**
cheg**ar** [cheg**o**]	**Chega! Não chegues!**	**Chegue(m)! Não chegue(m)!**

Notice that the commands of **começar** and **chegar** may vary their spelling according to spelling rules that you already know. If you don't make the spelling change in **chegar**, **-ge** would be pronounced as in **gente**. In **começar**, since **-ç-** is never used before an **-e-**, it is a plain **-c-**. before **-e-**.

-ER and -IR Verbs

	Tu	Você(s)
comer [como]	Come! Não comas!	Coma(m)! Não coma(m)!
trazer [trago]	**Traz!** Não tragas!	Traga(m)! Não traga(m)!
vir [venho]	**Vem!** Não venhas!	Venha(m)! Não venha(m)!
pedir [peço]	Pede! Não peças!	Peça(m)! Não peça(m)!
sair [saio]	**Sai!** Não saias!	Saia(m)! Não saia(m)!

In **começar**, since **-ç-** is never used before **-e**, it becomes a plain **-c-**.

There is a number of **-er** and **-ir** verbs with "irregular" first person singular forms, but once you know them, the **você** and negative **tu** commands are formed regularly: **eu faço - não faças!, eu visto - não vistas!**

B. If the first person singular form of the verb does not end in **-o**, the command forms are not predictable, but they're also not hard. The **tu** positive command of **estar** and **saber** are quite regular—it's just their negative foms that are not predictable:

VERBS WITH 1ST. PERS. SING. NOT ENDING IN -O

	Tu	Você(s)
SER [sou]	Sê! Não **sejas!**	Seja(m)! Não **seja(m)!**
ESTAR [estou]	Está! Não **estejas!**	Esteja(m)! Não **esteja(m)!**
IR [vou]	**Vai!** Não **vás!**	**Vá!** Não **vá!** / **Vão!** Não **vão!**
SABER [sei]	Sabe! [Não **saibas!**]	Saiba(m)! Não **saiba(m)!**

The negative **tu** form of **saber**, **não saibas**, is possible, but only in idiomatic use: **Nem saibas o que ele disse de ti!** *You wouldn't want to know what he says about you!*. **Saiba...!** is used to mean something like "I want you to know that..." **Saiba que o professor disse que há um exame amanhã.**

Ir has the same command form for **vocês** as the regular present-tense conjugation. It is the only verb that does.[1]

Prática oral

Actividade A. Ordens e pedidos. Use the command form in your responses.

1. A tua mãe quer sair hoje à noite e precisa da tua ajuda para acabar o trabalho da casa. O que é que ela pede? (voltar para casa cedo; limpar o teu quarto; ir ao supermercado; trazer pão da padaria; fazer o jantar)

2. O teu professor acha que tu não és bom/boa aluno,-a. O que é que ele recomenda? (trabalhar mais; procurar livros na biblioteca; tirar menos cadeiras; vir às aulas todos os dias; não sair muito de noite)

3. Os presidentes esperam certas coisas do seu povo. O que é que eles sugerem? (pagar os impostos; votar em todas as eleições; participar na vida política; viver em paz; obedecer às leis)

4. O teu pai *não* quer suportar mais certas coisas que tu fazes. O que é que ele exige? (não vir para casa tarde demais; não beber muito aos sábados; não dormir até às onze da manhã; não ver televisão até à meia-noite; não guiar o carro a grande velocidade)

Actividade B. Change the commands you will hear to the **você** form.

    MODELO: Apanha esse táxi!
                  Apanhe esse táxi!

Actividade C. Advise the persons you will be told about according to the situations you will hear. Give several alternatives in each case. Always use a command form.

Vozes portuguesas

Paula is a twelfth grade student in the Azores.

Um problema preocupante

Alguns dos meus amigos costumam-se drogar. Acho que a partir de agora o problema da droga se torna mais preocupante. Houve uma altura que andava assim... Era um período mais calmo ao nível de drogas. Agora já há jovens com idade inferior a doze anos que começam a ter as suas primeiras experiências com drogas.

---

[1] In public announcements, such as on signs, the infinitive may be used as a command: **Não fumar. Não estacionar. Apertar o cinto de segurança** *Fasten your seat belts.*

a partir de agora from now on

altura period

preocupante worrisome
se torna is becoming

Prática oral

Answer the questions you will hear.

3. Pronomes de complemento directo

A. A *direct object* is whatever receives the action of the verb, that is, whatever "gets verbed," i.e. what is acted upon. A *direct object pronoun* is a pronoun that replaces the direct object (I bought *the suitcase*; I bought *it*).

José "getting verbed"

When people talk or write, once the direct object has been mentioned, they almost always use a pronoun when referring to it again. So, if Steve asks, "Pam, did you do *the exercise*?" Pam might easily answer, "Yes, I did *it*." (What "got verbed"—received the action? *The exercise = it*.)

João "getting verbed"

Although direct object pronouns are short, they can substitute for a long phrase. Steve may continue his questions with: "Did you do *the remainder of the math homework assigned by the teacher last week*?" (everything in italics represents the direct object) and Pam will answer, "Yes, I did *it*, too." Adjectives and other accompanying words are all part of the direct object.

B. The best way to talk about direct object pronouns is to separate them into two groups: *things* and *people*. We will start with things.

Direct object pronouns for things correspond in English to *it* and *them*: "The new CD? Yes, I have *it*." "The tickets? Yes, I have *them*." In Portuguese, as you might imagine, both *it* and *them* can be masculine and feminine. They look exactly like the definite articles, but are impossible to confuse with the articles since they do not appear before a noun:

DIRECT OBJECT PRONOUNS—THINGS

o, a   *it*
os, as   *them*

In simple (no modifier before verb) affirmative or interrogative sentences these pronouns always go after the verb. In these cases the pronoun is connnected to the verb by a hyphen. (Remember that you have already seen a similar situation with verbs followed by **se**.)

A Margarida levou **a bagagem** no carro.
   A Margarida levou-**a** no carro.
Escreveste **o exercício**?
   Escreveste-**o**?
Compraste **as batatas**?
   Compraste-**as**?
Ela comeu **os chocolates** todos.
   Ela comeu-**os** todos.

In colloquial Portuguese, speakers tend to leave these pronouns out. If Jorge asks Judite "Falas *inglês*?" she may just answer "Sim, falo muito bem" (instead of "Sim, falo-**o** muito bem").

C. There are several cases in which the pronoun comes before the verb:
   1. When the verb is preceded by an interrogative word:
      Onde (é que) compraste **essa blusa**?
         Onde (é que) **a** compraste?
      Quando (é que) o Rogério perdeu **as chaves**?
         Quando (é que) o Rogério **as** perdeu?
      Como (é que) ele traduziu **essa palavra**?
         Como (é que) ele **a** traduziu?
      Com que (é que) vais fazer **os pastéis**?
         Com que (é que) **os** vais fazer

   2. In a negative sentence:
      Não comprei **a camisola**.
         Não **a** comprei.
      O Jaime não vendeu **o andar**.
         O Jaime não **o** vendeu.
      Não queres levar **as bananas**?
         Não **as** queres levar?
      A Isabel não soube fazer **os exercícios**.
         A Isabel não **os** soube fazer.

This rule also applies when *any* negative word begins the sentence.

> Nunca vi **o museu**.
>> Nunca **o** vi.
> Nada cura **a artrite**.
>> Nada **a** cura.
> Ninguém viu **o acidente**.
>> Ninguém **o** viu.

3. In a dependent clause:

*Quando eu comecei **o curso**,* não entendia nada.
> *Quando eu **o** comecei,* não entendia nada.
*Assim que acabares **a aula**,* vamos comer um gelado.
> *Assim que **a** acabares,* vamos comer um gelado.

4. When certain words come before the verb:

> Eu **também** a conheço.
> Eles **próprios** o fizeram.
> Nós **raramente** as utilizamos.
> Eu **já** a convidei.

INFINITIVE + DIRECT OBJECT
PRONOUNS O, A, OS, AS:

-ar verbs	pagar+o = pagá-lo
-er verbs	fazer+a = fazê-la
-ir verbs	impedir+os = impedi-los
-por verbs	pôr+as = pô-las

If an infinitive precedes the pronoun, the final **r** is lost and the pronoun takes on an initial **l-**. Note how a stressed final -a requires an acute accent and a stressed final **-e** or **-o** requires a circumflex accent.

> Podes fazer **o trabalho**?
>> Podes fazê-**lo**?
> Eles vão pôr **a mesa** aqui.
>> Eles vão pô-**la** aqui.
> Vão aceitar **essas provas**.
>> Vão aceitá-**las**.
> Queremos impor **essas regras**.
>> Queremos impô-**las**.

The same rule applies if the verb form ends in **-s-** or **-z-**:

> Nós bebemos **a cerveja**.

Nós bebemo-**la**.
O João traz **o carro**.
O João trá-**lo**.
Vais comer essa sopa?
Vais comê-**la**?

If the verb ends in **-m** the pronoun acquires an **-n**.
Elas fizeram **o trabalho** depressa.
Elas fizeram-**no** depressa.

Então o que é que temos. Como tem passado?

In spoken Portuguse, when you use some auxiliary verbs, such as **dever, ir, poder, querer** or **vir**, before a main verb, you may have two options as to the position of the pronoun. In affirmative and interrogative sentences, if the auxiliary verb form ends in a vowel, you may place the pronoun either after the auxiliary or after the main verb:
Eu quero-**o** visitar hoje.
Eu quero visitá-**lo** hoje.
O senhor pode-**as** visitar hoje?
O senhor pode visitá-**las** hoje?

If the auxiliary verb form ends in a consonant the two options would still be possible, but the auxiliary+pronoun alternative is infrequent:
Nós vamo-**lo** visitar hoje. (infrequent)
Nós vamos visitá-**lo** hoje. (standard)

In all other cases the two options are pronoun+auxiliary+main verb and auxiliary+main verb+pronoun:
Não **o** venho visitar hoje.
Não venho visitá-**lo** hoje.
Disse que **o** vou visitar hoje.

Disse que vou visitá-**lo** hoje.

Prática oral

Actividade A. Substitute the suggested direct objects (in parentheses) and place appropriate pronouns in the second sentence:

1. Eu não vejo *as laranjas* que a Regina comprou. Vocês vêem-nas? (o leite, a cerveja, os ovos)
2. A Manuela trouxe *um bolo*. Onde é que o ponho? (uns pastéis, umas bananas, uma garrafa de vinho branco)
3. A Maria Eugénia gosta d*a saia*. Ela vai comprá-la. (o relógio, as calças, os óculos)
4. Eu mandei o *cheque* pelo correio. Tu recebeste-o? (os recibos, a factura, as fotografias)

Actividade B. Repeat the sentences you will hear, substituting direct object pronouns for the real direct objects.

Actividade C. Follow the model using **perder**. You'll have to make up where you put the various items.

MODELO: (as chaves) Eu nunca *perco as minhas chaves* quando *as ponho na gaveta*.

1. (os óculos) O meu pai nunca _____
2. (o giz) A professora nunca _____
3. (os papéis) Nós nunca _____
4. (os documentos) A secretária nunca _____
5. (os brinquedos) Os miúdos nunca _____
6. (a carteira) Eu nunca _____
7. (o relógio) Vocês nunca _____
8. (a caneta) O Manuel nunca _____

Vozes portuguesas

Here Miguel, an Economics student at the Universidade Nova de Lisboa, reveals a rather negative opinion in regard to public hospitals.

O caos impera

A assistência médica pública, digamos, nos hospitais públicos... Há muito bons médicos aí mas o caos impera. Vive-se na balbúrdia, pode--se ficar na urgência, como eu já fiquei uma vez, com um pé partido, seis horas à espera que possam atender... Quer dizer, a assistência médica pública em Portugal, infelizmente, tem que melhorar bastante para chegar ao nível europeu.[a] No entanto temos hospitais privados de muito boa qualidade, em que se recebe um tratamento de primeira e se paga também um preço de primeira.[b]

NOTES:
    [a] At present 70% of outpatient consultations take place in public hospitals.
    [b] In Portugal there are 90 private hospitals with a total number of 8,500 beds, mainly concentrated around major cities. The districts of Lisbon, Oporto, Braga, Leiria and Coimbra represent 57% of the country's population, but hold 78% of private hospital beds.

à espera waiting	**balbúrdia** confusion	**melhorar** improve
assistência médica health care	**de primeira** first class	**possam** can
atender help	**impera** reigns	**partido** broken
	infelizmente unfortunately	**tratamento** care
		urgência emergency room

Prática oral

Answer the questions you will hear

E. Pronouns for persons have a stressed set and an unstressed set.

DIRECT OBJECT PRONOUNS—PEOPLE		
UNSTRESSED	STRESSED	*MEANING*
me		*me*
te		*you,*
o, a	**você** **o senhor, a senhora**	*you*
o **a**		*him* *her*
nos		*us*
os, as	**vocês** **os senhores, as senhoras**	*you*
os **as**		*them*

Examples of **stressed** and **unstressed** pronouns with the meaning *you:*
    Eu não conheço **o senhor.** / Eu não **o** conheço.
    O Jorge pode levar **os senhores** à festa. / O Jorge pode-**os** levar à festa.
    Não quero ofender **as senhoras.** / Não **as** quero ofender.

Obviously the context has to be clear in order to use the unstressed set **o, a, os, as** since the pronouns mean *you* as well as *him/her–them.* The **o senhor** stressed set is slightly more courteous thean the unstressed set.

Examples of **unstressed** pronouns:
O José acompanhou-**nos** à praia.
A professora ajuda-**me** muito.
Eu vi-**as** [*them*] ontem no café.

Prática oral

Actividade A. Answer the questions you will be asked.
Actividade B. Substitute pronouns for the real direct objects in the examples you will hear.
Actividade C. Answer the questions you will be asked, using a pronoun in your answer.

Vozes portuguesas

This is what Miguel thinks about health costs.

Há muito bons especialistas em Portugal

Hoje em dia pode-se pagar em Portugal por uma consulta de um especialista dez, quinze mil escudos. Se levarmos em consideração o salário mínimo, o salário médio, o custo de vida, para um português é muito caro pagar essa quantia por uma consulta médica. Mas há muito bons especialistas em Portugal, que vão aprender em toda a parte do mundo. Temos cirurgiões plásticos que foram ao Brasil aprender com o Pitangui,[a] temos oftalmologistas que foram a Barcelona,[b] temos cirurgiões cardiovasculares que foram ao Johns Hopkins nos Estados Unidos.

NOTES:
[a] Dr. Ivo Pitangui is a famous plastic surgeon, whose clinic in Rio caters to the international jet set.
[b] The Barraquer clinic in Barcelona, Spain, is one of the best in Europe in the field of ophtalmology.

cirurgiões surgeons	**custo de vida** cost of living	**quantia** amount
		se levarmos if we take

Prática oral

Find questions for the answers you will be given.

4. Que horas são?

Que horas são? means *What time is it?*

A. If you are answering with a *singular* time (that is in the one o'clock range, MIDNIGHT, or NOON, all of which are singular) you use **é** + the time:

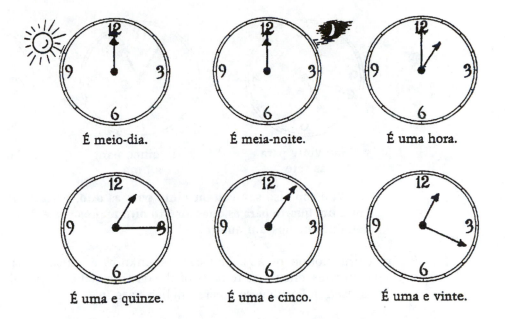

É meio-dia.   É meia-noite.   É uma hora.

É uma e quinze.   É uma e cinco.   É uma e vinte.

If the hour is plural (starting with the 2:00 range), you need **são**:

São duas horas.   São nove e meia.   São onze e dez.

The word **hora** may be omitted if it is clearly understood.

Que horas são? São onze e dez.
Já são três horas? Não, são duas e vinte.

When you are talking about minutes before the hour (29 or less) you also use **são**, since you are usually talking about plural minutes:

São vinte para
as sete.

São cinco para
a uma.

São quinze para
as duas.

You can also say **Faltam vinte para as oito, Faltam cinco para a uma, Falta um quarto para as duas,** or **São oito menos vinte, É uma menos cinco, São duas menos um quarto.**

B. Since the notion of A.M. and P.M. is unknown outside of English-speaking countries, one refers to parts of the day instead in Portugal. Notice that **da** is used in Portuguese where English uses *in*:

da manhã	São oito e dez da manhã.
in the morning	
da tarde	São três e meia da tarde.
in the afternoon	
da noite	São dez e vinte da noite.
in the evening	
da madrugada	São duas e meia da madrugada.
in the wee-small hours	

A aula de História é às oito da manhã.
A minha amiga vem às duas da tarde.
A casa de fados fecha às três da madrugada.

To avoid confusion on plane schedules and the like, the 24-hour clock is used. It starts at midnight (**zero horas**); after noon, add twelve hours to the times—thus one in the afternoon is **treze horas**, eight at night is **vinte horas**. Using this method, only minutes *after* the hour need to be used: **O avião parte às vinte e duas e cinquenta e cinco.** In "regular time" that would be **aos cinco para as onze da noite.**

C. To answer the question **quando?** *when* with the time, in both English and Portuguese you need to say *at*. In Portuguese this is done with **à** and **às** before a time. Obviously you use **ao** with **meio-dia.**

Quando é que vocês chegam? Chegamos **às** nove da manhã.
Quando é que a aula começa? Começa **à** uma da tarde.
Quando é que elas partem? Partem **às** dez da noite.

D. To say *from* and *to* with times in Portuguese you use **das** (**do** for **meio-dia**) and **às** (or variants):

> A enfermeira está de serviço **das** nove da noite **às** seis da manhã.
> Eu vou estar em casa **do** meio-dia **às** oito da tarde.

E. Telling time in the past always requires the imperfect.[2]

> Que horas **eram** quando ele voltou para casa?
> *What time was it* when he came home?
> **Era** uma e meia quando a vimos.
> *It was* one thirty when we saw her.
> **Era** meia-noite quando eles começaram a comer.
> *It was* midnight when they began to eat.
> **Eram** três horas quando elas apareceram.
> *It was* three o'clock when they showed up.

Prática oral

Actividade A. Que horas são? Say the time your instructor will write on the board.

Actividade B. Answer the questions you will be asked.

Actividade C. Answer the questions about time in the past that you will be asked.

Vozes portuguesas

Here again Miguel expresses a rather pessimistic view of public health care in Portugal.

Um sistema ineficaz

A assistência médica em Portugal... Eu acho que não se pode dizer que exista um programa generalizado com o intuito de abranger toda a população. Infelizmente ainda não existe. Há um sistema público, governamental, mas na minha opinião é altamente ineficaz.

abranger include	**ineficaz** inefficient	**intuito** purpose

Prática oral

O que é que tu pensas da medicina socializada? O que é que tu podes dizer sobre a assistência médica nos Estados Unidos, Canadá e Grã-Bretanha?

---

[2] Telling time in the past is the only exception to the "starting before the scene begins" rule. There is no way of getting around it—when it's two fifty-seven and fifteen seconds, that time comes and goes within the scene. Nonetheless, the time is always imperfect in Portuguese.

Notas culturais

Cuidado com o balão!

Portugal occupies the fifth place in per capita wine consumption in the world, after France, Italy, Luxembourg and Argentina, with an average of about 50 liters per year. Wine and beer are the most popular alcoholic beverages. Hard liquor is not usually consumed in excess. Scotch is favored as a social drink among the upper middle class and above. Driving under the influence is a major cause of road fatalities. For this reason the **Brigada de Trânsito** has lately increased the use of the **balão** for the detection of intoxicated drivers. This campaign seems to have achieved relative success: between 1987 and 1990 annual per capita wine consumption has decreased by 14 liters. Some restaurants are now beginning to serve wine by the glass, a practice absolutely unknown in Portugal before. The minimum amount of wine one could order at a restaurant would be a half bottle. Many patrons are now also ordering **cerveja sem álcool**.

5. A forma progressiva: "Ela está a estudar"

The progressive in English is made by using a form of *to be* + the present participle (the *-ing* form of the verb): "João *is studying* in the library now," "Clara *was taking* classes in night school last year," "Carlos *will be traveling* to Angola next summer."

In Portuguese there are two ways of expressing the *to be+-ing* situation (remember that there was a brief allusion to this form in Lição 2, Section 6). One is rather literary and the other is colloquial. Both emphasize the fact that a certain action is in progress. The former, paralleling the English construction, will be explained in Lição 13. The colloquial form is quite easy to grasp. The formula is to use a form of **estar** + **a** + *the infinitive of the verb*. So *She is studying* translates as **Ela está a estudar**. As the examples show, this construction can be used for any tense of the verb:

Nós estamos a ver televisão.
Nós estivemos a ver televisão.
Nós estávamos a ver televisão.

A word of caution: there is a special use of the English progressive (when the present or past tenses express an action in the future) that cannot be translated literally into Portuguese. Thus *I'm going to do that tomorrow* or *I was going to do that on the following day* must be done in Portuguese with the present or imperfect of **ir**: **Eu vou fazer isso amanhã** or **Eu ia fazer isso no dia seguinte**.

Prática oral

Actividade A. Translate the sentences you will hear. In some sentences you will have to decide whether a preterite or an imperfect is in order.

Actividade B. Fill in the blanks with an appropriate form of the progressive.

1. A Susan e a Ana Maria_____ café na esplanada.
2. Ontem nós_____ um jogo de futebol na televisão.
3. Quando eu cheguei o Edmundo_____uma sandes *sandwich*.
4. A Isabel Maria_____francês.
5. O professor_____ um ponto difícil de gramática.
6. Agora o bebé_____porque tem um dente a nascer.
7. Tu_____o que eu te digo?
8. Os médicos_____o paciente.
9. Ontem o meu pai_____todo o dia em casa.
10. Viemos tarde porque_____futebol.
11. _____ uma carta à minha namorada.
12. Vocês_____cerveja?
13. _____o livro que tu me emprestaste.
14. Levei o guarda-chuva *umbrella* porque_____(use the verb **chover**) quando saí.
15. Eles_____o carro porque está realmente muito sujo.

Vozes portuguesas

Fernanda, a photo store attendant in Lisbon, tries to explain why so many Portuguese women smoke.

Fumar, uma forma de libertação feminina?
Talvez seja uma forma de libertação social. As mulheres sentem... Não sei, julgo eu que seja uma forma de se afirmarem perante os homens. Portanto querem ter um papel igual. Há uns anos atrás as mulheres... rara era aquela que pegava num cigarro. Hoje em dia todas as mulheres pegam num cigarro...[a]

NOTE:
[a] Fernanda is right when she mentions that Portuguese women smoke more nowadays, but she is obviously exaggerating the extent of smoking among Portuguese women. It is noted mainly among upper middle class and upper class women. Teenage smoking is also prevalent..

atrás ago	**igual** equal	**pegava** would pick up
cigarro cigarette	**julgo** I think	**perante** towards
fumar smoking	**papel** role	**seja** it is

Prática oral

Answer the questions you will hear.

O Centro Médico Permanente está fechado!

6. Haver-de

Haver de has a unique use. Conjugated in the present and followed by **de** + INFINITIVE, it expresses another type of future, often denoting a rather vague intention or obligation. Here is its conjugation:

Haver-de	
eu **hei-de**	nós **havemos-de**
tu **hás-de**	
o senhor, a senhora,	os senhores, as senhoras,
você **há-de**	vocês **hão-de**
ele, ela **há-de**	eles, elas **hão-de**

Um dia destes **hei-de visitar** esse museu.
One of these days *I shall visit* that museum. [Frankly, I have no
    idea when.]
Hás-de[3] me **emprestar** a tua máquina fotográfica.
    You must lend me your camera. [Well, some time when you are
        not using it.]
Havemos-de os **convidar** para jantar.
    We ought to invite them for dinner. [Maybe one night when we
        don't have anything more exciting to do.]

---

[3] You may hear the form **tu há-des** sometimes, which is substandard.

Haver-de may also express probability:

      Há-de haver um telefone público por aqui.

        There must be a public phone around here.

      Eles **hão-de chegar** às sete.

        They *ought to be arriving* at seven.

      Havemos de *poder encontrar* a tua carteira.

        We *ought to be able to find* your wallet.

Que hei-de / havemos-de fazer? is the equivalent of *What can I / we do?*, often implying the idea that nothing can be done.

Prática oral

Respond to the following situations using a form of **haver-de**:

1. Há muito tempo que não escrevo aos meus tios.
2. Preciso de comprar aspirina mas não vejo nenhuma farmácia por aqui.
3. Estou preocupada. O meu namorado prometeu telefonar esta tarde e ainda não telefonou.
4. Recebeste essa conta o mês passado e ainda não a pagaste.
5. Gostava muito de ir a Londres mas não tenho dinheiro agora.

Vozes portuguesas

José António is an orthopedic surgeon.

Uma revalorização de serviços

Os serviços de urgência no nosso país praticamente estavam..., só se poderiam considerar serviços de urgência aqueles localizados em Lisboa, Porto e Coimbra. Actualmente verifica-se que há revalorização dos serviços destas cidades mas felizmente apareceram também serviços de urgência em hospitais da província. Isto deve-se em grande parte a virem muitos médicos que se formaram em Lisboa, Porto e Coimbra, que não têm possibilidade de fazerem uma carreira como eles desejavam nestas cidades e que voluntariamente se oferecem e concorrem a hospitais da província.[a]

NOTE:

   [a] Portugal has one physician for approximately every 300 inhabitants.

a virem to the arrival of	**deve-se** is owed	**localizados** located
actualmente nowadays	**felizmente** fortunately	**se poderiam** could
concorrem apply	**formaram** graduated	**verifica-se** one observes

Prática oral

Compare this with the region where you live. What are the emergency services like? Are the same in large cities and small towns?

Diálogo

Respire fundo, por favor

A D. Fernanda e o Sr. Saraiva acabam de jantar. Quando a D. Fernanda serve o café o Sr. Saraiva acende um cigarro. Depois começa a tossir.

D. FERNANDA: Ó António Manuel, essa tosse... Quando é que vais ao médico? Já está na altura de fazeres outro *check-up*.

SR. SARAIVA: Não te preocupes. Hei-de ir lá um dia destes.

D. FERNANDA: Pois é, um dia destes, um dia destes... É sempre "um dia destes"! És impossível.

SR. SARAIVA: Pronto, pronto. Marco a consulta amanhã. Telefono do banco.

D. FERNANDA: Já sei que te vais esquecer. Porque é que não telefonas agora que tens tempo? A clínica ainda não fechou a estas horas. O número há-de estar na agenda, ao pé do telefone.

SR. SARAIVA: Está bem, está bem. Deixa-me acabar o café e telefono.

D. FERNANDA: Também podias beber menos café. Faz-te nervoso. E do cigarro já nem falo.

SR. SARAIVA: Nervosa és tu. Pronto, vou telefonar para que me deixes em paz.

(O Sr. Saraiva marca o número da clínica. A empregada atende.)

SR. SARAIVA: Muito boa tarde. Daqui fala António Manuel Saraiva. Queria marcar uma consulta para um *check-up*.

EMPREGADA: Um momentinho, por favor. Deixe-me ver. Na quinta-feira às cinco está bem?

SR. SARAIVA: Perfeito. Quinta-feira às cinco. Muito obrigado e boa tarde.

(Na quinta feira às cinco—bem, pelas cinco

Take a deep breath, please.

D. Fernanda and Mr. Saraiva are finishing dinner. As D. Fernanda is serving coffee Mr. Saraiva lights a cigarette. Then he starts coughing.

D. FERNANDA: António Manuel, that cough... When are you going to go to the doctor? It's already time for another check up.

MR. SARAIVA: Don't worry. I'll go one of these days.

D. FERNANDA: Yeah, one of these days, one of these days. It's always "one of these days"! You're impossible.

MR. SARAIVA: Ok, OK. I'll make an appointment tomorrow. I'll call from the bank.

D. FERNANDA: I know you are going to forget. Why don't you call now that you have time? The clinic has not closed yet at this hour. The number must be in the address book, by the phone.

MR. SARAIVA: All right, all right. Let me finish my coffee and I'll call.

D. FERNANDA: You could also drink less coffee. It makes you nervous. Not to speak of the cigarettes.

MR. SARAIVA: You're the nervous one. All right, I'll call so that you'll leave me alone.

(Mr. Saraiva dials the number of the clinic. The receptionist answers.)

MR. SARAIVA: Good afternoon. This is António Manuel Saraiva. I'd like to make an appointment for a check up.

RECEPTIONIST: Just a moment, please. Let me see. Thursday at five OK?

MR. SARAIVA: Perfect. Thursday at five. Thank you. 'Bye.

(On Thursday at five—well, around five

e vinte—o Dr. Monteiro recebe o Sr. Saraiva.)

DR. MONTEIRO: Boa tarde, Sr. Saraiva. Então o que é que temos? Como tem passado?

SR. SARAIVA: Bastante bem, senhor doutor. Vim só para um *check-up*.

DR. MONTEIRO: Então vamos lá ver. Dispa-se da cintura para cima, se faz favor.

(O Sr. Saraiva pendura a roupa no cabide e senta-se na marquesa. O médico aproxima-se com o estetoscópio na mão.)

DR. MONTEIRO: Respire fundo, por favor. Outra vez. Agora não respire. Pronto, respire normalmente. O senhor tem um pouco de bronquite. Continua a fumar muito?

SR. SARAIVA: Bem, senhor doutor, tenho procurado deixar de fumar mas é difícil.

DR. MONTEIRO: O senhor sabe o mal que isso lhe faz. Vamos ver agora a tensão arterial. Com licença. Está bastante bem.

SR. SARAIVA: Quanto é que tenho, senhor doutor?

DR. MONTEIRO: A máxima é 12,5 e a mínima 8. Para a sua idade está muito bem. Como é que vai o estômago?

SR. SARAIVA: Continuo a ter um bocadinho de azia. Mas alivia com as pastilhas que o senhor doutor me recomendou.

DR. MONTEIRO: Bem, se começar a ter dores avise-me imediatamente. Evite tudo o que ache que lhe pode fazer mal. Não vá logo para a cama depois de jantar. E durma com a cabeceira alta. Também devia fazer um pouco de exercício. O senhor precisa de perder peso.

SR. SARAIVA: Estou a procurar comer menos gorduras.

DR. MONTEIRO: Óptimo. Coma bastantes verduras e menos carne.

SR. SARAIVA: Sim, senhor doutor.

DR. MONTEIRO: Abra a boca e diga aaah!

SR. SARAIVA: Aaah!

DR. MONTEIRO: Tem a garganta ligeiramente

twenty—Dr. Monteiro sees Mr. Saraiva.)

DR. MONTEIRO: Good afternoon, Mr. Saraiva. So, what's up? How have you been?

MR. SARAIVA: Pretty well, doctor. I just came for a check up.

DR. MONTEIRO: OK, let's see. Take off your clothes from the waist up, please.

(Mr. Saraiva hangs up his clothes on the hanger and sits on the table. The doctor comes with a stethoscope in his hand.)

DR. MONTEIRO: Take a deep breath, please. Again. Now hold your breath. OK, breathe normally. You have a little bronchitis. Do you still smoke a lot?

MR. SARAIVA: Well, doctor, I've been trying to stop, but it's hard.

DR. MONTEIRO: You know what that does to you. Let's take your blood pressure now. Excuse me. It's pretty good.

MR. SARAIVA: How much do I have, doctor?

DR. MONTEIRO: 125 over 80. For your age it's fine. How's your stomach?

MR. SARAIVA: I still have some heartburn. But it gets better with the tablets you recommended.

DR. MONTEIRO: Well, let me know immediately if you start having any pain. Avoid anything you think will make it worse. Don't go to bed right after dinner. Sleep with your head raised. You also should exercise a little. You need to lose weight.

MR. SARAIVA: I'm trying to cut down on fats.

DR. MONTEIRO: Excellent. Eat more vegetables and less meat.

MR. SARAIVA: Yes, doctor.

DR. MONTEIRO: Open your mouth and say aaah!

MR. SARAIVA: Aaah!

DR. MONTEIRO: Your throat is slightly irri-

irritada. Vou-lhe receitar uma coisa para isso. E olhe, quero que faça uma radiografia. Leve este papel à radiologia. Quando é que fez um electrocardiograma pela última vez?

SR. SARAIVA: O ano passado, senhor doutor.

DR. MONTEIRO: Então podemos esperar um pouco mais. Passe por aqui quando a radiografia estiver pronta. E veja lá se começa a fumar menos.

SR. SARAIVA: Vou fazer o possível. Muito obrigado e boa tarde, senhor doutor.

tated. I'm going to prescribe something for that. And, look, I want you to have an x-ray taken. Take this paper to the x-ray department. When was it you had an EKG last?

MR. SARAIVA: Last year, doctor.

DR. MONTEIRO: Then we can wait a little longer. Drop by when the x-ray is ready. And see if you start cutting down on smoking.

MR. SARAIVA: I'll do my best. Thank you. Good afternoon, doctor.

Prática oral

Listen to the statements and choices, then select the most appropriate answer according to the dialogue.

Leitura

Doenças e médicos na história de Portugal

Desde a fundação do reino de Portugal, no século XII, que se assinalaram frequentes epidemias, causadas sobretudo pela insalubridade das cidades medievais.[a] As mais mortíferas foram as da chamada "peste negra," ou seja a peste bubónica, que se estendeu por toda a Europa e que se calcula ter causado a morte de um terço da população portuguesa em 1348.[b] Outro flagelo medieval era a lepra. Alguns leprosos andavam pelas ruas, outros isolavam-se ou eram recolhidos em gafarias. Os casos de peste continuaram a assolar periodicamente Portugal pelos séculos seguintes. Para a tentar controlar estabeleciam-se quarentenas para os barcos chegados de zonas afectadas pela peste e criaram-se lazaretos.

Durante a época das navegações, nas longas viagens para a Índia, que chegavam a durar três meses, os tripulantes e passageiros das naus eram muitas vezes atacados de escorbuto, uma doença provocada pela falta da vitamina C contida nas frutas e verduras, que escasseavam a bordo. É certo que à partida se carregavam laranjas e limões mas estes não duravam muito e no resto da viagem consumiam-se apenas alimentos secos.

No século XIX outras epidemias surgiram, como o cólera-morbo e a febre amarela. A tuberculose[c] e a sífilis atingiram então também grande parte da população portuguesa. Outra doença contagiosa muito disseminada era a varíola. No entanto já nesta altura se conheciam as vacinas e o Governo lançava frequentes campanhas de profilaxia desta enfermidade.[d] Logo a seguir ao fim da Grande Guerra, em 1918, Portugal foi invadido pela chamada "pneumónica"[e] que, tal como em outros países, causou um elevado número de mortes. E há poucos anos chegou também de fora outra epidemia, a terrível SIDA, felizmente ainda sem proporções muito assustadoras.[f]

Até ao século XVII muitos médicos portugueses formavam-se nas Universidades de Montpellier e Salamanca ou então, a partir de 1290, nos Estudos Gerais de Lisboa e mais tarde na Universidade de Coimbra. Havia contudo sempre falta de médicos, sobretudo depois de que a Inquisição começou a perseguir os cristãos novos.[g] A partir dos fins do século XVI deixou praticamente de haver médicos judeus em Portugal.[h] Começaram-se depois a dar aulas de cirurgia em hospitais, como o de Todos-os-Santos, em Lisboa (desde 1731), e no Hospital da Misericórdia do Porto. Durante as guerras civis do século XIX os estudos médicos decaíram bastan-

Os meninos devem lavar sempre os dentes depois de comer

te. Contudo, logo após o seu termo criaram-se as Escolas Politécnicas de Lisboa e do Porto, onde se ministravam, entre outras matérias, preparatórios de Medicina, e em 1836 as Escolas Médico-Cirúrgicas de Lisboa e do Porto.[i] Em muitos conventos desocupados após o fim das guerras civis[j] instalaram--se hospitais. Muitas destas ordens tinham-se dedicado através dos tempos à assistência hospitalar, criando mesmo enfermarias junto dos seus conventos. Mais tarde, desde os fins do século XIX tiveram uma acção exemplar as Irmãs da Caridade, muito injustamente expulsas de Portugal pela onda de anticlericalismo que se seguiu à implantação da república em 1910.

Tradicionalmente, as águas medicinais gozaram sempre de grande popularidade dentro do campo da medicina. As das Caldas da Rainha atraíram desde o século XV não só reis e nobres mas pessoas de outras condições sociais. Perto dos fins do século XIX surgiram as termas de Vidago, Pedras Salgadas, Gerês e Curia, no Continente, e das Furnas, da ilha de São Miguel, assim como inúmeras outras. Também os banhos de mar eram muito recomendados com fins terapêuticos.

Outros tratamentos podem hoje parecer algo estranhos. Além dos médicos, os barbeiros também se dedicavam a curar doentes. Tanto uns como outros recorriam muito a sangrias e à aplicação de "bichas," ou seja sanguessugas. Por outro lado sempre houve em Portugal "bruxos" ou curandeiros. Ainda na primeira parte do século vinte eram extremamente populares os "endireitas," que se especializavam em tratar fracturas e luxações. Hoje em dia tem-se de certo modo revalorizado a medicina popular. Na aldeia de Vilar de Perdizes, em Trás-os-Montes, realizam-se mesmo congressos desta arte, que atraem curandeiros e investigadores de várias partes do mundo.[k]

Actualmente a medicina, apesar ainda de certas carências de equipamento, alcançou já um apreciável nível em Portugal. A prevenção da doença é uma forte preocupação e o desenvolvimento dos meios de comunicação social tem permitido vigorosas campanhas anti-SIDA, anti-droga, anti-alcoolismo e anti-tabagismo.

NOTES:

[a] Medieval cities normally had open sewers running down its streets. Human waste would be thrown from windows into these sewers. To prevent incidents of poor aim, in Portugal passers-by were warned by the rather euphemistic cry of "Água vai!"

[b] Ironically, the plague worked in favor of the Portuguese during the Castilian invasions of 1384-85 forcing the enemy to lift the siege of Lisbon and decimating the Castilian army just before the battle of Aljubarrota, won by the Portuguese.

[c] Patients were sent to the island of Madeira and later to **sanatórios** in the mountains.

[d] Actually these efforts were initiated in 1813.

[e] Known in English as the Spanish influenza.

[f] From 1983 to 1994 approximately 2,000 cases of AIDS were detected in Portugal, almost half of them among drug users. Women account for about 30% of known cases.

[g] The "new Christians" were the Jews forced to convert to Christianity and their descendants. Many left Portugal to avoid persecution by the Inquisition, and settled in Holland, France, England, Italy, Greece or Morocco, while others sailed to the Spanish and Portuguese possessions in America.

[h] They came back towards the end of the nineteenth century, after the Inquisition was abolished and Jews from Morocco and Gibraltar began to settle in continental Portugal and the Azores.

[i] Two short-lived medical schools were also created in Funchal and Ponta Delgada. In Goa there was a medical school specializing in tropical medicine.

[j] At the end of the civil wars that raged through Portugal during the 1820's and part of the 1830's the victorious liberal party secularized many monasteries and convents, where then hospitals, schools, barracks and public offices were installed.

[k] Some of the methods used by these practitioners are somewhat startling. One priest claims to cure mental patients by slapping them around. Corn bread, after being blessed, is used to heal open wounds. One man resorts to scorpion bites to rid patients of cancer. An old woman cuts the "evil air" with a knife. Most, however, use herbs and all sorts of prayers and rituals.

andavam por wandered about
(se) assinalaram broke out
assolar devastate
assustadoras frightening
calcula estimate
carências shortcomings
caridade charity
carregavam loaded
cirurgia surgery
curandeiros healers
decaíram declined
doenças diseases
durar last
escasseavam were scarce
escorbuto scurvy
estendeu spread

estranhos strange
expulsas expelled
falta lack
febre fever
flagelo scourge
fora outside
formavam-se graduated
gafarias leper hospitals
gozaram enjoyed
insalubridade lack of sanitation
investigadores researchers
lazaretos quarantine stations
lepra leprosy
leprosos lepers

luxações sprains
mortíferas deadly
onda wave
partida departure
perseguir persecute
peste plague
recolhidos sheltered
reino kingdom
sangrias bloodletting
sanguessugas leeches
secos dry
tabagismo tobacco use
termas hot springs
termo end
tripulantes crew members
varíola smallpox

Prática oral

Answer the questions that you will hear.

Um bocadinho de humor

MIGUEL: Então, pá, já foste operado?
HENRIQUE: Já, o mês passado.
MIGUEL: E já estás bem?
HENRIQUE: Mais ou menos. O problema é que o médico deixou uma esponja cá dentro.
MIGUEL: Então deves ter muitas dores.
HENRIQUE: Dores, não. Mas ando sempre com uma sede terrível.

dentro inside   **dores** pain   **esponja** sponge

Pedro Boffa Molinar

É uma boa ideia comer muita fruta

11
Quero telefonar
à minha mãe

1. Dias, meses e estações

A. You have known the Portuguese names of days since Lição 1. Here they are again for review, together with more information about days:

domingo *Sunday*   **quinta-feira** *Thursday*
segunda-feira *Monday*   **sexta-feira** *Friday*
terça-feira *Tuesday*   **sábado** *Saturday*
quarta-feira *Wednesday*

The plural forms of the days have an **-s** in both parts: **segundas-feiras, terças-feiras**, etc. To answer **Que dia é hoje?** you just give the name of the day. Remember that in colloquial speech the **-feira(s)** is often ommitted:

Que dia é hoje? É segunda-feira.
Que dia é amanhã? É quarta.

To know what the date is, you ask: **Qual é a data de hoje?** or, more colloquially, **Que dia (da semana / do mês) é hoje?** or even **A quantos estamos hoje?** which are answered as above: **É sábado. / São vinte e sete. Estamos a vinte e sete**. When referring to something happening on a specific date you may say either **no dia seis** or **a seis**. For week days you say **na sexta(-feira) / no domingo** or simply **sexta(-feira) / domingo**:
    Na segunda tenho exame.
    Segunda-feira tenho exame.
No domingo vou à praia.
Domingo vou à praia.

If the action is repeated you use either **nas/nos** or **às/aos**:
    Nas quintas chego sempre tarde a casa.
        Às quintas chego sempre tarde a casa.
    Nos sábados durmo sempre até ao meio-dia.
        Aos sábados durmo sempre até ao meio-dia.

Vozes portuguesas

Filomena is very optimistic here about the telephone service in Portugal.

Os telefones públicos

Hoje em dia é muito fácil telefonar em Portugal[a] porque há telefones instalados por toda a parte, há sistema de cartões[b] extremamante cómodos. Dois cartões, o TLP Card[c] e o Credifone[d]... Estes cartões podem-se comprar quase em toda a parte, nos Correios, nos bancos e nas papelarias, livrarias, tabacarias... Muitas lojas vendem o Credifone. Normalmente os quiosques de venda de jornais vendem quase sempre esses cartões. São relativamente baratos, dá[e] para uma utilização bastante prolongada e uma pessoa que tenha os dois cartões não tem problemas em falar em todo o país e falar até para o estrangeiro, chamadas internacionais... Os Credifones são para 750$00 ou 1 500$00.

NOTES:

[a] The implication here is that a few years ago many public phones were often out of order due to vandalism and pilferage. Because of these problems, coin operated phones are no longer as numerous as they were before.

[b] Filomena is referring here to prepaid telephone cards. These are used instead of coins at pay phones that only take cards. In the United States prepaid cards are starting to take hold, but can be used in any telephone.

[c] TLP refers to the name of the phone company used to have, Telefones de Lisboa e Porto. The name has recently been changed to Portugal Telecom. For many years telephone service was provided by a British company, the APTC (Anglo-Portuguese Telephone Company).

[d] In some public phones it is also possible to use the Multibanco card or a regular credit card. The Multibanco card is a debit card. than can be used to pay for gas, to pay tolls, as well as to draw funds from an ATM. If you have a Cirrus debit card, you can use it at 2900 Multibanco ATMS in Portugal.

[e] **Dão**, rather than **dá**, would be more appropriate here.

cartões cards	**correios** post office	**tenha** has
chamadas calls	**estrangeiro** abroad	**venda** sale
cómodos practical	**por toda a parte** everywhere	

Prática oral

Completa as frases que vais ouvir.

B. The months (**os meses**) and seasons (**as estações**) are as follows.

Os MESES E AS ESTAÇÕES DO ANO

o inverno *winter:*
    Janeiro *January,* **Fevereiro** *February,* **Março** *March*
a primavera *spring:*
    Abril *April,* **Maio** *May,* **Junho** *June*
o verão *summer:*
    Julho *July,* **Agosto** *August,* **Setembro** *September*
o outono *fall:*
    Outubro *October,* **Novembro** *November,* **Dezembro** December

---

All dates except occasionally the first of the month use cardinal numbers preceded by **são: São dois de Outubro, são dezoito de Abril, são onze de Novembro**. The first of the month may use **o primeiro** *the first* only when you refer to a special occasion: **É o primeiro de Janeiro** [= Dia de Ano Novo], **o primeiro de Maio** [= Dia do Trabalho], [1] **o 1º de Dezembro** [= Dia da Restauração].[2] For ordinary first days of the month just say: **o dia um**.

Prática oral

Actividade A. Responde às perguntas que o teu professor te vai fazer.
Actividade B. Lê as datas que o teu professor vai escrever no quadro. Recorda que em português primeiro vem o dia e depois o mês: 3-2-96 quer dizer "três de Fevereiro de 1996."
Actividade C. Completa as frases que vais ouvir.

2. Contrastes de vocabulário: PARA e POR

A. **Para** and **por** are typically said to mean *for*, but they have other distinct meanings. You already know some uses for **para**. You may have seen **para** used with **ir** with a destination: **Vamos para Nova Iorque!** You also may know that **para** in speech is very frequently pronounced **pra**.

    The basic meaning of **para** leads what precedes it towards a goal or an end, as the **para** sections below illustrate.

Related to its use to show destination, it tells whom something is *for*:

    Esta carta é **para** a senhora.
    This letter is *for* you, madam.

---

[1] Labor Day is celebrated in Portugal (and all over Europe) on May 1. This celebration usually has strong left wing connotations.
[2] On December 1, 1640, Portuguese independence was restored, after sixty years of Spanish domination.

Há um recado **para** ela.
> There is a message *for* her.
O que é que tu tens **para** mim?
> What do you have *for* me?

It can also be used to show *direction towards or final destination*:

Esta estrada vai **para** Castelo Branco.
> This road goes *to* Castelo Branco.
Elas foram ontem **para** Aveiro.
> They went *to* Aveiro yesterday.

It shows *purpose* when used before an infinitive (= *[in order] to*):

Eu trouxe isto **para dar** ao José.
> I brought this *to give* to José.
Temos mais duas semanas **para escrever** o relatório.
> We have two more weeks *to write* the report.
Eu telefonei **para saber** o que aconteceu ontem.
> I called *in order to know* what happened yesterday.

Para is also used to show a time deadline.

Os exercícios são **para** segunda-feira.
> The exercises are *for* Monday.
Quero tudo pronto **para** as seis da tarde.
> I want everything ready *for* six P.M.
Esse trabalho é **para** amanhã?
> Is that job *for* tomorrow?

There are some useful expressions with **para** that you should know:

para cá e para lá *back and forth, here and there*
> Andei todo o dia **para cá e para lá**.
para dizer a verdade *to tell the truth*
> **Para dizer a verdade**, não pensei nisso.
para mim, chega! *that's enough for me*
> **Para mim, chega!** Não me dê mais!
não... para nada *not... at all*
> **Não** quero isso **para nada**.
para quê? *what for?*
> Vocês trabalham demais. **Para quê?**
para sempre *forever*
> Ele vai ter que tomar insulina **para sempre**.

Vozes portuguesas

Germano is not very happy about the telephone service.

Ai, estes telefones!

Quanto aos telefones normalmente ainda uma pessoa depois de pedir...,[a] o telefone demora vários meses e em alguns casos ainda alguns anos. Portanto, como é muito difícil arranjar telefones há muitos casos, por exemplo nas zonas não muito modernas, em que quando uma pessoa quer vender uma casa e tem um telefone, normalmente ao vender a casa também vende o telefone.[b] Portanto a pessoa que adquire a casa, a única coisa que tem de fazer é ir à companhia dos telefones[c] e mudar o nome do proprietário desse telefone. É a única maneira que tem de arranjar um telefone rapidamente.[d]

NOTES:

[a] Germano is talking about ordering telephone service.

[b] The seller may make a nice profit on these sales. The right to use an existing telephone line may cost the buyer up to 50 000$00.

[c] Many problems that in the United States may be easily solved over the phone or by mail will have to be dealt with in person in Portugal.

[d] Business phones will in many cases be installed faster than private phones.

ai gee	**demora** takes	**mudar** change
adquire buys	**maneira** way	**pedir** order
arranjar get	**quanto** insofar	**vários** several

Prática oral

Compara estas situação com a da tua cidade. Quanto tempo demora para instalar um telefone na tua cidade? Como é que tu pedes a instalação de um telefone? A venda de uma linha telefónica é comum no teu país?

B. **Por** in general indicates a process or a means. It contracts with definite articles to make **pelo, pela, pelos, pelas**, as you know. A basic meaning is *through, along, by way of*:

> O comboio passa **pelo** túnel.
> The train goes *through* the tunnel.
> Andámos **pela** Estrada Marginal.
> We walked *along* the Coast Highway.
> Ao vir para cá, passámos **por** Sintra.
> Coming here, we went *by way of* Sintra.

Another use deals with one thing replacing another in meanings such as *in exchange for*, *in place of* and *price paid*:

Eles vão vender o andar **por** quinze mil contos.

They are going to sell their apartment *for* fifteen thousand **contos**.

Enquanto a Manuela esteve doente eu tomei as notas da aula **por** ela.

While Manuela was sick I took the class notes *for* her.

Paguei dois contos **pelo** livro.

I paid two **contos** *for* the book.

Por, often followed by an infinitive, also means *because*:

Ontem choveu muito. **Por** isso não tivemos o piquenique.

It rained a lot yesterday. *Because of that* we did not have the picnic.

Elas não vieram ontem à aula **por** estarem doentes.

They did not come to class yesterday *because* they were sick.

Por also indicates *by whom* or *by what* something was done.

Ele foi defendido **por** um bom advogado.

He was defended *by* a good lawyer.

Os Nus e os Mortos foi escrito **por** Norman Mailer.

The Naked and the Dead was written *by* Norman Mailer.

Todos estes prejuízos foram causados **pelo** furacão.

All this damage was caused *by* the hurricane.

A Vanda foi atropelada **por** um táxi.

Vanda was run over *by* a taxi.

There is a contrast between **Trabalho para a Cruz Vermelha** and **Trabalho pela Cruz Vermelha**. In the first case the Red Cross pays your salary, in the second you help it without any material compensation.

Expressions with **por**:

Por avião *airmail*[3]	Mandei a carta **por avião**.
Pelo correio *by mail*	Isto chegou hoje **pelo correio**.
Por cento *percent*	É incrível! Pedem vinte e dois **por cento** de juro *interest*!
Por aqui *around, through here*[4]	**Por aqui** há discotecas fantásticas.
Por exemplo *for example*	Tu tens que fazer qualquer coisa, **por exemplo**, falar com o director.
Obrigado por *thanks for*	Obrigado **por tudo**!
Por falta de *for lack of*	O carro parou **por falta de** gasolina.

---

[3] **Por avião** *airmail*. Remember that where your own transportation is concerned, you say **de avião, de bicicleta, de comboio, de autocarro, de carro**—Eles vieram **de avião**.

[4] **O envelope está por aqui.** = *The envelope is around here.* **Passe por aqui.** = *Come through here.* Also *Swing by.*

Por agora *for the time being*   **Por agora** fico no Porto.
Por pouco não *almost*[5]   **Por pouco não** perdi o avião.

Prática oral

Actividade A. Completa com **para** ou **por**. Se necessário, usa contracções.
1. Os meus dois irmãos trabalham _____ para uma firma americana.
2. Vou fazer tudo _____ chegar a horas.
3. Deixei a chave dentro de casa. João, podes entrar _____ a janela?
4. No verão que vem quero viajar _____ toda a Europa.
5. Compraram aquela casa _____ um preço muito baixo.
6. Ele tosse muito _____ fumar tanto.
7. Todas as manhãs o Afonso corre cinco quilómetros _____ a praia.
8. Vocês têm algum programa _____ amanhã?
9. Eles têm que ficar na Inglaterra _____ mais um ano _____ completar os seus estudos.
10. Não deixes _____ amanhã o que podes fazer hoje.

Actividade B. Combina de uma maneira lógica uma frase da primeira coluna com outra da segunda coluna

Coluna A	Coluna B
1. Vou-me embora! Estas discussões não servem	a. por todo o mundo
2. Recomenda-se tomar este remédio	b. para sempre
3. Vamos ao baptizado do meu sobrinho no domingo. O convite chegou hoje	c. duas vezes por dia
4. Quando a gente se casa é	d. pelo correio
5. Estudo para ser diplomata e logo poder viajar	e. para nada.

Actividade C. Responde às perguntas que te vão fazer.
Actividade E. Nas frases que vais ouvir escolhe entre **por** e **para**. Se necessário usa uma contracção.

3. Expressões úteis numa conversa telefónica

Está? / Estou / Sim?	Hello!
Desejava falar com...	I'd like to speak with...
Está a tocar.	It's ringing.
Está interrompido/ocupado	It's busy.
Quem fala?	Who's calling?
Um momento, por favor.	One moment, please.
Quer deixar algum recado?	Would you like to leave a message?
É o-a próprio-a.	Speaking.

---

[5] **Por pouco não tive um acidente** *I almost had an accident*. This is an expression that may take some getting used to.

É engano.	Wrong number.
Não desligue.	Don't hang up.
Queria fazer uma chamada	I'd like to make a... call
...interurbana	long distance
...internacional	international
Atender o telefone.	To answer the phone.
Espere pelo sinal de marcar.	Wait for the dial tone.
Pode marcar o número agora.	You may dial the number now
Pode desligar.	You may hang up.

Notes: A receptionist answering a business call will say something like "Meneses e Companhia, boa tarde!" In a few cases he/she may also mention his/her first name. To end a telephone conversation between good friends a woman may say a rather paradoxical **Um beijinho** *little kiss* **muito grande**, whereas a man may opt for just **um abraço.**

Dois a dois

Usa o vocabulário da última secção para fazer "chamadas" na aula. "Telefona" a um,-a colega e pede informações sobre o que aconteceu na aula, marca um encontro, faz planos para o fim-de-semana, etc.

4. QUALQUER e QUALQUER COISA

Qualquer is an unusual word which means *any at all*. It is unusual because it shows its plural form in the middle—**quaisquer**. It normally precedes the noun, but follows it if the noun is preceded by **um,-a** or their plural forms.

Quero ler **qualquer** romance de Júlio Dinis.

Qualquer pessoa lhe pode explicar isso.

Onde é que queres ir jantar? Vamos a um restaurante **qualquer** aqui perto.

Se desejam escutar bons fados, comprem **quaisquer** discos da Amália Rodrigues.

Que blusas queres levar na viagem? **Quaisquer** servem.

Qualquer coisa means *anything at all*.

Posso ajudar? Posso fazer **qualquer coisa**.

O que é que queres tomar? **Qualquer coisa.**

Prática oral

Actividade A. Responde às perguntas que vais ouvir. Usa **qualquer** na tua resposta:

MODELO: Em que dia é que queres ir ao cinema comigo?
          Qualquer dia, mas prefiro sábado à tarde.

Vozes portuguesas

Filomena talks about public transportation in Lisbon.

Às vezes é preferível apanhar um táxi
Os transportes são muito difíceis. São muito caros, a menos que se tenha um passe. Aí é permitido utilizar todos os transportes. É o passe social que dá para metro, autocarro, comboio, barco, tudo e mais alguma coisa.[a] Se não se tiver esse passe, o bilhete do autocarro é caríssimo. Então é preferível muitas vezes apanhar um táxi. Há muitos táxis, de facto. Embora seja caro, acaba por ser mais prático porque à hora de ponta,[b] à chamada hora de ponta, é terrível por exemplo andar de metro. É sardinha em lata!.[c] E nos autocarros da Carris[d] então isso aí é praticamente impossível. Anda tudo aos tombos e é muito difícil.

NOTES:
[a] Foreign visitors may obtain a one-week pass upon presentation of their passport. This may be done at the several public transportation stands located throughout the city.
[b] The **hora de ponta** is the rush hour
[c] In addition to the inconvenience of being almost crushed by other passengers, during rush hour the subway is a favorite playground for pickpockets.
[d] **Carris** is short for Companhia dos Carris de Ferro de Lisboa, the company that runs bus and streetcar services. Founded in the late nineteenth century with British capital, it was later nationalized. According to a popular joke of the time, the initials CCFL, painted on the side of the cars, meant "Com Centavos Fazemos Libras."

a menos que unless	**bilhete** fare	**não se tiver** one does not have
acaba por it ends up by	**caríssimo** very expensive	
andar de go by	**chamada** so called	**passe social** travel card
aos tombos tossed around	**comboio** train	**se tenha** one has
apanhar take	**embora** although	**seja** it is
	hora de ponta rush hour	

Prática oral

Responde às perguntas que vais ouvir.

Notas culturais

"Táxi!"

Portuguese taxis are black with a green top, although they are being converted to a beige color. On the front doors you will see either the word TÁXI or the letter A (standing for ALUGUER *rent*). The former are the regular city taxis working on a meter. You will find the latter in small towns and

Às vezes é preferível apanhar um táxi

they will normally cover longer distances. In this case you pay by the kilometer, including the return trip. If you take a taxi, say, in Lisbon and ask the driver to go to Estoril he will turn off the meter at the city limits and start counting the kilometers. Tipping is optional. A 50% surcharge may be imposed if your baggage weighs more than 30 kilos (or if the driver feels it does), but sometimes you may bargain a little about this. (If you take a taxi at the Lisbon airport make sure the driver turns on the meter.) Meter rates are 50% higher on weekends. The initial fee is called the **bandeirada**. In downtown Lisbon and Oporto you may line up for a taxi respectively at Rossio and Praça da Liberdade.

5. Os demonstrativos

A. Demonstratives are words that mean *this, that, these, those*. Demonstrative adjectives agree in number and gender with the noun they refer to.

DEMONSTRATIVES
este, esta *this, this one*
estes, estas *these*
esse, essa *that, that one*
esses, essas *those*
aquele, aquela *this, this one* (*over there*)
aqueles, aquelas *those* (*over there*)

The **este** set refers to something near the speaker. The **esse** set refers to something near the person spoken to. The **aquele** set refers to something far from both. Of course, there is room for a lot of overlap—what if something is between the two speakers? (It is **este** or **esse**?); what if something is not too far from both speakers? Is it **essa** or **aquela**? Use your judgment.

Este hotel aqui em frente é magnífico!

Estes sapatos que comprei hoje foram bastante caros.

Essa discoteca de que falaste é em Alcântara?

Essas camisas que compraste hoje são brancas?

Aquele edifício ao fundo da rua é um hospital.

Aquela casa lá no alto da colina é a da Laura.

Once it has been established what is being talked about, the noun is no longer necessary after these demonstratives. Its meaning then becomes *that one* instead of just *that*.

De quem são **essas bicicletas**?

Esta é minha. Não sei de quem é **aquela**.

As in English, sometimes the demonstrative is used in a time, not space context. "**Esta** conversa não me agrada" refers to the conversation that is now taking place. "Já conhecia **essa** anedota" refers to the joke that has just been told. "O que foi **aquele** incidente com o João?" refers to an incident that has been mentioned some time in the past.

B. The demonstrative pronouns **isto**, **isso** and **aquilo** are used to refer to general entities whose gender and/or number one is not able or does not want to identify. Like the demonstrative adjectives, they indicate the distance of the object from the speaker and the interlocutor, and unlike them they are invariable.

isto	this (thing)
isso	that (thing)
aquilo	that (thing) over there

O que é **isto**? É um   Não entendemos **isso**.
    barómetro.

Tu podes ver **isto**?   Não sei o que é **aquilo**.

Eles querem **isso**?   **Aquilo** deve ser uma loja de modas.

C. When a demonstrative follows the prepositions **de**, **em** and **a** the two contract as shown below.

DEMONSTRATIVE CONTRACTIONS

de + **este** = **deste, desta, destes, destas, disto**

de + **esse** = **desse, dessa, desses, dessas, disso**

de + **aquele** = **daquele, daquela, daqueles, daquelas, daquilo**

em + **este** = **neste, nesta, nestes, nestas, nisto**

em + **esse** = **nesse, nessa, nesses, nessas, nisso**

em + **aquele** = **naquele, naquela, naqueles, naquelas, naquilo**

a + **aquele** = **àquele, àquela, àqueles, àquelas, àquilo**

Não foste connosco quanto jantámos em Cascais? Não, **dessa** vez não fui.

Não compres roupa **nessa** loja. É muito cara.

A senhora gostou **de** *Casablanca*? Sim, gostei muito **desse** filme.

Tu gostavas de ir à China? Nunca pensei **nisso.**

Vocês voltaram **àquele** horrível restaurante do outro dia? Não, agora jantamos sempre **neste.**

Vozes portuguesas

Here Miguel adds his view to what Filomena said about public transportation.

Um serviço público que funciona bem

Os transportes públicos em Lisboa são um dos serviços públicos que funcionam bastante bem. Porquê? Porque há um sistema social, o chamado passe social. Por uma quantia digamos irrisória, o utente poderá ter um bom serviço. Pode andar de autocarro, pode andar de eléctrico. Quer dizer, por um valor, digamos de três mil escudos, três mil e quinhentos escudos, um português compra o passe e anda à vontade de autocarro durante um mês. Tirando as horas de ponta, que são desagradáveis nos transportes públicos, o serviço é bastante eficaz. Há uma rede bem interligada, autocarros que passam frequentemente, bons autocarros, da Mercedes, da Volvo, são bons...

à vontade wherever you want	**eficaz** efficient	**rede** network
desagradáveis unpleasant	**interligada** coordinated	**tirando** except
digamos let's say	**irrisória** ridiculous	**utente** user
	poderá may have	**valor** amount

Prática oral

Quais são as vantagens de adquirir um passe social?

D. Portuguese uses a series of adverbs of place which parallels the **isto** series. **Aqui** *here* refers to something near the speaker, **aí** *there* refers to something near the person spoken to, and **ali** *over there* refers to something some distance from both.

> O que é **isto** aqui em cima desta mesa? É um presente que
> comprei para a minha irmã.
> O que é **isso** aí nessa estante ao pé de ti? São os apontamentos da Rita.
> O que é **aquilo** ali no cimo daquele monte? É um antigo moinho.

Cá, **lá** and **acolá** mean approximately the same as **aqui**, **aí** and **ali**, but imply a less precise location:

> **Cá** em Portugal não pensamos assim.
> Há um bom hotel **lá** na tua terra?
> A tua gabardine está **acolá** em qualquer sítio.

Prática oral

Actividade A. Substitui as palavras em itálico pelas que estão entre parênteses e faz os ajustamentos necesários.
>   1. Não compreendo estas *frases*. (parágrafo, palavra, problemas)
>   2. Esse *dia* foi horrível. (semana, episódios, viagens)
>   3. Aquela *cidade* pareceu-me simpática. (bairro, andares, casas)

Actividade B. Preenche os espaços com a forma correcta de um demonstrativo apropriado. Às vezes vai ser necessário usar contracções. Naturalmente há várias possibilidades:

> _____ dia em que eu tive de ir _____ dentista que me recomendaste choveu muito. Tu sabes que aqui _____ bairro onde moro não há muitos autocarros mas _____ rua logo aí em baixo passam bastantes táxis e resolvi ir até lá e apanhar um. _____ manhã eu levava _____ sapatos de camurça *suede* que hoje trago. Gosto muito mais _____ do que _____ que comprei o mês passado. Pois bem, quando chove _____ ruas aqui do bairro ficam cheias de lama *mud*. Tentei não meter os pés _____ poças *puddles* que se formam na rua mas não consegui. Então os meus sapatos ficaram todos sujos. Felizmente _____ sapateiro aí adiante, ao virar _____ esquina, limpou-os muito bem.

Actividade C. Muda as frases que o teu professor vai dizer do masculino para o feminino (e vice-versa).
>   MODELO: Esses livros são muito chatos. (obras)
>   Essas obras são muito chatas.

Notas culturais

Passes, cadernetas e módulos

As both Filomena and Miguel noted, many people buy a monthly **passe social** allowing them to ride buses, streetcars and (in the case of Lisbon) the subway. For a higher fee passengers may buy a pass that allows them to travel to outlying areas of the cities, including the left bank of the Tagus. If you don't travel much and don't want a pass, you may choose to purchase a **caderneta** of subway tickets or **módulos** for buses and streetcars. **Módulos** are tickets in denominations of one or two. Each bus or streetcar line is divided into zones. For a short one zone ride you punch in one **módulo**, two

or more for longer distances. If you are unsure, ask the driver "Para o aeroporto (para o Rossio, para Belém, para Santa Apolónia, etc.) quantos módulos são?." Every now and then a **revisor** will walk in and check your ticket or pass.

Vozes portuguesas

Filomena explains how it is often more convenient to call a taxi by telephone.

O Rádio Táxi—Um Bom Serviço
O Rádio Táxi funciona bastante bem.[a] Eu utilizei o Rádio Táxi durante um ano em que estive a trabalhar muito longe de Lisboa, estive no Alentejo, e todas as segundas-feiras de manhã eu usava o Rádio Táxi.[b] Telefonava de véspera[c] ou mesmo à hora e era muito cedo, de manhã, de madrugada, e eles eram extremamente prontos no serviço. E levavam preços até mais acessíveis por vezes,[d] não sei como conseguiam, do que outras companhias. O Rádio Táxi é uma das melhores companhias em Lisboa.

NOTES:

 [a] Lisbonites will usually hail a taxi on the street, rather than phone for one.

[b] Filomena obviously did not use a taxi to travel to the Alentejo after her weekend in Lisbon, only to the train or bus terminal.

[c] Not all taxi companies accept advance calls.

[d] This is not always the case, as the taxi driver will turn on his meter the moment he receives his radio call.

a trabalhar working	**levavam** charged	**madrugada** wee hours of
cedo early	**longe** far	the morning
conseguiam managed		**prontos** punctual

Prática oral

Imagina um breve diálogo telefónico entre Filomena e o Rádio Táxi.

6. O comparativo: «Ele é mais inteligente do que o irmão.»

A. In English, we constantly compare things with other things; some students are *more intelligent* than others; our football players are *smaller* than theirs; his composition is *more interesting* than hers; Brazil is *bigger* than Portugal. English uses *two* different systems for comparisons, as the preceding examples show (maybe you didn't even realize it!): with *more* (such as *more intelligent*) and with *-er* attached to the adjective (such as *smaller*), but Portuguese uses only one system; you just put **mais** *more* or **menos** *less* before the adjective and **do que** *than* following the adjective. In colloquial Portuguese, **do** is not used. The adjective has to agree with the noun it describes, of course.

simpática **mais/menos simpática**	
bonito **mais/menos bonito**	
caras **mais/menos caras**	**+ [do] que**
famosos **mais/menos famosos**	

Esta firma é **mais séria do que** a outra.

Os actores portugueses são **menos famosos que** os actores americanos.

O Hotel Internacional é **mais barato do que** o Hotel Ritz.

Para mim as aulas de Ciências são **mais interessantes que** as aulas de Filosofia.

As primeiras lições são evidentemente **mais fáceis do que** as últimas.

"More than..." followed by a number is rendered in Portuguese by **mais de:**

O Henrique tem mais de vinte e um anos.

A firma teve mais de oitenta mil contos de perdas.

You may also compare adverbs: *He came earlier than us* = **Ele chegou mais cedo (do) que nós.**

To intensify the comparison, you can use **um pouco** *a little,* **bastante** *considerably* or **muito** *much*:

> A França é **um pouco** maior que a Espanha. A Rússia é **muito** maior que a Espanha.
>
> Andar de bicicleta é **um pouco** menos perigoso do que andar de motocicleta. Andar de automóvel é **muito** menos perigoso do que andar de motocicleta.
>
> A Vanessa é **bastante** mais alta que a Iva mas a Joana é **muito** mais alta que a Vanessa.
>
> O português é **um pouco** mais útil que o italiano e é **muito** mais útil que o latim.

Muito, bastante and **um pouco** are invariable when used before adjectives in comparisons.

B. In Portuguese there are just four irregular comparative forms which do not follow the usual pattern: (**mais/menos** + ADJECTIVE + [**do**] **que**). Since the notion of *more* or *less* is inherent in their meaning, **mais/menos** cannot precede the irregular comparatives. The intensifying **muito** and **um pouco** are common with the irregular comparatives, too.

bom,boa,bons,boas	**melhor, melhores**	
mau,má,maus, más	**pior, piores**	**+ do que**
pequeno,-a,-os,-as	**menor, menores**	
grande,grandes	**maior, maiores**	

There are actually *two* comparative forms meaning *smaller*, a regular one, **mais pequeno,-a,-os,-as** and an irregular one, **menor,-es. Mais pequeno** is more colloquial than **menor.**.

> O Dr. Soares é um **bom** professor mas o Dr. Macedo é (**muito**) **melhor** do que ele.
>
> Os cozinheiros franceses são (**um pouco**) **melhores** do que os cozinheiros italianos.
>
> As minhas notas são **más**. São (**muito**) **piores** do que as do meu irmão.
>
> A comida da cantina é **má**. É até (**um pouco**) **pior** do que a comida do Restaurante Peninsular.
>
> O Estádio Nacional é **grande**. É (**muito**) **maior** do que o Estádio do Marítimo.
>
> A Lição 15 é **grande**; é (**um pouco**) **maior** do que a Lição 14.
>
> Os meus sobrinhos são **pequenos**. São (**um pouco**) **mais pequenos** do que as minhas sobrinhas.
>
> O Equador é um país **pequeno**; é (**um pouco**) **menor** do que o Peru.

Prática oral

Actividade A. Preenche os espaços com um comparativo usando o adjectivo ou advérbio indicado. Em alguns casos vai ser necessário usar um comparativo irregular.

1. Portugal é _____ o Brasil. (populoso)
2. Eu canto _____ meus irmãos. (mal)
3. A minha família é _____ a família real inglesa. (rico)
4. Shakespeare é _____ Camões. (famoso)
5. O/a professor-a fala português _____ eu. (bem)
6. A primeira lição é _____ segunda. (curta)
7. Os Toyotas são _____ Cadillacs. (pequeno)
8. A minha casa está _____esta sala de aula. (sujo)
9. O meu irmão Rui é _____a minha irmã Ângela. (novo)
10. Estes apartamentos são _____ outros. (grande)
11. Ela terminou o trabalho _____nós. (tarde)
12. Este semestre as minhas notas foram _____ no semestre passado. (mau)

Actividade B. Faz uma comparação depois de ouvir as situações.
Actividade C. Responde às perguntas do professor.
Actividade D. Compara os elementos que o professor vai mencionar.

Vozes portuguesas

José is a taxi driver.

Os pobres são mais generosos

São principalmente mais os pobres que utilizam o táxi. Não têm carro, não têm outras possibilidades. O autocarro a partir de certa hora não há. Então, se ele está a trabalhar, o táxi.[a] São pessoas que precisam de algum serviço. Geralmente todos deixam alguma gorjeta. Mas geralmente o pobre é que dá mais gorjeta. Se a gente vai fazer um serviço de trezentos e cinquenta[b] ele dá quinhentos ou dá quatrocentos.

NOTES:
[a] José means: **Então, se a pessoa trabalha até muito tarde, apanha um táxi para voltar para casa.**
[b] 350 are obviously 350 escudos.

a partir de after   **deixam** leave   **gorjeta** tip

Prática oral

O que é que tu pensas da opinião do José? As pessoas muito pobres têm possibilidades de andar de táxi? Os ricos precisam normalmente de táxi? Porquê? Quando é que uma pessoa que tem carro apanha um táxi? Porque é que alguns pobres precisam de apanhar táxi à noite? Tu achas que são realmente os pobres que deixam mais gorgeta? Porque é que tu pensas assim?

Três a três

Formem grupos de três alunos. O primeiro aluno menciona uma coisa. O segundo aluno menciona outra coisa, comparável com a primeira. O terceiro aluno forma uma comparação entre as duas coisas.

MODELO: PRIMEIRO ALUNO: A minha casa
             SEGUNDO ALUNO: O palácio presidencial
             TERCEIRO ALUNO: A casa dele é mais pequena do que o
                palácio presidencial.

Os alunos podem comparar os seus cursos, as suas idades, as suas famílias, os seus passatempos, os seus/as suas namorados,-as, os seus empregos, os seus restaurantes preferidos, os seus cantores favoritos, os seus horários, etc.

Diálogo

Não me dava licença de telefonar?

A Susan olhou para o calendário e viu que hoje era o dia 18, o dia dos anos da sua mãe. E ela que se esqueceu de mandar um cartão! Que horror! Agora tem que telefonar para dar os parabéns.

SUSAN: D. Fernanda, queria pedir-lhe um grande favor. Não me dava licença de telefonar para a América? É que hoje é o dia dos anos da minha mãe e eu esqueci-me de lhe mandar um cartão. Eu depois pago-lhe a chamada.

D. FERNANDA: Com certeza, minha filha.[a] Telefone à vontade.

SUSAN: Muito obrigado, D. Fernanda. Vou telefonar agora mesmo. Deixa ver. São nove horas. Deve ser meio dia na Califórnia. A minha mãe com certeza que está em casa.

D. FERNANDA: Há nove horas de diferença? Então telefone agora, não vá a sua mãe sair depois do almoço.

SUSAN: Como é que eu faço para marcar o número?

D. FERNANDA: Ah, isso não sei! Mas o meu marido deve saber. Ó António Manuel!

SR. SARAIVA: Que é?

D. FERNANDA: Chega aqui, se fazes favor. Que número é que se marca para telefonar para a América?

SR. SARAIVA: Primeiro marca-se zero zero, que é o indicativo internacional. Depois um, que é o indicativo dos Estados Unidos e então o indicativo de zona e o número da pessoa com quem se quer falar.

SUSAN: Zero zero, um e o número. Muito obrigado, Sr. Saraiva. Vou telefonar agora.

(A Susan acaba de telefonar e volta à sala.)

D. FERNANDA: Então, conseguiu? A sua mãe está bem?

SUSAN: Estão todos bem, felizmente. Foi bom ter telefonado agora porque a minha mãe se estava a preparar para ir ao supermercado. D. Fernanda, como é que eu posso saber quanto lhe devo?

D. FERNANDA: Não se preocupe com isso. Não tem importância.

SUSAN: Mas eu quero pagar. Podemos esperar até chegar a conta do telefone?

D. FERNANDA: Não adianta. Aqui em Portugal a conta só traz o total a pagar. Bem, também diz quantas unidades de conversação houve mas isso não ajuda.[b]

SUSAN: Não sabia. Então não diz para onde foram as chamadas ou quanto tempo se falou?

D. FERNANDA: Não. Só sabemos quanto se tem que pagar.

SUSAN: E o serviço é caro?

D. FERNANDA: Para nós é. Eu pago dois contos e qualquer coisa da assinatura e depois as chamadas que fizer, segundo as unidades de contagem. O preço depende muito. Nos fins-de-semana e nas horas de menor movimento é mais barato.

SUSAN: E pagam-se as chamadas locais?

D. FERNANDA: Ah, sim. Depois se se quiser fazer uma chamada para fora, depende da distância. Há três escalões. O primeiro é num raio de 50 quilómetros de Lisboa e depois vai por aí fora. E, claro, também depende da hora.

SUSAN: E para chamar os bombeiros ou a polícia ou coisa assim? Nos Estados Unidos há um número, o 911, que serve para tudo isso.

D. FERNANDA: Aqui é a mesma coisa. Telefona-se para o 115 e eles mandam a polícia ou uma ambulância ou o que for preciso. É um bom serviço.

NOTES:

[a] **Minha filha** and **meu filho** are affectionate terms an older person may use when addressing a younger one.

[b] As we went to press, Portugal Telecom had announced that bills would now be itemized.

ajuda helps	**bombeiros** fire department	**chega aqui** come here
assinatura basic rate		**conta** bill

dar os parabéns wish a happy birthday	**escalões** step increases	**olhou** looked
dava licença allow me	**esperar** wait	**pago-lhe** pay you
devo owe	**indicativo** code	**por aí fora** from there on
dia dos anos birthday	**mandar** send	**preciso** necessary
	não adianta it's no good	**raio** radius

Prática oral

Prepara uma pequena apresentação oral explicando o que aconteceu na cena descrita neste diálogo.

Leitura

Os transportes em Portugal—uma viagem na história

Na Idade Média as pessoas viajavam pouco. Quando o faziam, os mais pobres tinham naturalmente de ir a pé. Os mais abastados iam a cavalo. As mulas, animais bastante resistentes, eram também utilizadas, sobretudo pelas damas, clérigos e físicos. Para as damas e os doentes usavam-se igualmente as andas, uma cama ou cadeirinha dotada de almofadas e suspensa entre duas mulas que caminhavam lado a lado. Mais tarde apareceu a liteira, uma espécie de camarim com janelas, transportada por duas mulas, uma à frente e outra atrás.[a]

A CP tem comboios modernos

Parece que o primeiro coche que entrou no país foi o de Filipe II de Espanha, quando o rei chegou em 1581 para ocupar o trono português.[b] Esta carruagem encontra-se no Museu dos Coches, em Lisboa, assim como outras, do século XVIII com revestimentos de veludo e magníficos ornatos em talha dourada.

Os transportes públicos urbanos tiveram o seu início em Lisboa no ano de 1798 quando se usaram seges, carruagens de duas rodas puxadas por dois cavalos, para uma carreira desde o centro da cidade até Belém. A viagem custava 200 reis e não tinha horário. As seges partiam quando apareciam pelo menos dois passageiros. Em 1798 começou a funcionar a mala-posta, que ligava várias cidades do país. Estas diligências levavam apenas quatro passageiros. A viagem até Coimbra custava 9 600 reis, mais 370 de gorjeta para os cocheiros.

Entretanto a Revolução Industrial introduziu no país a máquina a vapor. Em breve se construíram as primeiras linhas de caminho de ferro. A princípio o espectáculo de uma locomotiva que fazia um barulho horrível e lançava fumo e faúlhas pareceu a muitos portugueses uma obra do Diabo. Pouco a pouco, porém, o povo habituou-se à rapidez e relativa comodidade deste meio de transporte. A primeira linha de caminho de ferro, de Lisboa ao Carregado, no Ribatejo, inaugurou-se em 1856. Em 1864 o comboio estabeleceu a ligação entre Lisboa e o Porto.[c] Hoje em dia a rede da CP[d] chega a quase todos os recantos de Portugal.

O último meio de transpore—o metro

Os transportes colectivos em Lisboa foram desenvolvidos em 1835, com os ónibus, que transportavam quinze pessoas e eram puxados por duas parelhas, com um sota montado num dos cavalos da frente. Estes ónibus chegaram depois até Cascais, uma viagem de cinco horas. Nas subidas mais íngremes os passageiros desciam e empurravam o ónibus para ajudar os cavalos. Uma experiência que não deu muito bons resultados foi a circulação, iniciada em 1870, de comboios a vapor pelas ruas da capital. Em 1873 começaram a funcionar os "americanos," uns elegantes carros para trinta passageiros construídos em Nova Iorque, com bancos forrados de veludo e chão atapetado. Eram puxados por duas mulas e andavam sobre carris. O primeiro a entrar ao serviço ia adornado com uma bandeira portuguesa e outra americana.[e]

Depois dos "americanos" foram usados outros tipos de veículos de tracção animal até que surgiram os primeiros carros eléctricos. Os eléctricos apareceram no Porto em 1895 e em Lisboa em 1901. Muitas pessoas tinham então medo de usar este meio de transporte porque pensavam que os fios eléctricos atraíam raios.[f] Em breve a rede de eléctricos se estendeu por Lisboa e Porto e chegou a Coimbra e a Braga. Ainda hoje são bastante usados nas zonas menos centrais das cidades.[g] Também havia trens de praça, puxados por um cavalo, os precursores dos actuais táxis.

Nos fins do século XIX introduziu-se a viação automóvel. O primeiro automóvel apareceu em 1895. Em 1940 a Carris adquiriu seis autocarros que em Lisboa fizeram carreira entre o centro da cidade e a Exposição do Mundo Português.[h] O serviço regular só se iniciou no entanto em 1944.[i] Em 1947 começaram a circular autocarros de dois andares, depois abandonados. Nessa altura os autocarros eram pintados de verde, enquanto que os eléctricos eram amarelos. Hoje em dia todas as cidades contam com um bom serviço de autocarros urbanos. Por outro lado as linhas da Rodoviária Nacional e de empresas particulares cobrem todo o país.

Os táxis, então abertos, fizeram a sua aparição em Lisboa em 1907. A princípio era necessário ajustar o preço da corrida com o motorista. Só mais tarde é que os táxis começaram a ser equipados com taxímetros. Durante a Grande Guerra, devido à falta e alto preço da gasolina e de pneus utilizaram-se "mototáxis," motocicletas que transportavam passageiros no assento de trás e num **side-car**. Parece que alguns chegaram a levar cinco passageiros!

A aviação civil data dos anos vinte mas foi só na década de quarenta que se desenvolveu a aviação comercial. O aeroporto da Portela (em Lisboa) e o de Pedras Rubras (perto do Porto) foram inaugurados respectivamente em 1942 e 1945.[j] A TAP (Transportes Aéreos Portugueses), a transportadora nacional, foi criada em 1946. Hoje conhecida como TAP-Air Portugal, esta linha, para além das suas muitas carreiras internacionais, assegura as ligações de Lisboa com o Porto, Faro, Açores[k] e Madeira.[l]

O último meio de transporte introduzido em Portugal foi o metropolitano de Lisboa, que começou a funcionar em fins de 1959.[m] De momento o metro só tem duas linhas.[n] Uma parte da Cidade Universitária e outra do Colégio Militar. Juntam-se na Rotunda e, depois de passar pelo centro da cidade, chegam até a Alvalade. Nas horas de ponta é contudo o metro o meio mais rápido de viajar por Lisboa.[o]

E agora? Qual vai ser o transporte do futuro? O que é que tu achas?

NOTES:
  [a] In the eighteenth century the **cadeirinha** was very popular. It was similar to the **liteira**, except that it was carried by two footmen.
  [b] As mentioned before, Spanish kings ruled Portugal from 1580 to 1640.
  [c] Actually the line ended at Vila Nova de Gaia, on the left bank of the Douro

River. The Dona Maria Pia bridge, spanning the river, had not been built yet.

[d] CP is short for Companhia Portuguesa dos Caminhos de Ferro, the national railroad system.

[e] They were of two types, open and closed. Smoking was only permitted in the open cars. For a brief period, starting in 1889, the company experimented with a steam engine pulling three or four cars. The "americanos" also made their appearance in Oporto and Braga.

[f] The first streetcars in Oporto were equipped with lightning rods.

[g] Trolleybuses (**tróleicarros**) were also used in Oporto and Coimbra.

[h] This impressive exhibition was part of the **Duplo Centenario** celebrations, commemorating Portuguese independence in 1940 (or thereabouts) and the Restauration from Spanish rule in 1640.

[i] It must be noted that in 1904 two buses were imported from France to be used in Lisbon. This was a short-lived experiment, abandoned due to the fact that the vehicles would break down frequently.

[j] In 1946 the U.S. handed over to Portugal an air base on the island of Santa Maria, in the Azores, to be used as a civilian airport. (During World War II Portugal had allowed the U.S. Air Force to maintain bases at Terceira and Santa Maria. The Lajes Base on the island of Terceira, next to the civilian airport, is still operational.)

[k] There is also an inter-island line in the Azores called SATA (Sociedade Açoriana de Transportes Aéreos).

[l] Miffed by frequent late flights, some witty Portuguese decided that the initials TAP really stood in Portuguese for TRANSPORTES ATRASADOS PERMANENTEMENTE and in English for TAKE ANOTHER PLANE. When Air Portugal was added to the name, it was said that the AP stood for AINDA PIOR. For identical reasons, Azoreans call SATA "a Chata."

[m] As a comparison, it is interesting to notice that the London "tube" system was begun in 1863. Subway lines began to function in Paris in 1900, in Berlin in 1902 and in New York in 1904.

[n] A third one is under construction.

[o] Many other means of transportation have also been used in Portugal over the years. Steamships sailed between Lisbon and Oporto and connected Lisbon with the Azores, Madeira and the African colonies. Ferry-boats ply between Lisbon and several points on the left bank of the Tagus. Oxcarts and people riding horses or donkeys may still be seen in rural areas. Trucks, including the large TIR (Transportes Internacionais Rodoviários) rigs traveling all over Europe, clutter Portuguese roads.

"americanos" mule drawn street cars	**camarim** box	**diligências** stage coaches
abastados affluent	**caminhavam** walked	**doentes** sick people
ajustar agree upon	**carreira** route	**dotada de** furnished with
almofadas cushion	**carris** rails	**empresas** firms
andas litter	**chão** floor	**empurravam** pushed
assegura provides	**clérigos** clergy	**entretanto** meanwhile
assento de trás rumble seat	**cobrem** cover	**faúlhas** sparks
atapetado carpeted	**cocheiros** coachmen	**fios** cables
bandeira flag	**comodidade** comfort	**físicos** physicians
barulho noise	**corrida** ride	**forrados de** lined in
	desciam got out	**fumo** smoke
	diabo devil	**habituou-se** got used

Idade Média Middle Ages	**ornatos** ornaments	**seges** chaises
íngremes steep	**partiam** left	**sota** postillion
lado a lado side by side	**pintados** painted	**subidas** inclines
ligação connection	**pneus** tires	**suspensa** suspended
liteira sedan chair	**porém** however	**talha dourada** gilded
mala-posta stage coach	**precursores** forerunners	woodcarvings
máquina a vapor steam	**puxadas** pulled	**taxímetros** meters
engine	**raios** bolts of lightning	**trens de praça** hansom
meio means	**rapidez** speed	cabs
motocicletas motorcycles	**recantos** corners	**trono** throne
obra work	**revestimentos**	**veludo** velvet
ónibus horse drawn buses	upholstering	**viação** transportation

Prática oral

Descreve em cem palavras, mais ou menos, a evolução dos transportes públicos no teu país.

Um bocadinho de humor

Ao telefone:

—TAP, Air Portugal, bom dia!

—Desejava uma informação. Quanto tempo demora o voo Lisboa-Paris?

—Só um minuto...

—Muito obrigado. Bom dia! Tlim *click*.

demora takes	**desejava** I would like	**tlim** click

12

A malta vai hoje à discoteca

1. O calão português

Slang has become popular in everyday conversation. Of course some slang expressions go out of fashion quickly. In the following list we tried to choose those that appear to be durable. You have already come across a few of them in previous lessons.

amigo da onça = um amigo falso

O Teixeira ofereceu-te uma boleia e depois pediu-te o preço da gasolina? Já é ser amigo da onça![a]

atraso de vida = um incómodo ou impedimento

A Tia Aurora quer vir passar três meses em nossa casa! Mas isso é um atraso de vida!

bater a bota = morrer

Tens visto o Sr. Moreira? Não, coitado, já bateu a bota.

bué = muito

Tenho bué de trabalho!

cabular = copiar num exame; não estudar

O professor de Biologia está sempre a olhar para nós durante o exame. Não podemos cabular.

Cabulou o ano inteiro e depois, claro, reprovou no exame final.

cacau = dinheiro[b]

Ir quinze dias para o Algarve? E o cacau para isso?

chatear = incomodar, causar problemas

Já te disse que não quero fazer isso! Não chateies mais!

chato = incómodo, aborrecido, desagradável

É muito chato não poderes ir connosco.

O Maurício telefona-me todos os dias por tudo e por nada. É um chato![c]

chavalo-a = rapaz, rapariga

Conheces essa chavala?

chui = o polícia[d]

Vais a 120 por hora! Cuidado com os chuis!

chumbar = reprovar num curso ou exame

Então, passaste no exame? Não, chumbei.

coche = um bocado

As aulas de Matemática são um coche chatas.

curtir = gostar muito de, aproveitar bem

Eles estão a curtir férias na Madeira.

despassarado = distraído
> O professor esqueceu-se dos exames em casa. É mesmo despassarado de todo!

empinar = aprender de memória
> No curso de química temos que empinar uma data de fórmulas.

estar-se borrifando (marimbando) para = não se importar com alguma coisa
> Ele disse isso de mim? Estou-me borrifando (marimbando) para as opiniões dele!

estender-se (espalhar-se) = não andar bem num exame
> Estendi-me (espalhei-me) no teste de Inglês!

foleiro = de mau gosto
> Vais levar esse vestido às riscas? É muito foleiro!

gajo,-a = indivíduo[e]
> Conheces o novo director? É um gajo simpático.

giro = interessante, engraçado, bonito
> Ele contou uma anedota muito gira.
> Esse casaco azul que compraste é muito giro.

gramar = suportar (não gramar = detestar)
> O quê? Temos que gramar uma conferência de duas horas?
> Não convides o Leonardo. Não gramo esse gajo.

grosso = bêbedo
> Não faças caso do que ele diz. Está grosso.

iá = sim
> Vais já para casa? Iá.

ir de cana = ir preso
> Pôs-se a discutir com o polícia e acabou por ir de cana.

malta = nós, eles, o nosso grupo, toda a gente
> Quem é que vai à discoteca? Vai a malta toda.
> O Governo aumenta os impostos! A malta não aguenta tanto sacrifício!

marrar = estudar muito
> Fartei-me de marrar para o curso de Geografia mas consegui uma boa nota.

marrão = aluno que estuda muito
> O Chico tem sempre boas notas. Não admira, é um marrão!

nabo = desajeitado
> Ele fez isso? O gajo é mesmo nabo!

paus = escudos
> Tens troco de quinhentos paus?

pifo = bebedeira
> O Armando apanhou um pifo tremendo ontem na festa.

pirar-se = fugir, sair[f]
> O gajo pirou-se quando chegaram os chuis.

porreiro = bom, agradável
> Esse bar é porreiro.
> Queres ir ao Kremlin esta noite? Porreiro, pá, vamos!

profe = professor

Já entregaste o trabalho ao profe?

puto = garoto; nada[g]

Os putos estão a brincar no jardim.

Ela não estuda puto.

trouxa = pessoa que se deixa enganar, ingénuo

Só um trouxa é que acreditava nessa história.

Não sejas trouxa! Aceita a oferta dele.

NOTES:

[a] This expression has a Brazilian origin. A popular joke referred how a hunter was telling a friend how he had killed an ounce (**onça** *Brazilian wildcat*). At each step the friend cast doubts about the veracity of the story. The punch line was: **Oiça lá, você é meu amigo ou amigo da onça?** Then, for many years, Péricles, a famous Brazilian cartoonist, presented **o Amigo da Onça** in a magazine called **O Cruzeiro**. With the best intentions, the protagonist was always doing something that caused embarrassment to others.

[b] Other terms for money are **pilim**, **mâni**, **massa**, **prata**, **papel**, **grana**, **pasta**, **milho**, **caroço**, **guita** (or **guito**), **utu**, **carcanhol**, **taco** and **cifrões**. In negative sentences **cheta** or **vintém** may also be used: **Estou sem cheta.**

[c] **Um cola** or **um melga** mean the same as **um chato**.

[d] **Um bófia** is also a police officer.

[e] **Tipo** means the same as **gajo**.

[f] **Dar o piro** is the same as **pirar-se**.

[g] Don't use the feminine of **puto**, which means *prostitute*.

In Portuguese there are several equivalents of "Go fly a kite!" and similar expressions. Here are some:

Vai dar banho à foca!

dar uma curva!

plantar batatas!

plantar amendoíns no asfalto!

lamber sabão!

bugiar!

passear!

ver se chove!

ver se estou na esquina!

A slightly angrier expression, usually implying a "get off my back" attitude, is **Vai-te lixar!**

The equivalent of "*my foot!*" is "..., **uma ova!**": "**Acreditas nessa história? Acredito, uma ova!**"

Prática oral

"Traduz" o diálogo abaixo para português normal:

VIRGÍLIO: Então, pá? Como foi o exame? Não chumbaste, pois não?

PEDRO: Não, pá. Apanhei um dezoito. Mas também fartei-me de marrar.

VIRGÍLIO: O profe deu-te um dezoito? Eh pá, o gajo foi porreiríssimo.

PEDRO: Sim, comparado com outros que são mesmo um atraso de vida... Este não chateia muito.

VIRGÍLIO: Olha, a malta vai hoje beber uns copos e depois passamos pela discoteca. Queres ir também?

PEDRO: Quem é que vai?

VIRGÍLIO: Vão as minhas primas, a Manuela, a Vanessa, o namorado dela, o Zé Carlos, o Miguel e eu. É um grupo giro.

PEDRO: Eh pá, tu sabes que não gramo o namorado da Vanessa. É um chato! Depois às duas por três fica grosso e começa a disparatar.

VIRGÍLIO: Mas olha que ele diz que simpatiza bastante contigo.

Pedro: Estou-me borrifando para as simpatias dele! Não quero ter que o gramar toda e noite e pronto!

VIRGÍLIO: Está bem, o gajo é um nabo mas tu vais perder uma noite gira.

PEDRO: E além disso não tenho massa. Fica para outra vez, OK?

2. O complemento indirecto

A. You already know that the direct object receives the action of the verb—that is, it "gets verbed." The *indirect object* also receives something—but what? What it receives is the direct object. In "Lúcia sends a letter to Carlos," the letter receives the action of the verb (*it gets sent*), and Carlos receives the direct object (*the letter*). Here is a list of the usual indirect object pronouns and what they mean:

INDIRECT OBJECT PRONOUNS	
Singular	*Plural*
me *to me*	**nos** *to us*
te *to you*	
lhe *to you (singular)*	**lhes** *to you (plural)*
lhe *to him, to her, to it*	**lhes** *to them*

Ela disse-**me** a verdade.
Eu não **te** trouxe a lista?
Posso **lhe** pedir a fórmula?

Eles devem-**nos** mandar o pacote amanhã.

Odete e Alfredo, já **lhes** escrevemos um postal.

Note: The position of the indirect object pronoun obeys the same rules that apply to the direct object pronoun: **Eu disse-lhe a verdade**, but **Eu não lhe disse a verdade** or **Eu já lhe disse a verdade**. Remember that in some sentences with an auxiliary and a main verb, the pronoun may either precede or follow the main verb: **Posso pedir-lhe a fórmula?** and **Posso-lhe pedir a fórmula?**

Prática oral

Actividade A. Reformula as frases que vais ouvir usando um pronome de complemento indirecto em vez da expressão dita com mais ênfase.

Actividade B. Responde negativamente às perguntas abaixo usando sempre um pronome de complemento indirecto:

1. Eles contaram-nos tudo?
2. Eles deram-te alguma coisa?
3. Eles nunca lhes perguntaram nada? (a vocês)
4. Eles nunca lhes perguntaram nada? (a elas)
5. Eles trouxeram-lhe tudo? (à senhora)
6. Eles trouxeram-lhe tudo? (a ela)

Notas culturais

Discotecas por toda a parte

Practically every little town in Portugal has one or more discotheques, but the most popular are obviously concentrated in and around Lisbon. In the city discotheques are everywhere, with the best known in the Bairro Alto and along 24 de Julho,[a] from Santos to Alcântara. However, in terms of discotheques the Bairro Alto is not as "in" (and notice the Portuguese also use this term) as it used to be a few years ago. Especially on hot summer nights, many people now prefer the discotheques along the Linha de Cascais or at the Costa da Caparica.

Admission to most discotheques is usually one thousand escudos. You will be let in free if the doorman recognizes you as a frequent patron or if you are part of a group of women. Once inside you may order beer, scotch or a mixed drink. If you do not drink alcohol, you may ask for a Coke, orange juice or mineral water. Snacks are also available.

By law discotheques must close no later than 4:00 A.M. The legal closing time, however, is rarely observed. The atmosphere only begins to get lively towards 2:00 A.M., and it is normally at this time or even later that most people arrive, to stay until six or so. Since the sound is always quite loud, some discotheques have now rooms with softer music where it is possible to sit and chat with friends or make new acquaintances.

NOTE:

ᵃ Avenida 24 de Julho runs parallel to the river from the Cais do Sodré, where the Cascais train station is located, through the working class neighborhoods of Santos and Alcântara.

Na discoteca

B. In **Lição 4** you were introduced to pronouns used after a preposition. These pronouns may occasionally (often for emphasis or clarification) represent an indirect object. Here they are for review. The preposition preceding the pronoun is usually **a.**

EMPHATIC OR CLARIFYING PRONOUNS	
a mim	a nós
a ti	
a si, ao senhor, à senhora, a você	a si, aos senhores, às senhoras, a vocês
a ele, ela	a eles, elas

NOTE: Remember that **si** may substitute for **o senhor, a senhora** or **você(s).**

Fizerem-me isso, **a mim**? É incrível!

Deram-te alguma coisa **a ti**?

Chamaram-no **a si** também?

A polícia não o interrogou **a ele.**

Perguntaram isso **a vocês?**

Prática oral

Traduz as frases que vais ouvir, usando sempre um pronome de complemento indirecto e outro precedido de preposição:

MODELO: Did they tell that story **to you**?
           Contaram-**te** essa história **a ti**?

Vozes portuguesas

Pedro seems to know about discotheques.

Discotecas no Bairro Alto—e não só

À noite, nos fins-de-semana, os estudantes geralmente vão ao sítio onde há mais discotecas e mais bares em Lisboa, que é o Bairro Alto.[a] O Bairro Alto e Santos. Em Alcântara também há uma série de discotecas.

NOTE:
    [a] The Bairro Alto, in earlier days mainly a red light district, has now become a rather fashionable place to go for dinner and entertainment.

e não só and more   **sítio** place

Prática oral

Tu costumas ir a discotecas? O que podes dizer sobre o ambiente que se encontra nesses lugares?

3. Verbos que pedem complemento indirecto

To put your knowledge of the indirect object to work, you need to learn verbs that use them. You already know some of these verbs. All of the ones listed are regular in the present and preterite tenses with the exception of **trazer** (both tenses) and **pedir** (present only). **Oferecer** *to offer* requires **-ç-** in the **eu** form of the present tense.

dever *to owe*	Quanto dinheiro **lhes devemos**?
	Devem-nos quinhentos escudos.
emprestar *to lend*	Não **lhe** queremos **emprestar** o nosso carro.
	Ela **emprestou-me** a caneta.
ensinar *to teach*	A professora **ensinou-nos** bem a lição.
	Pode-**me ensinar** a conjugação de «trazer»?
escrever *to write*	**Escrevi-lhes** uma carta.
	O seu irmão não **lhe escreveu**?
fazer perguntas	O professor **faz-me** sempre **perguntas** difíceis.
to ask questions	Ele nunca **nos faz perguntas** fáceis.
mandar *to send*	Quero-**lhe mandar** um postal do Brasil.
	Eles **mandaram-me** um presente de Natal.

mostrar *to show*	Queremos **mostrar-lhes** a casa onde vivíamos.
	A Elsa **mostrou-te** o seu novo carro?
oferecer *to offer, give*	O que é que vocês **lhe ofereceram**?
	Não **me ofereceram** um bom emprego.
pagar *to pay*	Não **lhe** quero **pagar** tudo.
	Eles **pagaram-nos** os dez contos.
pedir *to ask for*	Não **lhes peço** muito.
	Eles **pediram-me** ajuda.
perguntar	Devo-**lhe perguntar** quando é o exame?
to ask (a question)	Eles **perguntaram-nos** se sabíamos do caso.
servir *to serve*	Quando é que o empregado vem para **nos servir**?
	Eles **serviram-te** bem?
trazer *to bring*	O que é que vocês **me trazem**?
	Quero-**lhes trazer** as notícias.
vender *to sell*	Não quero **vender-lhe** este anel.
	O meu pai **vendeu-te** a casa?

Prática oral

Actividade A. Muda as frases abaixo segundo o modelo:

> MODELO: A minha mãe deu o pacote **a mim e à Lourdes**.
>
> A minha mãe deu-**nos** o pacote.

1. Ela não disse nada **a sua tia**.
2. A Susana sempre pede cigarros **aos amigos**.
3. As crianças escreveram uma cartas **aos avós**.
4. Eles convidaram **o Jorge e eu**.

Actividade B. Traduz para português as frases que vais ouvir.

Actividade C. Responde às perguntas que vais ouvir usando pronomes de complemento indirecto.

Actividade D. Organiza uma lista de pedidos ao Pai Natal segundo o modelo e as sugestões abaixo. Procura ser criativo,-a.

> MODELO: Para o meu tio
>
> O Pai Natal vai-**lhe** trazer a camisola que ele quer.

Vozes portuguesas

Miguel seems to be quite an expert on discotheques.

A descoberta da noite de Lisboa

Há dez anos atrás em Lisboa existiam apenas quatro ou cinco discotecas, que são hoje em dia as clássicas, que é o Bananas—Banana Power—, é o Louvre, o Van Gogo...[a] Havia também em Lisboa o Ad Lib...

Para além dessas discotecas não havia praticamente mais nada. Havia o

Dois Mil e Um no Estoril, junto do Autódromo, e pouco mais. Há alguns anos para cá houve a descoberta da noite por parte dos jovens. Os jovens saem todas as noites, quase.[b]

A noite lisboeta começa-se a assemelhar cada vez mais com a noite madrilena, começamos a ter a nossa própria *movida*,[c] já há dezenas e dezenas e dezenas de discotecas. Digamos que o *boom*, a grande expansão das discotecas se iniciou há sete anos atrás com a abertura do Alcântara-Mar. A partir de então começaram a abrir-se muitas discotecas. Depois apareceu o Kremlin, depois apareceu o Plateau. Hoje em dia temos o Kapital, temos a Gartejo, temos a Benzina, temos o Rock Line... Essas são as discotecas, digamos, mais conhecidas.

NOTES:
[a] Actually both the Louvre and the Van Gogo are in Cascais.
[b] Evidently Miguel is only referring to his own and his friends' experience.
[c] The Spanish expression *movida* alludes to the recent boom in the Madrid night life.

abertura opening	**cada vez mais** more and	**junto** next to
apenas only	more	**madrilena** of Madrid
assemelhar resemble	**conhecidas** well known	**para além** besides
atrás ago	**dezenas** tens	**própria** own

Prática oral

Responde às perguntas que vais ouvir.

Dois a dois

Formem pares para formular perguntas e respostas segundo o modelo e as sugestões abaixo.

MODELO: Quem é que te ajuda mais?
Quem me ajuda mais é o meu irmão.
Quem é que lhes conserta o carro?
Quem nos conserta o carro é o mecânico aqui da esquina.

—pedir conselhos	—telefonar	—mandar cartões
—contar segredos	—dever dinheiro	—escrever cartas
—emprestar roupa	—trazer	—cozinhar
—dar flores	—comprar presentes	

Vozes portuguesas

Miguel again shows his expertise in the matter of discotheques.

A noite de Lisboa é tardia

A noite de Lisboa é tardia. Começa à meia-noite ou à uma da manhã num bar, os jovens encontram-se aí, tomam qualquer coisa, conversam, encontram-se aí com o seu grupo, o grupo daquele dia ou o grupo de sair em

geral, depois às duas, três da manhã, às vezes quatro é que vão para a discoteca. Antes das duas da manhã não é aconselhável ir a uma discoteca porque vai estar vazia. A noite termina às sete, oito da manhã.[a] É agradável, raramente há problemas em termos de violência, de roubo. Isso não é um factor preocupante na noite de Lisboa.

NOTE:

    [a] Here again Miguel is expressing primarily his own experience.

aconselhável advisable
agradável pleasant

roubo robbery
tardia late

termina ends
vazia empty

Prática oral

Responde às perguntas que vais ouvir.

4. Os pronomes directos e indirectos com o mesmo verbo

We often need to use both the direct and indirect object pronouns together. For example, the efficient way to answer "Did you give *the lessons to the professor*?" is by using two pronouns: "Yes, I gave *her them*." Speakers of English think nothing of using two pronouns next to each other, and do it frequently. Speakers of Portuguese, on the other hand, do not like the two pronouns together, so they contract most of them:

CONTRACTIONS

me + o, a, os, as = **mo, ma, mos, mas**
te + o, a, os, as = **to, ta, tos, tas**
lhe(s) + o, a, os, as = **lho, lha, lhos, lhas**

NOTE: The first person plural, **no-lo, no-la, no-los** and **no-las** do exist, but they are awkward constructions. In order to avoid these pronouns, speakers just eliminate the indirect object: **Trouxeram-nas**, instead of **Trouxeram-no-las**.

Deste o dinheiro ao António? Sim, dei-**lho**.
Comprou a bicicleta ao seu filho? Sim, comprei-**lha**.
Ele trouxe-lhe o bilhete, João? Sim, trouxe-**mo**.
Entregaste as cartas à secretária? Sim, entreguei-**lhas**.
Tu disseste isso ao professor? Não, não **lho** disse.
Emprestaram-lhe as revistas, D. Natália? Não, não **mas** emprestaram.

Enviaram os pacotes ao Sr. Sousa? Não, não **lhos** enviaram.
Ela pagou-te os vinte contos? Não, não **mos** pagou.

Prática oral

Actividade A. Repete as frases que vais ouvir substituindo o complemento directo por um pronome.

Actividade B. Responde às perguntas feitas pelo teu professor segundo o modelo:

MODELO: Tu compraste os selos que o teu tio te pediu?
Sim, comprei-lhos.

Vozes portuguesas

What Gabriela has heard about discotheques.

As discotecas mais populares de Lisboa

As discotecas mais populares penso que são as da 24 de Julho, aquelas grandes. Eu não sei, que eu não vou muito para esses lados nem nunca fui a nenhuma, mas penso que são essas essencialmente as mais populares. Depois também há o Bairro Alto, que é frequentado por outro tipo de pessoas. É mais uma vocação intelectual e artística, acho eu.

frequentado patronized   **lados** areas
                                     nem nor

Prática oral
Responde às perguntas que vais ouvir.

5. Faltar, doer, importar, interessar e parecer

A. The verb **faltar** indicates an absence, a deficiency or a shortage. The item that is missing is the subject of the sentence and the thing from which it is missing is the indirect object. Notice that the subject follows the verb and that, as always, there is a subject-verb agreement.

Falta-nos ainda dinheiro para podermos liquidar essa conta.
Falta-me coragem para dizer a verdade aos meus pais.
Só te faltam duas cadeiras para acabares o curso?

Faltar can be used with expressions of time, too. In this case the indirect object may not be indicated.

Falta um quarto para as três (= São duas horas e quarenta e cinco
  minutos.)
Faltam quinze dias para o Natal.
Falta pouco (tempo) para as aulas começarem.

NOTES: **Faltar à aula** means *to miss class*: **Hoje faltei à aula. Faltaram onze alunos
na aula de Economia. Faltar à palavra** means *to go back on one's word*: **Eles
prometeram pagar até ontem mas faltaram à palavra.**

Prática oral

Actividade A. Escuta e depois dá as soluções para os problemas.
Actividade B. Traduz, usando sempre uma forma do verbo **faltar**:
1. They promised to help us but went back on their word.
2. I cut classes yesterday.
3. There is only one month before **para** the final exam.
4. I still need 200 dollars to pay my school fees **propinas**.
5. 500 **contos** are missing from the **no** safe **cofre.**
6. It's a quarter to six.

B. **Doer** means *to hurt*. In Portuguese, you cannot say "My head hurts," but rather
"Hurts me the head." Why don't you need to say *my*? Because the only head
that can hurt you is *your own*. The forms of **doer** you need to use are **dói**
it hurts and **doem** *they hurt*. Here is a review list of some of the things that
can hurt you:

um dente *tooth*	**os olhos** *eyes*
o estômago *stomach*	**os pés** *feet*
um braço *arm*	**um ouvido** *ear*
a cabeça *head*	**a garganta** *throat*
um ombro *shoulder*	**as costas** *back*
um joelho *knee*	**o pescoço** *neck*

O que é que lhe **dói**?
Doem-me as costas
Dói-te a cabeça?
Dói-me o joelho direito.

Prática oral

Actividade. Forma orações completas com os elementos abaixo segundo o
modelo.
  MODELO: Dentes/o João. **Doem-lhe os dentes** quando toma líquidos
                muito frios.
1. o joelho/o meu irmão
2. o estômago/o meu avô
3. a cabeça/as minhas irmãs

4. a garganta/a minha mãe
5. as costas/eu
6. os pés/nós

Vozes portuguesas

Here Miguel tells how groups are usually formed.

O grupo que vai à discoteca

A estrutura varia muito de grupo para grupo, sabe? No meu grupo eu procurava sempre que eu fosse o único rapaz e o resto fossem raparigas, não é? Agora há grupos em que saem só rapazes e vão para a discoteca tentar arranjar uma rapariga. No entanto a estrutura normal do grupo que sai à noite, cinco, seis pessoas, sete ou oito pessoas, rapazes e raparigas, mais ou menos três rapazes e quatro raparigas... A distribuição é aleatória...

aleatória fortuitous	**no entanto** however	**tentar** try
arranjar find	**procurava** tried	**único** only

N.º 1 EM DIVERTIMENTO
5 BARES
ESPLANADA
À BEIRA MAR
CASCAIS
☎ 484 41 09
TELEX 14658 FAROL P - FAX 484 14 47
AV. REI HUMBERTO II ITÁLIA
JUNTO AO FAROL DE STª MARTA

Prática oral

Compara os hábitos dos jovens do teu país com os dos portugueses. Quanto a ti, como é? Sais em grupo, com um amigo ou amiga ou só?

C. Importar means *to be important to* or *to care (about)*. In the second case, a reflexive construction is used.

    Importa-me muito a qualidade da vida.

    Ele é rico. O preço do carro não lhe **importa**.

    Não me **importa**! Não faz mal!

    O professor não se **importa** se nós usamos o dicionário no teste.

D. Interessar means *to interest*.

    Não me **interessa** a carreira de arquitectura.

A astronomia **interessa**-lhe imenso.
Ao José Luís não lhe **interessam** as aulas de Alemão.

NOTE: For something absolutely lacking in interest you may say colloquially "Isso não interessa nem ao Menino Jesus."

E. **Parecer** means *to seem.*

Parece-me que o professor tem razão.
Parece-nos que o filme de hoje no Canal 2 é muito bom.
À minha mãe **parecem**-lhe muito mal os costumes dos jovens de hoje.

Prática oral

Actividade A. Responde às perguntas que vais ouvir usando os verbos que acabas de estudar.

Actividade B. Forma orações originais usando os elementos abaixo:

1. (a mim) não importar muito...
2. (ao meu irmão) não interessar...
3. (a nós) parecer muito bom...
4. (a mim) ainda faltar...
5. (à vítima do acidente) agora doer...
6. (aos meus amigos) parecer muito estúpido...

Actividade C. Usando os verbos desta secção, forma frases segundo o modelo. Vais ouvir os exemplos.

MODELO: Preciso de mais cem contos para comprar esse carro.
Faltam-me cem contos para comprar esse carro.

Vozes portuguesas

Miguel and decibel do not seem to rhyme

O que se faz nas discotecas é ficar surdo

O que se faz nas discotecas é ficar surdo. A altura da música atinge níveis que não seriam aceites em qualquer país civilizado porque a pessoa sai da discoteca a ouvir um zumbido. O estilo de música varia polarmente, se se permite a expressão, de discoteca para discoteca. Há uma discoteca que pode tocar *hip hop* , outra que pode tocar *funk*, outra que pode tocar *acid*, outra que pode tocar *acid house*, outras tocam *acid jazz*, outras tocam *fifties*, outras tocam *sixties*, outras tocam... A variedade é enorme.

a ouvir hearing	**ficar** become	**tocar** play
aceites accepted	**qualquer** any	**zumbido** ringing in the
altura loudness	**seriam** would be	ears
	surdo deaf	

Prática oral

Tens algum comentário quanto às preferências musicais dos jovens portugueses?

6. O grau superlativo

A. You know that the comparative (Lição 11) compares one individual or thing with a *different* individual or thing, or one group with a different group (**O meu gato é mais velho do que o teu; A pintura moderna é menos interessante do que a pintura antiga**). The superlative, on the other hand, compares one or more members of a group with all others of the *same* group. All superlatives obey this basic formula:[1]

Name of person or thing	**def. article** + what you are comparing	**mais** or **menos** + quality	**de** + group
A Amália Rodrigues é	**a** fadista	**mais** famosa	**de** Portugal
Luanda é	**a** cidade	**mais** populosa	**de** Angola
O meu irmão é	**o** aluno	**menos** aplicado	**da** universidade
A gasolina sem chumbo é	**a** gasolina	**menos** poluente	**de** todas

---

[1] There is also what is called an "absolute" superlative, which is neither absolute nor superlative. It just intensifies an adjective or adverb and does not relate it to others in the same group. This is done by adding **-íssimo,-a,-os,-as** to the adjective (just **-íssimo** to adverbs) and dropping the last unstressed vowel (and the **s** of the plural, if applicable.) This form obviously corresponds to **muito** + ADJECTIVE/ADVERB.

A gasolina em Portugal é **caríssima** (= muito cara).
Eles são **inteligentíssimos** (= muito inteligentes).
As coisas nesta loja são **baratíssimas** (= muito baratas).
Ela levanta-se **cedíssimo** (= muito cedo).

Occasionally the usual changes have to be made in order to represent the original pronunciation : **rica-riquíssima, gago-gaguíssimo**. There are also some irregular superlatives such as **amável-amabilíssimo** or **pobre-paupérrimo**. **Óptimo** is the absolute superlative for **bom** and **péssimo** is the absolute superlative for **mau**.

Prática oral

Actividade A. Forma frases com um superlativo usando os elementos abaixo.

> MODELO: A Serra da Estrela (montanha)—alto
>
> A Serra da Estrela é a montanha mais alta de Portugal Continental.

1. O futebol (desporto) popular
2. O João Carlos (basquetebolista) alto
3. O Ferrari (carro) rápido
4. O Dr. Medeiros (professor) exigente
5. A Sónia (rapariga) bonito
6. O Aviz (restaurante) elegante
7. Janeiro (mês) frio
8. O Sr. Vargas (funcionário) simpático
9. O GNR (grupo de **rock**) famoso
10. Woody Allen (actor) engraçado

Actividade B. Modifica as frases abaixo segundo o modelo.

> MODELO: Este prato é muito gostoso.
>
> Este prato é gostosíssimo.

1. O romance que li é muito comprido.
2. Os *jeans* são muito caros neste centro comercial.
3. Os dois irmãos são muito altos.
4. A D. Fernanda é muito amável.
5. Esse filmes são muito velhos.
6. A Susan é muito simpática.
7. Bragança é muito longe daqui.
8. Estas praias estão muito poluídas.
9. Todos estes hotéis são muito modernos.
10. A música americana é muito popular em Portugal.

Actividade C. Responde às perguntas do teu professor.

B. There are four irregular superlatives, which have the same form as the irregular comparatives. These regularly precede the noun they describe.

o(s) **melhor(es)** + noun
a(s) **pior(es)** + noun
o(s) **maior(es)** + noun   + **de**
a(s) **menor(es)** + noun

NOTE: **O mais pequeno** and variants are also more colloquial than the **menor** series.

> O Continental é **o melhor** cinema **d**a cidade.
> A semana passada foi **a pior d**a minha vida.
> Esses são **os menores d**os teus males.
> O Vítor e a Emília são **os piores** alunos da minha turma.
> O Brasil é **o maior** país **d**a América do Sul.
> Rhode Island e Delaware são estados **mais pequenos do** país.

Prática oral

Actividade. Forma superlativos com os elementos abaixo.
> MODELO: Lagosta *lobster* (prato) caro
> A lagosta é o prato mais caro da lista.

1. O Zé (aluno) trabalhador
2. O Concorde (avião de passageiros) bom
3. O Rialto e o Alentejano (restaurantes) mau
4. A China (país) grande
5. A Emília (menina) alto
6. Charlie Chaplin (actor) famoso
7. *Adeus às Armas* e *Por Quem os Sinos Dobram* (romances) bom
8. Eu (jogador de ténis) mau

C. The formula just given for the superlative requires the *definite article + a noun*, but sometimes it is perfectly clear what this noun is—either because it has already been mentioned or is understood. In these cases, it is not necessary to use the noun.

> A ponte Golden Gate é a [ponte] mais famosa dos Estados Unidos.
> Os produtos desta firma são os melhores [produtos] do mundo.
> O meu professor de Português é o [professor] mais simpático da Universidade.

Prática oral

Actividade A. Com os elementos que vais ouvir constrói frases segundo o modelo. Não repitas o substantivo na segunda frase.
> MODELO: O Scala de Milão – famoso
> O Scala de Milão é um teatro de ópera famoso.
> O Scala de Milão é o mais famoso do mundo.

Actividade B. Usando superlativos forma orações à base dos seguintes elementos.

1. Só há três restaurantes aqui perto. O **snack** Beira-Praia serve sandes, *hamburgers*, tostas mistas, pregos e cachorros. O Café-Restaurante Pérola serve bife com batatas fritas e um ovo a cavalo e cozido à

portuguesa aos domingos. A Maison Blanche especializa-se em cozinha francesa.

2. O Carlos tem cinco irmãos. O Pedro pesa sessenta e dois quilos, o Alfredo cinquenta e oito, a Leonor quarenta e sete e o mais pequeno, o Afonso, trinta e nove. O Carlos pesa cento e dez quilos.

3. No meu grupo somos oito. Entre estes meus amigos as idades vão de dezassete a vinte anos. Eu tenho vinte e um anos.

4 . Para os exames finais tenho que ler quatro livros. O de História tem 254 páginas, o de Literatura Portuguesa tem 265, o de Química tem 189 e o de Filosofia tem 301.

5. Na minha família temos três carros. O carro do meu pai custou 2 800 contos, o de minha mãe 2 600 e o meu 2 200.

6. No minha equipe de basquete todos têm menos de um metro e oitenta de altura. Eu tenho um metro e oitenta e três.

7. A grande Lisboa tem cerca de 2 500 000 habitantes. Todas as outras cidades portuguesas têm menos habitantes do que Lisboa.

8. Na família da Susan há quatro carros: o pai tem um Cadillac, a mãe tem um Toyota, a irmã tem um Volkswagen e ela tem um Hyundai.

9. Na minha última viagem estive hospedado em três hotéis. O Royal tinha ar condicionado no quarto e vista para o mar. O Atlântico era limpo mas não tinha ar condicionado. No Pôr-do-Sol deram-me um quarto pequeno, sujo e muito barulhento *noisy*.

10. Entre os meus primos a Fátima tem um quociente de inteligência de 127, a Leninha de 108 e o Chico só de 98.

Actividade C. Forma comparativos e superlativos com os elementos abaixo.

MODELO: Pratos saborosos: bife com batatas fritas, caldeirada, cabrito no forno.

Para mim o bife com batatas é mais saboroso do que a caldeirada mas o cabrito no forno é o mais saboroso de todos os pratos.

1. animais perigosos: o leão, o tigre, a cobra *snake*
2. cidades grandes: Nova Iorque, Paris, Lisboa
3. carros económicos: o Volkswagen, o Toyota, o Hyundai
4. comida saudável: a carne, o peixe, a salada
5. viagens interessantes: para Inglaterra, para o Japão, para a Tailândia

MODELO: bebidas caras: a cerveja importada, o vinho tinto, o champanhe

A cerveja importada é tão cara como o vinho tinto mas o champanhe é a mais cara de todas as bebidas.

1. sobremesas boas: a salada de frutas, o gelado, o arroz doce *rice pudding*
2. lugares divertidos: o parque, o cinema, a discoteca
3. coisas desagradáveis: uma dor de cabeça, uma multa de estacionamento, uma ida ao dentista

4. objectos úteis: uma caneta, um canivete *pocket knife*, uma lanterna de bolso *small flashlight*

7. Expressões com DAR

There are many expressions with **dar**. Here are some common ones:

1. **Dar (para)** *to be sufficient*
   Não podemos ir de férias este verão. O dinheiro não **dá (para isso)**.[2]

2. **Dar certo** *to work out well*
   Quando tive esse problema com o meu computador, desliguei-o e depois voltei a ligá-lo. **Deu certo**—funcionou outra vez!

3. **Dar em nada** *to fall through*
   Os projectos para um novo centro comercial **deram em nada**.

4. **Dar um jeit[inh]o** *to find a way*
   Tu não conseguiste o empréstimo do banco? Não te preocupes. Tenho lá uns amigos e eles **dão um jeito**!

5. **Dar um passeio/uma volta** *to take a ride, walk*
   Vamos **dar um passeio/uma volta** de carro até Cascais.
   Queres dar **um passeio/uma volta** a pé pela Baixa?

6. **Dar um salto** *to drop by*
   Depois do jantar, vamos **dar um salto** a casa do José Pedro.

7. **Dar boleia** *to give a ride*
   Hoje não trouxe o carro. **Dás-me uma boleia?**[3]

8. **Dar para o torto** *to turn out badly*
   Pensava que era um bom negócio mas **deu para o torto**.

9. **Dar à língua / dar com a língua nos dentes** *to reveal a secret*
   A festa era uma surpresa para a Raquel mas o irmão **deu com a língua nos dentes**

10. **Dar nas vistas** *to stand out*
    Vais usar esse vestido azul e verde? **Dá muito nas vistas.**

Prática oral

Actividade A. Volta a dizer as frases abaixo substituindo a parte em itálico por uma expressão com **dar**:

1. A polícia não conseguiu fazer falar um dos assaltantes mas o outro *confessou tudo*.
2. Ele ficou desapontado porque a sua proposta *não foi aceite*.
3. A esta hora já não há autocarro. O senhor *leva-me no seu carro?*
4. Acabo a aula ao meio-dia e tenho que estar em casa ao meio-dia e meia. *Não tenho tempo para* almoçar contigo.
5. Realmente não há lugar para tanta gente que vem à festa mas vamos *resolver o problema de alguma maneira*.

---

[2] **Dar para** also means 1) *to look out on*: **A janela do meu quarto do hotel dava para a praia**, 2) *to have a knack for* **O meu irmão não dá para a Matemática.**
[3] **Pedir boleia** is *to ask for a ride*. To hitchhike is **ir à boleia.**

6. Não tenho tempo para ir deixar estes cheques no banco. Podias tu *passar por lá*?

Actividade B. Combina uma frase da Coluna A com outra da Coluna B de modo a criar uma situação lógica:

Coluna I

1. Esta sala é muito pequena.
2. Ainda não me instalaram o telefone.
3. Preciso de um aumento de salário.
4. Estás livre no sábado?
5. Já acabaste o namoro com o Alexandre?
6. O que é que aconteceu com a ideia de abrir um café aqui nesta rua?
7. Então esse negócio não era segredo?
8. O João Manuel anda agora com a namorada do irmão?

Coluna II

a. Vai outra vez à companhia dos telefones e vê se eles podem dar um jeitinho.
b. Sim, a coisa está a dar muito nas vistas.
c. Não dá para a conferência.
d. A ideia deu em nada.
e. O que ganho não dá para viver decentemente.
f. Sim, a coisa não deu certo.
g. Sim, podemos dar um passeio por qualquer lado.
h. Ora, um dos sócios deu à língua.

Também há muitos cinemas em Lisboa

Actividade C. Tema para discussão

Na cultura americana é possível "dar um jeitinho" para resolver qualquer problema ou é sempre preciso seguir um sistema inflexível sem contar com favores pessoais?

Diálogo

Vamos hoje à noite a uma discoteca?

O telefone toca. A D. Fernanda atende.

D. FERNANDA: Susan, é para si.
SUSAN: Vou já, D. Fernanda. Muito obrigado. Está?
MIGUEL: Ói, Susan! Fala o Miguel. Tudo bem?
SUSAN: Olá, Miguel! Como estás?
MIGUEL: Tudo OK. Olha, a Guida, o João Pedro, eu e mais uns amigos vamos hoje à noite a uma discoteca. É gira, dá para a praia. Queres ir?
SUSAN: É a Waikiki?
MIGUEL: Não, a Waikiki é na Costa.ª Esta é na Marginal. É a Bafureira.
SUSAN: Está bem. E como é que vamos?
MIGUEL: Temos que ir em dois carros. Nós vamos com o João Pedro. Ele não bebe, de maneira que podemos estar à vontade. Os outros vão noutro carro.
SUSAN: Eu nunca estive numa discoteca aqui em Portugal. Mas se é como na América há sempre um barulho infernal.
MIGUEL: Sim, a música é geralmente muito alta. Mas na Bafureira têm um bar mais sossegado, com música mais baixa. Aí pode-se conversar melhor.
SUSAN: E a que horas pensam ir?
MIGUEL: Olha, podemos passar por aí por volta das oito, oito e meia.
SUSAN: Mas isso é cedíssimo para ir a uma discoteca, não é?
MIGUEL: Não, vamos primeiro dar uma volta por Cascais. Aquilo à noite está animado.
SUSAN: Então é para jantar lá?
MIGUEL: Jantar não. Mas podemos andar um bocado a pé por ali e comer qualquer coisa numa esplanada. Ou vamos até ao Guincho. Depois se vê.

SUSAN: O que é isso do Guincho?
MIGUEL: É uma praia logo a seguir a Cascais. Tem lá bué de restaurantes e bares. Ou também podemos ir a um dos bares do Tamariz.
SUSAN: Onde é o Tamariz?
MIGUEL: É no Estoril. É aquele passeio que fica entre a linha do comboio e a praia.
SUSAN: Então a que horas é que vamos para a discoteca?
MIGUEL: Bem, aquilo só começa a aquecer lá pelas duas da manhã. Mas podemos ir mais cedo. Por volta das onze ou meia-noite.
SUSAN: Mas então não vai haver lá ninguém.
MIGUEL: Podemos ir para o terceiro piso. Servem lá pregos, *hamburgers*,

tostas, cachorros e coisas assim.

SUSAN: Então não é bem um restaurante?

MIGUEL: Não, mas acho que também têm lá bifes com natas. É bom. Já provaste?

SUSAN: Não, mas é capaz de ser caro e eu estou mal de mâni. Olha, quanto é que achas que vamos gastar?

MIGUEL: Aí uns dois contos no máximo. Depende do que se come e bebe. Claro que se vais pedir bife, só isso deve andar aí por um conto e quinhentos.

SUSAN: Mas a entrada?

MIGUEL: Isso não se paga. Eu conheço os porteiros. Vamos lá muitas vezes. Eles deixam entrar sem pagar. E o João Pedro não leva nada pela gasolina.

SUSAN: Com certeza que dois contos chega?

MIGUEL: Deve chegar. Se não, eu empresto-te. Mas olha, pedes uma Coca-Cola ou uma cerveja e isso anda aí pelos quinhentos paus. Depois uns setecentos ou oitocentos pela comida, mais uns trezentos ou quatrocentos por um gelado ou coisa assim numa esplanada. Dois contos dá bem.

SUSAN: E a que horas é que voltamos?

MIGUEL: Isso nunca se sabe. Talvez lá pelas seis da manhã.

SUSAN: Então tenho que avisar a D. Fernanda. Ela pode ficar em cuidado.

MIGUEL: Não, ela sabe como são essas coisas. O filho dela costumava também andar pelas discotecas até ao nascer do sol.

NOTE:
[a] The Costa is Costa da Caparica, already mentioned in Lição 7.

aí uns about
andar aí por cost approximately
animado lively
aquecer get hot
atende answers
avisar let know
baixa soft
cachorros hot dogs
capaz de possibly
chega is enough

dar uma volta por go by
de maneira que so
deixam let
empresto-te lend you
entrada admission charge
fala this is
ficar em cuidado worry
gastar spend
logo a seguir immediately after

não é bem it's not exactly
não leva nada won't charge anything
nascer do sol sunrise
natas cream
passeio promenade
porteiros doorkeepers
provaste had it
sossegado quiet
um bocado for a while
voltamos come back

Prática oral

Responde às perguntas que vais ouvir segundo o texto.

Leitura

O calão português de ontem e de hoje

O que é o calão? Ou antes, até que ponto um determinado termo pode ser considerado calão e não apenas um coloquialismo? É o calão sempre uma linguagem marginalizada, restrita a um determinado grupo? Porque é que certas expressões de calão se mantêm por décadas e décadas, enquanto outras em breve caem em desuso? Estas são apenas algumas das perguntas que se podem formular sobre este tópico e para as quais nem sempre é fácil encontrar respostas adequadas.

Em geral, quando falamos em calão pensamos numa linguagem relativamente moderna, não muito anterior à segunda metade do século XIX. No entanto em textos bastante anteriores aparecem expressões que se podem classificar como perto do que hoje entendemos por calão. No século XVII o escritor D. Francisco Manuel de Melo menciona certos termos de gíria[a] que ainda hoje têm actualidade. Camilo Castelo Branco (1825-1890) e Eça de Queirós (1845-1900) utilizam abundantemente o calão nos seus romances.[b] Esta terminologia foi contudo evoluindo com o tempo e novas situações criaram novas palavras.

O calão parece ter a sua origem na linguagem dos criminosos, que pretendiam comunicar entre si sem serem entendidos pela polícia ou pelos carcereiros. Ainda hoje existe naturalmente uma linguagem especializada entre os carteiristas, ladrões de automóveis e outros delinquentes.[c] Contudo, não é naturalmente apenas neste meio que o calão de grupo floresce. O quartel, a escola ou a fábrica, isto é, qualquer lugar onde as pessoas convivem intensamente, geram de igual modo o seu idioma próprio.

Duas línguas estrangeiras, o espanhol e o inglês têm oferecido contribuições ao calão português. No século XIX, a presença em Portugal de toureiros (alguns deles ciganos) e prostitutas vindos de Espanha introduziu termos como galheta (bofetada), cachucho (um anel grande) ou porrada (pancada). Entre vocábulos de origem cigana chegados por esta via contaram--se griso ou taró (frio), baiúca (uma loja, restaurante ou bar de muito baixo nível), paivante (cigarro), chalado (maluco) ou piela (bebedeira).

O inglês deu também uma considerável aportação. Décadas atrás, nos **bas-fonds** de Lisboa uma navalha começou a chamar-se uma naifa e uma navalhada uma naifada. (Alguns destes termos foram possivelmente divulgados por marinheiros ingleses[d] nas suas passagens por bares da zona das docas.) Um sapateiro remendão era um chumeca. Durante a Grande Guerra os soldados portugueses chamavam à sua metralhadora a luísa.[e] A recente penetração maciça da droga na vida portuguesa trouxe também numerosos anglicismos: spide, chutar-se, flipar, tripe ou snifar.[f]

Desde há muito tempo que acontecimentos históricos e políticos levaram à formação de expressões novas na linguagem popular. Quando nos fins do século XVI tropas inglesas desembarcaram em Peniche para auxiliar a causa de D. António Prior do Crato contra uma invasão do pretendente espanhol, Filipe II,[g] os soldados começaram a roubar animais domésticos, fruta e hortaliça por onde passavam. Eram nossos amigos - mas que amigos! Então criou-se a expressão amigos de Peniche, que ainda hoje se usa.[h] Em tempos mais modernos a Grande Guerra introduziu o termo boche, de origem francesa, aplicado aos alemães. As guerras de África trouxeram termos como turra[i] ou Puto.[j]

Alcunhas[k] atribuídas a figuras políticas entram também no campo do calão. Durante as invasões francesas dos princípios do século XIX o General Loison, a quem faltava um braço, era conhecido como o Maneta.[l] Anos depois, o idoso Marechal Saldanha, herói das Guerras Civis, recebeu dos seus soldados o quase carinhoso apodo de o Velho. Um dos primeiros automóveis chegados a Portugal era conduzido pelo Infante D. Afonso, irmão do rei D. Carlos. Como esses automóveis não tinham ainda claxon, o infante gritava "Arreda!" para afastar os peões do seu caminho. E ficou o Arreda entre o povo. O antigo Presidente da República, Almirante Américo Tomás, andava quase sempre de cabeça baixa. Puseram-lhe então a alcunha de Mira Tapetes. António de Oliveira Salazar, por outro lado, mereceu vários nomes da ironia popular. Por exemplo o Botas, devido a umas botas muito fora de moda que usava. Também lhe chamavam o Tio António da Calçada ou o Santo António da Calçada porque a residência oficial do Presidente do Conselho, em Lisboa, se situava na Calçada da Estrela. Outra designação era o Esteves. Por razões de segurança os jornais nunca noticiavam que Salazar "ia estar" em tal ou qual sítio mas sim que lá "esteve."

Organizações e partidos políticos também receberam nomes a nível de gíria. A antiga PVDE[m] foi alcunhada de a Pevide. A Polícia Judiciária é a Judite e o extinto COPCON[n] era o Popcorn. Fachos (fascistas), comunas (comunistas), anarcas (anarquistas) ou chuchalistas (socialistas) foram designações que adquiriram certa popularidade depois do 25 de Abril.[o] Bem, estudar o carácter do calão é uma coisa gira, não é?

NOTES:

[a] **Gíria** is the same as **calão**.

[b] It is interesting to observe that the term **gajo**, current in Eça's time, had then a different meaning. As the novelist used it **É um gajo!** signified "He is quite a guy!"

[c] Among slang terms used at different times by criminals are **limpa-unhas** (knife), **resolve-tudo** (revólver) and **máquina de café** (machine gun)

[d] An Englishman is a **camone**.

[e] From Lewis machine gun.

[f] In other cases there is a direct translation: **pedrado**, **erva**, **neve**, **viagem**, **ácido** or **estar alto**. On the other hand **charro** (joint, roach) is possibly a corruption of **cigarro**.

[g] Philip II of Spain was known in Portugal as Philip I.

[h] Corresponding to **amigos da onça**, introduced in Portugal from Brazil.

[i] From **terrorista**, the official Portuguese term then for the African guerrilla fighters. They, on the other hand, called the Portuguese **tugas**, from **portugas**, a derogatory term, also used in Brazil.

[j] **Puto** is an African word for Portugal or even Europe in general. You already know that **um puto** also means *kid*.

[k] A nickname is an **alcunha** in Continental Portugal, but an **apelido** in the Azores and Brazil. As you already know, **apelido** also means surname.

[l] Since French troops pillaged Portugal intensively, the then coined expression **ir para o Maneta** meant for something to be lost or totally destroyed.

[m] The Polícia de Vigilância e Defesa do Estado was, as the name implies, the

political police, later successively known as PIDE (Polícia Internacional e de Defesa do Estado) and DGS (Direcção Geral de Segurança).

ⁿ Created soon after the 1974 coup, the soon extinct Comando Operacional do Continente or COPCON was an Army group that acted as a police force imposing revolutionary justice.

º Other slang terms are formed by abbreviating the standard word: **haxe** (haxixe), **prisa** (prisão), **coca** (cocaína), etc.

afastar drive away
Almirante Admiral
anel ring
apodo nickname
aportação contribution
arreda get out of the way
auxiliar aid
bas-fonds underworld
bebedeira getting loaded
bofetada slap in the face
caem fall
calçada steep street
caminho way
carcereiros prison guards
carinhoso affectionate
ciganos gypsies
conduzido driven
convivem are in contact
docas docks
enquanto whereas

escritor writer
extinto defunct
fábrica factory
geram generate
Grande Guerra World War I
gritava shouted
hortaliça vegetables
idoso aged
isto é that is to say
ladrões thieves
maneta one-armed person
Marechal Marshall
marinheiros sailors
meio milieu
mereceu earned
metade half
metralhadora machine gun
mira looks at

moda fashion
navalha knife
navalhada knife stab
noticiavam announced
peões pedestrians
pevide pumpkin seed
presidente do conselho prime minister
pretendiam intended
quartel barracks
romances novels
roubar steal
sapateiro remendão cobbler
se mantêm are preserved
segurança security
tal ou qual such and such
tapetes carpets
têm actualidade are current

Prática oral

Responde às perguntas que vais ouvir.

Um bocadinho de humor

Num bar elegante um cliente diz graças impróprias à empregada, usa calão e palavrões e de um modo geral incomoda todos os presentes. Por fim pergunta em voz muito alta à empregada onde é a casa de banho.

—É ali ao fundo do corredor. À direita há uma porta que diz CAVALHEIROS. **No entanto**, pode entrar.

à direita to the right
ao fundo at the end

cavalheiros gentlemen
corredor hallway
graças jokes

incomoda disturbs
palavrões swear words

13
Eh pá, vamos a Alfama hoje à noite!

1. Mais comparativos: «Tu tens menos aulas do que eu»

Comparing nouns or verbs is almost like comparing adjectives or adverbs, but there are no irregular forms. The formula is **mais/menos** + noun or verb + (**do**) **que**. The **do** is normally ommitted in colloquial Portuguese.

A Espanha tem **mais** habitantes **do que** Portugal.

Há **mais** universidades em Nova Iorque **do que** em Lisboa..

O meu irmão tem **menos** dois anos **do que** eu.

O James vê **menos** filmes **do que** a Susan.

O Sr. Saraiva trabalha muito **mais** horas **do que** o filho.

O Dieter entende **mais** português **do que** fala.

Mais do que and **menos do que** can be used (with nothing between **mais/menos** and **do que**) when the meaning is clear.

A minha irmã gasta **mais [dinheiro] do que** eu.

O Pedro tem seis cursos. Eu tenho **menos do que** ele.

A Sandra leu muitos livros franceses. O João leu **menos do que** ela.

Prática oral

Actividade A. Responde com frases completas às perguntas que vais ouvir comparando a Teresa com a Rita.

A **Teresa** é boa atleta e pertence a *belongs to* vários clubes. Adora festas e desporto. A sua diversão preferida é dançar nas discotecas.

A **Rita** é muito trabalhadora. Sempre tem boas notas e trabalha durante o verão. Passa todo o seu tempo livre em casa com um livro na mão..

Na tua opinião quem é que...

Actividade B. Compara os elementos abaixo quanto à importância que eles têm na tua vida:

MODELO: viajar ~ guardar dinheiro no banco

Para mim é mais importante viajar do que guardar dinheiro no banco.

Para mim...

    ter muitos amigos ~ ter muito prestígio

    ganhar muito dinheiro ~ ajudar as pessoas de menos recursos

    receber uma educação de alta qualidade ~ estudar numa universidade
       muito famosa

    casar ~ ficar solteiro,-a

    formar uma família ~ dedicar-se inteiramente a uma carreira

Dois a dois

Os alunos devem dividir-se em pares, escolher certas festividades norte-
-americanas e discutir o modo como se celebram. Devem escrever também
as respostas para dizer depois aos outros alunos.

Ainda podemos encontrar bailaricos,
os bailaricos populares

Vozes portuguesas

*Filomena refers here to the festivities in Lisbon around the Santos
Populares.*

O mês dos Santos Populares

Em Portugal o mês de Junho é riquíssimo e
quem gosta de se divertir... Porque inclusive em
Lisboa, durante todo o mês de Junho existem as
Festas da Cidade. E, nos bairros mais típicos,
como Alfama, Bairro Alto, Mouraria, o Castelo,[a]
ainda podemos encontrar bailaricos, os
bailaricos populares, e não só. As sardinhas
assadas... Em cada canto existe sempre um
fogareiro com sardinhas a assar,[b] nos bairros
mais antigos, mais típicos, mais populares. Nas zonas enfim já não tão

características, não tão genuínas, também se festejam muito os Santos Populares.[c] No Terreiro do Paço há sempre concertos com bandas de *rock*... Já são os Santos Populares a tornar-se cada vez mais modernos...

NOTES:

[a] Alfama is a quaint old hilly neighborhood spreading down from the Castelo de São Jorge to the River Tagus. Its steps and narrow streets make motor traffic impossible in many of its sections. It used to be inhabited mainly by fishermen, dockworkers and fishwives. In the Middle Ages, the lower part of the Alfama was one of Lisbon's **judiarias** or Jewish quarters. (You can still see there a street named Rua da Judiaria.) Just off the Chiado, the most elegant shopping district in Lisbon, the Bairro Alto had the peculiar distinction of harboring both aristocratic palaces and houses of prostitution. The area close

Uma rua de Alfama

to the Chiado is now full of restaurants, bars and **casas de fado** patronized by the upper and middle classes. Mouraria is the old Moorish quarter. It was there that in the mid eighteen hundreds lived Severa, the matriarch of Portuguese **fado**, as mentioned in Lição 9. The Castelo is a traditional neighborhood next to the reconstructed Castelo de São Jorge, the royal palace during the Middle Ages.

[b] It is indeed a common sight to see women selling charcoal grilled sardines cooked on the spot. Other items offered for sale on these streets are **manjericos**, potted sweet basil with a red carnation or a small paper flag stuck on it, and sugar and cinnamon powdered fritters called **farturas**, the Portuguese version of Spanish **churros**. Years ago another item for sale at this time was a small cage containing a cricket (**grilo**) and a small piece of lettuce to make sure that the insect would not miss its lunch.

[c] The so-called "folk saints" in ascending order of popularity are: St. Peter (**São Pedro**), St. John (**São João**) and St. Anthony (**Santo António**). All three are celebrated in the month of June. St. Anthony, although he lived and died in Italy, was born in Lisbon. According to popular tradition he is considered a prankster and a match-maker. In old times marriageable damsels would pray to him for a suitable husband. When St. Anthony did not comply promptly, a small clay image of the saint would be hung upside down or locked in a dark closet until he learned his lesson. Not so long ago, small boys in poor neighborhoods would build an altar to St. Anthony on their doorsteps, and ask passers-by for **um tostãozinho** (a little ten-cent coin) **para o Santo António**." It is doubtful that the saint would benefit from any generosity these days, but in more ancient times he did— sort of. The custom originated when the 1755 Lisbon earthquake destroyed St. Anthony's chapel and altar boys would ask for donations on the street for its reconstruction. In Alfama, during the month of June, you may still be able to see some of these altars.

bailaricos street dances	**fogareiro** clay brazier	**se festejam** are celebrated
canto corner	**inclusive** even	**típicos** quaint
divertir have a good time	**riquíssimo** very rich	**tornar-se** become

Prática oral

Responde às perguntas que vais ouvir.

2. O comparativo de igualdade

A. Sometimes a thing is neither bigger nor smaller than something else, but rather the same size. Sometimes a person is not more intelligent nor less intelligent than someone else. For this reason, it is useful to be able to compare *equality*. Use this formula:

> **tão** + adjectivo/advérbio + **como**
> *as* + adjective/adverb + *as*

As Portuguesas são **tão** simpáticas **como** as Brasileiras.
O Hotel Ritz é **tão** cómodo **como** o Hotel Sheraton.
O trânsito de Lisboa é **tão** caótico **como** o trânsito do Porto.
A professora de Literatura é **tão** simpática **como** a professora de Linguística.
O filme italiano foi **tão** bom **como** o filme francês.
A secretária nova trabalha **tão** depressa **como** a antiga.

Tão... como is invariable—it always uses exactly the same form. Notice also that **bom, mau, pequeno,** and **grande** keep their basic form with **tão... como.**[1]

O romance novo desse autor **não** é **tão mau como** o anterior.
O romance novo desse autor é **menos mau do que** o anterior.

Prática oral

Actividade A. Compara estes elementos usando **(não) tão... como**. Presta atenção à forma do adjectivo.

> MODELO: motel / grande / hotel
> O motel não é tão grande como o hotel.

Actividade B. Qual é a tua opinião? Usa **mais/menos... do que** ou **(não) tão... como**.

> MODELO: Eu... tu (estudioso)
> Eu sou tão estudiosa como tu.

---

[1] **Não... tão... como** means about the same as **menos... do que.**

Eu sou mais/menos estudiosa que tu.
Eu não sou tão estudiosa como tu.

1. a história da Europa—a história dos Estados Unidos (interessante)
2. a biologia—a química orgânica (fácil)
3. a minha casa—a Casa Branca (grande)
4. os quadros de Picasso—os quadros de Velázquez (bom)
5. o Empire State Building—Torre Eiffel (alto)
6. o estado de Washington—o estado do Novo México (bonito)
7. o Coliseu de Roma—o Estádio Nacional de Lisboa (antigo)
8. a cantina da Universidade—o McDonald's (barato)
9. Shakespeare—Milton (famoso)
10. um *hamburger*—um *filet mignon* (caro)

Actividade C. O teu professor vai-te pedir que faças comparações entre os teus colegas de classe. Procura ser muito diplomático,-a! Usa **tão** ou **não tão... como** nas tuas comparações.

Actividade D. Compara várias coisas que possam ser iguais. Vais ter que decidir que adjectivos vais usar nas comparações.

Actividade E. Responde às perguntas que te vão fazer.

Um tostãozinho para o Santo António!

Vozes portuguesas

Now Filomena refers to the festivities in honor of St. John, in Oporto.

A noite de São João

Vamos lá a ver... Se pensarmos noutra zona do país, no Porto, é evidente que o São João no Porto tem muito mais força do que o Santo António em Lisboa, sem dúvida nenhuma. É uma noite em que as pessoas não se deitam, elas festejam durante toda a noite e é uma tradição que não se vai perder nunca porque as pessoas do Porto são muito mais bairristas, muito mais agarradas às tradições.

NOTE:

The night of St. John's Eve the streets of downtown Oporto and those in the Fontaínhas area are filled with revelers armed with rattlers (**matracas**) and leek stalks (**alhos porros**) they use to hit each other on the head just for the fun of it.

agarradas clinging to	**deitam** go to bed	**dúvida** doubt
bairristas traditionalistic		**pensarmos** think

Prática oral

Escolhe a resposta correcta entre as que vais ouvir.

B. If you have the same number or same amount of things as someone else, you use **tanto ... como** to mean *as much / many ... as*. **Tanto** agrees with the noun in gender and number. The construction can also be used in the negative, meaning *not as much / many ... as*.

Fuma-se **tanto** em Portugal **como** em Espanha.
Não viaja **tanta** gente de avião **como** de comboio.
Este cinema não passa **tantos** filmes portugueses **como** americanos.
Há **tantas** cidades dignas de visitar no Norte **como** no Sul de Portugal.

As with **mais do que** above, **tanto como** may also be used by itself to mean *as much / many as*.

Nós trabalhamos **tanto como** eles.
Tenho uma fome horrível. E tu? Tenho **tanta como** tu.
Tens muitos primos? Não tenho **tantos como** tu.
Quanto a blusas, não tenho **tantas como** a minha mãe.

Prática oral

Actividade A. Substitui as palavras em itálico pelas que se encontram no fim da frase. Se for necessário, usa uma variante da forma *tanto*.

1. A Michelle não sabe tantos *poemas* em português como em francês.
   frases, verbos, substantivos
2. O Manuel Pedro *lê* tanto como o Arnaldo.
   comer, ajudar, fumar
3. A Elvira tem tanto *dinheiro* como o irmão.
   amigas, trabalho, razão
4. Eu *sei* tanto como ele.
   viajar, estudar, jogar
5. Eles comeram tanta *caldeirada* como nós.
   bolos, laranjas, arroz de marisco

Actividade B. Completa as expressões abaixo com comparativos de igualdade, afirmativos ou negativos:
1. As peras _____ as maçãs. (custar)
2. Estes empregados _____ os outros. (ter prática)
3. Viajar de comboio _____ viajar de autocarro. (representar perigo)
4. Os quartos do Hotel Méridien _____ os quartos da Residencial Boavista (ter conforto)
5. Esta lição _____ a seguinte (ter páginas)
6. A comida portuguesa _____ a comida espanhola. (usar azeite)
7. Ontem _____ hoje. (chover)
8. Nessa fotografia _____ na anterior. (haver pessoas)
9. O curso de Russo _____ o curso de Alemão. (ter exames)
10. Os meus pais _____ os teus. (ter paciência)

Actividade C. Termina as frases abaixo:
1. A Carla ganha muito bem. A irmã ganha o mesmo que ela. A Carla tem _____
2. O Zé tem dois gatos, tal como a namorada. O Zé tem _____
3. A Luísa paga cem contos de renda e a Márcia também. A Luísa paga _____
4. A minha casa tem cinco assoalhadas e a casa dos meus avós também tem cinco assoalhadas. A minha casa tem _____
5. O meu irmão tem cinquenta contos no banco e eu tenho outros cinquenta. Eu tenho _____
6. A Ana Rita estuda dez horas por dia e a Cristina também. A Cristina estuda _____
7. A minha mãe tem três irmãos e o meu pai também. A minha mãe tem _____
8. O Júlio está a tirar cinco cadeiras e o Alberto também. O Júlio está a tirar _____

Actividade D. Estabelece uma comparação de igualdade nas situações que vais ouvir.
Actividade E. Compara os elementos que vais ouvir usando as expressões *mais (menos) do que* ou *tão... como* ou *tanto,-a,-os,-as... como.*

Notas culturais

Festas e tradições

In addition to the Santos Populares, many other celebrations take place in Portugal during the year. The **passagem do ano** or **réveillon** on December 31 introduces the New Year. It is often spent at a club or restaurant—the Casino Estoril is a favorite for the most affluent—with a good supper, champagne and dancing until the wee hours of the morning. Some who cannot afford partying open their windows and start banging two pot lids together, inevitably causing a tremendous racket.[a]

No wonder the next day, **Dia de Ano Novo**, is a quiet holiday, often spent at home or with a family outing to a restaurant. A few superstitions are associated with the New Year. Some people used to throw old unusable objects out of the window on the night of the 31st to signify a new beginning. Others preferred not to go down a staircase after midnight, as this act might bring about a decline in the quality of life.

January 6 is the **Dia de Reis**, now losing much of its former importance. In old times it was in the evening of this day that children used to place a shoe on the fireplace so that the Magi (**os Reis Magos**) would fill it with a gift. Nowadays this tradition takes place mainly at Christmas, and the gifts are brought by either **o Menino Jesus** or **O Pai Natal**. It is also on this day that **bolo-rei** (explained in one of the **Vozes** on p 302) is eaten, as well as for Christmas.

Valentine's Day (**Dia de São Valentim**) has recently been added to the Portuguese holiday calendar, and valentines are now sent by mail.

Mardi-Gras (**Carnaval**) may fall in February or early March and is celebrated from Saturday to Tuesday. **Domingo Gordo** and **Terça-Feira Gorda** are the highlights of this holiday. **Carnaval** has lost most of its former character of a street holiday, although parades (**corsos**) still take place in several cities. There are also costume parties and dances.

Ash Wednesday (**Quarta-Feira de Cinzas**) is a day of atonement and marks the beginning of Lent (**Quaresma**). In the old days Lent would be rigorously observed as a period of penance, during which people would abstain from eating meat.[b] Holy Week (**Semana Santa**) culminates this forty-day period. It is followed by Easter Sunday (**Domingo de Páscoa**), a time to eat **amêndoas** (sugar coated almonds) and **folar**, a cake containing a boiled egg as a symbol of rebirth. Sometimes families put on egg hunts for the children.

April Fool's Day (**o Dia das Mentiras**) has declined in popularity from the days when newspapers would publish photo montages of such imaginary subjects as the statue in Lisbon's main square leaning dangerously to its side or triple deck buses soon to be put in service. TV does, however, still mark the day with a fib or two.

Forty days after Easter, **Quinta-feira da Ascensão**, also known as **Dia da**

Espiga is celebrated in some areas. The custom is to go out in the fields and gather in a bunch a poppy (symbolizing beauty), an olive branch (symbolizing peace) and an stalk of wheat (symbolizing abundance).

On November 1, All Saints'Day (**Dia de Todos os Santos**), in some areas children go from door to door asking for **pão por Deus.** In old times it was customary to give them dried figs and chestnuts in addition to bread. Nowadays oranges, candy, cookies or even money are usually given.[c] November 2 is All Souls' Day (**Dia de Finados**), a day of mourning on which it is costumary to go to the cemetery and place flowers, most often **crisântemos**, on the tombs of the loved ones. On the 11th of that month, St. Martin's Day (**Dia de São Martinho**) is celebrated. That is the occasion to open the new wine of the year or **água-pé**, a weaker wine made with bagasse, make bonfires to roast chestnuts (**castanhas assadas**) and be merry.

Traditional Christmas no longer has all of its old flavor. The Christmas Eve dinner of boiled codfish, potatoes and cabbage as well as Midnight Mass (**Missa do Galo**) are still in fashion. So is the turkey dinner on the 25th. **Bolo-rei, broas** and **rabanadas**[d] are other traditional Christmas foods that remain popular. Santa Claus (**o Pai Natal**), however, has partly replaced **o Menino Jesus**, and the Nativity scene (**presépio**) is set side by side with the Christmas tree (**a árvore de Natal).** Revelers even sing a popular Christmas carol, "Toca o sino", to the tune of *Jingle Bells*!

NOTES:

[a] Another tradition, possibly imported from Spain, is to eat twelve raisins (**passas**), one for each strike of the clock at midnight. Some people do this standing on a chair. Custom also has it that you place your money high up somewhere, in hopes that you may see your fortune grow in the coming year. Then, as the midnight hour draws very close, you raise your right foot in order to start the New Year on the right foot.

[b] Some people still abstain from eating meat on Fridays.

[c] Notice the similarity with Halloween.

[d] **Broas** are small oval shaped pastries eaten only for Christmas. They are not related to **broa**, the dense corn bread from Northern Portugal mentioned in Lição 3. **Rabanadas**, also eaten almost exclusively at Christmas time, are something similar to French toast.

Vozes portuguesas

Gabriela tells about Easter

A Páscoa é bastante vivida em Portugal

A Páscoa... depende das casas, das pessoas, das famílias... É bastante vivida em Portugal. A Páscoa é uma festa de grande significado religioso. É mais importante nas aldeias, no campo, onde em algumas ainda o padre vai a casa das pessoas para dar a cruz para beijar.

beijar kiss   **padre** priest   **significado** meaning
cruz cross   **vivida** celebrated

Prática oral

Como se celebra a Páscoa no teu país?

3. Mais sobre a forma progressiva: «Ele está dormindo»

A. In Lição 10 you studied the colloquial construction of the progressive form
(a+infinitive). At that point it was also mentioned that another, almost
exclusively literary construction[2] existed. This construction is formed by
using **estar** + *the present participle* (the equivalent of the *-ing* form in
English) of the verb. The present participle is constructed by replacing **-ar**
with **-ando** for **-ar** verbs, **-er** with **-endo** for **-er** verbs, and **-ir** with **-indo** for
-ir verbs. The present participle of **pôr** and **-por** verbs is **pondo** or **-pondo**.

> Ele **está acabando** o seu trabalho agora.
> O que é que o senhor **estava fazendo** nesse momento?
> A Paula **está viajando** pela América do Sul agora.
> O Carlos **está estudando** álgebra.
> As senhoras **estavam ouvindo** essa música ontem?
> O professor quer saber o que **está acontecendo**.
> Às duas e meia eles **estavam assistindo** às aulas.
> Eles **estão jogando** futebol agora.[3]

Object pronouns may go either before or after the **-ndo** form, according
to the position rules you have already learned: **Ela estava-me dizendo a
verdade!** or **Ela estava dizendo-me a verdade!**

Prática oral

Actividade A. O que é que achas que as pessoas estão fazendo agora? O teu
professor tem a lista.

Actividade B. O que é que as seguintes pessoas estiveram fazendo ontem?
  1. a tua irmã (estudar história)
  2. a tua mãe (arrumar a casa)
  3. o teu irmão (dormir todo o dia)
  4. a tua vizinha (ler um romance)
  5. o teu pai (pôr em ordem as suas notas)
  6. o teu carteiro (distribuir correspondência)
  7. o Maestro Sousa (compor uma partitura)
  8. o Pedro (jogar ténis)

---

[2] The **-ndo** form is current in Azorean (and Brazilian) speech.
[3] In Brazil this form is used at the colloquial level. **A +** *infinitive* is never used.

9. a tua amiga (escrever um trabalho)
10. O presidente dos Estados Unidos (discutir política externa)

Actividade C. O que é que estava acontecendo? Completa as frases que vais ouvir usando a forma progressiva no imperfeito.

Vozes portuguesas

Miguel describes how Christmas is celebrated in his family.

O Natal em família

O Natal passamos em família sempre.[a] No dia 24 procura-se reunir na nossa casa, ou na casa de outro familiar, o maior número possível de familiares: primos, primas, tios, tias, avós... Depois, no dia 25, há outra ceia, em família também. Geralmente o que fazemos é que um dia passamos com a família da mãe e no seguinte com a família do pai. Comemos peru, comemos migas,[b] comemos bacalhau, bacalhau cozido, depois temos bacalhau à Brás, também temos bacalhau à Gomes de Sá, bolos de bacalhau...[c] Depois há as rabanadas, há as filhós,[d] há os sonhos,[e] as broas.

Depois há uma troca de presentes. Algumas pessoas abrem os presentes no dia 24, outras no dia 25.

NOTES:
[a] Notice how Miguel inverted the word order for emphasis. The normal word order would be **Passamos sempre o Natal em família.**
[b] **Migas** are a bread-based dish.
[c] Obviously, Miguel does not mean that all these **bacalhau** dishes are eaten at the same meal.
[d] **Filhós** are doughnut shaped fritters, also eaten mainly for Christmas. Beware of the often heard but incorrect plural **filhoses**.
[e] **Sonhos** are a kind of hollow crullers.

familiar relative	**peru** turkey	**seguinte** following
passamos we spend	**procura-se** one tries	**troca** exchange

Prática oral

A tua família festeja o Natal? Como? Em caso contrário, como o festejam os teus amigos?

B. The present participle can work alone, in which case it means *by ...-ing (if...)*, or *upon ...-ing (when...)*.

Entendendo o modelo, vocês podem fazer bem os exercícios.
Vivendo em Portugal, a Susan aprende mais depressa o português.

Dormindo dez horas por dia, não vais ter muito tempo para estudar.
Entrando em casa, o Sr. Saraiva encontrou todas as luzes acesas.
Chegando ao aeroporto, soubemos que o voo tinha sido cancelado.
Voltando de férias, encontrei em casa a carta dela.

NOTE: In the cases where the present participle is translated by *if/when* constructions, **ao**+infinitive could also be used: **Ao entrar** em casa..., **Ao chegar** ao aeroporto..., **Ao voltar** de férias...

Prática oral

Actividade. Traduz as frases abaixo, usando sempre um particípio presente:
1. By using a screwdriver (**chave de parafusos**), the job will be easier.
2. If he goes on eating like that, he will become very fat.
3. If you leave at six, you will get there by nine.
4. Upon seeing the book, the professor decided not to use it.
5. When they saw the poor man, the police immediately called an ambulance.
6. When she arrived in Oporto, Dona Fernanda called her husband.

C. Unlike in English, the Portuguese present participle can never act as a noun. Where English uses the *-ing* form as a noun, Portuguese uses an infinitive:

Gambling is not permitted. Não se permite **jogar**.
Traveling is not very expensive in Portugal. **Viajar** não é muito caro em Portugal.
Playing soccer is fun. **Jogar** futebol é divertido.

Prática oral

Actividade. Traduz:
1. Running is a good exercise.
2. Getting up at five in the morning is not very pleasant.
3. Smoking is very dangerous for your health.
4. Drinking and driving is not a good idea.
5. Going to bed after eating is a bad habit.

D. **Outros verbos usados com a forma progressiva**

1. You already know that **estar** is the verb normally used to make the progressive form. Other verbs can also be used. **Ir** is one of them. It indicates that the action is in progress and that someone is "going along" doing it.

A banda **vai tocando** pela rua.
O taxista **vai a guiar** muito depressa.

Ir can also be used colloquially to show how an action slowly develops through time:

Como vai o seu filho na escola? Até agora, **vai tendo** boas notas.

The expression **Vamos andando!** *Let's get going* is also commonly heard. Answering **Como vai/está?** the expression **(Cá) vou/vamos andando/indo** means *Not too badly.*

2. **Andar** is a virtual substitute for **ir** in this use:[4]
O James **anda a ter** notas bastante baixas.
Os trabalhadores **andam a fazer** obras no prédio.
Andamos aprendendo bastante este ano.

3. Other verbs of motion can be used in the progressive form and retain their habitual meaning:
Ela **saiu a correr**.
Eles **entraram rindo** muito.
Vocês **vinham pensando** em quê?

Prática oral

Actividade A. Muda as frases abaixo para a forma progressiva usando **estar, ir** ou **andar**:

Actividade B. Muda as frases abaixo para a forma progressiva usando os verbos indicados:
MODELO: O Sr. Saraiva disse que queria almoçar imediatamente. (*entrar*)
            O Sr. Saraiva entrou dizendo/ a dizer que queria almoçar imediatamente.

1. Eles disseram que não voltavam nunca mais lá. (*sair*)
2. Vocês não pediam dinheiro na rua para a festa dos caloiros? (*andar*)
3. O outro dia os miúdos choraram porque o circo fechou. (*começar*)
4. Às sete o meu pai disse que queria ver o telejornal. (*entrar*)
6. Os navios apitavam [*blew a whistle*] ao entrar no porto. (*chegar*)
7. A pobre mulher lamentava-se em altos gritos. (*continuar*)
8. O ladrão disparou a pistola. (*fugir*)

Actividade C: Responde às perguntas abaixo usando a forma progressiva dos verbos indicados.

1. Como é que vocês entraram na aula hoje? (rir, falar português, fazer muito barulho)
2. Como é que os seus pais voltaram da viagem? (queixar-se dos preços, falar do hotel, elogiando a comida)

---

[4] For those who know Spanish, where this verb is irregular in the preterite—in Portuguese it is perfectly regular: **andei, andou, andámos, andaram: Andei fazendo o trabalho até o almoço.**

3. Como é que o criminoso fugiu da prisão? (serrar as grades, esconder-se no camião do lixo, tirar as chaves a um guarda)
4. Como é que eles passaram as férias? (jogar golfe, ver museus, ir ao teatro e ao cinema)

Vozes portuguesas

Here Miguel talks about a traditional Christmas cake.

Quem encontra a fava
é quem paga no ano que vem

O bolo-rei é um bolo... Não sei como é que é feito, sei que tem várias frutas cristalizadas[a] em cima, é um bolo bastante colorido, e que dentro tem uma fava e um prémio. Antigamente costumava-se pôr como prémio uma libra de ouro. Hoje em dia, como as pessoas vão gradualmente ficando mais egoístas e mais materialistas e mais agarradas ao dinheiro, põe-se apenas uma pequena lembrança, um brinco, um anel sem valor. Conforme as pessoas vão cortando o bolo, uma pessoa come uma fatia e dá-se conta de que tem uma prenda. E outro tem uma fava. Somente quem tem a fava deve pagar o bolo-rei no ano seguinte. Só que a tradição vai-se dissipando com o tempo, não é?

NOTE:
    [a]The **bolo-rei**, eaten both at Christmas and **Dia de Reis**, is a large ring shaped glazed cake which does indeed contain a variety of candied fruit and nuts.

agarradas ao dinheiro tightwad	**dá-se conta** realizes	**libra** pound
colorido colorful	**deve** ought to	**ouro** gold
conforme as	**egoístas** self centered	**põe-se** one puts in
cortando slicing	**em cima** on top	**prémio** prize
cristalizadas candied	**fava** fava bean	**prenda** gift
	feito made	**que vem** next
	lembrança gift	

Prática oral
Responde às perguntas que vais ouvir.

4. Termos positivos e negativos

A. In English we have two systems for negative words—one uses a single negative word (I have *nothing*, I see *nobody*) and the other uses the two-word negative expression with *not... any* (I do *not* have *anything*, I do *not* see anyone).[5] In Portuguese there is only one basic system—the one that is based on two negative words—usually **não** precedes the verb and the second negative word follows it.

POSITIVE AND NEGATIVE WORDS

alguma coisa *something*	**não...nada** *not anything, nothing*
alguém *someone*	**não...ninguém** *not anyone, nobody*
algum, alguma *some*	**não...nenhum, nenhuma**
alguns, algumas	*not any, none*
sempre *always*	**não...nunca** *not ever, never*
também *also*	**também não** *neither*
já *already*	**ainda não** *not yet*
ainda *still*	**já não** *not anymore*
ou... ou *either... or*	
...e... *and*	**não...nem... nem** *neither... nor*

NOTE: **Não... nunca** is not always the best opposite for **sempre**. Other possibilities include **nem sempre** *not always*, **às vezes** *at times*, and **de vez em quando** *once in a while*.

A senhora tem **alguma coisa** na mão? Não, **não** tenho **nada** na mão.
Disseste **alguma coisa**? Não, **não** disse **nada**.
Tu conheces **alguém** em Castelo Branco? Não, **não** conheço lá
   ninguém.
Vem aí **alguém**? Não **não** vem **ninguém**.
Vocês foram a **algum** país da Europa? Não, **não** fomos a
   nenhum [país de Europa].
Vocês leram **algum** romance de Camilo Castelo Branso? Não, **não** lemos
   nenhum [romance de Camilo Castelo Branco].
Tu vais **sempre** ao cinema ao sábado? Não, **nem sempre** vou ao sábado.
   Não vou **nunca** à terça. **Às vezes** vou à sexta e **de vez em quando**
   vou ao domingo à tarde.
Eu tenho um cão. O meu namorado **também tem um**. A minha
   irmã não tem cão. O namorado dela **também não**.
Vocês **já** estudaram a Lição 14? Não, **ainda não**.
A sua irmã **ainda** trabalha na companhia de seguros? Não, **já não**
   trabalha lá.

---

[5] The "double negative" in English is just a combination of the two systems: *I* **don't** *see anyone* + *I see* **no one** = *I* **don't** *see* **no one**.

A Ana deve estar **ou** apaixonada **ou** doente. Não, **não** está **nem** apaixonada **nem** doente. Anda cansada.

A Elsa tem um irmão **e** uma irmã, não tem? Não, **não** tem **nem** um irmão **nem** uma irmã.

Não... nada is often followed by **de** when an adjective or noun follows, as in **Não quero ouvir nada disso** or **Não ouvi nada de novo**.

Prática oral

Actividade A. Responde negativamente às perguntas que vais ouvir.
Actividade B. Passa as frases que vais ouvir para a forma negativa.
Actividade C. Passa as frases que vais ouvir para a forma afirmativa.

B. For emphasis **ninguém, nenhum,-a, -uns, -umas** and **nunca** may precede the verb. In that case **não** is not used.

Não apareceu **ninguém** aqui./ **Ninguém** apareceu aqui.
Não aconteceu **nada** disso. / **Nada** disso aconteceu.
Não vi **nunca** tal coisa. / **Nunca** vi tal coisa.

Também não and **ainda não** can also be used before the verb, but, unlike the previous set, their **não** element has to be kept.

Eu **também não** tenho carro novo.
Ainda não tenho os três contos que te devo!

C. Combinations of positive or negative words are also possible, both preceding and following the verb.

Eles **nunca** têm **nada**.
Alguém sabe **alguma coisa**?
Ainda não recebi **nada**.

D. You already know that some Portuguese expressions have a *positive* meaning when they are negative in form, and vice versa. **Não me fazes um favor?** means the opposite: **Fazes-me um favor? Faz-se lá ideia de quanto ele gastou!** means **Não se faz ideia de quanto ele gastou!**

By the same token, in everyday language **Sei lá!** means *I don't know* or *How should I know?*: **Qual é a capital da Albânia? Sei lá!** Occasionally, when someone wants to refuse something, instead of saying **não, obrigado**, a simple *obrigado* may suffice if pronounced with the right intonation or accompanied by a form of body language: **Quer peixe? Obrigado** (= *No, thanks*). **Pois não** may mean *certainly* after a request.[6]

---

[6] **Pois não** may also signify agreement with a previous statement. In the

Prática oral

Actividade A. Preenche os espaços abaixo com uma expresão afirmativa ou negativa:

1. A polícia precisa de _____ informações sobre o roubo.
2. Vocês _____ viveram na Madeira?
3. Todos devem trazer _____ para a festa.
4. _____ dia vou ao Brasil porque tenho _____ amigos que vivem em São Paulo.
5. Vocês têm _____ para mim?
6. Por favor, _____ me pode dar uma mão?
7. Vocês viram o telejornal ontem à noite? Nós _____ vemos o telejornal.
8. _____ estou no liceu. Agora estou na Universidade dos Açores.

Actividade B. Preenche os espaços abaixo com uma expressão negativa:
1. Tu não tens _____ amiga aqui?
2. Alguém me disse que vocês _____ faltavam à aula.
3. Tentei telefonar para vocês ontem mas não havia _____ em casa.
4. O Francisco José não é meu amigo. Ele nunca fez _____ para me ajudar.
5. Há muito tempo que não apareces. _____ gostas de mim?
6. Em _____ restaurante destes servem pratos vegetarianos.
7. O namorado da Lourdes disse que não queria _____ mais sair com ela.
8. No frigorífico não há _____ Coca-Cola _____ Sumol.

Actividade C. Muda as frases que vais ouvir para a forma negativa.

Actividade D. Responde negativamente às perguntas que vais ouvir.

Dois a dois

Os alunos devem formar pares. Um aluno desempenha o papel de um optimista e o outro de um pessimista. Então comparam as suas vidas (estudos, amigos, família, passatempos, planos para o futuro, etc.) O optimista só tem coisas positivas a dizer e o pessimista responde com opiniões negativas.

5. O particípio passado e o seu uso com estar

A. Although some past participles in English end in *-en* (*been, seen, beaten, written, spoken*), usually they have an *-ed* or *-d* ending (*repeated, spelled, said, read*). There are also several irregular ones (*sung, burst, run, gone*). In Portuguese, the regular basic past participle is formed by replacing **-ar** with **-ado** and **-er** and **-ir** with **-ido**.

---

negative you may hear: **O teu irmão não tem muito dinheiro. Pois não.**

-ar = -ado	-er, -ir = -ido
estud**ado** *studied*	com**ido** *eaten*
fal**ado** *spoken*	beb**ido** *drunk*
come**çado** *begun*	part**ido** *left*

Constructions such as **A janela está fechada** (noun + **estar** + *past participle*) express the state of something resulting from an action. That is, someone *closed* the window and went away leaving the window in the state of *being closed*; there is no further action. Notice that the past participle agrees in gender and number with the noun.

A carne já **está assada** (não precisa ficar mais tempo no forno *oven*).
A composição **está corrigida** (o professor já a corrigiu).
O jantar **está servido** (a minha mãe acaba de o servir).
O exame já **está terminado** (não escrevemos muito).
Todas as bolsas de estudo **estão dadas** (havia muitos concorrentes).
O prédio já **está construído** (trabalharam muito depressa).

Prática oral

Actividade. Responde às perguntas que vais ouvir usando o particípio passado dos verbos sugeridos.

1. (fechar)
2. (atrasar *to run slow, as a watch*)
3. (ocupar *to be busy*)
4. (constipar) *with a cold*
5. (preparar)
6. (resolver)
7. (comprar)
8. (acabar)
9. (vestir)

B. Portuguese also has irregular past participles. The following are some of the most common.[7]

abrir **aberto**	escrever **escrito**	pôr **posto**
cobrir **coberto**	fazer **feito**	ver **visto**
dizer **dito**		vir **vindo**

NOTES: Verbs in the same family as those listed above have the same type of irregularity: **reabrir-reaberto**, **descrever—descrito**, **impor—imposto**, and so on. **Vindo** is not a mistake: the present and past participles both developed to

---

[7] There are also verbs with a **particípio passado duplo**, i.e., one regular and one irregular. These will be explained in Lição 15.

the same spelling. As a past participle, **vindo** is never associated with **estar**. "I'm coming" is either just **já vou** or **já venho.**

O banco ainda não estava **aberto** quando chegámos.

Acho que esse documento está **escrito** em latim.

Quando abrimos a caixa vimos que os bolos estavam **desfeitos**.

A mesa esteve **posta** desde as duas da tarde.

A conclusão do trabalho está **prevista** para Julho.

Prática oral

Actividade. Responde às perguntas que vais ouvir segundo o modelo.

MODELO: A empregada já pôs a mesa?
Sim, sim, já está posta!

C. The Portuguese past participles, as in English, can be used as ordinary adjectives.

Encontrei muitas **coisas perdidas**.

Há inúmeras **línguas faladas** na África.

A **palavra escrita** é muito importante.

É um **filme divertido**.

O **mundo conhecido** não era muito vasto no século XIV.

Prática oral

Actividade A. Traduz as frases que vais ouvir.

Actividade B. Responde às perguntas abaixo segundo o modelo.

MODELO: O que é que tu procuravas ontem? (chaves/perder)
Procurava as chaves perdidas.

1. Onde é que vocês vão jantar? (tasquinha/preferir)
2. Como é que deixaste a casa? (portas/trancar *to lock*)
3. A quem foi que pediste boleia? (pessoas/conhecer)
4. Vais grelhar o peixe fresco? (carne/descongelar)
5. O que é que estás a deitar para o lixo? (pratos/partir)

Diálogo

Porque é que não vamos a Alfama?

O Miguel e o João Pedro acabaram as aulas e saem da Faculdade.

MIGUEL: Tens aí o carro? Dás-me uma boleia para casa?

JOÃO PEDRO: Claro, pá! O carro está ali em baixo.

MIGUEL: O que é que fazes hoje à noite?

JOÃO PEDRO: Não tenho planos. Estava a pensar telefonar ao Zé Carlos, a ver se ele quer fazer alguma coisa.

MIGUEL: Porque é que não vamos a Alfama hoje à noite? Tu telefonas ao Zé Carlos e eu telefono à Susan. Talvez ela queira levar alguma amiga do curso. Elas vão gostar daquele ambiente.

JOÃO PEDRO: Certo! Apareçam no *snack* por volta das nove.

O Miguel telefona à Susan.

MIGUEL: Susan, queres ir a Alfama logo à noite?

SUSAN: A Alfama? Fazer o quê?

MIGUEL: Ver aquele ambiente e comer qualquer coisa. Hoje é véspera de São
Pedro e aquilo vai estar animado.

SUSAN: O que é que há lá?

MIGUEL: Vai andar toda a gente na rua. Há música e comida. Podes até
comprar um manjerico para trazer para casa.

SUSAN: Um manjerico? O que é isso?

MIGUEL: É uma planta que cheira muito bem, de folha miudinha. Vende-se
num vaso e tem um cravo espetado. No cravo há uma bandeirinha de
papel com uma quadra.

SUSAN: E o que é que diz a quadra?

MIGUEL: Depende. Compra um e logo vês.

SUSAN: E o que é que se come lá?

MIGUEL: Olha, podes comer sardinhas. Por toda a parte há gente
a assar sardinhas à porta das
casas. Ou podemos entrar
numa tasca e comer uma sandes de presunto, febras de porco, chouriço assado, sei lá!

SUSAN: Estás-me a fazer fome.

MIGUEL: E também vendem farturas. Sabes o que são farturas?

SUSAN: Não faço ideia nenhuma.

MIGUEL: É difícil de explicar. É
uma massa que eles deitam por
um tubinho numa frigideira
com azeite a ferver. Vão andando à roda até formar uma espi-
ral. Depois de frita, cortam em
bocadinhos e polvilha-se com
açúcar e canela. Logo vês.

SUSAN: Deve ser bom. Já me estás
a convencer.

MIGUEL: Tudo aquilo é muito giro.
E vais ver ainda os altares de
Santo António junto à entrada
de algumas casas.

Em cada canto se assam sardinhas

SUSAN: Altares grandes, como na igreja?

MIGUEL: Não, pequeninos. Têm um Santo António de barro com um palmo
de altura.

SUSAN: Bem, vamos. Está-me a interessar.

MIGUEL: Olha, vai também o João Pedro. E o Zé Carlos é capaz de também ir. Porque é que não levas umas colegas lá do teu curso? Elas gostavam, com certeza.

SUSAN: Vou perguntar à Fie se ela quer ir. Vai querer, com certeza. Para estas coisas alinha sempre. E talvez alguma outra.

MIGUEL: Então aparece no *snack* aí perto da tua casa por volta das nove. Ou queres que eu te vá buscar?

SUSAN: Não obrigado. Eu sei lá ir ter. Até logo.

alinha is up for it	**cheira** smells	**ir ter** find my way
altura height	**cortam** cut	**manjerico** sweet basil
ambiente scene	**cravo** carnation	**miudinha** very fine
apareçam show up	**espetado** stuck	**polvilha-se** is sprinkled
bandeirinha little flag	**farturas** sweet fritters	**quadra** quatrain
boleia ride	**febras de porco** fried pork	**sandes** sandwiches
buscar pick up	**ferver** boiling	**vaso** pot
canela cinnamon	**folha** leaf	**véspera** eve
	frigideira frying pan	

Prática oral

Usando muito a tua imaginação, responde às perguntas que vais ouvir.

Leitura

O Carnaval de Ontem

No século XVIII já se usavam máscaras durante o Carnaval. As pessoas mais ricas importavam da Itália máscaras finíssimas, a peso de oiro. Mandavam os lacaios, já bem entrada a noite, levar as máscaras até ao portal das casas onde viviam aqueles que queriam surpreender e só aí as colocavam no rosto. A gente pobre também usava máscaras mas estas eram apenas um pano ou uma folha de papel pardo cobrindo a cara, com buracos para os olhos. Tanto pobres como ricos, na medida das suas possibilidades, organizavam lautos jantares, como despedida da carne, ante o período de Quaresma que se avizinhava. (Mais tarde o Papa promulgou uma bula que custava um vintém e que dispensava os fiéis da abstinência da carne.)

O povo divertia-se na rua, vestindo a roupa ao avesso, lançando cinza, farinha e água sobre os que passavam na rua e atirando laranjas uns aos outros. As senhoras ricas escondiam-se atrás das suas janelas e arremessavam cascavéis, que faziam um barulho tremendo e assustavam os atingidos por eles, ou lançavam "ovos de cheiro,"[a] sobre os transeuntes da sua condição social. No fundo tudo terminava em bem—era só questão de ir para casa lavar a cara e a roupa.

Muitos dos divertimentos de rua continuaram pelo século seguinte. No entanto popularizaram-se os bailes, onde tanto homens como mulheres muitas vezes envergavam o dominó, uma espécie de capa negra com touca, e tapavam a parte superior do rosto com uma mascarilha. Outros usavam disfarces vários, que podiam ser extremamente elegantes. Em Lisboa um dos bailes mais animados era o do Casino Lisbonense, onde actuavam cancanistas francesas.[b]

Já no século XX popularizaram-se os corsos em várias cidades e vilas. Então desfilavam pelas artérias principais carros alegóricos que rodavam com lentidão para cima e para baixo, levando a bordo meninas que iam lançando (e recebendo das pessoas postadas à beira do passeio) serpentinas e saquinhos de pano cheios de serradura. Outra alternativa eram as batalhas de flores.[c] Nos cinemas e teatros era também habitual travar batalhas com serpentinas e saquinhos. Estes por vezes iam cheios de grão de bico, o que não era de todo agradável quando arremessados por mãos mais vigorosas.

Uma casa do século XVI em Alfama

Na rua também nem sempre a gentileza predominava. Os rapazes lançavam esguichos de éter sobre as pernas das meninas. Às vezes ia-se com pezinhos de lã por detrás de um incauto e metia-se-lhe na boca uma mão-cheia de *confetti*, a que também se chamava papelinhos. Usavam-se caraças, máscaras de cartão com um aspecto grotesco.

Uma tradição que ainda perdurava era a dos assaltos. Antes tratava-se de um grupo de mascarados que irrompia de surpresa por qualquer casa conhecida. Mais tarde tudo passou a ser combinado com os locatários, embora se mantivesse a aparência da surpresa. Depois dançava-se, comia-se e bebia-se. Por vezes serviam-se croquetes de estopa, para desespero dos mais comilões quando lhes metiam o dente.

Nas ruas passavam garotinhas vestidas à moda do Minho ou de lavadeiras, com a trouxa da roupa à cabeca . Muitos garotos iam de Pierrot, com a cara pintada de branco e os lábios besuntados de baton.

As cegadas constituíam outro espectáculo de rua. Eram pequenos *shows* ambulantes, ou apenas alguns indivíduos divertindo-se à sua maneira. Podiam por exemplo ser dois, um vestido de ama e o outro sendo empurrado num carrinho, com roupa de bebé e mamando num biberão cheio de vinho tinto. Depois havia os chechés ou velhos de Entrudo. Vinham de bicórnio, casaca e calção vermelhos, camisa e meia brancas e sapatos pretos. Não mão traziam um ameaçador cutelo que iam afiando num ferro, daqueles usados pelos cortadores. Corriam atrás das mulheres e crianças, que fugiam apavoradas. Representavam talvez uma reminiscência da dança da morte medieval.[d]

O espontâneo Carnaval de rua praticamente desapareceu nos nossso dias. Dele ficou apenas a memória entre os mais velhos ou uma ou outra alusão na literatura.

NOTES: [a] The Casino Lisbonense gained fame in 1871 as the site of the so-called Conferências do Casino. For lack of a better place, a group of young writers, among them Antero de Quental and Eça de Queirós, chose the Casino, then closed, for a series of lectures which launched a new literary school, Realism, and virtually put an end to the Romantic period.

[b] **Ovos de cheiro** were the predecessors of stink bombs.

[c] Some of these parades still take place in provincial towns.

[d] The **dança da morte** was a medieval spectacle in which someone dressed to represent Death would go around a circle of people and pick up those assumedly bound for eternal damnation.

a peso de oiro at exhorbitant prices
actuavam performed
afiando sharpening
ama nanny
ameaçador threatening
ao avesso inside out
apavoradas in fright
arremessavam threw
artérias thoroughfares
assustavam startled
atrás after
avizinhava neared
baton lipstick
besuntados smeared
biberão baby bottle
bicórnio two cornered hat
bula decree
buracos holes
cancanistas can-can dancers
carrinho (simulated) baby carriage
carros alegóricos floats
cascavéis rattles
cegadas Mardi Gras street pantomimes

chechés a kind of Mardi Gras revelers
cinza ashes
com lentidão slowly
com pezinhos de lã quietly, on tiptoes
comilões gluttons
corriam ran
corsos Mardi Gras parades
cortadores meat cutters
cutelo meat cleaver
despedida farewell
disfarces costumes
empurrado pushed
envergavam wore
escondiam-se hid
esguichos squirts
estopa fibrous packing materials
farinha flour
ferro iron rod
fiéis faithful
folha sheet
fugiam ran away
grão de bico dry garbanzo beans
guardar keep

já bem entrada well into
lábios lips
lançando throwing
lautos abundant
lavadeiras washerwomen
locatários residents
mamando sucking
mão-cheia handful
máscaras masks
mascarilha small mask
no fundo in the end
pano cloth
papel pardo brown paper
perdurava lasted
portal doorway
rodavam drove by
rosto face
saquinhos small bags
serpentinas streamers
serradura sawdust
tapavam covered
touca cap
transeuntes passersby
travar engage in
trouxa bundle
vintém 20 **réis**

Prática oral

Prepara uma pequena apresentação oral apontando possíveis paralelos entre as práticas acima mencionadas e costumes norte-americanos. Explica, por exemplo, como se festeja o Carnaval em Nova Orleãs ou em que consiste o Halloween e que partidas *practical jokes* se faziam antes quando as pessoas recusavam dar guloseimas às crianças. Podes também mencionar o aspecto algo carnavalesco do Homecoming, os desfiles do Dia 4 de Julho ou do Dia de São Patrício e ainda outras actividades em que as pessoas se vistam de modo especial.

Um bocadinho de humor

Os garotos que antes vendiam jornais nas ruas chamavam-se ardinas e eram conhecidos pelo seu sentido de humor popular. Uma vez, no Dia das Mentiras, um deles apregoava: "**Diário de Lisboa!** Traz a história das vinte e cinco pessoas enganadas por um garoto de onze anos!" Um sujeito comprou-lhe o jornal e, como não encontrou tal notícia, reclamou. O ardina não respondeu nada mas continuou a apregoar: "**Diário de Lisboa!** Traz a história das *vinte e seis* pessoas enganadas por um garoto de onze anos!"

apregoar hawk	**enganadas** fooled	**reclamou** complained
ardinas newsboys		**sentido** sense

O Castelo de São Jorge é parte do bairro do Castelo

14
Olhai, Senhores, esta Lisboa doutras eras!

1. Uma forma de imperativo indirecto

A. In Lição 10, you learned how to use commands. But when you give a command, the very first thing the person hears is the command itself, which may sound rather pushy.

> Limpe-me o casaco!
> > Clean my jacket!
> Façam um bife!
> > Cook a steak!
> Troquem esta nota de mil escudos!
> > Change this thousand-escudo bill!
> Empreste-me o seu dicionário!
> > Lend me your dictionary!

B. You can lead into these (or any other) commands by preceding them with an expression such as **quero que...** *I want...*, **desejo que** *I would like (you) to...* or **preciso que** *I need (you) to*. The verb form of the command remains the same, except for the **tu** form which is based on the negative form of the command.

> Quero que me limpe o casaco.
> > I want you to clean my jacket.
> Quero que façam um bife.
> > I want you to cook a steak.
> Preciso que troquem esta nota de mil escudos.
> > I need you to change this thousand-escudo bill.
> Preciso que me empreste o seu dicionário.
> > I need you to lend me your dictionary.

Here, you have kept the command form, but it is no longer the first thing heard. You have communicated your wish, but have softened it somewhat with the first phrase.

C. The **quero que...** /**desejo que...**/**preciso que...** constructions also allows you to formulate "indirect commands" for people who are not present. The examples below use **quero** and similar words that express desire or need.

> Quero que a Joana me faça um favor.
> > I want Joana to do me a favor.
> Desejo que elas venham à festa.
> > I would like them to come to the party.
> Preciso que eles assistam à reunião comigo.
> > I need them to attend the meeting with me.

D. Going a step further, by using this construction, **anyone**—not just you—can formulate an indirect command to anyone else. What this means is that the command forms can now be expanded for use *by* all persons and be given *to* all persons. (Remember that direct commands can only be given to **tu**, **você(s)** and **o/os senhor-es** or **a/as senhora-s**.)

> **Ele** quer que **nós** façamos isso agora.
> A **Vanda** prefere que **eles** não lhe falem nisso.
> **Elas** precisam que **eu** chegue a tempo.
> **Os médicos** recomendam que não **se** coma muita carne.

This "indirect command" is called the *present subjunctive* **presente do conjuntivo**.

Prática oral

Actividade A. Usa **quero que, desejo que** ou **preciso que** antes das frases que vais ouvir e faz as modificações necessárias. Recorda que nas frases com **tu** o conjuntivo representa a forma negativa do imperativo.

> MODELO:　**Traga** um copo de água!
> > Quero que **traga** um copo de água.
> > **Traz** um copo de água!
> > Quero que **tragas** um copo de água.

Actividade B. Forma frases lógicas com os elementos que vais ouvir e quaisquer outros necessários.

> MODELO:　Ela precisa que (trazer)
> > Ela precisa que o senhor lhe traga cinco contos.

Actividade C. O que é que o director da agência de turismo quer que o empregado faça? O teu professor vai dizer.
> MODELO:　levar estes passaportes ao consulado
> > Preciso que o senhor leve estes passaportes ao consulado.

Vozes portuguesas

Sr. Encarnação has lived in Lisbon for 63 years and reminisces on life in his youth.

Memórias da Lisboa de outros tempos

Antes havia mais mercearias, com um sortido mais barato e é claro comprava-se um decilitro de azeite, meio decilitro, dois tostões de café, três tostões de açúcar... Uma posta de bacalhau cinco tostões... Os pregões,[a] isso era maravilhoso... Fava rica,[b] peras ou marmelos, o aguadeiro, o vendedor com as duas canastras ao ombro[c] a vender peixe. Havia a praça[d] da Figueira e a praça de São Bento que eram duas praças maravilhosas. Eu ainda me lembro quando era garoto ia para lá para os bailes de Santo António... Eu na minha mocidade ia para o carrocel e andava de carrocel, comprava dois tostões de tremoços... Eu vendia jornais, ainda não havia o **Popular**, havia só a **República** e o **Diário de Lisboa**. Custavam para a gente dois tostões e meio[e] cada jornal, vendíamos a três tostões...

NOTES:

[a] You remember from Lição 3 that **pregões** are the calls of street vendors hawking their wares. In addition to the aforementioned **pregões**, it was also possible to hear calls such as "Quem quer figos, quem quer almoçar?" (fresh figs for lunch), "Ó viva da Costa!" (fresh sardines, still "alive," from the Costa da Caparica), "Quentes e boas!" (piping hot roasted chestnuts), "Merca o cabaz de morangos!" (buy a small basket of strawberries) and "Casca fina, boa laranja!" (oranges).

[b] **Fava rica** was cooked fava beans.

[c] Men selling fish carried a pole across their shoulders, from which two baskets (**canastras**) hung. Fishwives (**varinas**) balanced a **canastra** on their head.

[d] **Praça** is a public market, the same as **mercado**. A **praça** may also be a city square: **Praça do Comércio** and **Praça dos Restauradores** are important squares in Lisbon.

[e] 25 **centavos**. Remember that **tostão** was the 10 **centavo** coin. There were also **moedas de meio tostão**, 5 **centavo** coins.

açúcar sugar	**carrocel** merry-go-round	**posta** piece
ao ombro on his shoulder	**marmelos** quince	**praça** market place
bailes dances	**mocidade** youth	**sortido** stock
canastras baskets		**tremoços** lupini beans

Prática oral

Responde às perguntas que vais ouvir.

2. A formação do conjuntivo

A. When you started this lesson you already knew virtually all of the subjunctive forms through your knowledge of the command forms and what you know about verb endings.

Here is a model for reference. The singular forms (except for **tu**, as you know) retain the basic singular command form, and the plural forms use the regular plural endings. **Que** precedes the forms here to remind you that it so frequently is seen with them.

-Ar verbs: Falar

que eu **fale**	que nós **falemos**
que tu **fales**	
que o senhor, a senhora, você **fale**	que os senhores, as senhoras, vocês **falem**
que ele, ela **fale**	que eles, elas **falem**

-Er verbs: Escrever

que eu **escreva**	que nós **escrevamos**
que tu **escrevas**	
que o senhor, a senhora, você **escreva**	que os senhores, as senhoras, vocês **escrevam**
que ele, ela **escreva**	que eles, elas **escrevam**

-Ir verbs: Partir

que eu **parta**	que nós **partamos**
que tu **partas**	
que o senhor, a senhora, você **parta**	que os senhores, as senhoras, vocês **partam**
que ele, ela **parta**	que eles, elas **partam**

NOTES: The conjugation for **pôr** is **ponha, ponhas, ponha, ponhamos, ponham.** All **-por** verbs have the same endings as **pôr**: **que (eu) componha, que (tu) deponhas, que (ele) proponha**, etc. Since the **eu** and the **o senhor/a senhora/ele, ela** (and respective plural) forms are identical, it may in certain cases be necessary to clarify the meaning with a personal pronoun.

If you want/need/suggest an action, put that action in the subjunctive. Here is the formula you can use:

> | Present indicative of verb of desire | + *que* + | Present subjunctive of verb of action |

Notice that the subjects of the verbs on both sides of **que** are *always* different. This is because the first person always wants *someone else* to perform the action: **Nós** queremos que **vocês** venham.

Sugiro que vocês estudem mais.
O teu pai não quer que tu andes na rua até muito tarde.
O médico recomenda que o senhor não beba tanto café.
A professora prefere que vocês não escrevam os trabalhos a lápis.
Recomendo-te de novo que não discutas isso com ela.
Preciso que tu traduzas esta carta para alemão.
Peço-te que não ponhas o teu carro em frente da minha garagem.

Prática oral

Actividade A. Completa as frases que vais ouvir segundo o modelo:
MODELO: Quero que tu (escutar) _____ bem o que eu te digo.
Quero que tu **escutes** bem o que eu te digo.

Actividade B. Combina o sujeito da coluna A com elementos da coluna B de modo a formar uma frase lógica. Vai ser naturalmente necessário encontrar um verbo de ligação apropriado e acrescentar outros elementos.
MODELO: Governo. Cumprir a lei.
O governo quer que todos os cidadãos cumpram a lei.

Coluna A
1. o sargento
2. o médico
3. o advogado
4. a companhia de seguros
5. os agentes da TAP
6. a professora
7. a polícia
8. o dentista
9. o director da empresa
10. a hospedeira do ar *hostess*

Coluna B
a. assinar *sign* todos os documentos
b. reconfirmar o bilhete para Nova Iorque
c. engraxar *polish* bem as botas
d. apertar os cintos de segurança *seat belts*
e. abrir bem a boca
f. enviar pontualmente o prémio *premium*
g. não reclamar mais aumentos de salário
h. tomar o antibiótico três vezes por dia
i. deixar os exames em cima da mesa
j. circular sempre pela direita

Actividade C. Preenche os espaços com um verbo apropriado.
1. A minha irmã pede que tu lhe _____ um postal dos Açores.
2. Os meus pais não querem que eu _____ o carro na garagem.

3. A minha namorada prefere que eu não _____ depois das dez da noite.
4. A Susan aconselha que o James _____ mais.
5. O meu professor sugere que nós _____ bastante o dicionário.
6. O senhor deseja que eu _____ agora ou mais tarde?
7. Preciso que tu me _____ esse problema.
8. Não quero que eles, _____ esses bolos.
9. Recomendo que vocês _____ a essa conferência.
10. Sugiro que vocês_____ isso no supermercado.

Vozes portuguesas

Here Filomena describes the street vendor scene in Lisbon.

ESCOLA SECUNDÁRIA

Vendedores ambulantes em Lisboa

Há certas zonas de Lisboa que estão reservadas a vendedores ambulantes. Estão ali concentrados, há várias barraquinhas e vendem tudo e mais alguma coisa.[a] Há pessoas até de várias nacionalidades, muitos indianos,[b] sobretudo. Vendem desde carteiras, balões, rebuçados, tudo o que se pode imaginar é vendido naquelas zonas estritamente dedicadas a esses vendedores ambulantes. E ainda existe outro tipo de vendedor ambulante que é o cigano.[c] É muito habitual ver-se um cigano com um saco cheio de camisolas... De vez em quando abre o saco e começa a vender as suas camisolas e se aparece um polícia, ele fecha o saco e vai vender para outro lado.

NOTES
[a] One of these areas is the Praça de Espanha.
[b] **Indiano** means East Indian and **índio** means native American.
[c] In Portugal some gypsies are sedentary, others are nomadic. On the roads in the southern part of the country you may still see them traveling by mule drawn carts in small caravans.

aparece shows up	**dedicadas** reserved for	**para outro lado**
balões baloons	**desde** from	somewhere else
barraquinhas small stalls	**estritamente** strictly	**rebuçados** hard candy
		saco bag

Prática oral

Responde às perguntas que vais ouvir.

B. The **-ir** verbs that show vowel changes in the **eu**-form (such as **servir, seguir, mentir, preferir,** and **dormir**) have those same vowel changes throughout the subjunctive conjugation since the command is based on the **eu**-form.

Mentir (**eu**-form: **minto**)
que (eu) minta
que (tu) mintas
que (o senhor/a senhora/
     você/ele/ela minta
que (nós) mintamos
que (os senhores/ as senhoras/
     vocês/eles/elas mintam

Dormir (**eu**-form: **durmo**)
que (eu) durma
que (tu) durmas
que (o senhor/a senhora
     /você/ele/ela durma
que (nós) durmamos
que (os senhores/as senhoras/
     vocês/eles/elas durmam

O pai não quer que os meninos **mintam**.
O professor prefere que os seus alunos não **durmam** na aula.
Quero que a empregada **sirva** o jantar agora.
Ele sugere que tu o **sigas** no teu carro.

Mulheres cabo-verdianas vendendo peixe em Lisboa

Prática oral

Actividade A. Forma frases à base dos seguintes elementos usando sempre
uma forma de conjuntivo:
1. Meninos/ esperar/ pais/ lhe/ conseguir/comprar/ roupa/ novo.
2. Alfredo e eu/ insistir/ tu/ dormir/ mais horas.
3. Quero que/ vocês/ sugerir/ essa ideia/ reunião.
4. Nós/ preferir/ tu/ repetir/ curso/ próximo ano.
5. Médico/ achar estranho/ Sr. Saraiva/ tossir/ tanto.
6. Advogada/ insistir em/ seu/ clientes/ não mentir/ tribunal.

Actividade B. Responde afirmativamente às perguntas feitas na aula, especificando o que se quer.

MODELO: Ela deve **seguir**-nos no seu carro?
           Sim, quero que ela nos **siga** no seu carro.

C. Those verbs that have regular spelling changes in the command forms (such as **começar ~ comece, conhecer ~ conheça, chegar ~ chegue, ficar ~ fique**) retain those spelling changes throughout the subjunctive.

Chegar (command: **chegue**)	**Ficar** (command: **fique**)
que (eu) che**gue**	que (eu) fi**que**
que (tu) che**gues**	que (tu) fi**ques**
que (o senhor/a senhora/ você/ele/ela) che**gue**	que (o senhor/a senhora/ você/ele/ela) fi**que**
que (nós) che**guemos**	que (nós) fi**quemos**
que (os senhores/ as senhoras/ vocês/eles/elas) che**guem**	que (os senhores/as senhoras/ vocês/eles/elas) fi**quem**
Começar (command: **comece**)	**Conhecer** (command: **conheça**)
que (eu) come**ce**	que (eu) conhe**ça**
que (tu) come**ces**	que (tu) conhe**ças**
que (o senhor/a senhora/ você/ele/ela) come**ce**	que (o senhor/a senhora/ você/ele/ela) conhe**ça**
que (nós) come**cemos**	que (nós) conhe**çamos**
que (os senhores/as senhoras/ vocês/eles/elas) come**cem**	que (os senhores/as senhoras/ vocês/eles/elas) conhe**çam**

A professora exige que **cheguemos** às nove em ponto.
É preciso que vocês **fiquem** até às oito.
O meu pai prefere que eu **comece** o meu trabalho pela tarde.
O meu irmão quer que **conheçamos** a sua nova namorada.

Prática oral

Actividade A. O que é que sugeres que estas pessoas façam durante as suas férias na Madeira?

MODELO: A minha mãe—fazer compras
           Eu sugiro que a minha mãe faça muitas compras nas lojas
           de artigos regionais.

o meu pai	fazer uma sesta *take an afternoon nap*
o meu irmão	conhecer pontos turísticos

os meus avós	ficar num hotel
todos nós	pagar as contas
a minha irmã	começar a escrever
a tia Rita	empregar o seu tempo

Actividade B. Muda as frases que vais ouvir colocando primeiro "Todos querem que..."

MODELO: Ela pede o jantar
Todos querem que ela peça o jantar.

Vozes portuguesas

Manuela returned to Lisbon after a long stay in Macau and finds the Baixa a pleasant place to visit.

A Baixa de Lisboa

Acho que a Baixa morreu um bocado mas agora está a tentar ressurgir outra vez.[a] Aliás vemos por aí anúncios de "venha à Baixa." Eu gosto imenso de ir para a Baixa. Prefiro ir para a Baixa do que para os centros comerciais, cheios de gente e fechados.

NOTE:
   [a] **Ressurgir outra vez** is obviously redundant.

aliás incidentally	**ressurgir** come back to	**tentar** try
gente people	life	**um bocado** somewhat

Prática oral

Responde às perguntas que vais ouvir.

Notas culturais

Museus de Lisboa

In previous lessons you read about four museums among the many in Lisbon. You may remember that the Museu Bordalo Pinheiro specializes in ceramics, the Museu da Cidade deals with the city's history, the Museu dos Coches holds a splendid collection of magnificent carriages and the Museu de Arte Antiga, also known as Museu das Janelas Verdes, has an excellent repository of ancient art.

In addition to these, other museums are well worth a visit. At the Museu da Marinha, next to the Jerónimos monastery, you may admire models of ships and nautical instruments used in Portugal throughout the ages. If you are interested in military history go to the Museu Militar, also known as the Museu de Artilharia, near the Santa Apolónia railroad station, where you will find, among other items, ancient weapons, uniforms and flags. The Museu da Água is located not far from there. In it documentation and machinery pertaining to water supply are displayed. Farther east you will find the Museu Nacional do Azulejo, at the former Madre de Deus convent, with an exceptional collection of fifteenth to eighteenth century tilework.

Then you have the Museu Nacional de Arqueologia e Etnologia, the Museu Bocage of zoology and anthropology, located inside the Faculdade de Ciências, the Museu da Música, the Museu do Traje, the Museu Nacional do Teatro, the Museu dos CTT, dealing with the postal service, the Museu de Arte Popular and the Museu do Ultramar.

For lovers of modern art visits to the recently remodeled Museu do Chiado and the Museu de Arte Moderna e Contemporânea, located at the Calouste Gulbenkian Foundation, are a must. After a walk through the Alfama you may be tempted to drop by the Fundação Ricardo Espírito Santo with its collection of arts and crafts.

However, if you soon tire of walking through one museum room after another, don't be discouraged. Each of the older neighborhoods in the city is a living museum of art and history, always open to strolling visitors.

D. The **você(s)** command forms of four irregular verbs (**ser, estar, ir** and **saber**) were presented in Lição 10. Here they are again for review:

INFINITIVE	1ST. PERS. SING.	COMMAND FORM
Ser	sou	**Seja(s)(m)...!**
Estar	estou	**Esteja(s)(m)...!**
Ir	vou	**Vá(s)! (Vão!)**
Saber	sei	**Saiba(s)...! Saibam...!**

Two more verbs with irregular command forms are:

INFINITIVE	1ST. PERS.SING.	COMMAND FORM
Dar	dou	**Dê(s)! Dêem!**
Querer	quero	**Queira(s)(m)!**

NOTE: The command form of **querer** can express a polite but firm request: **Queira** acompanhar-me! Queira fazer o favor de não fumar aqui!

O Pai Natal deseja que os meninos **sejam sempre** bons.
Ele prefere que os filhos **estejam** em casa à noite.
Vocês querem que eu **vá** fazer compras agora?
A Ana e a Clara querem que lhes **demos** uma boleia *a ride*.
A professora quer que nós **saibamos** bem o conjuntivo.

Prática oral

Actividade A. Segundo o modelo, muda as frases que vais ouvir.

MODELO: Vocês não são amáveis.
Esperamos que sejam amáveis!

Actividade B. Substitui **as filhas** pelos elementos que vais ouvir e modifica o verbo se necessário.

A D. Maria da Conceição quer que **as filhas** vão para o colégio.

Dois a dois

Os alunos devem formar pares. Um dos alunos representa o papel de filho-a e o outro de pai/mãe. O primeiro aluno pergunta se o outro acha bem que ele faça determinadas coisas (**O pai acha bem que eu compre uma motocicleta?**) e o segundo aluno sugere uma alternativa (**Prefiro que compres uma carro usado**).

Vozes portuguesas

Dona Cristina has lived in Lisbon for seventy years and still marvels at the city's beauty. Here she refers to **miradouros,** *little parks from which one has a spectacular view of the surrounding area and the river.*

Miradouros e mais

Santa Luzia é muito lindo.[a] Há o outro lá em cima, Senhora do Monte, na Graça...[b] Há também aquele ali em cima, em São Pedro de Alcântara.[c] Há miradouros muito giros, têm uma vista lindíssima. E note, o outro dia estive em casa de uma senhora que tem a vista mais linda que pode haver em Lisboa. Fiquei maravilhada, maravilhada. Vê-se o Tejo, vê-se a ponte,[d] vê-se o outro lado, uma vista fantástica!

NOTES:
[a] Santa Luzia is located near the **Sé** *cathedral.*
[b] The Graça neighborhood is located uphill of Santa Luzia.

^c São Pedro de Alcântara has already been mentioned. From this **miradouro** one may enjoy an almost 180° view over Lisbon. Other view points are the Elevador de Santa Justa and the Castelo de São Jorge.

^d Dona Cristina is referring to the Ponte 25 de Abril (formerly Ponte Salazar) that links Lisbon with the Outra Banda, the "outro lado" she mentions.

fiquei I was   **lindo** pretty   **miradouros** belvederes
lado bank   **ponte** bridge

Prática oral

Responde às perguntas que vais ouvir.

3. O conjuntivo com expressões impessoais

A. There are some impersonal expressions (**É... que**) which also indicate a desire, need, or suggestion and thus require a subjunctive in the clause that follows it. Here are some:

> **É preciso** *It is necessary*
>> **É preciso** que compres pão.
>
> **É importante...** *It is important*
>> **É importante** que comamos muita fruta e verduras.
>
> **É melhor...** *It is better*
>> **É melhor** que nós fiquemos em casa.
>
> **É bom...** *It is good*
>> **É bom** que não lhe digas nada.
>
> **É óptimo...** *It is excellent*
>> **É óptimo** que vás agora de férias

Prática oral

Actividade. Constrói frases segundo o modelo abaixo:

MODELO: O Francisco traz os presentes. (É melhor)
        É melhor que o Francisco traga os presentes.

1. Os rapazes não dormem muito. (É mau)
2. Leio o jornal todos os dias. (É importante)
3. O meu irmão aceita esse emprego. (Não é conveniente)
4. Falamos português com os nossos amigos. (É mais útil)
5. Ele toca piano. (É preferível)
6. Vamos à aula todos os dias. (É essencial)
7. Saio com os meus amigos às sete. (É mais prático)
8. Nós ficamos em casa. (É mais prudente)
9. Ela chega a tempo ao aeroporto. (É preciso)
10. Tu escolhes o peixe. (É melhor)

B. When **talvez** is at the beginning of a sentence it always requires a subjunctive:

Vou a França este ano. Talvez **vá** a França este ano.

Prática oral

Actividade. Responde às perguntas que vais ouvir segundo o modelo.

MODELO: Pensas comprar esses *jeans*?
          Talvez **compre**.
       Pensas...

Vozes portuguesas

Like other Lisbonites, Filomena is apalled by the parking situation in Lisbon.

O terrível problema
do estacionamento em Lisboa

Complicadíssimo o estacionamento em Lisboa! Levar o carro para a cidade é sinal de multa.[a] Para já porque não existe o sistema—ou existe muito pouco—em que a pessoa é obrigada a ficar só trinta minutos.[b] O que quer dizer que há pessoas que estacionam o carro de manhã e só o vão retirar à noite. É uma loucura! Se há necessidade de ir, por exemplo para uma consulta médica numa zona movimentada da cidade é preferível apanhar um táxi do que levar o carro. Levar o carro para a Baixa é um mau negócio, sem dúvida nenhuma.[c]

NOTES:
[a] Filomena means that you are very likely to get a ticket.
[b] She is referring to parking meters.
[c] Lisbon, as well as most Portuguese cities, presents an almost unsolvable traffic and parking problem due to narrow streets and lack of parking facilities.

é sinal de is a sure sign of	**loucura** madness	**obrigada** forced
estacionam park	**movimentada** busy	**para já** first
estacionamento parking	**multa** parking ticket	**quer dizer** means
levar take	**negócio** business	**retirar** move

Prática oral

Responde às perguntas que vais ouvir.

4. Mais números ordinais

In Lição 1 you learned ordinal numbers from first to nineteenth. To continue, twentieth is **vigésimo**, twenty first is **vigésimo primeiro** and twenty second is **vigésimo segundo.** The same pattern is followed from here on. Ordinal numbers by tens from twentieth to one hundredth are as follows:

vigésimo	quinquagésimo	octogésimo
trigésimo	sexagésimo	nonagésimo
quadragésimo	septuagésimo	centésimo

After **centésimo** you start the series again: **centésimo primeiro, centésimo segundo**, etc. However, ordinals above **centésimo** are rarely used, with the exceptions of **milésimo** (1,000th) and **milionésimo** (1,000,000th). Obviously, there are feminine and plural variants for all these forms.

Prática oral

Actividade A. Diz:
1. A 41ª lição
2. O 25º andar
3. A 52ª fila
4. A 76ª página
5. O 35° grau

Actividade B. Traduz:
1. the 89th person in line
2. his 62nd year
3. in the book's 21th lesson
4. for the 1,000[th] time
5. the 31st reunion of the 1965 class

Actividade C. Muda a frase segundo o modelo.
MODELO: O Sr Mendes faz hoje 29 anos.
O Sr. Mendes festeja hoje o seu vigésimo nono aniversário.

O Sr Mendes faz hoje...

1. 38 anos	3. 53 anos	5. 71 anos	7. 99 anos
2. 47 anos	4. 64 anos	6. 82 anos	8. 105 anos

Actividade D. Responde às perguntas que vais ouvir.

Dois a dois

Os alunos devem dividir-se em pares para decidir quais são os dez mais importantes factores que permitam obter uma boa nota no curso de Português. Devem em seguida organizar uma lista desses factores e comunicá-la aos outros colegas, prefaciando cada um deles com **Em primeiro (segundo. etc.) lugar é preciso que nós...**

Vozes portuguesas

Gabriela does not seem to be very enthusiastic about public transportation in Lisbon during rush hour.

As horas de ponta

Os transportes públicos vão cheios e normalmente vão atrasados. O metro funciona bem sem ser nas horas de ponta. Nas horas de ponta é o caos. As horas de ponta são aquelas em que as pessoas ou entram para o emprego ou então saem do emprego. Entre as oito e as dez e as cinco e as sete... Em zonas críticas como é o caso da auto-estrada Lisboa-Cascais,[a] há bichas[b] de cinco quilómetros, seis quilómetros. Dentro da cidade a essa hora não é conveniente transitar porque uma pessoa perde imenso tempo em semáforos, em bichas...

NOTES:

[a] The freeway, known as **a auto-estrada,** begins near the Amoreiras Shopping Center, circles the city on the north side and branches off in several directions, Cascais being one of them.

[b] The word **bicha** *line* does not have this meaning either in the Azores or in Brazil, where **fila** is used to signify a waiting line.

atrasados late   **emprego** work   **semáforos** stop lights
                            sem ser except

Prática oral

Como são os transportes públicos na tua cidade em comparação com os de Lisboa? Qual é a situação nas horas de ponta?

Fora das horas de ponta os autocarros não vão muito cheios

5. Alguns usos de MESMO

A. The expression **mesmo** either before or after another element intensifies its meaning.

> Esse rapaz é burro **mesmo**!
> Não queres ir ao médico? És **mesmo** teimosa *stubborn*!
> Hoje está **mesmo** calor!
> Ele tem dinheiro **mesmo**!
> O gato dorme **mesmo** bem.
> O carro custa mil contos **mesmo**.

After a pronoun it has the same value as the *-self/-selves (myself, etc.)* intensifiers in English. In this case it takes feminine and plural forms:

> Foi ele **mesmo** que veio.
> Eu **mesma** mudei o óleo do carro.
> Eles **mesmos** podem fazer isso.
> Elas **mesmas** é que me contaram o caso.

In a question **mesmo** may imply a higher degree of doubt:

> Vocês são **mesmo** vegetarianas?
> Leste **mesmo** o livro todo?
> São **mesmo** cinco horas?
> Gostaste **mesmo** do filme?

NOTE: *After all* may be rendered by **mesmo** following the verb, or by **sempre** preceding it:

> O que é que resolveste?
>> Queres **mesmo** ir com eles?
>> **Sempre** queres ir com eles?

In a short response, **mesmo** also functions as an intensifier:

> Estes croquetes estão deliciosos! **Estão mesmo!**
> O Paulo é muito inteligente. **É mesmo!**
> Que frio fez ontem! **Fez mesmo!**
> A Graça sempre vem no domingo? **Vem mesmo!**

Prática oral

Actividade A. Traduz as frases que vais ouvir, usando sempre **mesmo** ou uma das suas variantes.

Actividade B. Reage confirmativamente às frases que vais ouvir usando sempre uma frase curta com **mesmo**.

> MODELO: O restaurante tem bom aspecto.
>> Tem mesmo!

B. At the beginning of a phrase **mesmo** means *even*:

Mesmo uma criança de cinco anos compreende isso.

Mesmo doente, o Sr. Saraiva foi trabalhar hoje.

Mesmo de aqui, podes telefonar.

Mesmo à pressa, acabei a composição.

Prática oral

Actividade. Forma cinco frases iniciadas pela palavra **mesmo**.

6. Expressões exclamativas

Like other languages, Portuguese uses an enormous variety of short expressions to verbalize a sudden emotion or an attitude towards what had been said before. In the previous lessons you have come across a number of them. Here is a list of some of the most common:

A. Confirmation or agreement:

Claro! A Susan é americana? Claro!

Certo! Vamos hoje a Alfama? Certo!

Sem dúvida! Ela quer vir à festa? Sem dúvida!

Magnífico! O meu pai emprestou-me o carro. Magnífico!

Óptimo! Tive dezoito valores em História. Óptimo!

Fantástico! O Jorge e a Andreia vêm connosco. Fantástico!

Estupendo! Encontrei os livros na biblioteca. Estupendo!

De acordo! Vamos estudar agora? De acordo!

Perfeitamente! Sr. Pinto, por favor traga-me esses documentos. Perfeitamente!

Pudera! Sabias que o tio do Paulo acaba de comprar três Cadillacs? Pudera,[1] ele é milionário!

B. Negation or rejection:

Nada disso! Foste tu que contaste o caso à Susana? Nada disso!

Isso nunca! Dizer ao professor que ela estava a cabular? Isso nunca!

De maneira nenhuma! Podemos dividir *split* a conta? De maneira nenhuma!

Nem por sombras! Vais telefonar ao Henrique? Nem por sombras!

Nem pensar nisso! Queres outra cerveja? Nem pensar nisso!

Nem falar nisso! Ir à praia com este tempo? Nem falar nisso!

Que ideia! Já te vais deitar às nove da noite? Que ideia!

Deus me livre! Vais pagar trinta contos por essa camisola? Deus me livre!

Livra! Queres ir à conferência sobre paleografia? Livra!

---

[1] **Pudera!** expresses a *No wonder!* attitude.

Safa! Todo esse trabalho por dez contos? Safa!
Nem pouco mais ou menos! Trocar o carro? Nem pouco mais ou menos!

NOTE: In the Azores **Cá nada!** is used as a strong denial

C. Disgust:

Oh diabo! Oh diabo! Deixei as chaves dentro do carro!
Bolas! Bolas! Parti o copo!
Irra! Irra! Não me voltes a falar nisso!
Caramba! Caramba! Isso já é demais!
Que seca! Ir visitar a chata da Tia Gertrudes? Que seca!

D. Pain:

Ai! Ai! Dei uma martelada num dedo!
Ui! Ui! A injecção está a doer muito!

E. Indignation:

Mau! Mau! Não comeces outra vez com essas coisas!
Por amor de Deus! Por amor de Deus! Baixa o volume da televisão!

F. Relief:

Uf! Uf! As visitas por fim foram-se embora!
Até que enfim! O semestre está a acabar. Até que enfim!

G. Surprise:

Não me diga(s)! Sabes que o Pedro foi preso? Não me digas!
Deus do Céu! Deus do Céu! Toda essa comida é para a festa?

H. Worry:

Valha-me Deus! Valha-me Deus! Não sei que fazer!
Ai, meu Deus! Ai, meu Deus! Deve ter havido um acidente!
Que desgraça! Que desgraça! Morreu o pai da Fátima!

Prática oral

Actividade. Reage às frases abaixo com uma expressão exclamativa.
1. Foste tu que sujaste a cozinha?
2. Queres um café?
3. Sabes que o meu irmão está no hospital?
4. A minha mãe deu-me este relógio.
5. Vamos estudar até às cinco da manhã?
6. Tu sabes medir a pressão de ar dos pneus?
7. A carta com o cheque acaba de chegar.
8. O meu primo casou-se pela quarta vez.
9. Perdi o meu passaporte.
10. Queres ir à Madeira connosco?

Diálogo

Moro nas Avenidas Novas, ali ao pé do Campo Pequeno

A Susan e o Giorgio, um colega italiano, conversam no bar da Faculdade.

GIORGIO: Onde é que tu moras, Susan?

SUSAN: Nas Avenidas Novas, ali ao pé do Campo Pequeno.

GIORGIO: Óptimo! Então podes ir a pé às touradas.

SUSAN: Estás a brincar comigo? Detesto corridas de touros!

GIORGIO: Desculpa lá! Mas gostas do teu bairro?

SUSAN: Gosto muito. Ali há de tudo. Restaurantes, *snacks*, lojas... Tudo o que queiras comprar encontras à mão. E as avenidas não são tão estreitas como outras ruas de Lisboa, pode-se respirar...

GIORGIO: E andas muito a pé?

SUSAN: Muito. Quando não está a chover vou a pé até à Faculdade. E mesmo até à Baixa. Gosto de descer a Avenida da República.[a] De vez em quando entro no McDonald's[b] para matar saudades.

GIORGIO: O McDonald's! Que horror! Ah, estes americanos... Porque não vais antes a uma pizzaria? A *pizza* é muito mais saborosa do que os *hamburgers*.

SUSAN: Ah, estes italianos... Descansa, que também gosto muito de *pizza*.

GIORGIO: Então moras perto da Gulbenkian, não?

SUSAN: Bastante perto. Vou muitas vezes. Têm lá exposições e espectáculos musicais estupendos. E conferências e outras actividades.

GIORGIO: E estás também perto da Feira Popular...

SUSAN: Sim, mais ou menos. Abriu há um mês ou coisa assim.[c] Oxalá não tenha muito que estudar e possa lá ir de vez em quando.

GIORGIO: Não acho que seja muito divertido. Isso do carrocel e dos automóveis eléctricos e da roda gigante são coisas de miúdos.

SUSAN: Mas há mais que isso. E o Sr. Saraiva, o senhor da casa onde vivo, diz que se comem lá umas sardinhas muito boas. Aliás comi tantas quando fui a Alfama que não me parece que as volte a querer por estes tempos.

GIORGIO: Bem, a mim isso talvez me convença.

SUSAN: E tu onde é que moras?

GIORGIO: Na Lapa.[d] Mas como ando mal de finanças quero encontrar alguma coisa que seja mais barata. Talvez encontre para os lados de Queluz.[e]

SUSAN: Mas isso é muito longe, não é?

GIORGIO: É, um bocado. Espero que não demore muito para chegar à Faculdade.

SUSAN: Tens autocarro directo?

GIORGIO: Não sei. É questão de perguntar. Mas talvez possa vir de comboio até ao Rossio e depois apanhar o metro.

NOTES:

[a] The wide Avenida da República runs from the Campo Grande, just north of the Campo Pequeno bullring, to the Praça do Saldanha and is bordered by a variety of stores, cafés and restaurants.

[b] McDonald's became extremely popular among Portuguese patrons when introduced in the country in 1991. The restaurant Susan refers to is located on the Avenida da República on the premises formerly occupied by the venerable Pastelaria Colombo.

[c] As mentioned before, the Feira is only open in the summer months.

[d] Lapa is an upscale neighborhood on a hill overlooking the Tagus.

[e] Queluz is the site of a most attractive former royal palace, dating back to the second half of the eighteenth century. The palace and surrounding gardens should not be missed by a foreign visitor.

antes rather	**desculpa** sorry	**oxalá** I hope
brincar kidding	**estreitas** narrow	**para os lados de**
conferências lectures	**exposições** exhibitions	somewhere near
demore take long	**matar saudades** cure my	**respirar** breathe
descansa take it easy	homesickness	**roda gigante** Ferris wheel
descer walk down	**moro** live	**saborosa** tasty

Prática oral

Responde às perguntas que vais ouvir.

A Torre de Belém

Leitura

"Quem não viu Lisboa não viu coisa boa"[a]

Pelo século dez antes de Cristo os Fenícios começaram a estabelecer feitorias na Península Ibérica, com o fim de adquirir metais em troca de produtos manufacturados. Segundo todas as probabilidades, a uma dessas feitorias, estabelecida não longe da foz do Rio Tejo, deram o nome de Olíssipo, a actual Lisboa. No período romano Lisboa floresceu, embora não tanto como outras cidades da Península. Também durante a ocupação muçulmana assumiu importância como entreposto comercial, a partir do qual se estabeleciam ligações com portos europeus e norte-africanos.

Lisboa tornou-se uma cidade cristã em 1147, quando foi conquistada pelo primeiro rei de Portugal, com o auxílio de cruzados ingleses, franceses e alemães, a quem o bispo do Porto fez um apelo para participarem na guerra santa contra os infiéis. No entanto os cruzados só acederam depois de o rei lhes prometer liberdade para o saqueio da cidade durante três dias. A Lisboa medieval estendia-se até ao Tejo, a partir do burgo fortificado que hoje é conhecido como o Castelo de São Jorge, ultrapassando as antigas muralhas mouriscas até Alfama, a Mouraria[b] e a Baixa. Em 1373 o desenvolvimento marítimo e comercial da cidade levou à construção de novas muralhas para a sua defesa. Foi uma medida oportuna pois no ano seguinte os Castelhanos cercaram a cidade. O cerco foi extremamente duro para os habitantes de Lisboa. A fome que então lá reinava está dramaticamente ilustrada neste passo da **Crónica de D. João I**, de Fernão Lopes:[c]

Andavam os moços de três e quatro anos pedindo pão pela cidade, por amor de Deus, como lhes ensinavam suas madres;[d] e muitos[e] não tinham outra coisa que lhes dar senão lágrimas que com eles choravam, que era triste coisa de ver; e se lhes davam tamanho pão como uma noz,[f] haviam-no por grande bem.

A época dos Descobrimentos trouxe a Lisboa, não só gentes de vários pontos de Portugal como também estrangeiros e um bom número de escravos africanos e asiáticos. Foi então necessária nova expansão, localizada sobretudo no Bairro Alto, junto à igreja de S. Roque. O Bairro Alto passou a ser uma zona residencial preferida pela aristocracia, enquanto que o comércio se concentrava nas estreitas ruas da Baixa.

Na manhã de 1 de Novembro de 1755, Dia de Todos os Santos, Lisboa foi sacudida por três violentíssimos abalos de terra. Uma hora depois as ondas de um maremoto inundaram a área compreendida entre Alcântara e o Terreiro do Paço.[g] As velas que nesse dia se tinham acendido em muitos altares tombaram causando incêndios que provocaram possivelmente mais devastações do que o próprio terramoto. Entre muitos outros edifícios, o fogo destruiu o teatro de ópera, concluído meses antes, o palácio real da Ribeira, junto ao Tejo, a igreja da Patriarcal e a biblioteca real, com os seus 70 000 volumes. Só uma semana depois se conseguiu acabar de debelar as chamas.

Foi impossível determinar o número de mortos. Alguns cálculos apontam para 10 000 a 15 000. Muitos habitantes fugiam desvairados para os arredores levando nas mãos crucifixos e imagens. Em zonas periféricas começaram a levantar-se acampamentos de refugiados. Até a Família Real viveu por alguns meses em tendas de campanha.

O Primeiro Ministro, Marquês de Pombal, ordenou então a reconstrução da Baixa. O espírito prático da época iluminista presidiu à elaboração dos planos, que incluíam blocos homogéneos, geometricamente dispostos e separados por ruas amplas.[h] Manteve-se todavia a tradição de conservar em cada rua, no sentido norte-sul, uma determinada actividade comercial e um nome correspondente. E assim ainda hoje temos designações como Rua (dos Ourives) do Ouro, Rua da Prata (ou seja dos prateiros), Rua dos Sapateiros, Rua dos Correeiros e outras. No sentido este-oeste preservaram-se nomes de carácter religioso: Rua da Assunção, de São Nicolau, de São Julião, etc. As obras demoraram e na realidade foi só nos princípios do século XIX que a Baixa assumiu o perfil que hoje tem.

A Revolução Industrial fez afluir a Lisboa pessoas da província para trabalhar em fábricas e deste modo se desenvolveram, à volta delas, bairros proletários como o Beato, Xabregas, Boavista ou Alcântara, todas ao longo do Tejo. As condições de habitação nestas zonas eram extremamente precárias e ainda hoje o seu aspecto não é dos mais agradáveis. Os trabalhadores portuários e as suas mulheres, que muitas vezes se dedicavam à venda de peixe, habitavam Alfama e a Madragoa.

Nas últimas décadas do século XIX o Passeio Público, um pequeno parque cercado de grades onde a burguesia lisboeta se reunia nas noites de verão, serviu de ponto de arranque para a ampla Avenida da Liberdade que passou a estender-se para norte. Com os seus airosos prédios e as suas faixas arborizadas, a Avenida dava então um pouco o ar de um *boulevard* parisiense. No topo da Avenida estava a Rotunda, hoje Praça Marquês de Pombal, onde se travaram combates em 4 e 5 de Outubro de 1910 entre tropas fiéis à Monarquia e revoltosos civis e militares que acabaram por impor ao país um regime republicano.

Através do acesso proporcionado pela Avenida da Liberdade começam depois a desenvolver-se as chamadas Avenidas Novas, assim como a parte norte da cidade, que incluía os bairros de Campo de Ourique, Campolide e Benfica. A década de 1940 traz um novo estilo arquitectónico, algo uniforme, aplicado à construção de numerosos edifícios públicos e de espaços residenciais, como Alvalade, junto ao qual se localiza a Avenida de Roma, uma das mais importantes da cidade. Criam-se de igual modo zonas de elegantes vivendas como a Encosta do Restelo e a Avenida do Aeroporto.

Desde então Lisboa tem acusado um fenómeno de gigantismo, ultrapassando os seus limites administrativos e criando uma vasta mancha urbana que inclui cidades-dormitório como Almada e a Amadora.

Apesar do seu desenvolvimento, a cidade ainda preserva muito do antigo e não é difícil encontrar ruazinhas ou recantos calmos onde o tempo parece ter parado.

NOTES:

[a] "Quem não viu Lisboa não viu coisa boa" is a popular Portuguese saying.

[b] The Mouraria, or Moorish quarter, was established soon after the 1147 conquest.

[c] Fernão Lopes (ca.1380?-ca.1460?) was the first Portuguese royal chronicler. The language in this passage has been slightly modernized.

[d] **Madres** is an ancient term for **mães. Madre**, however, is still used as a title for

a nun.

[e] i.e. many of the city dwellers.

[f] i.e. a piece of bread the size of a walnut.

[g] It is now estimated that this was a 9.0 earthquake, the strongest on the Richter scale.

[h] Obviously, nobody could predict at the time that two hundred years later these streets would be hopelessly narrow for the present day traffic.

abalos de terra tremors	**duro** harsh	**muçulmana** Muslim
acampamentos camps	**ensinavam** taught	**muralhas** walls
acendido lit	**entreposto** trading station	**noz** walnut
airosos graceful	**escravos** slaves	**ondas** waves
arredores outlying areas	**estendia-se** spread	**ourives** goldsmiths
bispo bishop	**faixas arborizadas** tree-	**perfil** profile
burguesia bourgeoisie	shaded planting strips	**ponto de arranque** starting
cercado enclosed	**feitorias** trading stations	point
cercaram set siege	**Fenícios** Phoenicians	**portuários** harbor
cerco siege	**fiéis** loyal	**prateiros** silversmiths
chamas flames	**fome** famine	**recantos** corners
choravam wept	**grades** railings	**refugiados** refugees
cidades-dormitório	**incêndios** fires	**sacudida** shaken
bedroom	**infiéis** infidel	**santa** holy
communities	**inundaram** flooded	**saqueio** pillage
correeiros leather workers	**lágrimas** tears	**tamanho** the size of
cruzados crusaders	**mancha** sprawl	**tendas de campanha** tents
debelar extinguish	**maremoto** tidal wave	**tombaram** fell down
desenvolvimento	**moços** youngsters	**troca** exchange
development	**mouriscas** Moorish	**ultrapassando** exceeding
desvairados out of their		**velas** candles
minds		

Prática oral

Responde às perguntas que vais ouvir.

Um bocadinho de humor

Sempre houve um ligeiro antagonismo entre a gente de Lisboa e do Porto. Nesta linha, os lisboetas costumam dizer que o ponto mais interessante da cidade do Porto é a Estação de São Bento, onde se apanha o comboio para Lisboa. Os portuenses replicam dizendo que o ponto mais interessante de Lisboa é a Estação de Santa Apolónia, de onde se pode sair da cidade.

ligeiro slight

15
Coimbra é uma lição de sonho e tradição...

1. O conjuntivo expressando dúvida ou probabilidade

A. In Portuguese, after a verb that expresses doubt or probability, a subjunctive is normally used. Here are some verbs and expressions that require a subjunctive in a dependent clause:

duvidar (de) que *to doubt that*	Eu **duvido** que ele **conheça** bem o assunto. **Duvidamos** que eles **tenham** razão.
não acreditar que *not to believe that*	**Não acreditas** que eu **saiba** esquiar *ski*? **Não acreditamos** que o professor **seja** tão velho.
não crer que *not to believe that*	**Não creio** que o director **esteja** doente. **Não crês** que o meu pai **volte** amanhã?
não estar certo (de) que *to be not sure that*	Ela **não está certa** de que o seu amigo **chegue** às dez. **Não estamos** certos que eles o **saibam**.
não (me, etc.**) parece que** *it doesn't seem (to me, etc.) that*	**Não parece** bem que ele **seja** tão pedante. **Não me parece** que ela **seja** bonita.
não pode ser que *it can't be that*	**Não pode ser** que o novo professor **se chame** Pantaleão. **Não pode ser** que **ele faça** tal disparate.
não achar[1] **que** *not to think that*	**Não acho** que o empregado **traga** o café frio. **Não acho** que ela **seja** simpática.

Several examples above show an interesting feature—the subjunctive verb often refers to an action in the future (as in **Não crês que o meu pai volte amanhã?** *Don't you believe that my father* **will** *return tomorrow?* and **Não acho que o empregado traga o café frio** *I don't think that the waiter*

---

[1] **Achar**, in the affirmative, does not take the subjunctive since you do not doubt what you believe: **Acho** que ela **é** simpática.

O velho Porto

will *bring cold coffee.*) This fits with what you already know about the subjunctive—when I tell you **Quero que tu o faças**, the action has to be performed in the future.

Prática oral

Actividade A. Usa um verbo que expresse dúvida para reagir às frases que vais ouvir. Podes usar pronomes se quiseres.

    Modelo: A minha amiga Josefina é milionária.
                      Duvido que ela seja milionária!

Actividade B. Usa a palavra **que** para unir cada par de frases que vais ouvir e faz as modificações necessárias. A primeira frase sempre expressa dúvida.

    Modelo: Não crer/ela tem as melhores notas da turma
                      Não creio que ela tenha as melhores notas da turma.

Vozes portuguesas

Alfredo is a young professor at the University of Coimbra.

        As praxes académicas

    As tradições académicas existentes na academia de Coimbra sofreram uma crise grande ainda antes da revolução do 25 de Abril. As praxes académicas acabaram por entrar em crise.[a] Depois do 25 de Abril foram retomadas. Neste momento as tradições académicas funcionam de novo, embora de uma forma mitigada, evitando os excessos desagradáveis que no passado existiram e que hoje em dia seriam intoleráveis para uma sociedade democrática. Foi restaurado o traje académico, com a capa e batina, e depois a Queima das Fitas, e a Latada.[b]

NOTES:

^a In Coimbra, when the **praxe** system, an unofficial code of traditional practices, was still in full force, **caloiros** were subject to various forms of hazing. One of the mildest ones was to have to stand on top of a mail box and make a long speech to passers-by. Also, during the whole freshman year, **caloiros** were not allowed out of doors after a bell called the **cabra** (*nanny goat*) rang at six in the evening, unless they were accompanied by a **veterano**. Male offenders (and at the time very few if any women attended college) had their heads shaved. Mild hazing is still practiced in Portuguese universities. During the **Dia dos Caloiros** they parade with painted faces and donkey ears, have to beg passers-by for money so that **veteranos** may throw a dance party, and are made to walk on their knees or pretend they are grazing.

A century old tradition in Coimbra is that of the **repúblicas**, scantily furnished houses in the old part of town, where students live in groups. Some of these places have exotic names, such as **República do Raisteparta** (a play of word on **Raios te partam!** *May a lightning bolt break you apart!*), **República dos Cágados** (small land turtles), **Corsários das Ilhas**, in which Azorean students are lodged, and **República do Praquistão** (a name that suggests both **Paquistão** and **p'ra aqui estão**).

^b Read about **Queima das Fitas** in the next **Voz**. The **Latada** is a homecoming procession in which freshmen walk with cans tied to their ankles.

batina a long black coat	**fitas** ribbons	**queima** burning
capa cape	**passado** past	**retomadas** reinstated
evitando avoiding		**sofreram** suffered

Prática oral

Que praxes académicas existem na tua universidade?

B. If you change most of the verbs and expressions in section A. to remove doubt (by making the positive ones negative, and vice versa), the subjunctive may no longer be necessary. However, the subjunctive may still be used for emphasis.

> **Acreditamos** que nos **conhecem (conheçam)**.
> Ele **está certa** de que **chegam (cheguem)** amanhã.
> **Parece-me** que o **podem (possam)** fazer.

NOTE: **Saber que** generally does not take the subjunctive either in the positive or in the negative form. In the negative, however, it is possible to emphasize the degree of doubt by using the subjunctive, if the future is implied:

> Elas **sabem que** não **conhecemos** o advogado.
> Tu **sabes que** ela **está** no Peru.
> Vocês **não sabem se** eles **podem/possam** estar aqui a tempo.
> O professor **não sabe se pode/possa** vir à aula amanhã.

Prática oral

Actividade A. Nas frases abaixo escolhe entre um conjuntivo e um indicativo

> MODELO: Acho que ele (vem/venha) hoje à tarde.
>
> Acho que ele **vem** hoje à tarde.

1. Duvidamos que ela (sabe/saiba) cantar ópera.
2. Ela não sabe que eu (tenho/tenha) o jornal da tarde.
3. Não creio que a Alice (dá/dê) uma festa de anos.
4. Parece-me que ele (está/esteja) na casa de banho.
5. Não me parece que a classe (é/seja) chata.
6. Tenho a certeza de que (encontro/encontre) isso no supermercado.
7. É duvidoso que o João (toca/toque) trombone.
8. Não acreditamos que eles (falam/falem) árabe.
9. Não achamos que ele (necessita/necessite) dinheiro.
10. Não acredito que os meus tios nos (visitam/visitem) este verão.

Actividade B. Repete as frases que vais ouvir fazendo-as preceder da expressão que lhe segue. Um conjuntivo pode não ser necessário ou pode funcionar como uma alternativa enfática.

> MODELO: O professor vem agora (Não creio).
>
> Não creio que o professor venha agora.

Actividade C. Nas frases que vais ouvir, muda a oração principal para a forma negativa e faz as modificações necessárias.

> MODELO: Parece-me que as notas dela são boas.
>
> Não me parece que as notas dela sejam boas.

Vozes portuguesas

Gabriela refers here to a traditional end of the year ceremony, the so-called Burning of the Ribbons.

A Queima das Fitas

A Queima das Fitas geralmente é perto do final do ano. Chama-se «Queima das Fitas» porque são os alunos que acabaram os cursos que queimam as fitas do curso.[a] Portanto tem um carácter simbólico. Cada faculdade tem fitas de cor diferente. Eu não sei muito bem. Direito é vermelho. Azul sei que é de Letras, amarelo se não me engano é Medicina...[a] As fitas servem para pôr dedicatórias, daqueles colegas de quem gostam mais, dos familiares, dos amigos...

NOTES:

[a] During their senior year students wear silk

ribbons hanging from their **pastas** *leather portfolios*. At the end of the year these ribbons are burned at a ceremony called **Queima das Fitas.**

[b] Gabriela is not mistaken. Yellow is indeed the color for Medicine. Dark blue is for the Humanities (**Faculdade de Letras**) and light blue for the Sciences (**Faculdade de Ciências**).

acabaram finished	**queimam** burn	**se não me engano** if I am
familiares relatives		not mistaken

Prática oral

Responde às perguntas que vais ouvir.

Três a três

Diz uma frase a respeito de ti próprio,-a, quer seja verdade ou não. Um colega vai duvidar da verdade da frase. Então outro colega confirma-a. Sigam o modelo abaixo.

MODELO: PRIMEIRO,-A ALUNO-A: Eu tenho dezoito anos.
            SEGUNDO,-A ALUNO-A: Eu duvido que tu tenhas dezoito anos.
            TERCEIRO,-A ALUNO-A: É verdade que ele, ela tem dezoito anos.

2. O conjuntivo expressando emoção

The subjunctive is used in the dependent clause when there is a verb or expression of emotion in the main clause. Verbs of emotion require the subjunctive both in the affirmative and the negative.
Here are some verbs and expressions that show emotion:

esperar	**Esperamos** que eles **possam** vir connosco.
to hope	Ela **espera** que nós **tenhamos** tempo para a ajudar.
lamentar	**Lamento** que ele seja tão intolerante.
to be sorry	Ela **lamenta** que tenha havido esse problema.
sentir	**Sinto** muito que vocês **estejam** doentes.
to be sorry,	O Carlos **sente** que os pais não se **interessem** pela sua
regret	carreira.
oxalá (que)	**Oxalá (que) faça** bom tempo amanhã.
I, we hope	**Oxalá (que)** o exame **seja** fácil.
ter medo[2]	**Tenho medo** que não **possas** chegar a tempo.
to be afraid	**Temos medo** que o filme não **acabe** antes das nove.
surpreende(-me, -te, etc.)	**Surpreende-me** que o professor não **saiba** a
it surprises (me, you)	resposta.
	Surpreende-nos que o bebé **chore** tanto.

---

[2] **Ter medo** has two synonyms: **recear** (conjugated **receio, receias, receia, receamos, receiam**), and **temer**. Both take the subjunctive, too.

é pena	**É pena** que tu não **tenhas** carro.
it's a pity	**É pena** que vocês não **gostem** de televisão.

Prática oral

Actividade A. Segundo o modelo, combina os segmentos abaixo de modo a formar frases lógicas. O verbo da segunda coluna tem de passar para o conjuntivo.

> MODELO: Lamento / a minha amiga não chega amanhã
> Lamento que a minha amiga não chegue amanhã.

1. É pena / amanhã não há aulas
2. Oxalá / tu não estás doente
3. É triste / o exame não é fácil
4. A Joana espera / não tenho que dormir muito
5. Surpreende-me / o Mário não sabe a lição
6. É estranho / no sábado chove
7. É ridículo / não podemos ir ao cinema
8. Lamentamos / a carta não chega hoje
9. Temos medo de / ela não tem boas notas
10. Espero / ganhamos o jogo de futebol
11. Sinto / faz frio no verão
12. Receio / o seu pai está no hospital

Os antigos estudantes de Coímbra não esquecem o fado

Actividade B. Como podes reagir às situações que vais ouvir? Escolhe entre as expressões de emoção.

> MODELO: Ela não gosta de chocolate.
> Surpreende-me que ela não goste de chocolate.

Actividade C. Completa as frases que vais ouvir com uma frase de conjuntivo ou indicativo:

Actividade D. Usando qualquer das expressões que aprendeste nesta lição, comenta as situações que o teu professor vai mencionar.

MODELO: O reitor vem de autocarro para a Universidade.
              Acho pouco provável que ele não tenha automóvel.

Vozes portuguesas

*Florbela, who studied in Coimbra, tells about the local **fado**.*

Um fado com um ritmo diferente
        O fado de Coimbra tem raízes na música popular da zona de Coimbra. Os instrumentos são os mesmos do que no fado de Lisboa mas o ritmo é diferente. O tipo de poemas cantados difere também. Alguns dizem que radica nas cantigas de amor medievais, canta o amor cortês.[a] Normalmente os estudantes cantavam às tricanas. As tricanas são as mulheres de Coimbra. [b]

NOTE:
        [a] **Amor cortês** is the courtly love celebrated in some Portuguese medieval poetry. The poet writes in praise of his beloved, whose favor remains forever unattainable, emphasizing the hopelessness of his situation with the refrain that death is preferable to the anguish of unrequited love.
        [b] In the 1960's **fados de protesto** surfaced in Coimbra, but were soon banned by censorship.

amor love   **cantigas** songs   **radica** stems from
cantados sung   **raízes** roots

Prática oral
Escolhe a resposta correcta segundo o texto.

1. O fado de Coimbra tem raízes na música a. árabe b. brasileira c. popular de Coimbra
2. Os instrumentos que acompanham o fado de Coimbra são a. guitarras e violas b. violinos e flautas c. trompetes e saxofones
3. Pensa-se que o fado de Coimbra radica nas a. óperas do século XVIII b. cantigas de amor medievais c. modinhas brasileiras

3. Mais expressões com ESTAR COM e TER

A. You learned a number of **estar com/ter** expressions in Lição 6 (**estar com/ter fome, sede, calor, frio, sono, razão,** and **sorte**). Here are some new expressions all of which can be used both with **estar com** and **ter**. Some of them require the subjunctive.

ter / estar com saudades de *to be homesick, to miss something*
  O Paulo **está com/tem** muitas **saudades d**o tempo que passou em França.
ter /estar com pena de, de que *to feel sorry for, that*
  Temos pena do gatinho que foi atropelado.
  Estou com pena de que o cão não melhore.
ter / estar com medo de, de que *to be afraid of, that*
  Tu **tens medo d**e fantasmas *ghosts*?
  Estás com medo de que o professor te chumbe?
ter / estar com pressa (de) *to be in a hurry*
  Não posso esperar mais. **Tenho** muita **pressa**!
  Estás com pressa de chegar?
ter / estar com preguiça (de) *to be lazy*
  Tenho uma **preguiça**[3] horrível!
  O meu irmão sempre **está com preguiça de** abrir os livros.
ter / estar com dor de... *to have an ache*
  Tenho uma **dor de cabeça** terrível.
  A senhora **está com dor de dentes**?

As you have seen in the examples, **muito,-a** (and other words) can be used to intensify the meaning of the nouns. They agree with the noun, of course: **Não vou à aula de inglês. Tenho muita preguiça.**

B. The following expressions always use **ter** (and therefore never use **estar com**):

ter jeito para *to be good at*
  Ele **tem jeito para** o desenho.

(não) ter (nada) a ver com *to have (nothing) to do with*
  A sua explicação **não tem nada a ver com** a realidade do caso!

ter culpa de *to be guilty of*
  Ela não deve **ter culpa d**isso.

Prática oral

Actividade. Nas situações que o teu professor vai mencionar faz uma conjectura usando **deve** ou **provavelmente** e uma expressão com **ter** ou **estar com.**

  MODELO: No restaurante o Sr. Alves pede sopa, um prato de peixe, outro de carne e sobremesa.
  Ele deve estar com muita fome.

---

[3] Although you will not find the terms **preguicite** or **preguicite aguda** in a medical textbook somewhere between **apendicite** and **sinusite**, or even in a dictionary, they exist in speech and can no doubt represent a very serious condition.

Vozes portuguesas

Virgínia is a high school teacher who worked for three years in a provincial town in the Alentejo.

A cidade e a província

Sob o ponto de vista de amizades, de convívio, de facilidades de convivência, de transportes, etc. , uma vida na província é sempre melhor porque a pessoa[a] tem mais tempo para conviver, não perde uma terça parte do tempo que perde numa cidade grande, por exemplo em transportes para ir para o emprego, tem as lojas muito mais perto. Numa cidade grande é quase impossível. Uma pessoa

perde metade do tempo para fazer compras e andar em transportes. Agora, claro, Lisboa para mim tem muito mais atractivos que uma cidade de província. Uma pessoa quer ir ao cinema pode ir, quer ir a um teatro pode ir e isso numa cidade de província nem sempre acontece, temos o mesmo filme oito dias seguidos e teatro nem se vê.

NOTE:
   [a] Notice how **a/uma pessoa** substitutes for the **se** construction.

acontece happens	**convívio** socializing	**ponto de vista** point of
amizades friendships	**metade** half	view
convivência socializing	**perde** loses	**terça parte** third
conviver socialize		**vida** life

Prática oral

Concordas com a Virgínia? Na tua opinião, quais são as vantagens e desvantagens de viver numa cidade pequena?

4. O Pretérito Perfeito Composto

A. The *present perfect* tense in English uses forms of *to have* with the past participle, in examples such as *João has been sick, It has been cold around here*. This tense, called **pretérito perfeito composto** in Portuguese, uses the present tense of *ter* + *a past participle*. It refers to a continuous or repeated action or state that started in the past, continues up to the present and may continue into the future

  Tem feito muito frio recentemente.
   It *has been very cold* recently.
  Como **tem estado**?
   How *have you been*?
  Eles **têm trabalhado** muito.
   They have been working a lot.

Tenho ido a todos os sítios que me recomendaste.
I have gone to all the places you recommended.
Temos ouvido todos os discos de Carlos do Carmo.
We have been listening to all the records of Carlos do Carmo
Eu **tenho vindo** à aula todos os dias.
I *have come* to class every day.
José Saramago **tem escrito** muitos romances.
José Saramago *has written* many novels.

It is important to note that the English present perfect (*have + past participle*) is often used in situations where the simple preterite would be used in Portuguese.

The mailman has already come by. **O carteiro já passou.**
He has bought a shirt **Ele comprou uma camisa.**
She has been here twice. **Ela esteve aqui duas vezes.**

Andrea Smith

Cada faculdade tem fitas de cor diferente

If the action occurred only once or a *definite* number of times, use the preterite.

In the case of a repeated action, both the simple preterite or the present perfect may be correct in a given sentence. If the emphasis is on the completion of the action use the simple preterite. If the emphasis in on the continuation of the action use the present perfect: **Os preços subiram muito este mês** expresses the plain fact that prices have gone up this month up to now, whereas **Os preços têm subido muito este mês** stresses the progressive rise in prices this month.

The ongoing or repeated action expressed by the **pretérito perfeito composto** may have its beginning at a definite or indefinite time in the past:

> Tenho estudado muito **desde** o sábado passado.
> A Susan tem trabalhado muito **estes últimos dias**.
> **Recentemente** tem havido vários problemas na Universidade.
> **Ultimamente** não tenho saído muito.
> A minha mãe tem telefonado **todos os dias.**

NOTE: As in the last two examples and others you have already encountered, the English translation of the **pretérito perfeito composto** often includes a gerund:

> I have not been **going** out much lately.
> My mother has been **calling** every day.

Prática oral

Actividade A. Segundo o modelo, muda as frases que o teu professor vai dizer para o pretérito perfeito composto.

> MODELO: Chove muito. Ultimamente
> Ultimamente tem chovido muito.

Actividade B. Escolhe as frases correctas. Em alguns casos as duas podem ser correctas.

1. a. A Susan comprou hoje um dicionário. b. A Susan tem comprado hoje um dicionário.
2. a. O teu primo esteve doente? b. O teu primo tem estado doente?
3. a. Já fui três vezes a esse médico. b. Já tenho ido três vezes a esse médico.
4. a. O electricista tem chegado há cinco minutos. b. O electricista chegou há cinco minutos.
5. a. O bebé nasceu *was born* o ano passado. b. O bebé tem nascido o ano passado.
6. a. Ultimamente fui bastante ao cinema. b. Ultimamente tenho ido bastante ao cinema.
7. a. Fiz as minhas compras na Baixa. b. Tenho feito as minhas compras na Baixa.
8. A professora tem dado as notas finais ontem. b. A professora deu as notas finais ontem.

Actividade C. Traduz as frases que vais ouvir, usando o pretérito perfeito simples ou o pretérito perfeito composto. Nos casos em que ambos os tempos sejam aceitáveis, usa o pretérito perfeito composto.

Actividade D. Preenche os espaços com uma forma do pretérito perfeito simples ou do pretérito perfeito composto do verbo indicado entre parênteses. Em alguns casos as duas formas são possíveis. Usa ambas.

1. Nós já _____ muitas vezes nesse restaurante. (**estar**)
2. O senhor _____ o jornal hoje? (**comprar**)
3. O que é que vocês _____ nestes últimos tempos? (**fazer**)
4. Hoje eu _____ muito triste todo o dia. (**estar**)
5. A professora _____ um teste ontem? (**dar**)
6. Na televisão não _____ muito ultimamente sobre esse caso. (**falar**)
7. _____ muitos casos de gripe estas semanas. (**haver**)
8. O avião _____ atrasado ontem? (**chegar**)
9. Eu já te _____ várias vezes que não deves fazer isso. (**dizer**)
10. Este inverno _____ muito. (**chover**)

As residencias, casas de hóspedes e pensões não são muito caras

Notas culturais

Hotéis e mais

Like in other European countries, Portuguese hotels are officially assigned a certain number of stars, ranging from one to five. Five star hotels in Portugal are at a par with the best in Europe. For travelers of more modest means there are comfortable smaller hotels, **pousadas**, **residenciais** and **pensões**. **Pousadas** are State-run hostels, often located in a castle or other ancient building. They are exquisitely decorated and offer excellent food. **Residenciais** are what the name implies, small hotels, often family run, which offer no meals except European breakfast. **Pensões** are similar to **residenciais**, although some offer meals.

Breakfast is included in the price of all of these establishments with the exception of the best hotels, where you may order breakfast **à la carte** or have buffet service. It basically consists of **café au lait** or tea and a couple of rolls with butter. You may also get some pastries, cheese or jam, depending on the quality of the place.

Tipping servers and chambermaids is optional. Bellboys and doormen, however, expect a tip for small services performed.

Vozes portuguesas

Gabriela, whose parents come from Northern Portugal, compares regional clichés.

No Porto as pessoas são diferentes

Acho que no Porto as pessoas são diferentes. Pelo menos diz-se que as pessoas no Porto são mais trabalhadoras. Há um grande preconceito, penso eu, das pessoas do Porto em relação às de Lisboa. Mais do que as de Lisboa em relação às do Porto. Não é bem um antagonismo mas há um certo preconceito, há uma grande rivalidade, essencialmente. Os portuenses acham que os lisboetas são indolentes, não trabalham... é mais esse tipo de coisa.

coisa thing
indolentes lazy
pelo menos at least
preconceito prejudice
trabalhadoras hardworking

Prática oral

Achas que no teu país existem preconceitos em relação a pessoas de determinadas zonas? O que podes dizer sobre isso?

5. O particípio passado duplo

Some past participles have two forms, one regular and the other irregular. Normally the regular form is used with **ter** and the irregular form with **estar**,[4] but current usage allows for some indifferentiation. Here are some of the most frequent irregular past participles which also have a regular counterpart (we don't list the regular ones since, after all, they're regular):

---

[4] The irregular form is normally used with **ser**, the auxiliary verb for the passive voice, which will be explained in Lição 17

aceitar **aceite, aceito**	ganhar **ganho**	prender **preso**
acender **aceso**	gastar **gasto**	romper **roto**
eleger **eleito**	imprimir **impresso**	soltar **solto**
entregar **entregue**	limpar **limpo**	sujar **sujo**
envolver **envolto**	matar **morto**	sujeitar **sujeito**
fritar **frito**	morrer **morto**	suspender **suspens**o
	pagar **pago**	

No verão só tenho **acendido** a luz muito tarde.

As luzes já estão **acesas**?

Tens **entregado** todos os trabalhos?

As cartas já estão **entregues**.

Tens **fritado** os bifes com azeite?

Os ovos já estão **fritos**.

Tem **morrido** muitas pessoas em acidentes.

O gato acaba de ser atropelado *run over* por um carro. Está **morto**!

O bebé tem **sujado** muitas fraldas *diapers*.

Esta camisa está **suja**.

Prática oral

Actividade A. Responde às perguntas que vais ouvir segundo o modelo.

   MODELO: Entregaste o trabalho de casa ao professor?
                 Sim, está entregue.

Actividade B. Segundo o modelo, responde às perguntas que vais ouvir.

   MODELO: Continuas a entregar os relatórios a tempo?
                 Sim, tenho-os entregado sempre a tempo.

   Continuas a...

Notas culturais

Porto, a Cidade Invicta

Oporto was called **a Cidade Invicta** after it successfully withstood a long siege by **absolutista**[a] forces during the civil wars that raged throughout Portugal in the 1820's and 1830's. Its size and economic vitality also made it deserve another name, **a capital do Norte**.

The origins of Oporto date back three or four thousand years. It was already a fortified town when the Romans conquered that area.[b] Oporto was always a city of merchants and industrialists. In fact it was never ruled by a feudal lord, but by a city council headed by a bishop.

The city is full of historical points of interest. In addition to the four bridges that link it to the left bank of the River Douro, there is the **Sé** *Cathedral*, one of the first Romanesque temples in Portugal[c] and the Baroque Torre dos Clérigos, from the top of which you can admire a breathtaking view, if you dare to go up its 225 steps.

No Porto as pessoas são mais trabalhadoras

The visitor will also be impressed by the Praça da Liberdade, at the heart of the city, and bustling commercial streets such as Rua de Santa Catarina or Rua das Flores. The Ribeira is a most picturesque riverside area, and a good place to stop for some **tripas** and a bottle of **vinho verde**.

NOTES:

a In 1820 a liberal revolution forced King João VI, who had taken refuge in Brazil when the French invaded Portugal in 1807, to return home. After João's death, his two sons, Pedro and Miguel, headed two warring factions, respectively the liberals and the absolutists. At the end of a long war, Pedro, who had also ruled Brazil as her first emperor, was confirmed as Pedro IV and Miguel, who had briefly reigned, was exiled to Austria.

b The Roman conquest of Lusitania, an area that seemed to comprise roughly what is now Portugal, began in 218 B.C. and lasted approximately two centuries.

c Several renovations have destroyed the original purity of the Cathedral.

6. Perguntas de algibeira

Perguntas de algibeira are tricky or hard to answer questions based on an anomalous situation or a double interpretation of a certain word. Some rather obvious **perguntas de algibeira (De que cor era o cavalo branco de Napoleão?)** are sometimes asked of small children.[5] Here are a few examples. If you are stumped, look for the answers at the end of this lesson.

1. Como se chama o elemento que permite aos serviços de espionagem observar através de uma parede o que se passa dentro de uma casa?

---

[5] **Adivinhas** *riddles* are distant cousins of **perguntas de algibeira**. Here is one of the most commonly heard: **Qual é a coisa, qual é ela, que cai ao chão e fica amarela?** Answer: **O ovo**.

2. Qual é a cidade americana que tem fronteira com território russo?
3. Qual é o país europeu que tem o mais baixo nível de natalidade *birth rate*?
4. Num restaurante italiano o dono *owner* chama-se Giuseppe, o chefe de mesa *maître d'* Luigi e o cozinheiro *chef* Pietro. Como é que se chama o empregado?
5. Qual é o peixe que antes de o ser já o era?
6. Se um avião parte em linha recta de Detroit em direcção sul, qual é o primeiro país estrangeiro que sobrevoa *flies over*?
7. Quantos pulmões *lungs* temos nós?
8. Quando é que os Chineses dizem "bom dia"?
9. Quando é que 25 e 25 são 52?
10. Que animais comem com as orelhas?

Prática oral
Actividade. Podes fazer outras perguntas de algibeira?

Notas culturais

Um porto, por favor!

Port wine is one of the major Portuguese wine exports. Interestingly enough, the Portuguese themselves only drink port at banquets and other cerimonial occasions. To honor a distinguished foreign visitor a reception called **um porto de honra** is often held. Port is, however, highly esteemed abroad. Britain is one of the largest importers. White port, chilled and served with almonds as an apéritif, is a popular drink in France.

Porto grapes, as you can imagine, are not grown in Oporto proper, but on the rocky sunny slopes of the Alto Douro region. This area has been demarcated by law since 1756, which means that only wine produced there may be legally labeled as port. (It was one hundred years later that France adopted similar measures for its wines.)

The slopes are terraced and vines are planted in holes carved by hand out of the granitic soil. While the pickers carry the heavy baskets of grapes on their backs to the presses they are sometimes accompanied by a group playing guitars, a big drum and **ferrinhos**[a] to make the pickers' toil less painful. One song heard on that occasion goes like this:

Fui ao Douro à vindima,[b]
Só ganhei trinta réis.[c]
Dei um vintém[d] ao barqueiro,
Só me ficaram dez réis.

Not so long ago the wine barrels were brought down the river by the picturesque **barcos rabelos**, now gone for good with the exception of a model anchored in front of Vila Nova de Gaia, across the river Douro from Oporto.

Porto is not even bottled and shipped out from Oporto. The main port wine **adegas** *wineries* are located in Vila Nova de Gaia. These **adegas** are often British owned. The port wine trade led to the development of a sizable British community in Oporto, dating back to the eighteenth century.

There are many varieties of port, ranging from dry to sweet. Full-bodied and velvety,[e] it is usually consumed as an after dinner drink and goes beautifully with cheese. Port is at its best when it is between 25 and 30 years old. After 40 years it starts to decline in quality but can still be used to age younger wines. It should be served in a long-stemmed, tulip shaped wine glass, filled no more than halfway in order to retain the bouquet.

NOTES:

[a] **Ferrinhos** are iron triangles struck by a small iron rod to mark the beat.

[b] **Vindima** is the grape harvest.

[c] The **real** (plural **réis**) was the old monetary unit. When the **escudo** was adopted as the official unit, 1,000 **réis** made up one escudo.

[d] One **vintém** equaled 20 **réis**.

[e] Port's alcoholic content ranges between 19 and 22%. Brandy is added to it to give it more body.

Diálogo

A Fátima e a Susan vão de carro pela Avenida da República a caminho da auto-estrada. A Fátima vai visitar os avós a Coimbra e ofereceu uma boleia à Susan até lá.

FÁTIMA: Olha, Susan, vou parar ali adiante para meter gasolina. Não demora muito.

SUSAN: Não faz mal. Não tenho pressa nenhuma.

A Fátima pára numa bomba de gasolina. O empregado aproxima-se.

FÁTIMA: Bom dia! É para atestar da super.[a] E podia ver o nível do óleo e a pressão dos pneus?

EMPREGADO: Com certeza.

Daí a pouco o empregado volta.

EMPREGADO: Está tudo bem. São dois mil novecentos e cinquenta escudos.

FÁTIMA: Deixe ficar assim.[b] Obrigado e bom dia.

EMPREGADO: Obrigado, eu. Boa viagem!

SUSAN: Deste-lhe gorjeta?

FÁTIMA: Sim, geralmente deixa-se qualquer coisa.

Agora a Fátima entra na auto-estrada do Norte.

SUSAN: Não tens que pagar portagem?

FÁTIMA: Se tenho! É aqui adiante. E custa os olhos da cara! Mas pelo menos agora pode-se andar bem até ao Porto. Há anos eram de vez em quando uns engarrafamentos que nem queiras saber!

SUSAN: Ainda não sei onde vou ficar em Coimbra...

FÁTIMA: Se quiseres, indico-te uma residencial mais ou menos em conta. E depois sempre pensas ir ao Norte?

SUSAN: Sim, já que estou a meio caminho.

FÁTIMA: Vais gostar do Porto. Eu sempre me sinto muito bem lá. É uma cidade mais tradicionalista que Lisboa, tem um carácter muito próprio. E podes dar umas voltas por ali, ir à Foz, a Vila Nova de Gaia, a Espinho, mesmo até à Póvoa.[c]

SUSAN: À Póvoa?

FÁTIMA: Sim à Póvoa de Varzim. É uma praia muito conhecida.

SUSAN: Como é que se escreve Varzim? Soletra, por favor.

FÁTIMA: V-A-R-Z-I-M. E o Minho vais adorar.

SUSAN: O que é que tu recomendas que eu veja?

FÁTIMA: Bem, tens que ir a Viana.[d] É uma cidade linda. E depois há Barcelos, Ponte de Lima, Arcos de Valdevez, sei lá... Tudo vale a pena ver.

SUSAN: O pior é que não sei se tenho tempo para tudo.

FÁTIMA: Se tiveres, não percas a parte de Viana para cima. Caminha, Valença, Monção, Melgaço... Toda a margem do Rio Minho tem paisagens extraordinárias.

SUSAN: O Rio Minho é o que faz fronteira com a Espanha, não é?

FÁTIMA: É. Podias mesmo ir até à Galiza. É muito parecida com o Minho.

SUSAN: O que é que se fala lá?

FÁTIMA: Bem, toda a gente fala espanhol. Mas muitos falam também galego. É muito parecido com o português.

SUSAN: Nunca ouvi galego. Mas deste-me uma boa ideia. Se calhar dou uma saltada à Galiza também.

NOTES:

[a] Other alternatives would be **É para atestar da normal** *regular*/ **verde** or **sem chumbo** *unleaded*.

[b] The sentence is a polite equivalent of "Keep the change." Fátima may have paid him with three 1,000 escudo bills.

[c] Foz do Douro, Espinho and Póvoa de Varzim are seaside resorts near Oporto. Both Espinho and Póvoa de Varzim boast casinos where gambling is allowed. To reach Vila Nova de Gaia from Oporto (and maybe visit the many **adegas do vinho do Porto** located there) you cross the Dom Luis Bridge.

[d] Viana do Castelo and the other towns mentioned in this section of the dialogue are well worth a visit. Valença do Minho, a former garrison town across the Minho River, is encircled by walls, although modern neighborhoods have cropped up down the hill.

a caminho towards	**engarrafamentos** traffic jams	**pneus** tires
boa viagem have a nice trip	**escreve** spell	**portagem** toll
bomba de gasolina gas station	**ficar** stay	**saltada** short visit
custa os olhos da cara it costs an arm and a leg	**gorjeta** tip	**se calhar** maybe
	não faz mal no problem	**se tenho!** do I!
É para atestar fill'er up	**paisagens** views	**soletra** spell
	parecida similar	**vale a pena** is worth a visit
	percas miss	**voltas** tours

Prática oral

Todas as frases que vais ouvir são incorrectas. Corrige-as.

Leitura

O Norte

Foi no Norte que Portugal nasceu. Para ajudar na Reconquista chegaram a Portugal nos fins do século XI, vindos da França, dois nobres, D. Raimundo e D. Henrique. Os dois, segundo se crê, eram primos e o rei de Leão, Afonso VI, entregou a Raimundo o governo da Galiza e a mão da sua filha legítima, D. Urraca. D. Henrique, governando o chamado Condado Portucalense,[a] ficou sob a jurisdição de Raimundo e casou com uma filha bastarda do rei, D.Teresa. D. Henrique e D. Teresa, tiveram um filho, D. Afonso Henriques, que após a morte do pai e de lutas contra a mãe, se separou da Galiza e se declarou rei de Portugal.[b]

Na Praia de Mira, perto de Aveiro

O Norte, a região mais castiça de Portugal Continental, encontra-se cheio de recordações históricas. Entre muitos outros pontos de interesse aí se podem admirar obras pré-romanas como a estátua de um javali a que se dá o nome da Porca de Murça e o castro conhecido por Citânia de Briteiros, monumentos romanos como a ponte de Chaves, castelos medievais como o de Guimarães, construções românicas como a Sé de Braga e a Domus Municipalis de Bragança ou exemplos da arquitectura civil renascentista como a bela fachada da Misericórdia de Viana do Castelo. De tempos mais modernos são o Bom Jesus do Monte, perto de Braga, com o seu impressionante escadório e as suas estátuas rococó[c] e os hospitais de Santo António, no Porto, e de São Marcos, em Braga, ambos em estilo neo--clássico.

A alta pluviosidade permite no Minho uma terra fértil, onde se dão bem o milho, a vinha e outros produtos. Em Trás-os-Montes, região mais fria e montanhosa, predomina a pastorícia e o cultivo do centeio. A alta densidade populacional e o minifundismo destas áreas levam a altos índices de emigração.

Além do Porto, as cidades mais importantes são Braga, Viana do Castelo, ambas no Minho, Vila Real e Bragança, em Trás-os-Montes. Braga, a Bracara Augusta dos Romanos e a maior cidade portuguesa nos inícios da nacionalidade, é a sede de um arcebispado e tem constituído ao longo dos anos um poderoso centro religioso. Situada nas margens do Rio Lima, Viana do Castelo tem sido desde tempos antigos um importante porto piscatório e comercial. As suas ruas estão cheias de preciosos monumentos que recordam o passado. Vila Real, de origens pré--romanas, orgulha-se da sua catedral gótica e dos seus velhos palácios.[d] Bragança é uma pitoresca cidade medieval, coroada pela torre do seu castelo, que data do século XV.

Uma janela manuelina em Viana do Castelo

O Norte é também riquíssimo no seu folclore. No verão enche-se de festas, como a de Nossa Senhora da Agonia em Viana do Castelo ou a das Cruzes em Barcelos. As ruas são atapetadas de flores para que passem as procissões e depois o ar enche-se de foguetes e de alegria. Pelas cidades circulam bandas de música e grupos de Zés Pereiras, compostos por homens tocando gaitas galegas, bombos e tambores. Por vezes são seguidos por cabeçudos e gigantones.[e] Há também arraiais, onde actuam agrupamentos folclóricos, envergando os seus trajes típicos. O fogo de artifício, ou "fogo de vistas," é parte essencial das festas nortenhas. Pode ser fogo preso, solto ou aquático. O último é particularmente espectacular pois as luzes de várias cores reflectem-se nas águas do rio.

A arte popular floresce por todo o Norte. Ainda se produzem socos de madeira e cangas de carros de bois, hoje em dia utilizadas apenas para decoração. As rendas de bilros de Vila do Conde são famosas. A olaria é uma vigorosa indústria. Além dos galos de Barcelos faz-se louça de barro decorada, as curiosas figuras de bois de longos chifres e os conjuntos de músicos de chapéu bicudo, casaco azul e calça branca tocando os seus instrumentos. As imagens do diabo, concebidas por uma conhecida barrista, Rosa Ramalho, natural dos arredores de Barcelos, são verdadeiramente impressionantes. Em Trás-os-Montes predominam os barros negros, como os de Bisalhães.

Entre as danças e cantares do Minho destaca-se o vira, um baile extremamente animado, com o seu conhecido refrão:

> Ó vira, que vira.
> E torna a virar,
> As voltas do vira
> São boas de dar.

A rica culinária desta zona oferece, além das tripas à moda do Porto, pratos bem apreciados como o caldo verde, o arroz de lampreia, a raia frita, os rojões, as alheiras e a posta transmontana.

A economia nortenha, embora sofrendo as consequências da integração de Portugal numa Comunidade Europeia tecnologicamente mais avançada,[f] é ainda de peso nos sectores dos têxteis, calçado e metalurgia. Ao longo da costa encontram-se movimentados portos piscatórios, como a Póvoa de Varzim[g] e Matosinhos. Leixões é o activo porto comercial que serve a cidade do Porto. A agricultura e a pecuária são evidentemente também ocupações habituais para a população do Norte.

NOTES:

[a] The name Portugal seems to have come from Portus Cale. Cale was the name given by the Romans to an urban settlement on the left bank of the Douro, where Vila Nova de Gaia is now located.

[b] No precise date may be determined for Portuguese independence. Count Henry died in 1112, and in 1128 Afonso Henriques defeated the forces loyal to his mother and to the continuance of the dependence towards Galicia at the battle of São Mamede. In a document from 1140 Afonso called himself **rex** or king. The title, however, was only recognized by the King of Castile in 1143 and by Pope Alexander III in 1179. Afonso died in 1185.

[c] Rococo, a style in which assimetrical curves, garlands and shells predominate, was much in vogue in Portugal in the middle eighteenth century.

[d] Mateus, a rosé wine quite popular in the United States, is produced near Vila Real. The Casa de Mateus is an interesting place to visit.

[e] **Cabeçudos** are men wearing huge painted cardboard heads. **Gigantones** wear a tall torso, also made of cardboard, which is carried on the shoulders. Both represent bizarre figures.

[f] You may remember that Portugal, along with Spain, was admitted to the European Community in January 1986. This meant that products from the other more developed European Community countries began to be freely imported into Portugal.

[g] Póvoa de Varzim is both a summer beach resort and a fishing port. You may remember in Lição 7 a reference to the **camisolas poveiras**, the heavy embroidered

sweaters formerly worn by Póvoa fishermen.

ajudar aid
ambos both
arcebispado
    archbishopry
arredores surroundings
barrista clay sculptor
barro clay
bicudo ponted
bilros bobbins
bombos big drums
calçado footwear
cangas yokes
cantares songs
castiça traditional
centeio rye
chifres horns
condado county
conjuntos groups
crê believes
entregou entrusted
    with
escadório stairs

fogo de artifício
    fireworks
foguetes skyrockets
gaitas galegas bagpipes
javali wild boar
lampreia lamprey
louça pottery
lutas struggles
luzes lights
metalurgia metal work
minifundismo small
    farm system
montanhosa
    mountainous
músicos musicians
nobres noblemen
nortenhas Northern
olaria pottery
orgulha-se prides
passado past
pastorícia sheep and
    goat raising

pecuária cattle raising
piscatório fishing
pluviosidade rainfall
poderoso powerful
porca sow
posta transmontana a
    roast beef dish
    from Trás-os-
    Montes
raia rayfish
Reconquista
    Reconquest
recordações memories
recordam remind
rendas lace
rojões fried pork
se dão grow
sede seat
socos clogs
tambores drums
têxteis textiles
voltas turns

Prática oral

Responde àa perguntas que vais ouvir.

Um bocadinho de humor

Antigamente era comum encontrar em Coimbra estudantes que faziam um vida muito boémia e prestavam pouca atenção aos livros. Foi um deles que escreveu uma carta que começava assim:

Querido Pai
    Fiz ontem exame de Direito Civil. Os professores ficaram tão impressionados com o que disse que querem que eu volte a fazer o exame no próximo ano.

antigamente formerly   **próximo** next   **querido** dear

ANSWERS TO THE **PERGUNTAS DE ALGIBEIRA**:

1. Uma janela.
2. Washington, D.C. A embaixada da Rússia é legalmente território russo.
3. A Santa Sé (a Cidade do Vaticano).
4. Chama-se levantando a mão e dizendo "Olhe, faz favor!"
5. A pescada *whiting*. Quando foi pescada já era pescada.
6. O Canadá. Se não acreditas, vê o mapa.
7. Quatro. Dois tu e dois eu.
8. Quando falam português.
9. Quando a conta está errada.
10. Todos os que têm orelhas. Nenhum as tira para comer.

16

O que é que achas? Vou ao Algarve ou aos Açores?

1. O pretérito-mais-que-perfeito composto

The pluperfect denotes a past action completed prior to another past action, usually expressed by the preterite or the imperfect. The pluperfect is formed with the imperfect of **ter** (**tinha**, etc.) plus a past participle. Its usage corresponds exactly to that of the English pluperfect (*I had + ...ed*).[1]

O PRETÉRITO-MAIS-QUE-PERFEITO COMPOSTO

eu tinha estudado	*I had studied*
tu tinhas estudado	*you had studied*
o senhor a senhora,	
você, ele, ela tinha estudado	*you, he, she had studied*
nós tínhamos estudado	*we had studied*
os senhores as senhoras,	
vocês, eles, elas tinham estudado	*you (pl.), they had studied*

Eu já **tinha almoçado** quando a Clara chegou.
O professor já **tinha começado** a aula quando nós entrámos.
Estávamos na primavera. No inverno anterior **tinha nevado** muito.
A Laura já **tinha saído** da Faculdade quando a irmã estava no segundo ano.

---

[1] In literary usage **havia**, etc., may substitute for **tinha**, etc.: **Eram estes os gloriosos feitos que nas suas imortais estrofes o nosso maior épico** *havia cantado.* Also in literary usage, another tense is the exact equivalent of the **pretérito-mais-que-perfeito composto**. It is called the **pretérito mais-que-perfeito simples**, and it is conjugated: eu estud**ara**, tu estud**aras**, o senhor, ele, etc. estud**ara**, nós estud**áramos**, os senhores, eles, etc. estud**aram**. For other conjugations the models are **eu comera, eu discutira** and **eu pusera.** To form its first person you take the third person plural of any preterite and delete the final **m**.

The pluperfect is often used after **já** in the **já... quando...** construction.

Prática oral

Actividade A. Preenche os espaços com o pretérito mais-que-perfeito composto dos verbos indicados entre parênteses.

1. O telejornal já _____ quando ligámos a televisão. (começar)
2. As minhas irmãs já _____ o pequeno almoço quando eu me levantei. (preparar)
3. O Paulo já _____ a tropa ao entrar para a Universidade. (fazer)
4. Quando os bombeiros chegaram, a casa já _____ toda. (arder)
5. O juiz deu-lhe uma pena mais severa porque ele já _____ três condenações anteriores. (ter)
6. Como nós já _____ de estudar, resolvemos ir dar uma volta. (acabar)
7. _____ durante a noite e as ruas ainda estavam molhadas. (chover)
8. A bateria descarregou porque o carro _____ parado várias semanas. (estar)
9. O pai já o _____ do perigo mas ele não fez caso. (avisar)
10. Foi só depois de fechar a carta que reparei que me _____ de meter o cheque lá dentro. (esquecer)

Actividade B. Menciona dez coisas que vocês já tinham feito quando os amigos chegaram.

Quando os nossos amigos chegaram, nós já...

Notas culturais

Uma chaminé algarvia

Figos, amêndoas, alfarrobas e muito mais

The Algarve is the southernmost province of Portugal and also the last one to be taken by the Portuguese during the Reconquest.[a] It still retains some Moorish features, such as the flat roofed **casas cúbicas** in Olhão. Actually the Algarve and northern Morocco are ecologically very similar. It was from Lagos in the Algarve that many caravels set sail to explore the African coast[b] and it was in that city that the first market for the sale of African slaves was held.

For centuries Algarveans lived mainly by

agriculture and fishing. Figs, almonds and carobs were main crops. Tuna and sardines were plentiful not far from the coast. Portimão, Olhão and Lagos were bustling fishing ports. Then tourists began to be attracted by the beauty of the beaches, such as Praia da Rocha, and the mild climate. Foreign visitors made humble fishing villages like Albufeira and Quarteira boom with hotels, casinos, restaurants, discotheques, apartment buildings, golf courses, marinas, and all kinds of enticements to the tourists. Nowadays the Portuguese, although they have also patronized the Algarve as a summer resort, resent the international atmosphere and even complain that they are treated as second class citizens there.

NOTES:
[a] The reconquest of the Algarve was completed in the mid-thirteenth century.
[b] The often quoted so-called **escola náutica de Sagres,** supposedly founded by Prince Henry the Navigator (**o Infante D. Henrique**) does not appear to have been a nautical school at all but what in modern terms could be described as a "think tank" of pilots, astronomers, cosmographers and cartographers. Its assumed location at Sagres, a rocky promontory in western Algarve, has never been historically determined.

Vozes portuguesas

Miguel has mixed feelings about the Algarve.

Praias lindas e um pandemónio turístico

O clima do Algarve é fantástico. Há praias lindas, uma vida nocturna muito animada... No entanto, quanto às infraestruturas, houve uma febre de exploração turística e uma zona que podia ser um paraíso transformou-se num pandemónio turístico. Em cada esquina há um hotel, em cada esquina há um apart-hotel, em cada esquina há um empreendimento de *time-sharing*, em cada esquina há apartamentos para alugar, há residências, há casas. Tudo dentro de um crescimento gigantesco, sem um plano urbanístico.

Há uma enorme quantidade de suecos, alemães, ingleses, irlandeses, sobretudo nórdicos, que inundam o Algarve e tornam aquilo num formigueiro de turistas. Chega ao ponto de sermos atendidos num café por um irlandês que não sabe falar português, chega ao ponto de coisas absurdas destas.

clima climate	**formigueiro** anthill	**quantidade** amount
crescimento growth	**irlandeses** Irish	**suecos** Swedes
empreendimento complex	**paraíso** paradise	**tornam** make
febre fever		**vida nocturna** night life

Prática oral

Responde às perguntas que vais ouvir.

2. Verbos reflexos

A. A reflexive verb is one where the subject and object are the same person or thing. That is, with a reflexive verbs the person does the action of the verb to himself/herself. Contrast **A Aida vestiu o bebé** *Aida dressed the baby* with **A Aida vestiu-se** *Aida dressed herself [i.e., got dressed]*. Reflexive pronouns in English are *myself, yourself* etc., but frequently, as in this example, a Portuguese reflexive verb will be translated as a *get*-verb in English.

B. Here is a model showing a typical reflexive conjugation:

REFLEXIVE VERBS	
eu visto-**me**	*I dress (myself)*
tu vestes-**te**	*you dress (yourself)*
o senhor, a senhora, você veste-**se**	*you dress (yourself)*
ele veste-**se**	*he dresses (himself)*
ela veste-**se**	*she dresses (herself)*
nós vestimo-**nos**	*we dress (ourselves)*
os senhores, as senhoras, vocês vestem-**se**	*you dress (yourselves)*
eles, elas vestem-**se**	*they dress (themselves)*

NOTE: The **s** in the **nós**-form falls before the reflexive pronoun.

C. Here are examples of common reflexive verbs. Notice that the basic infinitive has **se** after it, connected with a hyphen.[2]

> **chamar-se**   **Eu chamo-me** João.
> *to call oneself*   **Tu chamas-te** Clara?

---

[2] Since the reflexive action mirrors the subject, *any* reflexive pronoun, and not just **-se,** can be used with a reflexive infinitive: **Quero levantar-me, queremos levantar-nos, queres levantar-te.**

sentir-se *to feel*	Agora **sinto-me** muito bem. A senhora **sente-se** mal?
levantar-se *to get up*	**Levanto-me** sempre às sete e meia da manhã. Durante o verão eles **levantavam-se** às dez.
vestir-se *to dress, get dressed*	No inverno **visto-me** com roupa grossa. A professora **veste-se** muito bem.
pentear-se to comb one's hair	**Penteio-me** várias vezes por dia. **Nos penteamo-nos** antes de sair.
ir-se (embora) *to go away*	**Vamo-nos embora!** Eles **foram-se embora** ontem.
sentar-se *to sit down*	**Sentamo-nos** à mesa às oito. Na aula a Susan **senta-se** sempre à frente.
demorar-se *to delay*	De manhã, **demoramo-nos** pouco à mesa. **Demoras-te** muito a sair?
aleijar-se *to hurt oneself*	Os jogadores de futebol **aleijam-se** frequentemente. O João **aleijou-se** ao cair.
reunir-se *to meet*	A direcção **reúne-se** às sextas-feiras. **Reunimo-nos** na semana passada.
divertir-se *to have a good time*	Vocês **divertiram-se** na festa? **Diverti-me** bastante durante as férias.
deitar-se *to go to bed*	Eu antes **deitava-me** muito tarde. Agora **deito-me** às dez.
queixar-se (de) *to complain (about)*	Ela **queixa-se de** dores de cabeça. Eles **queixaram-se** ao gerente do hotel.
lembrar-se de *to remember*	**Lembras-te** da nossa professora de Geografia? **Lembro-me** bem desse tempo.
esquecer-se de *to forget*	**Esqueci-me** das chaves do carro. Eles **esqueceram-se** do nosso encontro.
casar-se (com) *to get married (to)*	Eles **casaram-se** o mês passado. O José Manuel **casou-se** com a Marta.

NOTES: The present tense of **pentear-se** has an **-i-** before the endings in all forms except the **nós**-form (**penteio-me, penteias-te, penteamo-nos**). **Reunir-se** has an accent on the **-u-** in all the present tense forms except the **nós**-form (**reúno-me, reúnes-te, reunimo-nos**). **Sentir-se, vestir-se**, and **divertir-se** are all verbs that regularly change their **-e-** to **-i-** in the **eu**-form in the present indicative and throughout the present subjunctive.

Prática oral

Actividade A. Responde às perguntas que vais ouvir.
Actividade B. Responde a outras perguntas que vais ouvir.

D. A review of pronoun position. Reflexive pronouns work like other object pronouns—they precede the verb (as do other personal pronouns) in the following circumstances:

    1. negative sentences:

        Não **me sinto** bem hoje.

        Não **te deites** muito tarde!

        Não **nos divertimos** nada na festa.

        Essa rapariga não **se chama** Alexandra.

    2. After interrogative words:

        Quando é que **te vais** embora?

        Como é que vocês **se vão vestir** para a festa?

        Onde é que o grupo **se reúne?**

        A que horas é que vocês **se levantaram?**

    3. In dependent clauses (beginning with words in bold):

        Ele disse **que** eu **me podia sentar** aqui.

        Sabes **se** ele já **se levantou?**

        Não me disseste **se te divertiste** no Algarve.

        Perguntei-lhes **como** é que eles **se chamavam.**

    4. After modifiers such as **sempre, nunca, talvez, ainda, já**, etc.

        Eu nunca **me levanto** depois das sete.

        Tu ainda **te lembras** do nome dela?

        Carlinhos, já **te penteaste?**

Prática oral

Actividade A. Responde negativamente às perguntas que vais ouvir.

Actividade B: Transforma as frases que vais ouvir em perguntas começadas por uma palavra interrogativa.

    MODELO: Hemingway suicidou-se.

                 Quando (onde, como) é que Hemingway se suicidou?

Actividade C. Completa as frases abaixo com uma oração que contenha o verbo entre parênteses.

    1. Sabes se eles _____? (casar-se)

    2. Ouvi dizer que _____. (esquecer-se)

    4. Não é verdade que ela _____. (levantar-se)

    5. Como foi que _____? (encontrar-se)

    6. Consta que eles _____. (divorciar-se)

    7. Li no jornal que _____. (demitir-se *to resign*)

    8. É certo que _____? (ir-se embora)

    9. Acho que _____. (aleijar-se)

   10. Penso que _____. (lembrar-se)

Actividade D. Coloca a palavra **nunca** antes do verbo das orações que vais ouvir e faz as modificações necessárias.

MODELO: A Milú levanta-se às cinco da manhã.
            A Milú nunca se levanta às cinco da manhã.

A costa da Madeira

Vozes portuguesas

Fernanda also complains about excessive attention paid to tourism.

Como é que se diz bacalhau à Brás em alemão?

Olhe, isto é ridículo que se diga mas aqui há alguns anos atrás, por exemplo, uma pessoa portuguesa que quisesse ir passar férias ao Algarve, as ementas que eles tinham, as ementas estavam todas escritas em línguas estrangeiras. Depois muitas pessoas se queixaram e, pronto, eles tiveram que rever essa situação e agora realmente há uma ementa para os estrangeiros e uma ementa para os Portugueses. Isso não fazia sentido. Portugal, que eu saiba, ainda é dos Portugueses...

ementas menus   **olhe** look   **rever** reconsider
estrangeiras foreign   **queixaram** complained   **sentido** sense
                           quisesse might want

Prática oral

Responde às perguintas que vais ouvir.

Três a três

Utilizando os verbos abaixo um aluno faz perguntas a outro, mesmo aludindo a situações hipotéticas. Um terceiro aluno comunica a resposta ao professor.

MODELO: PRIMEIRO-A ALUNO-A: A que horas te levantaste hoje?
SEGUNDO-A ALUNO-A: Levantei-me às sete.
TERCEIRO-A ALUNO-A: Ele/ela levantou-se às sete.

1. quando/assustar-se
2. onde/casar-se
3. a que horas/deitar--se
4. onde/divertir-se
5. quando/divorciar-se
6. onde/encontrar-se
7. de que/esquecer-se
8. de que/lembrar-se
9. quando/pentear-se
10. porque/perfumar-se
11. onde/sentar-se
12. quando/vestir-se

3. Verbos reflexos seguidos de preposição

Some of the reflexive verbs already presented in this lesson are often followed by a preposition. The following reflexive constructions use the preposition **de**:

aperceber-se de	Não **me apercebi d**o que aconteceu.
to perceive	Eles nunca **se aperceberam d**isso.
aproveitar-se de	**Aproveitei-me d**o feriado para ir à praia.
to take advantage of	Ele **não se aproveitou d**essa oportunidade.[3]
rir-se de	Vocês não **se** devem **rir d**o pobre homem.
to laugh at	Eles **riram-se d**a maneira como ele vinha vestido.[4]

There are a few verbs that take **a**:

decidir-se a	Não **se decidiram a** fazer o mestrado.
to decide to	Quando é que te **decides a** vir para cá?
habituar-se a	A Susan **habituou-se** bem à comida portuguesa.
to become accustomed to	**Habituei-me** à sua maneira de falar.
dedicar-se a	Ela **dedicou-se a**o estudo da arqueologia.
to devote oneself to	Eles **dedicam-se** muito **a**os sobrinhos.

There are also a few that take **com**:

parecer-se com	A Sandra **parece-se** muito **com** a mãe.
to resemble	O carro dele **parece-se com** o meu.
preocupar-se com	Eles **preocupam-se** muito com os filhos.
to worry about	O Rui não **se preocupa com** os testes de Inglês.

---

[3] **Aproveitar** may also be used non-reflexively (and with no **de**): **Aproveitei o feriado para ir à praia. Ele não aproveitou essa oportunidade.**

[4] **Rir-se de** implies *make fun of*. If you want to imply simple amusement use **rir-se com: Elas riram-se muito com as anedotas que ele contou.**

surpreender-se com
to be surprised at

A minha mãe **surpreendeu-se com** as minhas notas.

Surpreendo-me com as acções de alguns jovens.

Prática oral

Actividade A. Completa as frases abaixo com uma preposição. Em alguns casos vai ser necessária uma contracção da preposição com o artigo.

1. O meu irmão casou-se _____ uma brasileira.
2. Os clientes do restaurante queixaram-se _____ comida.
3. Já te decidiste _____ comprar essa motocicleta?
4. Aproveitas-te _____ apontamentos que te dei?
5. Os turistas surpreenderam-se _____ o preço do hotel.
6. Habituaste-te bem _____ novo computador?
7. O meu pai preocupa-se muito _____ o seu trabalho.
8. Nós rimo-nos muito _____ vestido tão ridículo que ela trazia.
9. Os filhos do Sr. Mendonça parecem-se muito _____ ele.
10. Uma boa parte da população portuguesa dedica-se _____ agricultura.
11. Não te esqueceste _____ telefonar à tua mãe?
12. Não me lembrei _____ lhe escrever um postal.

Actividade B. Repete e completa as frases que vais ouvir. Não te esqueças da preposição.

MODELO: O meu pai preocupa-se sempre...
            O meu pai preocupa-se sempre muito com a política.

Notas culturais

Os Açores

The nine islands of the Azores have a resident population of a little under a quarter million. It is estimated that an equivalent number of Azoreans live in the United States, Canada, Bermuda, Brazil, mainland Portugal and other parts of the world.

The largest island is São Miguel, with one third of the territory and over half of the population. The smallest island is Corvo, with little more than 400 inhabitants.

The main products of the archipelago are beef, fish,[a] beets, tobacco, timber, tea, pineapples and dairy products. Tourism and remittances from Azorean emigrants also represent an important share of the Azorean economy. In the nineteenth century, before a blight destroyed most of the vineyards, Pico wine was exported to Europe and served at the table of Russian emperors.[b]

The Azores had an active whaling industry from the mid nineteenth century to the 1960's.

Earthquakes have afflicted the Azores for centuries. The last major one, in 1980, caused extensive destruction in the city of Angra do Heroísmo and other areas of Terceira.

Coroação do Divino Espírito Santo
na cidade de Angra do Heroísmo, Ilha Terceira

The Azorean islands were successively discovered by the Portuguese between 1427 and some time around 1453. From the ships the sailors could see a number of birds, which from a distance looked like hawks (**açores** in Portuguese)—thus the name given to the islands. Uninhabited and heavily wooded, the islands were subject to a burn program before sheep and other animals were introduced on the islands and arable land could be obtained. Many of the early settlers were Flemish.[c]

For many years the islands exported wheat to mainland Portugal and represented an important base for Portuguese and Spanish armadas travelling from India and the Americas.

Soon after the 1974 Revolution the idea of regional autonomy began to take shape in the Azores, and in 1976 a Regional Government was established.

NOTES:
[a] Tuna is the main catch.
[b] Nowadays the island of Graciosa produces an excellent wine called **verdelho**.
[c] Several common Azorean surnames, like Dutra or Brum, derive from Flemish. Others, like Terra or Silveira, represent a translation from the original language.

B. When you ask a question with **o quê?** or **quem?** those are what the verbs act on, too:

Não te preocupas **com quê?**

Esqueceste-te **de quê?**
O Nuno casou-se **com quem?**
A Alexandra queixa-se sempre **de quem?**

Likewise, a preposition is required before question words such as **o quê** or **quem.**

De que é que te esqueceste?
Com quem é que o Nuno se casou?

Here are some more questions and answers:

Com quem é que a senhora se preocupa? Preocupo-me **com o meu filho.**
Vocês riram-se **de quê** ? Rimo-nos **dos disparates dele.**
Tu pareces-te **com quem?** Pareço-me **com a minha mãe.**

NOTE: If there is no explicit object in the sentence, there is no preposition:

A Susan **habituou-se à** vida em Portugal? Sim, **habituou-se.**
O senhor **lembra-se de** mim? Sim, **lembro-me.**
Ela **queixou de** insónias? **Queixou-se,** sim.

Prática oral

Actividade A. Preenche os espaços com uma forma reflexa de um dos verbos abaixo indicados:

aproveitar	casar	dedicar	lembrar	queixar
parecer	convencer	surpreender	habituar	divorciar

1. O senhor _____ do endereço dessa firma?
2. Os clientes _____ da comida do restaurante.
3. O Hugo _____ muito com o irmão.
4. O Pedro vai_____ da Helena.
5. _____ da oferta que te fizeram?
6. O Dr. Fontes _____ à cardiologia.
7. Não _____ com o que te vou dizer.
8. O Sr. Saraiva _____ com a D. Fernanda há 29 anos.
9. Na Inglaterra eu nunca _____ bem a guiar pela esquerda.
10. Não _____ de que isso seja verdade.

Actividade B. Responde às perguntas do professor.
Actividade C. Faz uma pergunta correspondente às respostas que vais ouvir, usando **o que** ou **quem.**

MODELO: Ele preocupa-se muito com a família.
          Com quem se preocupa ele?

Vozes portuguesas

Mário, born in the island of Faial, is a financial consultant.

A única grande indústria dos Açores)

Tradicionalmente a base económica dos Açores desde a sua povoação é a agricultura e a agro-pecuária, especificamente a criação de gado para abate e a criação de gado para lacticínios. E essa é a única, é realmente a única grande indústria que tem existido a nível dos Açores. É certo que com a passagem do tempo outras foram criadas em certas ilhas. Aliás deixe-me que lhe diga que logo na altura do povoamento da ilha do Faial, onde havia muitos flamengos, a primeira indústria que houve foi a do pastel[5], que foi muito cultivado para fazer tintas que iam para os Países Baixos, para ser usadas para tingir roupas. Depois apareceram o chá e o ananás em São Miguel. Mais recentemente é que a indústria da pesca se desenvolveu. Nos meados do século passado apareceu a caça à baleia. Essa já expirou, já não existe.

agro-pecuária farming and cattle raising
altura time
ananás pineapple
baleia whale
caça hunting

criação raising
flamengos Flemish
gado para abate meat cattle
gado para lacticínios dairy cattle
meados middle

Países Baixos the Netherlands
passagem passing
povoação settlement
povoamento settlement
tingir dye
tintas dyes

Prática oral

Certo ou **errado**? Se **errado**, corrige.

4. Os Recíprocos

When two or more people do something to or for *each other*, the action is "reciprocal." Reciprocal actions are represented by reflexive verbs since the people who do the action also receive the same action.

Because a minimum of *two* people is necessary for a reciprocal action, this reflexive construction is used only in the plural. You already know many of the verbs that may express reciprocal actions. For emphasis or

[5] **Pastel** doesn't mean what you think it does here—it refers to a flowering perennial herb of the mustard family called *woad* (or *dyerswoad)*. It used to be grown as a source of the blue dye indigo by drying, grinding, wetting, and fermenting the plant's leaves.

uma à outra, uma ao outro, uns aos outros, uns às outras, umas às outras
and **umas aos outros**.

ajudar-se	Elas duas **ajudam-se** muito uma à outra.
conhecer-se	Vocês **conhecem-se**?
encontrar-se	Eles **encontraram-se** no café.
entender-se	O professor e eu **entendemo-nos** muito bem.
escrever-se	O meu irmão e a namorada **escreviam-se** muito.
ouvir-se	Os professores e os estudantes devem **ouvir-se** uns aos outros.
ver-se	Elas **vêem-se** todos os dias.

Prática oral

Actividade A. Junta os elementos que vais ouvir de modo a descrever uma acção recíproca.

Actividade B. O que fizeram estas pessoas nas situações indicadas?

Coluna A	Coluna B	Coluna C
Os Americanos e os Japoneses	casar	apesar da oposição das famílias
John F. Kennedy e Jacqueline Bouvier	combater	na década de 1950
	conhecer	durante a Segunda
Os Ingleses e os Americanos	encontrar	Guerra Mundial
	odiar *hate*	*World War II*
Roosevelt, Truman e Estaline	reunir	e derrubaram o Muro
	separar	*Wall* de Berlim
O Príncipe Carlos de Inglaterra e a Princesa Diana	amar	alguns anos depois do seu casamento
	defrontar	violentamente na
	aliar *ally*	batalha de Waterloo
Os Cruzados e os Muçulmanos		quando ele pediu ajuda à rainha
Romeu e Julieta		em Ialta perto do fim da
A Alemanha Ocidental e a Alemanha Oriental		Segunda Guerra Mundial
Cristóvão Colombo e Isabel a Católica		nas duas Guerras Mundiais
Um exército francês e outro inglês		

Actividade C. Responde às perguntas orais do professor.

Actividade D. Responde com frases completas a mais perguntas que vais ouvir.

5. O plural das palavras compostas

In Portuguese compound words may present different forms:
1. noun+noun: **capitão-general** *captain general*
2. noun+preposition+noun: **estrela-do-mar** *starfish*
3. noun+adjective: **amor-perfeito** *pansy (flower)*
4. adjective+noun: **baixo-relevo** *basrelief*
5. adjective+adjective: **luso-americano** *Portuguese-American*
6. verb+noun: **quebra-mar** *breakwater*
7. verb+verb: **pisca-pisca** *turn signal*
8. invariable word+noun or adjective: **vice-rei** *viceroy*, **recém-nascido** *newborn*

Here are the rules for pluralization of these expressions:
1. The noun element (or the main noun element in the noun + noun combination) is pluralized: **capitães-generais** . In verb + noun combinations the noun is made plural: **quebra-mares**. In a noun + preposition + noun combination, the first noun is made plural: **estrelas-do-mar**.

2. In noun + adjective combinations both elements are pluralized: **amores-perfeitos.**

3. In adjective+noun combinations only the noun is pluralized: **baixo--relevos.** This rule, does not, however, apply with ordinal numbers: **segundas-feiras**, **terças-feiras**, **primeiros-sargentos**, **segundos-tenentes**, etc.

4. In adjective+adjective combinations only the second adjective is pluralized: **luso-americanos**

5. In verb+verb combinations, the second verb is pluralized: **pisca--piscas.**

6. In invariable word+noun or adjective combinations the second element is pluralized: **vice-reis, recém-nascidos.**

A number of compound words are formed with **guarda** as a first element:

guarda-chuva *umbrella*
guarda-pó *duster*
guarda-nocturno *night watchman*
guarda-florestal *forest ranger*
guarda-livros *bookkeeper*

If **guarda** is taken as a verb, it remains singular when the compound word is pluralized:

um guarda-chuva, dois guarda-chuvas
um guarda-pó, dois guarda-pós
um guarda-livros, dois guarda-livros

If, however, **guarda** is taken as a noun, both elements are pluralized:

um guarda-nocturno, dois guardas-nocturnos
um guarda-florestal, dois guardas-florestais.

Portuguese speakers themselves are not always quite sure about the formation of these plurals.

NOTE: The *verb + plural noun* combination is quite frequent. In this case there are no changes for the plural: **um quebra-nozes** *nutcracker*, **dois quebra-nozes, um pára-quedas** *parachute*, **dois pára-quedas.**

Prática oral

Actividade A. Diz o plural das expressões abaixo:

1. quebra-luz *lamp shade*
2. vira-casacas *turncoat*
3. ervilha-de-cheiro *sweet pea*
4. alto-falante *loudspeaker*
5. fim-de-semana
6. lua-de-mel *honeymoon*
7. caixa-baixa *lower case*
8. comandante-em-chefe *commander-in-chief*
9. vice-presidente
10. louva-a-Deus *praying mantis*
11. pára-choques *bumper*
12. conto-do-vigário *con game*
13. ave-do-paraíso *bird of paradise*
14. gato-pingado *funeral home worker*
15. latino-americana

Actividade B. Completa as frases abaixo, usando sempre o plural da expressão indicada.

1. Os dois pára-quedistas saltaram mas infelizmente... (pára-quedas)
2. Quando foram ao aquário, as crianças.... (estrela-do-mar)
3. No supermercado a D. Fernanda... (couve-flor *cauliflower*)
4. Os dois generais recordaram o tempo... (tenente-coronel *lieutenant-colonel*)
5. Na pastelaria... (pão-de-ló *sponge cake*)
6. No lugar de fruta... (couve-de-Bruxelas *Brussels sprout*)
7. Depois do acidente... (guarda-lamas *fender*)
9. Vi na peixaria... (peixe-espada *ribbon fish*)
10. Para o menino não chorar... (chupa-chupa *lollipop*)

Vozes portuguesas

José Maurício, born in São Miguel, is an executive in the food industry.

A beleza dos Açores
Nos Açores existem grandes possibilidades turísticas apesar de serem limitadas pelo clima.[a] Há uma beleza muito única nos Açores, nomeadamente o verdejante das nossas terras e temos o contraste do azul do mar, do

verdejante das terras e a fúria dos vulcões[b] com a presença das fumarolas e as lindas lagoas que existem nos Açores.

NOTES:

[a] The Azores have rainy weather all year round.

[b] The islands are volcanic in nature. The lagoons José Maurício mentions are mostly craters of extinct volcanoes. The last sizable eruption occurred during the fifties on the island of Faial, destroying the village of Capelinhos and covering the fields with ashes. Many islanders were then allowed to emigrate to the United States.

apesar de in spite of	**lagoas** lagoons	**terras** fields
beleza beauty	**mar** sea	**verdejante** lush green
fumarolas steaming volcanic vents	**nomeadamente** namely	**vulcões** volcanoes

Prática oral

Explica por palavras tuas em que consiste a beleza dos Açores. Podes acrescentar outros pormenores não contidos no texto.

6. Alguns comparativos idiomáticos

Idiomatic comparatives are coined expressions used in colloquial speech and often marked by a humorous touch: *sick as a dog, hard as a rock, drink like a sponge*, etc. Here are some of the most common ones:

ADJECTIVES:

alto como uma torre *tower*

bêbedo *drunk* como um cacho *bunch [of grapes]*

branco /pálido como a cal *whitewash* da parede[a]

calado *quiet* como um rato *mouse*

caro como fogo *fire*

cheio como um ovo

duro *hard* como uma pedra *rock*

escuro *dark* como breu[b] *tar*

feio-a como uma noite de trovões[c] *a stormy night*

fiel *loyal* como um cão *dog*

frio como gelo *ice*

leve *light* como uma pena *feather*

lento *slow* como um caracol *snail*

magro *thin* como um fuso *spindle*

mole *soft, lazy* como manteiga *butter*

pesado *heavy* como chumbo *lead*

pobre como Job

são *healthy* como um pero *apple*

surdo *hard of hearing* como uma porta

vermelho como um tomate/uma romã[d] *pomegranate*

VERBS:

andar como caracol

beber como uma esponja[e]

chorar *weep* como uma Madalena

comer como um abade *abbot*

correr *run* como um galgo *greyhound*

dormir como uma pedra

fumar como uma chaminé *chimney*

nadar *swim* como um peixe

portar-se *behave* como um anjo *angel*

rir-se como louco *madman*

sentir-se como peixe na água

trabalhar como um mouro[f]

falar como um algarvio   vender-se como pão quente

NOTES
　ᵃ Applied only to persons, when color is lost due to a sudden emotion.
　ᵇ Applied only to the dark of the night.
　ᶜ Used for persons only.
　ᵈ Applied to blushing persons.
　ᵉ This refers to alcoholic beverages only.
　ᶠ This expression goes back to the time when the Portuguese had Moorish slaves.

Prática oral

Actividade A. Completa as frases que vais ouvir, usando sempre um comparativo idiomático.

7. Alguns verbos muito especiais

A. TOMAR, LEVAR and TIRAR

All three verbs may be translated as *to take*. Use **tomar** when it refers to:
1. medicine   **Tomei** um Alka-Seltzer depois do almoço.
                               O doente **toma** analgésicos e antibióticos.
2. drink/eat light food: **Tomas** um café?
                               Queres **tomar** um chá?
                               Ele **tomou** três cervejas.
                               Tomamos um *whisky*?
                               Ela só **tomou** um caldo.
3. public transportation: Eles **tomaram** o avião para Paris.
                               Quero **tomar** o comboio das 8.35.
                               Vamos **tomar** este autocarro.
                               Vocês vão ter que **tomar** um táxi.[6]

Use **levar** when *to take* means *to carry, to drive* or *to accompany*:
　　Levas-me estas cartas ao correio?
　　Vou **levar** uns bolos à minha mãe.
　　Vocês não vão **levar** o carro à revisão *tune-up*?
　　Eu **levo**-os no meu carro.
　　A D. Alzira **levou** os filhos ao colégio.
　　Amanhã tenho que **levá**-las ao aeroporto.[7]

Use **tirar** when *to take* or *to take off* means *to remove*:
　　　　Tirei as camisas da gaveta *drawer*.
　　　　Não **tiraste** a sopa do lume *fire*?

---

　[6] **Apanhar** is a synonym for **tomar** for transportation.
　[7] **Levar** also means *to charge*: O sapateiro **levou**-me um dinheirão pelo conserto das botas.

Tira o casaco e a gravata!
Vou **tirar** os sapatos.

Here are some special expressions:

tirar um curso *to take a course*
tirar fotografias *to take photos*
tirar a temperatura *to take the temperature*
aceitar uma oferta *to take an offer*
aceitar dinheiro *to take (accept) money*
dar um passeio a pé *to take a walk*

Prática oral

Actividade A. Preenche os espaços com um verbo apropriado:

1. Tenho que _____ fotografias de passaporte.
2. Que curso está a Luísa a _____?
3. A que horas é preciso _____ a Joaninha ao médico?
4. Vais _____ essa oferta?
5. _____ duas aspirinas e telefone-me amanhã de manhã!
6. Vocês vão _____ o metro ou o autocarro?
7. O senhor _____ uma bica?
8. Tenho que _____ estas coisas a casa da Ana Gabriela.
9. Não _____ a camisola. Faz frio aqui dentro.
10. Vou _____ um gin tónico.
11. O que é que tu _____ para a gripe?
12. O médico _____-lhe a temperatura.
13. A que horas é que eles _____ o comboio?
14. Se não tens carro, eu _____-te.
15. Quem é que _____ daqui o meu dicionário?

Actividade B. Traduz as frases que vais ouvir.

Vozes portuguesas

Fátima is a waitress.

Dar gorjeta ou não dar gorjeta, eis a questão!

Quanto às gorjetas, depende... Alguns costumam deixar poucas gorjetas, alguns costumam deixar ainda bastantes gorjetas. Há dias que faço cinco contos, outros dias faço mil[a], dois contos. Os Portugueses costumam deixar melhores gorjetas. Os estrangeiros também mas há alguns estrangeiros que não vão deixar assim muita gorjeta

NOTE:
[a] Fátima obviously means **mil** *escudos*.

costumam deixar usually leave　　**gorjeta** tip　　　　**quanto** às as for

Prática oral

Responde às perguntas que vais ouvir.

B. *To meet* and *to find*

Use **encontrar-se com** when you have an appointment to meet a person
> **Encontro**-me contigo no Café Luanda?
> Vou-me **encontrar** com ela à porta do cinema.

Use **encontrar** when you meet somebody accidentally:
> **Encontrei** a Ilda no Rossio.
> **Encontrámo**-nos no eléctrico.[8]

Use **(ir) esperar** when you meet a person who is arriving at a station or airport.
> Queres **ir** comigo **esperá**-los ao aeroporto?
> **Vou** à Estação de São Bento **esperar** os meus pais.

To find is also translated as **encontrar** or **achar** when it refers to a lost object or a person that is being sought.
> Não encontro o meu livro de Português.
> A polícia finalmente encontrou o autor do crime.

Use **achar** when *to find* implies an opinion.
> **Acho** esse homem muito interessante.

Prática oral

Actividade. Traduz as frases que o teu professor vai dizer.

C. *To play*

Use **tocar** when you mean *to play a musical instrument*:
> O Luís **toca** muito bem violino.
> A orquestra vai **tocar** no auditório.[9]

Use **jogar** when you refer to games:
> O Benfica vai **jogar** contra o Porto.
> O Sporting **jogou** muito bem.
> **Jogas** ténis?
> Eles estão a **jogar** às cartas.

---

[8] **Encontrar-se com** is also possible in these examples.
[9] **Tocar** also means *to touch*: **Ela não tocou na comida; Não toques nesse vaso de cristal!**

Use **representar** when you refer to acting:

> Sir Laurence Olivier **representou** o papel de Hamlet.
>
> O **Sonho** *dream* **de uma Noite de Verão** vai ser **representado** em Lisboa.

Use **brincar** when referring to children's play:

> Os garotos estão a **brincar** no quintal *back yard*.
>
> A minha sobrinha não gosta de **brincar** com bonecas *dolls*.[10]

To play a trick is **fazer uma partida**.

Prática oral

Actividade A. Completa com uma forma de um dos verbos acima mencionados.

1. Em Portugal não se _____ futebol americano.
2. A Orquestra Sinfónica de Lisboa vai _____ amanhã.
3. O Carlos resolveu _____ uma partida ao irmão.
4. Estava a _____ com vocês quando disse que ia viver para o Nepal.
5. O garoto está a _____ com uma pistola de plástico.
6. Foi essa companhia que _____ **Um Eléctrico Chamado Desejo**.
7. O meu pai _____ muito bem xadrez.
8. Ela _____ piano?
9. É melhor não _____ nessa porta. A pintura *paint* ainda está fresca.

Actividade B. Responde às perguntas que vais ouvir usando sempre um dos verbos acima indicados.

D. To leave

Use **deixar** in the sense of *to leave behind*:

> O cliente não **deixou** gorjeta.
>
> **Deixei** a minha gabardine no consultório do médico.
>
> A Lígia **deixou** o marido.
>
> Os pais **deixaram** os filhos em casa.

Use **sair** when the person intends to return soon or not to go very far:

> Os empregados **saem** às cinco.
>
> O Sr. Saraiva **saíu** para comprar cigarros.
>
> A professora **sai** sempre logo depois dos alunos.[11]

---

[10] Remember that **brincar** also means *to kid* or *to joke*: **Queres mil contos por esse carro? Estás a brincar comigo? Não, não sou astrólogo. Estava a brincar quando disse isso.**

[11] You use **sair de casa**, however, when you mean *to leave home (for good)*: **O filho dele saiu de casa aos dezassete anos. Sair** also means *to go out* in the sense of *to go out to amuse yourself*: **Vou sair esta noite; O João e a Carla saem quase**

Use **partir** when you refer to a departure.[12]

> Vasco da Gama **partiu** de Lisboa a caminho da Índia.
> O avião **parte** às 18.45.
> O comboio já **partiu.**

Use **ir-se embora** if you mean *to go away,* usually without specifying where.

> São seis e meia. O director já **se foi embora**.
> Estou cheia de sono. **Vou-me embora**.
> **Vá-se embora** daqui!

Prática oral

Actividade A. Completa com um verbo apropriado, de entre os acima mencionados

1. A que horas _____ o voo da TAP?
2. O tio dela _____ ontem para a África do Sul.
3. Já acabaste o trabalho. _____!
4. A Laura _____ para ir ao correio.
5. Vais _____ com o teu namorado hoje à noite?
6. O meu irmão_____ de casa quando tinha quinze anos.
7. Ela _____ porque tinha que ir trabalhar.
8. Estes comboios nunca _____ a horas!
9. Eles foram à discoteca. _____ daqui há dez minutos.
10. Ela preferiu _____ o dinheiro no banco.

Actividade B. Traduz as frases que vais ouvir.

E. Ficar, tornar-se and fazer-se

All three verbs may be roughly translated as *to become.* Use **ficar** if the action is involuntary:[13]

> Ela **ficou** nervosa.
> Eles **ficaram** furiosos.
> O João **ficou** inválido.
> Depois da meia-noite a cidade **fica** deserta.

Use **tornar-se** if the action implies a deliberate effort.[14]

> Ele **tornou-se** o actor mais famoso do seu tempo.
> Ela **tornou-se** muito amável.

Use **fazer-se** when referring to one's occupation or when it comes before

---

todas as noites.

[12] **Partir** also means *to break*: **Parti um copo! A Júlia partiu uma perna.**

[13] **Ficar** also means *to stay, to remain* and *to be located.*

[14] **Tornar-se** can also be applied to objects: **Paris tornou-se o grande centro da moda feminina.**

rico or **famoso.**

> Ele **fez-se** mecânico.
> Elas **fizeram-se** professoras.
> O meu irmão **fez-se** rico em pouco tempo.

Prática oral

Actividade A. Completa as frases abaixo com uma forma apropriada de **ficar, tornar-se** ou **fazer-se.**

1. Eu _____ muito contente quando ele telefonou.
2. Ela _____ famosa depois daquela série de concertos.
3. O Rio _____ um importante centro turístico.
4. Durante o verão, a universidade _____ deserta.
5. Eles _____ muito perturbados com o telegrama.
6. Ela _____ proprietária duma agência de viagens.
7. Com a explosão, o prédio _____ completamente destruído.
8. O seu romance _____ um *best-seller*.
9. Eles _____ ricos em três ou quatro anos.
10. Depois de muitos anos nessa companhia ele finalmente _____ director.

Actividade B. Completa as frases que vais ouvir com uma expressão com **ficar, tornar-se** ou **fazer-se:**

Actividade C. Como é que te sentes nas situações que vais ouvir? Nervoso,-a? Contente? Zangado,-a? Envergonhado,-a? Triste? Preocupado,-a? Receoso,-a? Curioso,-a?

Actividade D. O que querem ser estas pessoas no futuro? Ouve bem o que fazem agora e responde usando uma forma de **fazer-se** ou **tornar-se.**

> MODELO:
> A Gabriela estuda Anatomia.
> Ela quer fazer-se médica.

O Algarve: praias lindas

Diálogo

A dificuldade está na escolha

A Susan vai a uma agência de viagens para se informar sobre excursões. Uma empregada aproxima-se dela.

EMPREGADA: Já estão a atender?
SUSAN: Ainda não. Queria informações sobre excursões ao Algarve.

EMPREGADA: Temos muitas. Por quanto tempo quer?

SUSAN: Por uma semana.

EMPREGADA: Tem aqui estes folhetos. Como pode ver, há várias possibilidades. Prefere conhecer diferentes pontos do Algarve ou ficar uma semana numa só praia?

SUSAN: Ainda não tinha pensado nisso. Deixe-me ver.

EMPREGADA: Se preferir a Volta do Algarve tem aqui esta. Sai todas as quintas-feiras. Partimos às sete da manhã de Lisboa e vamos almoçar a Lagos. Tarde livre e alojamento no Hotel Mar Azul.

SUSAN: Como são os hotéis?

EMPREGADA: São todos de três ou quatro estrelas, com meia-pensão. Todos os quartos têm banho privativo, ar condicionado e televisão por satélite. A maioria dos quartos tem varanda com vista para o mar.

SUSAN: O que é que quer dizer meia-pensão?

Uma cena alentejana

EMPREGADA: É o pequeno almoço e uma refeição, almoço ou jantar. Isso dá a oportunidade de conhecer outros restaurantes.

SUSAN: E o resto da excursão?

EMPREGADA: Bem, depois há estadias em Portimão, Albufeira e Vilamoura, com visitas facultativas a Sagres, Silves e Faro. Não perca as praias, as chaminés algarvias, tudo o mais... O regresso a Lisboa é quarta-feira, depois do almoço.

SUSAN: Então não se pára no Alentejo?

EMPREGADA: Nesta excursão, não. Mas tem aqui outra, Alentejo e Algarve.

É também de uma semana, com saídas às terças-feiras. Visita-se Estremoz, Elvas, Évora, Beja e Serpa. Depois vai-se a Vila Real de Santo António e regressa-se ao longo da costa, por Montegordo, Tavira, Olhão, Faro, Quarteira e outras praias até Lagos. De aí volta-se a Lisboa.

SUSAN: Estou a ver ali uns folhetos sobre os Açores. Podia-me dar um? Também me interessava.

EMPREGADA: Sim, com certeza. Para os Açores também temos vários planos de excursão. Geralmente são de uma semana, com visitas a quatro ilhas.

SUSAN: Que ilhas?

EMPREGADA: Normalmente São Miguel, Terceira, Pico e Faial. Mas se quiser, pode visitar outras. É questão de organizar um plano especial.

SUSAN: Parece também uma boa ideia. Os preços estão aqui nos folhetos?

EMPREGADA: Sim, está tudo indicado. Os preços são à base de quarto duplo. Se quiser quarto individual há um suplemento a pagar.

SUSAN: E está tudo incluído no preço?

EMPREGADA: Praticamente tudo. Só há um suplemento para *transfers*. E, claro, tem as excursões facultativas.

SUSAN: Os Açores também eram uma hipótese. Vou ler os folhetos em casa com atenção.

EMPREGADA: E a Madeira, não lhe interessava? Temos excursões só à Madeira e à Madeira e Açores. Deixe-me dar-lhes mais estes folhetos.

SUSAN: Muito obrigado. Assim que decidir, passo por aqui. Lá para o fim desta semana.

agência de viagens travel agency	**estadias** stays	**livre** free
alojamento lodging	**estrelas** stars	**perca** miss
deixe-me let me	**facultativas** optional	**quarto duplo** double room
escolha choice	**folhetos** fliers	**regresso** return
	já estão a atender? have you been helped?	**saídas** departures

Prática oral

Forma perguntas para as respostas que vais ouvir.

Dois a dois

Um-a aluno-a faz o papel do-a turista que procura um quarto de hotel. Outro-a faz o papel de recepcionista. Os dois devem então estabelecer um diálogo. Vocabulário que pode ser utilizado neste exercício:

ar condicionado	**pequeno almoço**	**quarto de casal**
bar	**incluído**	**quarto individual**
meia pensão	**preço**	**telefone**
pensão completa	**quarto de banho privativo**	**televisão**

Leitura

As ilhas atlânticas e as suas tradições.

Mais isoladas geograficamente do que o Continente, as ilhas atlânticas mantêm uma grande riqueza de tradições, manifestadas nos mais distintos aspectos da vida quotidiana e de ocasiões festivas.

Durante o verão há festas por toda a parte. Além da população local assistem a elas muitos emigrantes, de férias na sua ilha natal,[a] que com frequência chegaram com o propósito de pagar uma promessa, feita em qualquer momento de angústia.

O ponto alto do calendário religioso da Ilha de São Miguel é constituído pelas festas do Senhor Santo Cristo dos Milagres, cuja imagem é venerada no Convento de Nossa Senhora da Esperança, na cidade de Ponta Delgada. As festas iniciam-se no quinto sábado após a Páscoa. De vários pontos do mundo acorrem peregrinos para assistir à imponente procissão e admirar as ruas atapetadas de flores, as janelas adornadas de colgaduras, o fogo de artifício e as magníficas iluminações dos edifícios e das ruas.[b] Outras duas festas de grande envergadura são as do Senhor Bom Jesus da Pedra, em Vila Franca do Campo, São Miguel, e de Nossa Senhora dos Milagres, na freguesia da Serreta, Terceira.[b] Durante as festas de São Pedro, na Ribeira Grande, São Miguel, têm lugar as cavalhadas ou desfile de cavaleiros, de trajos aparatosamente adornados. O seu maioral, depois de fazer com que o seu cavalo coloque as patas dianteiras no limiar da porta principal da igreja de S.Pedro, dirige ao santo uma saudação em verso. As cavalhadas parecem ter a sua origem nos jogos de canas da Idade Média.

As festas do Espírito Santo celebram-se em todas as ilhas. Arrancam possivelmente de uma cerimónia em que a Rainha Santa Isabel, mulher do Rei D. Dinis,[d] reuniu à sua mesa vários pobres, a quem serviu um bodo de pão e carne, coroando então um deles imperador como sinal de humildade.

Hoje em dia a festa toma aspectos diferentes consoante as ilhas ou mesmo as freguesias. De um modo geral, contudo, há sempre desfiles em que participam o imperador, o mordomo com a sua vara, assim como outros organizadores, carros de bois transportando o pão que vai ser distribuído aos assistentes, os bezerros que vão ser abatidos, adornados de fitas e flores, e grupos musicais. Realiza-se depois a coroação do imperador ou de algumas crianças,[e] um bodo, refeição basicamente de pão e carne, e "arrematações," ou seja um leilão de oferendas. No dia seguinte, uma segunda-feira, tem lugar uma tourada à corda.

A música e o baile ocupam um lugar muito especial no folclore insular. Nos Açores os cantares e danças são variadíssimos. Entre eles destacam-se o pezinho,[f] a chamarrita[g] e a sapateia. Esta última constitui normalmente o fecho de um espectáculo e a sua letra denota um subtil comentário à pobreza de certos sectores das ilhas:

Sapateia, ó meu bem, sapateia,
Ó ai, vira e volta a sapateia,

Ai quantas vezes, ai quantas,
O jantar serve de ceia![h]

"Samacaio" é uma típica canção açoriana, baseada no naufrágio do galeão português **São Macário**, nas costas brasileiras. Oferece diferentes versões mas a mais conhecida começa deste modo:

Samacaio, Samacaio deu à costa.
Ai deu à costa nos baixos do Maranhão!
Toda a gente, toda a gente se salvou,
Só Samacaio, só o Samacaio não.

Uma forma poética e musical extremamente interessante é a cantoria açoriana. Trata-se de um desafio, em que dois improvisadores, ao som de uma lenta toada, dialogam em quadras ou sextilhas, geralmente durante três a cinco horas. A estrutura da cantoria segue um ritual estabelecido, iniciando-se e terminando com uma saudação à terra em que decorre e tendo de permeio a ridicularização do outro contendor e o debate de um determinado tema. A inspiração é incentivada por uma garrafa de aguardente que vai passando de mão em mão.

O bailinho da Madeira é uma dança extremamente viva e colorida, para a qual se utiliza o brinquinho, um instrumento composto por uma vara encimada por dois círculos de bonecos articulados representando trajos típicos da ilha. O estribilho do bailinho reza assim:

Deixa passar
Esta linda brincadeira
Que a gente vamos[i] bailar
P'ra gentinha da Madeira.

A arte popular apresenta facetas extremamente vigorosas. Nas ilhas açorianas manifesta-se através da loiça pintada da Lagoa (São Miguel), das figuras feitas de miolo de figueira ou de conchas ou então cobertas de escamas de peixe, do *scrimshaw*, ou seja dente ou osso de cachalote,[j] sobre o qual se entalham desenhos vários e muitos outros artefactos.

Os bordados da Madeira são famosíssimos e constituem uma importante exportação. Também aí se produzem muitos objectos de vime, sobretudo cadeiras de braços. As "lapinhas" são presépios que se armam por altura do Natal, em forma de escada. Nelas estão presentes figuras de barro representando pastores e ovelhas ou tipos madeirenses. No alto coloca-se a imagem do Menino Jesus, sempre muito maior do que as outras.

Na arquitectura típica açoriana observam-se aspectos curiosos. Muitas vezes as casas dispõem-se ao longo da única rua da povoação. Estas casas tem entradas laterais e rodapés pintados de cores diferentes, segundo a localidade. Muitas são encimadas por chaminés "de mãos postas." Noutros lugares vêem-se as chamadas "varandas de avental." Por todas as ilhas se encontram também os "impérios," ou pequenas capelas onde se expõem a coroa do Espírito Santo e as oferendas que vão ser arrematadas.

A típica casa madeirense, hoje praticamente desaparecida, era uma pequena construção singela, de forma triangular e coberta por um tecto de colmo, com a fachada quase totalmente ocupada por uma porta e três janelas.

Cenas características da vida insular podem ser vistas nos dois arquipélagos. Em São Miguel, durante a Semana Santa, ainda os chamados romeiros percorrem a ilha, embrulhados em mantas e acompanhados por músicos vestidos com garridos trajes vermelhos. Outra cena usual na ilha é ver homens a cavalo, montados à amazona,[k] transportando duas grandes latas de leite presas à garupa do animal. Por todas as ilhas o visitante se depara com elementos pitorescos como os barcos de pesca "de boca aberta," os moinhos do Faial e da Graciosa, de tipo holandês, ou as burras-de-milho.[l] A matança do porco nos Açores é uma ocasião muito especial. O animal morto é exposto por algumas horas para que amigos e conhecidos venham admirar a sua gordura. Às visitas serve-se então aguardente e figos secos.[m] Desaparecidos já, são os pequenos carros puxados por carneiros, que em São Miguel serviam para transportar cargas ligeiras.

Na Madeira ainda se podem ver os característicos carros de bois que deslizam como trenós. Feitos de vime, têm um tejadilho de oleado e cortinas para proteger do sol os passageiros. São conduzidos por um boieiro de camisa e calça brancas e chapéu de palha, auxiliado pelo chamado "candeeiro," vestido de igual modo, cuja missão principal é enxotar as moscas que picam os bois. Também funcionam ainda os "carrinhos do Monte," de estrutura semelhante à dos carros de bois mas abertos, que descem vertiginosamente uma íngreme ladeira, controlados por meio de cordas por dois homens que correm ao seu lado.[n] O mercado do Funchal, com a sua garrida secção de flores e as bancadas onde se expõe o peixe, sobretudo enormes atuns, é um espectáculo que não se deve perder.

A culinária açoriana é riquíssima. A sopa de funcho, o caldo de couves, a linguiça com inhames, a alcatra terceirense, os torresmos, o chicharro, o

Açores: a burra-de-milho

polvo guisado ou as lapas grelhadas são pratos muito apreciados. Durante as festas do Espírito Santo comem-se as chamadas "sopas," compostas de pão, carne e repolho. O queijo de São Jorge é famoso. Por todas as ilhas se faz massa sovada,[o] também uma componente usual da ementa das festas do Espírito Santo. Nas Furnas, em São Miguel, zona de forte actividade geotérmica, serve-se o cozido, que se prepara enterrando a panela numa cova, onde o calor da terra proporciona a cozedura. Todos estes pratos podem ser acompanhados por vinho de cheiro,[p] característico dos Açores.

Na Madeira os pratos mais típicos são a espetada,[q] o peixe-espada preto e os bifes de atum. Para aperitivo, pode-se tomar poncha, uma bebida à base de aguardente de cana, que exige uma complicada preparação. Para acompanhar as refeições bebe-se geralmente vinho trazido do Continente, já que a ilha não produz bons vinhos de mesa. O vinho da Madeira pode no entanto, segundo as castas, ser consumido antes, durante e depois da comida.

Sim, as ilhas são um repositório vivo de tradição.

NOTES:

[a] These emigrants are known as **calafonas**, no matter whether they have settled in California or elsewhere.

[b] About 100,000 light bulbs are used during these occasions.

[c] Both festivities were also brought by Azorean immigrants to the United States. They are held respectively in New Bedford, Massachusetts, and Gustine, California.

[d] King Dinis reigned from 1279 to 1325.

[e] In the United States, where the **festa** is also held, a young woman is usually crowned.

[f] The **pezinho** is performed during the Holy Ghost parade.

[g] The **chamarrita** resembles a square dance.

[h] Remember from Lição 6 that in rural areas **jantar** means lunch and dinner is called **ceia**. The implication here is that often lunch will have to do also for dinner.

[i] The correct construction is **a gente vai bailar.**

[j] This art was first learned in the nineteenth century by Azoreans who had signed up aboard New England whaling ships.

[k] The two cans make it impossible to mount the horse the normal way.

[l] These are wooden contraptions in the form of a pyramid, on which corn cobs are set to dry.

[m] In Madeira the killing of the pig is also an occasion for drinking, singing and merry-making.

[n] Both types of vehicles are now used exclusively by tourists.

[o] **Massa sovada** or **massa cevada** is a cake known in Hawaii, where it is quite popular, as Portuguese sweet bread.

[p] **Vinho de cheiro** is a red made with Isabella grapes.

[q] **Espetada** is a shiskabab.

abatidos slaughtered
acorrem flock
aguardente brandy
alcatra a Terceiran beef dish
alto top
angústia anguish
aparatosamente lavishly
aperitivo apéritif
armam set up
arrancam de stem from
arrematadas auctioned off
assim como as well as
assistir attend

atapetadas carpeted
atuns tuna
bailar dance
baile dancing
baixos shoals
bem love
bezerros calves
bodo meal
boieiro ox driver
bonecos dolls
bordados embroidery
brincadeira play
cachalote sperm whale
cana sugar cane

cantares songs
capelas chapels
cargas loads
cavalhadas an equestrian parade
chicharro horse mackerel
colgaduras draperies
coloca-se one places
conchas shells
conduzidos led
consoante according to
coroa crown
coroação crowning

coroando crowning
correm run
cortinas curtains
cova hole
cozedura cooking
decorre takes place
desafio duel
desenhos designs
desfile parade
deslizam slide
deu à costa ran aground
dianteiras front
embrulhados wrapped up
encimadas topped
entalham carve
enterrando burying
envergadura scope
enxotar shoo off
escada stairs
escamas scales
Espírito Santo Holy Ghost
estribilho refrain
exige demands
fachada façade
fecho closing
funcho fennel
galeão galleon
garridos colorful
garupa rump
gentinha good people
gordura fatness
grelhadas grilled
guisado stewed
humildade humbleness
imperador emperor

inhames yucca
jogos de canas jousting
    tournaments
ladeira incline
lapas limpets
leilão auction
lenta slow
letra lyrics
ligeiras light
limiar treshhold
linguíça pork sausage
maioral head man
mantas blankets
mãos postas praying
    hands
matança killing
miolo de figueira
    heartwood of a fig
    tree
moinhos windmills
montados à amazona
    riding side-saddle
mordomo *festa* organizer
moscas flies
natal native
naufrágio shipwreck
oferendas offerings
oleado oilcloth
osso bone
palha straw
panela pot
patas paws
perder miss
peregrinos pilgrims
permeio middle

picam sting
pobres beggars
pobreza poverty
polvo octopus
povoação village or town
promessa promise made
    to God or a saint
proporciona provides for
propósito purpose
quotidiana daily
repolho cabbage
reza goes
riqueza wealth
rodapés painted strips
romeiros pilgrims
salvou saved
sapateia tap dance
saudação greeting
sextilhas six line stanzas
sinal sign
singela simple
som sound
tecto de colmo thatched
    roof
tejadilho canopy
terra earth
toada tune
torresmos an Azorean
    fried meat dish
trenós sleighs
vara rod
vertiginosamente very fast
vime wicker
vira turn around
viva lively

Prática oral

Responde às perguntas que vais ouvir.

Um bocadinho de humor

Os madeirenses pronunciam o i tónico como **ei.** Então os continentais perguntam: Qual é o animal que na Madeira tem quatro patas e meia? A resposta é "o gato." (Tem quatro patas e **mia.**)

gato cat   **mia** meows

17

Amanhã tenho exame de História

1. Outros usos do presente do conjuntivo

A. Expressões que exigem o conjuntivo

When introduced by a present indicative (or a command form), the present subjunctive is always used after the following expressions:

a fim de que *so that*
Preparem-se bem para o exame a fim de que tenham boas notas.
a não ser que *unless*
Vamos ter um piquenique a não ser que chova.
ainda que *although*
Queres sair ainda que estejas cansada?
antes que *before*
Quero ter a sala arrumada antes que eles cheguem.*
até que *until*
O meu pai quer trabalhar até que tenha setenta anos.*
embora *although*
Embora seja milionário, ele é muito agarrado *stingy*.
mesmo que *even if*
Vais aceitar o trabalho mesmo que não te paguem?
nem que *not even if*
Não faço isso nem que me peçam de joelhos *on their knees*.
para que *so that*
Trouxe-te estas revistas para que leias na viagem.*
por mais que *no matter how much*
Por mais que me custe, tenho que lhe dizer a verdade.
sem que *without*
Não me vou embora sem que me contes essa história.*

In the sentences marked above with an asterisk a personal infinitive can also follow prepositions: **Quero ter a sala arrumada** *antes de eles chegarem*; **O meu pai quer trabalhar** *até ter setenta anos*. **Trouxe-te estas revistas** *para leres na viagem*; **Não me vou embora** *sem me contares essa história*. **Que** does not precede the personal infinitive.

Prática oral

Actividade A. Completa as frases abaixo usando o presente do conjuntivo dos verbos entre parênteses.

1. Quero ir à festa, a não ser que _____. (estar)
2. Vou comprar essas calças, ainda que _____. (custar)
3. Penso sair antes que _____. (anoitecer *get dark*)
4. Não vejas televisão até que _____. (acabar)
5. Ela quer ir ao cinema embora já _____. (ser)
6. Tenta falar sempre português, mesmo que _____. (fazer)
7. Procura chegar a horas nem que _____. (ir)
8. Aponta o número de telefone para que _____. (esquecer--se)
9. Ele não deixa de beber por mais que _____. (dizer)
10. Não vás lá sem que _____. (telefonar)

Actividade B. Modifica as frases abaixo segundo o modelo.

    MODELO: A professora fala em voz bastante alta **para todos os alunos a ouvirem bem.**

                A professora fala em voz bastante alta **para que todos os alunos a ouçam bem.**

1. O Vítor entra no quarto em bicos dos pés *on tiptoe* **para o irmão não acordar.**
2. A D. Fernanda faz uma lista de compras **para se lembrar bem de tudo.**
3. O Tiago cabula sempre nos exames **sem o professor notar.**
4. O Sr. Saraiva fica às vezes até tarde no banco **sem avisar a D. Fernanda.**
5. Vamos viver em Lisboa **até acabarmos o curso.**
6. O professor explica várias vezes cada ponto **até os alunos entenderem.**
7. A Susan vai à biblioteca **a fim de preparar o seu trabalho.**
8. Os alunos vão à secretaria *registrar's office* da Universidade **a fim de se matricularem.**
9. A Fátima vai comprar uma camisola de lã **antes de o inverno chegar.**
10. O João Carlos vai comprar um andar **antes de se casar.**

Notas culturais

Portugal e a sua expansão

The fifteenth and sixteenth centuries were the period of Portuguese expansion overseas. The first step was taken in 1415, when the Portuguese conquered the North African city of Ceuta to control Muslim pirate operations and to give King John I's sons, among them Prince Henry, the chance to prove themselves in battle and earn their knighthood. In addition there were economic reasons for this enterprise: the Portuguese hoped to obtain spices, wheat and gold from North Africa.

After the death of his father, Prince Henry ordered voyages of exploration of the Atlantic islands and the African coast. Every year he would send out his caravels to discover another fifty leagues of coast. When Henry died in 1460, the Portuguese had already reached Sierra Leone.

King Alphonsus V, on the other hand, took several other cities in Morocco, among them Tangier. In 1482 the Portuguese built a fort at Elmina (**São João da Mina**) on the Benin coast, to protect their lucrative trade in gold dust, ivory, slaves, Arabian horses, exotic animals and bird feathers. In 1484 an expedition was sent to the Congo to establish relations with the local king, who eventually converted to Christianity.

The main goal of the Portuguese at the time was to reach India by sea. Spices, brought overland from Asia, commanded astronomical prices in the European market, and the Portuguese thought they could dominate the trade at a much lower cost by bringing these products from India by sea. Two secret agents, disguised as merchants, were sent by land in 1487 to obtain information on the Indian subcontinent. Then in 1488 Bartolomeu Dias rounded the Cape of Good Hope and opened the Indian Ocean to Portuguese ships. For the next ten years covert exploration of the eastern African coast was undertaken, with a view to obtain an approach to India.

So, when Christopher Columbus presented himself to John II to ask for his support, the king refused, possibly because of Columbus' excessive demands, but also because the Portuguese knew by then that India was not to be reached by sailing west. In 1493 Columbus proudly entered the Lisbon harbor and told the

Pedro Álvares Cabral— descobridor do Brasil

Portuguese king he had discovered the Indies. John II replied that, in that case, these lands belonged to Portugal.

Portugal and Spain had signed in 1480 the Treaty of Alcáçovas, by which all lands discovered south of the Canary Islands, no matter by whom, belonged to Portugal. Since at the time the determination of latitude was rather vague, John II believed that the island Columbus had discovered fell into his jurisdiction. The situation was clarified in 1494 by the Treaty of

Tordesillas (**Tordesilhas**), which ambitiously divided the unknown world between Spain and Portugal, this time according to a vertical, not a horizontal line.

India was finally reached in 1498, by Vasco da Gama, via the Cape of Good Hope. The small load of spices he obtained there (and for this he had to use the convincing argument of his superior artillery) brought a 400% profit in Lisbon. It was the beginning of the extensive trade the Portuguese would carry out in the Orient in the following century.

In 1500 a powerful armada under the command of Pedro Álvares Cabral sailed from Lisbon on its way to India. Veering west, possibly to take advantage of favorable winds, it came upon a new land they named Terra da Vera Cruz, later to see its name changed to Brazil. Many historians believe that the Portuguese had reached Brazil earlier, but did not announce their discovery for fear that the new lands would be located in the Spanish sphere of influence.

During the sixteenth century Portuguese ships, sailing mainly from Goa, in India, explored the Asian coast and eventually reached Japan. However, after 1580, when the Spanish domination of Portugal began, overseas expansion practically came to a halt.

B. **O presente do conjuntivo em situações indeterminadas ou inexistentes**

1. This is related to the subjunctive of doubt. You use the subjunctive after indefinite nouns in certain grammatical formulas. A noun is made indefinite when it is preceded by **um(a), algum(a), qualquer** and the like. (An indefinite article makes that word indefinite.) Here are the formula-types:

procurar						
precisar de +	UM, UMA	+	noun	+	**conjuntivo**	
preferir, etc.						
procurar						
precisar de +	O, A	+	noun	+	**indicativo**	
preferir, etc.						

Quero encontrar **um** mecânico que **possa** reparar o meu Škoda.
    Quero encontrar **o** mecânico que **pode** reparar o meu Škoda.
Prefiro **um** carro que **tenha** *air bags*.
    Prefiro **o** carro que **tem** *air bags*.
Preciso de **uma** secretária que **fale** russo e português.
    Preciso d**a** secretária que **fala** russo e português.
Vamos a **qualquer** restaurante que **sirva** bom peixe.
    Vamos a**o** restaurante que **serve** bom peixe.

2. A question which refers to an indeterminate person or thing requires a subjunctive with any verb associated with that person or thing. Compare:

Precisam de **alguém** que **saiba** cozinhar bem?

    Temos uma empregada que **sabe** cozinhar bem.

Existe **algum** político que **seja** digno de confiança?

    Conheço um político que **é** digno de confiança.[1]

3. Negative words indicate something nonexistent therefore require a subjunctive with any verb associated with that person or thing.

Não conheço **ninguém** que me **possa** ajudar.

Não vejo aqui **nada** que me **interesse** comprar.

Não tenho **nenhuma** amiga que **viva** no Porto.

Prática oral

Actividade A. Completa as frases que vais ouvir segundo o modelo:

    MODELO: Esta companhia procura uma secretária que – falar francês
             e inglês

                Esta companhia procura uma secretária que fale francês e
                inglês.

Esta companhia procura uma secretária que...

Actividade B. Traduz as frases que vais ouvir.

Actividade C: Completa as frases que vais ouvir usando um indicativo ou um conjuntivo.

Vozes portuguesas

Florbela explains the geographical conditions that facilitated the Portuguese overseas expansion.

         Portugal no fim da Europa

    Obviamente que a posição geográfica portuguesa tem uma grande importância para o desenvolvimento das navegações. É o fim da Europa e a vizinhança com a Europa, que é sempre uma vizinhança tensa. Se a vizinhança não fosse tensa, nós seríamos englobados pela Espanha. Portanto há a fronteira que é quase inultrapassável e

---

[1] Notice that in this set, the indicative is used after a noun preceded by **um** Don't be startled—it's a different circumstance. In Set 1 you didn't know if the noun or person in question could be found. In this set you *have* a servant already, and you *know* such a politician, therefore there is no doubt, and therefore there is no subjunctive.

há por outro lado o mar aberto.

aberto open	**fim** end	**navegações** sea voyages
desenvolvimento development	**fosse** would be	**seríamos** would be
englobados engulfed	**inultrapassável** impassable	**vizinhança** neighborhood

Prática oral

Responde às perguntas que vais ouvir.

2. O pretérito imperfeito do conjuntivo

A. The past subjunctive has the same uses as the present subjunctive, but it follows *past* (rather than present) verb forms. The formation of the past subjunctive is always based on preterite forms so it is the most regular of all tenses.

Before learning *how* to form the past subjunctive, you need to review the **eles** form of the preterite.

---

1.   REGULAR VERBS

-ar = -aram	**-er = -eram**	**-ir = -iram**
trabalh**ar**, trabalh**aram**	com**er**, com**eram**	sa**ir**, sa**íram**
fal**ar**, fal**aram**	viv**er**, viv**eram**	ment**ir**, ment**iram**
encontr**ar**, encontr**aram**	perd**er**, perd**eram**	dorm**ir**, dorm**iram**

---

2.   IRREGULAR VERBS

estar, estiveram	**ter, tiveram**
fazer, fizeram	**dizer, disseram**
poder, puderam	**dar, deram**
pôr, puseram	**vir, vieram**
querer, quiseram	**ver, viram**
saber, souberam	**ser–ir, foram**

B. To make the basic form of the past subjunctive, remove the **-ram** from the **eles** form of *any* preterite and replace it with **-sse**. This basic form serves for the **eu** and **o senhor/a senhora/você/ele, ela** forms. For the **tu** form add an **-s**, and for the plural forms add the usual endings (**-mos, -m**).

Cantar—**Cantar**am
que (eu) cantasse
que (tu) cantasses
que (o senhor/a senhora/
    você/ele/ela) cantasse
que (nós) cantássemos
que (os senhores/as senhoras/
    vocês/eles/elas) cantassem

Beber—**Beber**am
que (eu) bebesse
que (tu) bebesses
que (o senhor/a senhora/
    você/ele/ela) bebesse
que nós bebêssemos
que (os senhores/ as senhoras/
    vocês/eles/elas) bebessem

Escrever-**Escrever**am
que (eu) escrevesse
que (tu) escrevesses
que (o senhor/a senhora/
    você/ele/ela) escrevesse
que (nós) escrevêssemos
que (os senhores/as senhoras/
    vocês/eles/elas) escrevessem

Ter-**Tiver**am
que (eu) tivesse
que (tu) tivessses
que (o senhor/ a senhora/
    você/ele/ela) tivesse
que nós tivéssemos
que (os senhores/ as senhoras/
    vocês/eles/elas) tivessem

Dormir—**Dormir**am
que (eu) dormisse
que (tu) dormisses
que (o senhor/a senhora/
    você/ele/ela) dormisse
que (nós) dormíssemos
que (os senhores/ as senhoras/
    vocês/eles/elas) dormissem

Ser, Ir—**For**am
que (eu) fosse
que (tu) fosses
que (o senhor/a senhora/
    você/ele/ela) fosse
que (nós) fôssemos
que (os senhores/as senhoras/
    vocês/eles/elas) fossem

NOTES: The regular **nós** form of **-ar** and **-ir** verbs has an acute accent on the vowel before the **-sse-** (**-á-**, **-í-**). Regular **-er** verbs have a circumflex (**-ê-**). Irregular **-er** forms usually have an acute (as in **tivéssemos**), but note **fôssemos** with its circumflex.[2]

Prática oral

Actividade A. Porque é que...? Responde às perguntas que vais ouvir segundo o modelo.

> MODELO: Porque é que o Sr. Saraiva **foi** ao médico?
>   Porque a D. Fernanda pediu que **fosse**.
> Porque é que a Susan...?

---

[2] Students who know Spanish will realize that this Portuguese tense corresponds to the Spanish **-se-** forms. The Spanish **-ra-** subjunctive forms have no parallel subjunctive forms in Portuguese.

conjuntivo usando sempre **que**. Tem cuidado: as formas do presente e do imperfeito podem ser bastante diferentes.

MODELO: que ela siga—**que ela seguisse**

Uma voz goesa

Fr. Teotónio is a Jesuit priest and the director of the Xavier Centre for Historical Research in Goa

Catolicismo e activismo
político em Goa

Na parte de Goaª que se chama Salcete, na província de Salcete, a conversão foi 100% devido aos métodos dos jesuítas. Não foi o mesmo na parte de onde eu venho, que estava entregue aos franciscanos. Foram mais tolerantes, menos militantes que os jesuítas. Nota-se mesmo ainda hoje que quase toda a política de Goa, hoje, é dirigida pelos católicos de Salcete. Se não fosse essa atitude dos cristãos de Salcete quase que o cristianismo não se mantinha em Goa. Se continua e se os católicos de Goa participam activamente na política, como deve ser também, não é? julgo eu que é mais um exemplo, uma consequência talvez, dos métodos de conversão do século dezasseis.

NOTE:

ª When the Portuguese arrived in India in 1498 Goa became the most important economic military and religious center among the territories that the Portuguese occupied in Asia. Portugal held on to Goa and the neighboring enclaves of Damão and Dio until 1961, when all three were forcibly incorporated in the Indian Union.

cristãos Christian	**dirigida** directed	**julgo** believe
cristianismo Christianity	**entregue** under the	**mantinha** would prevail
devido due	control	**nota-se** one notices

Prática oral

Responde às perguntas que vais ouvir.

3. Usos do pretérito imperfeito do conjuntivo

Remember that the past subjunctive is used in the same circumstances as the present subjunctive, but represents a situation in the past, and consequently it is introduced by *past* tenses. Here are some examples of its use.

A. With past verbs of desire

Eu **queria** que tu **fizesses** um bom trabalho.

A. With past verbs of desire

Eu **queria** que tu **fizesses** um bom trabalho.
Desejávamos que vocês **fossem** connosco à festa.
O professor **preferia** que **escrevêssemos** dois trabalhos.
Ela **sugeriu** que **chegássemos** às oito.

B. With past verbs of doubt

Não **pensaste** que eles **pudessem** vir?
Eu não **acreditava** que o **soubessem.**
Eu **não achava** que elas **continuassem** a estudar aqui.
O meu irmão **duvidava** que me **deitasse** às nove da noite.

C. With past verbs of emotion

Esperávamos que o professor não **fosse** muito exigente.
Eu **senti** muito que **estivessem** doentes.
Tu **receavas** que eu não **viesse**?
Lamentámos que vocês não se **divertissem.**

D. With impersonal expressions in the past

Era preciso que vocês **viessem.**
Foi importante que tu **falasses** com ela.
Não era boa ideia que tu **desistisses** do curso.
Foi óptimo que eles **estivessem** aqui.

Prática oral

Actividade A. Muda as frases que vais ouvir para o imperfeito do conjuntivo.

MODELO: Quero que tu digas isso.
          Queria que tu dissesses isso.

Actividade B. Completa as frases abaixo.

1. Para a nossa viagem ao Norte era preciso que... (nós comprar os bilhetes do comboio, o táxi chegar à estação a tempo, reservar quarto no hotel, nós meter roupa na mala para vários dias)
2. Quando o meu tio fracturou a perna ficou em casa por seis semanas. Durante esse tempo era necessário que... (a empregada fazer a cama, nós trazer-lhe a comida, alguém ficar com ele durante o dia, eu comprar-lhe jornais e revistas)
3. Enquanto vivia, a nossa avó sempre gostava de que... (os filhos telefonar-lhe todos os dias, o neto visitá-la, a familia ir jantar com ela ao domingo, nós reunir-nos pelo Natal em casa dela)
4. Antes o Luís era muito pessimista e não achava que... (arranjar amigos na Universidade, a namorada gostar realmente dele, ter boas notas, poder acabar o curso em cinco anos, conseguir depois um bom emprego)

5. Durante as férias foi pena que... (chover tanto, nós não ter mais dinheiro, o hotel ser tão mau, os nossos amigos não vir)

Actividade C. Completa de uma forma lógica as frases que vais ouvir.

E. In Lição 9 you saw expressions like **Se eu tiver dinheiro**... The implication here is that there is a reasonable probability that you will have money. If it is highly improbable or even impossible that this will happen you must use **Se eu *tivesse* dinheiro**... After **se** (as well as **quando** and other conjunctions) the choice between a future subjunctive and an imperfect subjunctive thus depends on the degree of probability that the action presents. If you use the imperfect subjunctive you should use the imperfect indicative (functioning as a conditional) in the main clause. Contrast:

Ela **vai** gastar muito dinheiro se **for** a Paris.
(It is probable that she will go to Paris.)
Ela **ia** gastar muito dinheiro se **fosse** a Paris.
(It is highly improbable or even impossible that she may go to Paris.)

Now consider these improbable or contrary-to-fact situations:
Se tu **dormisses** mais horas, não **estavas** tão cansada.
Se o senhor **pudesse**, **comprava** esse carro?
Se ela não **se pintasse** tanto *would not wear so much make-up*, **tinha** um aspecto mais agradável.
Se a minha família **fosse** rica, não **tínhamos** estes problemas.

Prática oral

Actividade. Completa de uma forma lógica as frases que vais ouvir.
MODELO: Não falo japonês...
Não falo japonês **mas se falasse gostava de ir ao Japão.**

Vozes portuguesas

Jorge Manuel is a young History Professor at the University of Macau

Quando os Portugueses
se estabeleceram na China

Quando e como os Portugueses adquiriram Macau...[a] A data mais correcta é 1557, algures entre 1555 e 1557. Conseguiram estabelecer-se aí por essa altura. O problema está em saber como, não é? Há muitas teorias. A ajuda na luta contra os piratas é uma delas, talvez a mais conhecida,[b] que também tem sido bastante criticada. O problema está em saber de facto conjugar o lado português, onde se conhecem muito poucas referências, e o lado das fontes chinesas. A grande aposta nos próximos anos é conjugar os testemunhos de um lado e outro para tentar saber qual foi o processo de estabelecimento. Do ponto de vista político, os Portugueses insistem em que foi um estabelecimento e os Chineses avançam com a ideia da ocupação.

NOTES:

[a] Macau is a small territory composed of a peninsula and two islands off the coast of China, west of Hong Kong. It has been under Portuguese rule since the mid-sixteenth century. After the 1974 revolution the Portuguese wanted to return it to China. This is now scheduled to take place in 1999. Out of a population of approximately 400,000, only 10,000 are Portuguese and only 12,000 speak Portuguese.

[b] This refers to the Portuguese claim that Macau was given to them by a mandarin, as a reward for having rid the coast of pirates. The Chinese claim that the Portuguese forced the mandarin to give them the territory as a base for foreign trade.

ajuda help	**avançam** come up with	**fontes** sources
algures somewhere	**contra** against	**luta** fight
aposta challenge	**estabelecimento** establishment	**tentar** try
		testemunhos testimony

Prática oral

Completa as frases que vais ouvir.

4. Como se...

Como se... *as if* is usually followed by the *past* subjunctive, no matter what tense the verb in the main clause might be.

Eles falam **como se conhecessem** bem o assunto.

O meu irmão portou-se **como se estivesse** louco.

Elas gastam **como se tivessem** uma fortuna.

O João chorava **como se fosse** uma viúva inconsolável.

Prática oral

Actividade A. Forma frases completas com um elemento de cada coluna.

Coluna A	Coluna B	Coluna C
O presidente tem falado		ela não ter nada que fazer
O Ricardinho tem oito anos mas joga xadrez *chess*		eu ter uma fábrica de notas de banco em casa
Os meus filhos pedem-me dinheiro	como se	a senhora ser criada *servant* dele
A minha mãe trata-nos		nós ser crianças *children*
Ele falou à senhora		nós não dever preocupar-nos com a dívida nacional
Eles ficam horas e horas em casa dela		ser um adulto

Actividade B. Traduz as frases que vais ouvir.

Actividade C. Forma frases com os elementos abaixo.

1. Meu/ primo/ gastar/ dinheiro/ como se/ ter/ herdado *inherited*/ milhões/ contos.
2. Quando/ tu/ estar/ liceu/ conhecer/ alguém/ que/ drogar-se?
3. Colombo/ nunca/ duvidar/ que/ poder/ descobrir/ caminho/ para/ Índia.
4. Alguns/ alunas/ sugerir/ a/ professora/ que/ não dar/ tantos/ testes.
5. D. Fernanda/ sempre/ tratar/ Susan/ como se/ ser/ filho/ dele.

A proclamação da República em 1910

5. O pretérito imperfeito do conjuntivo em situações indeterminadas ou inexistentes

Just as present tense sentences with indeterminate expressions require the present subjunctive, past tense sentences with indeterminate or nonexistent expressions require the past subjunctive. Compare these examples:

Eles preferem um hotel que **tenha** ar condicionado.
Eles preferiram/preferiam um hotel que **tivesse** ar condicionado.

Não **conheço** nenhum restaurante que **seja** tão caro.
Não **conheci/conhecia** nenhum restaurante que **fosse** tão caro.

Prática oral

Actividade. Completa as frases que vais ouvir.

6. A voz passiva

When you use the *active voice*, you say what something or someone *did* or *does* ("João painted the chair"). When you use the *passive voice*, you say what *is done* or *was done* to something or someone ("The chair was painted by João").

The Portuguese passive works in the same way as the English passive does. Remember that the object of the active voice becomes the subject of the passive voice:

O João pintou **a cadeira.**   **A cadeira** foi pintada pelo João
(**A cadeira** is the object.)   (**A cadeira** is the subject.)

The verb tense of **ser** in the passive voice is the same as that of the verb in the active voice.

> **THE PASSIVE VOICE**
> Subject + **ser** + *past participle* + **por** +
> the "agent" (*the doer of the action*)

When the "agent" is expressed by a pronoun, the propositional pronouns are used in the passive form: **(por) mim, ti, o senhor, a senhora, você, ele, ela, nós, vocês, eles, elas**, etc. Past participles can be reviewed in Lição 15.

Abro a janela.   A janela **é aberta por mim**.
                          The window *is opened by me.*
Pintaste a parede?   A parede **foi pintada por ti**?.
                          Was the wall *painted by you?*
A Carla escreve o exercício. O exercício **é escrito pela Carla**.
                          The exercise *is written by Carla.*

In the passive voice the past participle must agree in number and gender with the subject as is always the case when the verb **ser** is followed by an adjective or past participle.

As contas foram feit**as** pelo Rui.
Os bolos foram comid**os** pela minha irmã.

When an **ir** + infinitive active construction is changed into the passive, **ir** is conjugated (**vai, vais, vamos, vão**) and **ser** remains invariable:

> Eu vou representar esse papel.
>> Esse papel vai ser representado por mim.
> Eu vou distribuir os folhetos.
>> Os folhetos vão ser distribuídos por mim.
> Eles vão-te convidar.
>> Tu vais ser convidado por eles.
> O polícia vai-nos multar.
>> Nós vamos ser multados pelo polícia.

Prática oral

Actividade A. Passa as frases que vais ouvir para a voz passiva. Lembra-te de que **por** se pode contrair com o artigo definido.

> MODELO: Mais de cento e oitenta milhões de pessoas falam
>> português.
>> O português é falado por mais de cento e oitenta milhões
>> de pessoas.

Actividade B. Muda as frases que vais ouvir de voz activa para a passiva e vice-versa.

Actividade C. Escolhe entre os verbos indicados para completar as frases abaixo na voz passiva. Nota que pode haver diversas opções na escolha do tempo apropriado.

> (aconselhar, convidar, entregar, escrever, mandar, passar [à máquina] *type*, promover, roubar *steal*, traduzir, vender)

1. Parabéns *congratulations*! Ouvi dizer que no mês que vem o senhor _____ a director do seu departamento.
3. Ele _____ para jantar connosco no dia de Ano Novo.
4. Os documentos já _____ a máquina hoje de manhã.
5. Temos que requerer outro passaporte porque o primeiro _____
6. A *Ilíada* e a *Odisséia* _____ em grego e _____ depois para muitas outras línguas.

Actividade D. Responde às perguntas abaixo usando a voz passiva.

> MODELO: Como é que eles trataram os visitantes estrangeiros na
>> recepção? (amavelmente)
>> Os visitantes estrangeiros foram tratados amavelmente na
>> recepção.

1. Para que é que vão nomear *appoint* o Sr. Azevedo? (chefe de redacção *editor-in-chief* do jornal)
2. Quando é que reorganizaram a firma? (em Março)

3. Quem é que revogou todas essas determinações? (administração)
4. Onde é que vão aplicar a tinta *paint* verde que sobrou? (paredes da garagem)
5. O que é que não se inclui no preço do cruzeiro *cruise* (gorjetas ao pessoal)

Vozes portuguesas

Here Luís discusses the political situation in Portugal during the 1926-1974 dictatorship.

Salazar, o Estado Novo
e o período marcelista

Salazar era dos poucos chefes autoritaristas que realmente tinha uma formação universitária, era mesmo um professor universitário, com uma formação essencialmente católica.[a] Isso levou àquilo a que se poderia chamar uma democracia cristã com preocupações de natureza social mas que imediatamente a seguir tem uma inversão no sentido conservador, contra-revolucionário, tradicionalista. E por outro lado vai levar a uma série de estruturas que de certa maneira são influenciadas pelos estados fascistas, nomeadamente pelo fascismo de Mussolini.

A primeira fase do Estado Novo é uma fase dura até 1968 e depois digamos que há uma fase mais leve, a fase marcelista.[b] Chegou a falar-se da primavera marcelista...[c] Acima de tudo o que está em questão é que se procurava encontrar uma solução que não era a via demoliberal nem a via comunista. Era uma via corporativa no caso português.[d]

NOTES:
[a] Salazar attended a Catholic seminary and even received minor orders.
[b] When Salazar became incapacitated in 1968 a new **Presidente do Conselho** or Prime Minister was appointed. He was Professor Marcelo Caetano, a distinguished jurist, who stayed in power until the 1974 revolution.
[c] The expression was coined from **primavera de Praga**, used to describe the period in the Spring of 1968 during which Czechoslovakia enjoyed a brief democratic system.
[d] During the Estado Novo, economic activity in Portugal was structured around **sindicatos** (trade unions), **grémios** (employer associations), **casas do povo** (farm worker associations) and **casas dos pescadores** (fisherman associations), all heavily controlled by the Government. In principle all these would join into a **corporação** or umbrella organization, but this plan never materialized.

a seguir afterwards	**dura** harsh	**poderia** could
acima de tudo above all	**leve** light	**procurava** sought
chefes leaders	**natureza** nature	**via** way

Salazar: um chefe autoritarista
com uma formação universitária

Prática oral

Procura, através de uma enciclopédia ou de um livro de história, saber um pouco mais sobre o Estado Novo. Formula então dez perguntas para fazer a um-a colega.

Dois a dois

Aqui está um pequeno jogo de perguntas e respostas em que dois alunos podem participar. As respostas foram dadas para que o primeiro aluno possa informar o segundo no caso de este não saber responder. As respostas devem ser sempre dadas na voz passiva.

1. Quem declarou a independência de Portugal?
   D. Afonso Henriques
2. Quem fundou a Universidade?
   D. Dinis
3. Quem escreveu a **Crónica de D. João I**?
   Fernão Lopes
4. Quem promoveu as primeiras navegações?
   O Infante D. Henrique
5. Quem dobrou o Cabo da Boa Esperança pela primeira vez?
   Bartolomeu Dias
6. Quem recusou a proposta de Cristóvão Colombo?
   D. João II
7. Quem descobriu o caminho marítimo para a Índia?
   Vasco da Gama
8. Quem descobriu o Brasil?
   Pedro Álvares Cabral
9. Quem escreveu **Os Lusíadas**?
   Luís de Camões
10. Quem escreveu a **Peregrinação**?
    Fernão Mendes Pinto

Agora invertem-se os papéis e o segundo aluno passa a fazer as perguntas.

1. Quem ocupou Portugal em 1580?
   Filipe II de Espanha
2. Quem restaurou a monarquia portuguesa em 1640?
   D. João IV
3. Quem reconstruiu Lisboa depois do terramoto de 1755?
   O Marquês de Pombal
3. Quem comandou a invasão francesa de 1807?
   O General Junot
4. Quem ocupou o trono depois da morte de D. João VI?
   D. Pedro IV
5. Quem escreveu **As Pupilas do Senhor Reitor**?
   Júlio Dinis
6. Quem ameaçou Portugal com uma intervenção armada em 1890?
   A Inglaterra
7. Quem compôs a música de **A Portuguesa**?
   Alfredo Keil
8. Quem proclamou a República em 1910?
   Um grupo de revolucionários
9. Quem encabeçou a revolução de 28 de Maio de 1926?
   O General Gomes da Costa
10. Quem virtualmente governou Portugal de 1932 a 1968?
    António de Oliveira Salazar

Vozes portuguesas

Eugénio, a civil engineer, poet and literary critic, comments on the nature of censorship in his native Mozambique, which incidentally did not differ much from censorship in mainland Portugal.

Não podia haver caminhos de areia

A censura é sobretudo um fenómeno agressivo e angustiante para o escritor. A censura era violentíssima. A certa altura havia actos censórios sobre simples palavras. Um contista, por exemplo, que mencionasse num conto um caminho de areia via logo esse pequenino período ou parágrafo cortado porque evidentemente não podia haver caminhos de areia, todos os caminhos tinham de ser asfaltados. Havia portanto uma censura extremamente puritana no sentido sexual[a] e puritana no sentido político.[b]

NOTES:

ª A *cause célèbre* was the judicial proceedings against the so-called Três Marias, three woman writers who published a book called **Novas Cartas Portuguesas** (later appearing in English translation under the title **New Portuguese Letters**) which contained some mildly descriptive sex scenes and a strong denunciation of abuse of women. The Three Marias were charged with obscenity, but acquitted soon after the **25 de Abril**.

ᵇ Portuguese censorship, usually directed by Army officers during the Salazar-Caetano regime, went as far as banning from publication statements from the extremely conservative French President De Gaulle and even the Pope. Numerous books, and even reference to their authors, were also banned. In order to circumvent censorship Portuguese newspapers resorted to all kinds of strategies. For instance, quotes by Karl Marx were often attributed to Carlos Marques. The censors never figured out who that often quoted Carlos Marques was.

angustiante anguishing	**contista** short story writer	**mencionasse** would
areia sand	**conto** short story	mention
caminhos roads	**cortado** deleted	**palavras** words
censura censorship	**escritor** writer	**sobretudo** above all

Prática oral

Responde às perguntas que vais ouvir.

7. A divisão silábica

Portuguese syllabification is different from English. The basic difference is that in Portuguese you divide syllables phonetically, not etymologically.

The most frequent case is for a consonant to begin a syllable and a vowel to end it:

di-le-ma   co-ra-ção
ca-si-no   bi-lhe-te
nú-me-ro   pa-re-de

It is the vowel (or diphthong[3]) that is the nucleus of a syllable. A word has as many syllables as the number of vowels (or diphthongs) it has.

Usually two consonants together belong to the different syllables:

far-sa   mor-to
car-ro   dis-se
mos-tei-ro Al-gar-ve

However, if an **r** or an **l** are the second of two consonants, the two consonant cluster will begin the syllable:

re-gra   fo-to-grá-fi-co   le-tra de-cli-nar blu-sa   du-plo

---

[3] Remember that a diphthong is just two vowels pronounced in one syllable: res-t**au**-ran-te, c**oi**-sa, b**ei**-jar, de-si-lu-s**ão.**

It should be noted that **ch, lh** and **nh**, while *written* with two letters, form one single consonant each in pronunciation and are never split up:

ma-cha-do   fe-cha-da
ba-ca-lhau   tra-ba-lho
ma-ri-nha   po-nho

At the end of the line never separate a lone vowel from the rest of the word:

Agos-   *not*   A-
to   gosto

A double **r** or a double **s** are separated.

car-   ses-
ro   são

Also, at the end of the line, if you divide a compound word at the hyphen, another hyphen should begin the next line:

anglo-   luso-
-saxão   -brasileiro

Prática oral

Actividade. Divide as palavras abaixo por sílabas, tal como se cada sílaba estivesse no fim de uma linha.

MODELO: pos-san-te

1. automóvel
2. telefonar
3. passaporte
4. latino-americano
5. quinhentos
6. simpático
7. hotéis
8. momento
9. desejar
10. carregar
11. cabeleireiro
12. infinitamente

Vozes portuguesas

António, a young radio journalist, refers here to the social discontent provoked by the colonial wars of 1961-1974.

Um descontentamento
popular muito grande

Com o agudizar das tensões nacionalistas nas colónias[a] que Portugal tinha em África criou-se um descontentamento social, um descontentamento popular muito grande porque as pessoas eram obrigadas a cumprir o serviço militar e eram obrigadas a sair para África e em África as condições de serviço militar enfrentando guerrilheiros nacionalistas eram condições muito más, francamente piores do que os Americanos encontraram no Vietname.

NOTE:

ᵃ Beginning in the fifties opposition to Portuguse rule began to be felt in Angola. In 1961 armed rebellion broke out there, soon to be extended to Guinea (now known as Guinea-Bissau) and Mozambique. A long war followed, in which thousands of young Portuguese and Africans were killed or maimed.

agudizar intensification   **enfrentando** facing   **francamente** decidedly
cumprir fulfill   **guerrilheiros** guerrillas

Prática oral

Responde às perguntas que vais ouvir.

Diálogo

A Ana Maria encontra a Susan na esplanada, com um livro aberto sobre a mesa.

Oxalá tenha boa nota no exame de História

ANA MARIA: Olá, Susan. Estás muito estudiosa!

SUSAN: Se te parece! Tenho amanhã exame de História.

ANA MARIA: De que período da História trata o exame?

SUSAN: De que período?! Trata de *toda* a História de Portugal! São oito séculos!

ANA MARIA: Então é melhor eu deixar-te sozinha para que possas estudar.

SUSAN: Não, senta-te aí um bocadinho. Também preciso de descansar. Já me está a doer a cabeça.

ANA MARIA: O que é que estavas a ler agora?

SUSAN: Um capítulo sobre as causas das navegações.

ANA MARIA: E quais foram essas causas? Sabes?

SUSAN: Segundo o livro, as razões principais foram económicas. A busca de especiarias, de metais preciosos e de outros produtos. Estou de acordo.

ANA MARIA: Mas também houve outras motivações. O aumento do poder político, a cristianização...

SUSAN: Claro, estava-se no Renascimento, uma época de grande activismo, de valorização da iniciativa pessoal.

ANA MARIA: É um período fascinante, não é?

SUSAN: Sem dúvida! Foi incrível como um país de cerca de um milhão e meio de habitantes pudesse nesse tempo expandir-se até aos confins do mundo.

ANA MARIA: Outra faceta curiosa é a contribuição portuguesa para um intercâmbio de produtos.

SUSAN: Dá-me um exemplo.

ANA MARIA: Há muitíssimos. Bem, os Portugueses trouxeram certas culturas, como a banana, da Ásia para a África e daí para o Brasil e até mesmo para a Europa. Levaram a cana-de-açúcar para a Madeira, Cabo

Verde, São Tomé e principalmente para o Brasil. Estabeleceram a imprensa na Índia, sei lá!

SUSAN: Estou a pensar numa coisa que li há pouco, a introdução de armas de fogo no Oriente.

ANA MARIA: Ora aí tens outro bom exemplo. A pólvora veio da China para a Europa e os Portugueses levaram as espingardas para o Japão. Outro aspecto interessante é o intercâmbio linguístico.

SUSAN: Foi importante?

ANA MARIA: Muito. Nessa época o português recebeu imensas palavras de origem asiática, africana ou americana e introduziu outras nas línguas orientais.

SUSAN: Lembras-te de algumas dessas palavras?

ANA MARIA: Há muitas. Deixa ver. Bem, do chinês veio **chá,** do malaio **bule...** Cachimbo parece vir de alguma língua africana. Alguns dizem que **banzé** veio do japonês...

SUSAN: O que é que quer dizer **banzé?**

ANA MARIA: Muito barulho. Dizem que vem de *Banzai!* mas não deve ser verdade. Outra palavra curiosa é **salamaleque,** que quer dizer um cumprimento exagerado. É do árabe *salam aleikum,* a paz seja contigo.

SUSAN: E suponho que os Portugueses também introduzissem palavras suas noutras línguas.

ANA MARIA: Claro que sim. O outro dia falei com um indiano e perguntei-lhe como se chamava o género de camisa que ele tinha e ele disse qualquer coisa que soava como **camiz.** E há inúmeros termos portugueses no suahili, no japonês, no papiamento, etc.

SUSAN: Estás-me a dar óptimas ideias para o exame. Oxalá tenha uma boa nota!

aumento increase	**fogo** fire	**poder** power
bule teapot	**género** type	**pólvora** gunpowder
cachimbo (smoking) pipe	**imprensa** press	**razões** reasons
capítulo chapter	**incrível** incredible	**Se te parece!** Of course I
confins outer reaches	**intercâmbio** exchange	am!
cumprimento bow	**oxalá** I hope	**senta-te** sit down
espingardas rifles	**paz** peace	**soava** sounded

Prática oral

Prepara uma pequena exposição oral (uns dois minutos) sobre as navegações portuguesas e as suas consequências.

Leitura

Portugal de 1910 a 1974

Em 1908 o rei D. Carlos tinha sido assassinado. O seu filho, D. Manuel, jovem e mal preparado para reinar, só ocupou o trono por pouco mais de dois anos. A monarquia havia-se tornado extremamente impopular e a agitação republicana (e mesmo a socialista e anarquista) irrompia por todo o país. Então, a 5 de Outubro de 1910, um grupo de revoltosos militares e civis proclamou a República e a família real partiu para o exílio.

Os dirigentes republicanos, fortemente influenciados por ideias positivistas, mostraram-se bem intencionados mas tremendamente ineptos. Nos primeiros tempos conseguiram impor algumas medidas benéficas para a vida portuguesa mas em breve deixaram Portugal cair no caos. Uma onda de anticlericalismo invadiu o país. Os golpes e contragolpes políticos sucediam-se. Muitos governos não duraram mais do que dias ou semanas. As greves, os atentados bombistas, os assassinatos políticos e as revoluções eram constantes. A economia abeirava-se da ruína.

Quando a Europa se envolveu na Grande Guerra surgiu em Portugal um movimento denominado a União Sagrada que pretendia a entrada no conflito ao lado da Inglaterra. Outra facção, constituída por germanófilos, contrariava a ideia. A discussão continuava quando em 1916, a pedido do Governo Britânico, Portugal ordenou a requisição de 63 navios alemães fundeados em portos portugueses. A 9 de Março desse ano a Alemanha declarou guerra a Portugal.

Não era esta, contudo, a primeira confrontação entre alemães e portugueses. Com fronteiras comuns em África, tinham-se já registado, antes da declaração de guerra, vários combates com forças alemãs que penetravam em Angola e Moçambique para atacar guarnições portuguesas. E agora Portugal preparava-se para enfrentar a Alemanha nos campos de batalha da Flandres. A primeira divisão do Corpo Expedicionário Português partiu para França nos inícios de 1917. Exaustos por mais de um ano de vida nas trincheiras, os soldados portugueses não puderam resistir a uma violentíssima ofensiva alemã a 9 de Abril de 1918.[a] A chamada Batalha de La Lys destroçou completamente o Corpo Expedicionário Português.

Politicamente, os anos do pós-guerra representaram uma intensificação das dificuldades do período anterior. A instabilidade governamental continuava.[b] Em princípios de 1919 grupos monárquicos que se tinham concentrado na Galiza invadiram o Norte do país mas acabaram por ser repelidos. Em 1925 surgiu um movimento de tipo fascista denominado Integralismo Lusitano. O Exército mostrava-se descontente e tudo apontava para uma tomada do poder pelas forças da direita.

O golpe veio a 28 de Maio de 1926, quando o General Gomes da Costa se revoltou em Braga e marchou com as suas tropas sobre Lisboa. Criou-se então uma Ditadura Militar, que nos primeiros anos se mostrou tão incapaz de governar como os antigos políticos republicanos. Como a situação económica continuava a agravar-se, os militares decidiram convidar um jovem professor da Universidade de Coimbra, António de Oliveira Salazar, para o Ministério das Finanças na esperança de que ele pudesse deter a crise. Salazar aceitou o convite mas impôs condições muito rígidas, que implicavam o seu controle absoluto sobre todos os gastos governamentais. Daí a pouco, dado o poder que adquirira, era nomeado Presidente do Conselho de

Ministros,[c] o que lhe permitiu assumir poderes ditatoriais.

Dentro do esquema que criou, o chamado Estado Novo, Salazar anulou a dívida externa, formou avultadas reservas de ouro e estabilizou a economia. Tudo isso se fez, no entanto, à custa de severas restrições económicas internas. O povo português continuava a ser um dos mais pobres da Europa. No plano das obras públicas construíram-se estradas e portos e ergueram-se numerosos edifícios para escolas, tribunais e quartéis.

O corporativismo, um conceito criado por Salazar, foi posto em prática. Formou-se a União Nacional, o único partido autorizado[d] e criou-se uma milícia política, a Legião Portuguesa, e uma organização juvenil paramilitar, a Mocidade Portuguesa. A polícia política foi restruturada e adquiriu enorme poder. A censura regulava toda a actividade literária e artística.

A eclosão da Guerra Civil de Espanha, em 1936, pareceu então representar uma ameaça para o sistema político português e Salazar pôs-se inequivocamente ao lado do General Franco, muito o auxiliando a conseguir a vitória.[e] Durante a Segunda Guerra Mundial Portugal declarou a sua neutralidade, embora acabasse por conceder facilidades militares nos Açores, primeiro à Grã-Bretanha e logo a seguir aos Estados Unidos.

A vitória das democracias criou esperanças aos oposicionistas portugueses e o Governo teve de se enfrentar a uma forte agitação política, que acabou por dominar. Um momento especialmente perigoso ocorreu contudo anos depois, durante as eleições presidenciais de 1958, quando um candidato oposicionista, o General Humberto Delgado, abalou fortemente o mito salazarista da unidade ideológica nacional.[f]

Assim terminavam os recontros
entre a polícia e os estudantes

Em 1961 estalou uma revolta autonomista em Angola. Portugal respondeu-lhe enviando poderosas forças militares para a combater. Em breve os Portugueses se viram a braços com movimentos de guerrilhas em mais duas frentes, a Guiné e Moçambique. Esta situação durou treze anos e representou enormes sacrifícios em vidas e capital. A oposição à guerra crescia em Portugal, sobretudo no meio universitário, e foram frequentes os recontros entre a polícia e os estudantes.[g]

Incapacitado por um derrame cerebral, Salazar deixou de governar em 1968, vindo a falecer em 1970.[h] Entretanto fora nomeado Presidente do Conselho, um conhecido professor de Direito, Marcelo Caetano, que lançou algumas medidas moderadamente liberais mas que na essência deixou intacta a antiga estrutura salazarista.

Humberto Delgado abalou fortemente o mito salazarista de unidade ideológica do país.

As guerras coloniais chegaram a um ponto de impasse e os próprios militares, antes firmes sustentáculos do Governo, começaram a dar-se conta disso e a manifestar o seu descontentamento. Em 1973 levantou-se uma questão de acesso a postos superiores entre oficiais milicianos[i] e do quadro e estes últimos principiaram a organizar-se no chamado Movimento das Forças Armadas, que em breve chegou à conclusão de que só um novo sistema político poderia resolver a situação. Iniciaram-se então planos para um movimento armado e na madrugada de 25 de Abril de 1974 [j] uma coluna de tanques avançou sobre Lisboa e, quase sem disparar um tiro, derrubou o Governo de Marcelo Caetano e criou uma Junta de Salvação Nacional para governar o país.

NOTES:
    [a] In late 1917 a coup had brought to power the right wing, German leaning President Sidónio Pais, who did very little to contribute to the war effort and practically abandoned the expeditionary corps in Flanders to its fate.
    [b] Between 1910 and 1926 Portugal had 9 presidents, 44 changes of cabinet, 25 uprisings and 3 dictatorships. Between 1920 and 1925, in Lisbon alone, there were

325 bombings.

^c The Prime Minister held the actual political power. The President of the Republic was little more than a figurehead.

^d Since Salazar himself was somewhat sympathetic to their cause, monarchists were tolerated, although not recognized as a political party.

^e Many Portuguese fought on both sides during the Spanish Civil War.

^f Before Delgado challenged the regime, elections were rigged to the point that they usually gave 97-98% of the vote to the União Nacional. Officially Delgado received about 25%, but the actual percentage must have been much higher. After the election he asked for political asylum in Brazil. Later he returned secretly to Europe, and ended up by being murdered by the Portuguese secret police.

^g During the 60's large numbers of emigrants left Portugal to find employment in more industrialized countries.

^h He never knew he had been replaced. He was kept away from radio, TV and newspapers, and the cabinet held make-believe meetings with him to give him the illusion he was still in power.

[i] College students normally became officers when they were drafted. Many, upon seeing their academic careers interrupted by the war, decided to stay in the Army, maintaining their status as **oficiais milicianos** and thus competing with career officers (**oficiais do quadro permanente**) for promotion.

[j] The signal to rebelling military units that the revolution was on was a popular song of the time, **Grândola, terra morena**, by Zeca Afonso, broadcast by a radio station at a pre-arranged hour.

a braços com at grips with
abalou shook
abeirava-se neared
agravar-se deteriorate
ameaça threat
apontava pointed towards
atentados bombistas bomb attacks
avultadas sizable
contrariava opposed
corpo corps
crescia grew
dar-se conta realize
denominado called
derrame cerebral stroke
derrubou brought down

destroçou routed
direita right
dirigentes leaders
disparar firing
dívida debt
duraram last
esperança hope
esquema system
estalou broke out
falecer pass away
Flandres Flanders
frentes fronts
fundeados anchored
gastos expenses
golpes coups

incapacitado disabled
incapaz unable
mito myth
nomeado appointed
perigoso dangerous
postos ranks
quadro career
recontros confrontations
sagrada sacred
sustentáculos supporters
tiro shot
tomada de poder seizing of power
tribunais courthouses
trincheiras trenches
últimos latter

Prática oral

Prepara algumas perguntas para fazer aos teus colegas sobre estes temas:

1. A insatisfação popular em relação ao regime monárquico
2. A proclamação da República
3. Portugal na Grande Guerra
4. O 28 de Maio
5. Salazar
6. O Estado Novo
7. Portugal ante a Guerra Civil de Espanha e a Segunda Guerra Mundial
8. A agitação política no pós-guerra
9. As guerras coloniais
10. O 25 de Abril

Um bocadinho de humor

Esta história é verdadeira. Quando os agentes da PIDE iam a casa de alguém para o levar preso deviam também passar uma busca e apreender todos os livros politicamente suspeitos que encontrassem. Ora acontecia que muitas vezes havia livros em línguas estrangeiras e os agentes não entendiam os títulos. Receberam então ordens para prestar especial atenção a obras francesas com palavras que terminassem em **isme**, coisas como **Le Marxisme** ou **Le Communisme**. Mas nem assim se resolveu completamente o problema. Um dia os agentes prenderam um médico e levaram para a sede da PIDE livros com títulos tão subversivos como *Le Métabolisme, Le Rhumatisme* e outros semelhantes.

busca search	**prenderam** arrested	**suspeitos** suspicious
apreender confiscate	**preso** under arrest	**títulos** titles
história story	**prestar** pay	**verdadeira** true
	sede headquarters	

A Mocidade Portuguesa—
uma organização juvenil paramilitar

18
Depois do 25 de Abril

1. O pretérito perfeito do conjuntivo

You have learned that the present subjunctive, often introduced by the present indicative, expresses a present or future situation:

Espero [agora] que a senhora **esteja** [agora] bem.
Espero [agora] que a senhora **vá** [mais tarde] ao médico.

You also know that the imperfect subjunctive is used when the action, sometimes hypothetical, is introduced by a verb in the past:

Esperava [antes] que a senhora **estivesse** [então] bem.
Esperava [antes] que a senhora **fosse** [mais tarde] ao médico.

In addition to these two subjunctive tenses there is a third one, called the *present perfect subjunctive.* This tense expresses a *past-to-present* or *past* action introduced by a verb in the *present*:

Espero [agora] que a senhora **tenha estado** [até agora] bem.
Espero [agora] que a senhora **tenha ido** [antes] ao médico.

The present perfect subjunctive is formed with the present subjunctive of **ter** and a past participle:

(que) eu **tenha comido**
(que) tu **tenhas comido**
(que) o senhor/ a senhora/ você/ ele/ ela/ **tenha comido**
(que) nós **tenhamos comido**
(que) os senhores/ as senhoras/ vocês/eles/elas **tenham comido**

The present perfect subjunctive is used in the same constructions as the present subjunctive. When expressing hopes, emotions, doubts or opinions in the present about events in the past, use the present perfect subjunctive in the dependent clauses.

Esperamos que se tenham divertido durante as férias.
Lamento que a senhora não tenha ainda melhorado da gripe.
Duvido que eles tenham ido a Paris.
É estranho que não se tenham visto na festa.

Like the present subjunctive, the present perfect subjunctive is also used after certain conjunctions:

> Ela quer desistir do *drop* curso, ainda que tenha tido boas notas.
> O Paulo não se pensa casar sem que tenha arranjado primeiro um bom emprego.
> Não é boa ideia ires a casa deles antes que lhes tenhas telefonado.
> É conveniente reconfirmar o voo *flight*, mesmo que já se tenha comprado antes o bilhete *ticket*.

The present perfect subjunctive is also used in noun clauses to indicate a past action discussed from the vantage point of the present:

> A polícia procura alguém que tenha presenciado o crime.
> Precisamos de uma empregada que tenha tido bastante experiência neste sector.

Prática oral

Actividade A. Muda as frases que vais ouvir para o pretérito perfeito do conjuntivo.

> MODELO: É provável que ela vá ao supermercado.
> É provável que ela tenha ido ao supermercado.

Actividade B. Completa as frases abaixo usando o pretérito perfeito do conjuntivo do verbo entre parênteses.

1. Não é possível que _____ (chumbar).
2. Achas bem que _____ (dizer)?
3. É pena que _____ (perder).
4. Duvido muito que _____ (vir).
5. Parece-me pouco provável que _____ (vender).
6. Preocupa-me muito que _____ (fazer).
7. Esperamos que _____ (gostar).
8. Não podemos crer que _____ (acontecer).
9. Lamento muito que _____ (estar).
10. É fantástico que _____ (receber).

Actividade C. Nas frases abaixo substitui o presente do conjuntivo pelo pretérito perfeito.

1. Não te aconselho a comprar um carro em segunda mão sem que o mecânico o veja primeiro.
2. É mais prudente não confiar *trust* muito no Jorge mesmo que seja teu colega da Universidade.
3. Não consigo entender o poema por mais que o leia.
4. Fico em casa até que termine o trabalho.
5. A minha mãe quer alugar outra vez esse vídeo embora o veja muitas vezes.

Notas culturais

Depois do 25 de Abril

The 1974 revolution was a crucial event in the history of modern Portugal. For almost fifty years the country had been isolated from the rest of Europe, and social and economic progress was extremely limited. Portugal's vast possessions in Africa (it was the last colonial power to survive in the world) actually contributed very little to economic development at home.

A manhã do 25 de Abril

The post-revolutionary days were heralded with an euphoria that unfortunately did not last very long. The growing pains of democracy soon began to be felt. A period of political anarchy, marked by indecision on the part of moderates and radicalism on the part of the far left, soon followed. The chronically disgruntled Portuguese began to show dissatisfaction towards a series of Army controlled Governments that imposed hasty nationalizations of the private industry, quickly transferred the control of the colonies to African forces without attempting to protect the interests of Portuguese residents there, soon caused economic chaos, permitted constant wild strikes and in general proved unable to establish a stable atmosphere for reconstruction.

It was only when the moderate faction of the Army managed to put down a coup by their far left comrades in November 1975 that the course of events began to take a path towards political stability.

Vozes portuguesas

Here Miguel, too young to have witnessed the events of April 25, 1974, presents his views on the changes the revolution brought about.

O 25 de Abril visto de longe

O 25 de Abril... Eu não vivi essa época, era muito jovem. O que conheço do 25 de Abril, conheço através de livros, história, através de comentários, comentários mais azedos, comentários mais divertidos, comentários em geral. Eu acho que foi um período sem dúvida trágico por um lado, essencial por outro. Trágico no sentido que, na mesma forma em que se impuseram liberdades, se suprimiram outras. Da mesma forma que se impôs maior liberdade de discurso, de pensamento, também se retiraram muitas das liberdades. Quer dizer, o 25 de Abril foi um acontecimento muito antagónico na história portuguesa. É a apreciação que eu faço dele.

acontecimento event	**discurso** speech	**longe** far
através through	**divertidos** amusing	**pensamento** thought
azedos bitter	**época** period	**retiraram** took away
comentários comments	**impuseram** imposed	**suprimiram** suppressed

Prática oral

Responde às perguntas que vais ouvir.

2. Iniciais e abreviaturas

When you open a Portuguese newspaper or talk to a Portuguese friend you will come across some initials and abbreviations that might prove to be puzzling if you are not familiar with current life in Portugal. You may, however, recognize some of those listed below since they have been mentioned in previous lessons.

A. Organizations

AR – Assembleia da República, the Portuguese equivalent of Congress

CDS/PP – Centro Democrático Social/Partido Popular, a right wing political party now holding third place in the Assembleia da República

CCFL – Companhia dos Carris de Ferro de Lisboa, the Lisbon public transportation system, also known as **a Carris**

CE – Comunidade Europeia, the European Community which evolved from the European Common Market

CML – Câmara Municipal de Lisboa, often referred to just as **a Câmara**, the Lisbon City Hall and the services it provides

CP – Companhia Portuguesa (dos Caminhos de Ferro), the state sponsored railroad system

CTT – Correios, Telégrafos e Telefones, the national postal, telegraph and telephone network

DGS – Direcção Geral de Segurança, the name given in 1970 to the PIDE, the political police

FRELIMO – Frente para a Libertação de Moçambique, the Mozambican guerrilla movement which evolved into the ruling party after the country's independence

GNR – Guarda Nacional Republicana, rural police, also in charge of guarding public buildings in large cities and (through its Brigada de

Trânsito) controlling highway traffic (also the initials of a rock group, Grupo Novo de Rock)

MPLA – Movimento Popular para a Libertação de Angola, the Angolan guerrilla movement which evolved into the ruling party after the country's independence

MRPP – Movimento para a Reconstrução do Partido do Proletariado, a Maoist party

OTAN – Organização do Tratado do Atlântico Norte, NATO (NATO is also used in Portuguese)

ONU – Organização das Nações Unidas, the *UN*

PCP – Partido Comunista Português, the Communist Party, now holding fourth place at the Assembleia da República

PIDE – Polícia Internacional e de Defesa do Estado, the political police during the Salazar regime

PJ – Polícia Judiciária, criminal investigation police

PS – Partido Socialista, the Socialist Party, now holding second place at the Assembleia da República

PSD – Partido Social Democrático, a center–right party now holding the majority at the Assembleia da República

PSP – Polícia de Segurança Pública, city police

RDP – Radiodifusão Portuguesa, the state sponsored radio network

RN – Rodoviária Nacional, the state sponsored bus lines

RTP – Radiotelevisão Portuguesa, the state sponsored TV network

TAP-AP – Transportes Aéreos Portugueses – Air Portugal, the state sponsored airline

SATA –Sociedade Açoriana de Transportes Aéreos, the airline sponsored by the Azorean Regional Government

SIC – Sociedade Independente de Comunicação, a private TV channel

Vozes portuguesas

Miguel describes the political spectrum in Portugal.

Um sistema pluripartidário

O partido político dominante em Portugal actualmente é o PSD, que é um partido social democrático, não é? Tem a maioria absoluta no Parlamento.[a] Há um partido que faz uma certa oposição ao PSD, que é o PS. Faz uma oposição digna ao Governo e esses são os partidos principais. O Partido Comunista gradualmente vai perdendo a sua inserção no panorama político. O partido... o CDS, o Centro Democrático Social, está a ganhar expressão. Os outros partidos... Há vários, são partidos quase insignificantes.[b]

NOTE:
> [a] **Parlamento** is an old name for the Assembleia da República.
> [b] One of them is the MRPP, mentioned in the above list.

actualmente at present   **ganhar** winning   **maioria** majority
digna serious   **pluripartidário** multiparty

Prática oral

O Miguel diz que... Escolhe uma das opções que vais ouvir.

B. Abreviaturas relativas a pesos e medidas

c/ – colher (*spoonful* in recipes)	dm. – decímetro	l. – litro
cm. – centímetro	gr. – grama, *masc.*	m. – metro
cm² – centímetro quadrado	kg. – quilo(grama)	mg. – miligrama
cm³ – centímetro cúbico	km. – quilómetro	mm. – milímetro
	kms.p.h. – quilómetros por hora	q.b. – quanto baste (*whatever is enough*, in recipes)

C. Outras abreviaturas

A.C. – antes de Cristo *BC*
a/c – ao cuidado de *c/o*
Arq. – Arquitecto *Architect, when used as a title*
c/c – conta corrente *checking account*
Cia. / Cª – Companhia *Cº*
CODEX – Código excepcional *an individual zip code*
ECG – electrocardiograma *EKG*
Eng. – Engenheiro *engineer, when used as a title*
EUA – Estados Unidos da América *USA*
Exmo./ Exma. – Excelentíssimo–a *used in the expressions **Exmo. Senhor** and **Exma. Senhora** when addressing a letter*
IRS – Imposto de renda singular *income tax*
IVA – Imposto ao Valor Agregado, sales tax
Ltdª – Limitada *Ltd*
PALOPs – Países africanos de língua oficial portuguesa *the former Portuguese colonies where Portuguese was retained as the official language*
s.f.f. – se faz favor *please*
p. ex. – por exemplo *e.g.*
Pe – Padre *Father.*
PIB – Produto interno bruto *GNP*
PR – Presidente da República *President of the Republic*
r.s.f.f. – Responda, se faz favor *R.S.V.P.*
TAC – Tomografia axial computarizada *CAT scan*

TPC – Trabalho para casa *homework*
V. – Vosso–a – *your, used in formal letters in expressions like **a V. carta***
V. Ex.ª – Vossa Excelência *Your Excellency, used in formal letters*
v.s.f.f. – volte, se faz favor *PTO, over*
WC – **Water closet** *rest room*, pronounced as in English.

Prática oral

Actividade A. Menciona as iniciais de dez organizações do teu país e explica
o que significam.

Actividade B. Lê as frases abaixo em voz alta.
1. O carro ia a 90 kms.p.h.
2. A sala tem 6 m.x 10,5 m.
3. Um galão americano equivale aproximadamente a 3,78 l.
4. Na Inglaterra e no Canadá o galão imperial corresponde aproximadamente a 4,56 l.
5. Tome 500 mg de vitamina C duas vezes ao dia.
6. A caixa pesa 34,5 kgs.
7. Uma onça são aproximadamente 31 grs.
8. Um pé são aproximadamente 30 cms.
9. Compra películas de 35 mm.
10. O meu quintal tem 650 m².

Vozes portuguesas

*Elsa was born in Angola of European parents. She was forced to leave
Africa due to the political upheaval that immediately preceded the
country's independence. She is now a teacher at a private school near
Sintra.*

O difícil período da descolonização

Estive em Angola durante a guerra.[a]
Mas curiosamente creio que o regime na
altura traiu menos as pessoas que lá
estavam do que depois o regime da época,
digamos, de setenta, se é que havia um
regime, não é?[b] Em 75 estava em Angola.
Tinha onze anos... Nós vivíamos num
bairro onde foi montado o quartel-general
das FAPLA[c] e a casa da minha avó e a casa
dos meus pais ficavam numa rua paralela
e houve uma ocasião em que a UNITA[d]
tinha colocado também um quartel ali
perto. Eu lembro-me que perante o pânico
de estarmos em casa debaixo de fogo nos
metemos todos num carro. E tínhamos a tropa portuguesa no bairro e a

tropa portuguesa, isto em 75, antes da independência, o que nos disse foi que não nos podiam dar cobertura, não tinham ordens para nos dar cobertura. E isto é de facto a memória mais negra que eu tenho do apoio do Estado português para connosco.[e]

NOTES:

[a] Elsa is referring here to the colonial war of 1961-1974.

[b] She is being somewhat satyrical here in reference to the political chaos that followed the 1974 coup in Portugal.

[c] The FAPLA was the armed branch of the MPLA. You may remember that the MPLA is the party which has ruled Angola since the country's independence in November 1975.

[d] The UNITA, headed by Jonas Savimbi, is the party that has always opposed the MPLA in the struggle for political supremacy. In 1975 both parties were engaged in a fierce armed fight for the political control of the country.

[e] Like most of her fellow **retornados**, Elsa is bitterly resentful of the hasty way in which the Portuguese Government dealt with the de-colonization of its former African territories.

apoio support	**creio** I believe	**quartel** barracks
bairro neigborhood	**fogo** fire	**quartel-general**
cobertura cover	**montado** installed	headquarters
colocado set up	**nos metemos** got into	**traiu** betrayed
	ordens orders	

Prática oral

Responde às perguntas que vais ouvir.

Notas culturais

Muitas igrejas apareceram
depois do 25 de Abril

Mudanças sociais trazidas
pelo 25 de Abril

The fortune of Portuguese workers in regard to salaries and benefits was considerably improved after the 1974 revolution. Strikes ceased to be illegal and unions acquired the independence and bargaining power they had been denied during the dictatorship.

Other significant changes also took place. The right to vote was extended to all Portuguese citizens over 18 years of age. Police abuse was heavily curtailed. Freedom of expression was granted. Consumer rights were strenghtened. The position of women in society was drastically improved. Divorce is now allowed[a] and abortion decriminalized. Sexual mores became more open. Complete freedom of religion, with separation between Church and State, was established. Although attendance diminished in Catholic churches, a number of other denominations began proselytizing and increasing their membership. Modern times had finally arrived in Portugal.

NOTE:

[a] After a Concordat signed with the Holy See in 1940, religious marriages were considered official and divorces to persons married under this system ceased to be granted.

3. O futuro

A. You have already learned that in speaking informally, you can express the future either by using the simple present tense (often reinforced by an adverb of time) or by using the **ir** + *infinitive* construction:

Compro o dicionário amanhã.

Vou comprar o dicionário amanhã.

The future tense itself is used mainly in writing or rather formal speech. The verb endings for the future tense added to the infinitive, are the same for -ar, -er, -ir and -or verbs.

FUTURE TENSE		
eu cant**arei**	escrev**erei**	discut**irei**
tu cant**arás**	escrev**erás**	discut**irás**
o senhor/a senhora/		
você/ele/ela cant**ará**	escrev**erá**	discut**irá**
nós cant**aremos**	escrev**eremos**	discut**iremos**
os senhores/as senhoras/		
vocês/eles/elas cant**arão**	escrev**erão**	discut**irão**

A orquestra **actuará** amanhã no Teatro de S. Carlos

Estaremos em Cabo Verde em Junho.

Não **matarás.**

Leremos essa lição na próxima aula.

Verei se posso chegar a tempo.

Poderás acabar esse trabalho hoje?

Não **insistiremos** mais no assunto.

Admitirão mais pessoal no próximo mês.

A firma **progredirá** *will progress* em ritmo acelerado.

Porei as cartas no correio quando sair.

The only irregular future forms are those of the three verbs shown below whose infinitives end in **-zer**. The irregular feature is that the **-ze-** is lost.

	FAZER	DIZER	TRAZER
eu	far**ei**	dir**ei**	trar**ei**
tu	far**ás**	dir**ás**	trar**ás**
o senhor/ a senhora/você/ ele/ela	far**á**	dir**á**	trar**á**
nós	far**emos**	dir**emos**	trar**emos**
os senhores/ as senhoras/ vocês/eles/elas	far**ão**	dir**ão**	trar**ão**

O empregado **trará** o café.
Traremos o carro hoje à noite.
Nós **faremos** o TPC.
Farás realmente isso?
A senhora **dirá** o que se deve fazer.
Não lhes **direi** nada.

In affirmative or interrogative sentences object or reflexive pronouns are inserted between the basic infinitive form and the ending.
Eles convidar-me-ão?
Arrepender-te-ás *will be sorry* dessa decisão.
Escrever-lhe-emos quando pudermos.
Ver-nos-emos no fim-de-semana?
Mandar-lhes-emos o dinheiro imediatamente.

NOTE: Remember the rule concerning pronouns **o, a, os, as** following verb forms ending in **r**: Comprá-**lo**-emos.

In negative or negative-interrogative sentences pronouns precede the future forms.

Eles não se convencerão com esse argumento.
Não lhes contaremos nada.
Não te arrependerás depois dessa decisão?
Não nos veremos no domingo?

Prática oral

Actividade A. Completa as frases que vais ouvir usando sempre um futuro. O que farão estas pessoas?

    MODELO: O Sr. Saraiva foi multado *got a ticket* por excesso de velocidade.
                    No futuro... ele **conduzirá** *will drive* com mais cuidado.

Actividade B. E agora estas pessoas. O que é que elas farão nas situações que o teu professor vai mencionar?

    MODELO: A Susan não sabe o que é o IVA.
                    Ela perguntará ao Sr. Saraiva.

Actividade C. Muda as frases que vais ouvir para a forma afirmativa.

    MODELO: Não me preocuparei.
                    Preocupar-me-ei.

Vozes portuguesas

Gabriela comments on the new image of the Portuguese woman.

A mulher na moderna sociedade portuguesa

A condição da mulher tem melhorado. Hoje em dia há uma geração diferente que... pronto, que já começa a ver as coisas de outra maneira. A situação ainda não está perfeita porque ainda há mulheres que não ascendem a grandes cargos. Não há muitas mulheres no Governo, não há muitas mulheres portanto como gestoras de empresas. No entanto é uma coisa que... Gradualmente as mentalidades têm vindo a mudar e para melhor, acho eu. Agora o homem começa a participar muito mais no trabalho da casa, as mulheres deixaram, por exemplo, de ter tantos filhos para poderem estar mais independentes.

cargos positions   **gestoras** administrators   **mudar** change
                            melhorado improved

Prática oral

Escolhe a resposta correcta segundo o texto.

    A Gabriela diz que...

B. The future tense is used colloquially when it takes on a *conjectural* meaning. When you say, for instance, **A Rita terá vinte anos** the implication is that you are not absolutely sure about her exact age, but estimate it at around twenty.

>**Serão** dez horas.
>It *must be* ten o'clock.
>O Sr. Saraiva **terá** algum dinheiro no banco.
>Mr. Saraiva *probably has* some money in the bank.
>Eles **virão** hoje?
>*Do you suppose* they *will come* today?

A conjectural question may also be formed by introducing it with the expression **Será que...?** *I wonder if....* The most usual tense after **Será que...?** is the present:

>Será que...
>não há aula amanhã?
>a biblioteca está fechada?
>a professora está doente?
>o teste é esta semana?

However, other tenses may follow **Será que...?**

>Será que o Dr. Monteiro...
>**está** no consultório *office* agora?
>**esteve** no consultório ontem?
>**estava** no consultório esta manhã?
>**tem estado** no consultório esta semana?
>**tinha estado** no consultório já antes?
>**estará** no consultório logo?
>**esteja** no consultório agora?
>**tenha estado** no consultório esta manhã?

NOTE: The progressive form may also be used after **Será que...?**: Será que o Dr. Monteiro **está (esteve,** etc) **a dar** consulta?

Prática oral

Actividade A. Expressa as frases que vais ouvir usando um futuro conjectural.

>MODELO: É provável que eles sejam vegetarianos.
>Eles serão vegetarianos.

Actividade B. Usando um futuro conjectural imagina as causas das situações que vais ouvir.

>MODELO: A Susan ficou em casa a estudar.
>Ela terá um teste amanhã.

Actividade C. Traduz as frases que vais ouvir, usando sempre a expressão **Será que...?.**

Can it be that...

Dois a dois

Formando pequenos grupos, escolham personagens que possam ser facilmente reconhecidas pelo resto da turma. Cada grupo descreve então as actividades dessa personagem nesse dia, usando sempre um futuro conjectural [p. ex., **estará em Washington hoje, estará trabalhando num gabinete de forma oval**, etc]. Os outros alunos tentarão adivinhar a identidade dessa personagem [**Será o Presidente dos Estados Unidos?**]

Vozes portuguesas

Francisco, an agriculturist, discusses present Portuguese economic resources.

Não temos grandes recursos naturais

O país é fundamentalmente um país em que as terras estão muito divididas, é um país de minifúndio, os custos de produção são bastante elevados. Isso origina que a nossa agricultura vai ser ultrapassada, vai ser absorvida pelos produtos produzidos em Espanha.

Excepções há algumas. Naturalmente que temos a cortiça que tem sempre mercado assegurado, temos vinhos de qualidade...[a] A produção de madeira para a indústria de pasta de papel também tem viabilidade.[b] Portugal também tem possibilidades de competir com agriculturas do cedo, culturas temporãs, principalmente no Algarve.[c] Essas culturas são fundamentalmente de tomate, melões, pepinos, pimentos e pouco mais.

NOTES:

[a] Portugal is the world's seventh largest wine producer.

[b] This is a very controversial subject. Many experts strongly object to the use of farmland for the planting of eucalyptus trees. In addition, paper mills have heavily polluted Portuguese rivers.

[c] Since Algarve has a milder climate than the rest of the country, its crops can be harvested earlier and exported to countries where they are not yet in season.

agricultura de cedo early crops	**madeira** timber	**pimentos** bell peppers
assegurado secure	**minifúndio** small farm	**recursos** resources
cortiça cork	**pasta de papel** paper pulp	**temporãs** early
	pepinos cucumbers	**ultrapassado** left behind

Prática oral

Segundo o texto, completa as frases que o teu professor vai dizer.

4. Diminutivos e aumentativos

A. The main function of diminutives is evidently to convey an idea of smallness. However, they also serve to express:

    1. a courteous attitude[1]

       Sr. Director, não me assinava este **chequezinho**?

       Pode pôr aqui o seu **casaquinho**, minha senhora.

A maioria dos pensionistas não chega a atingir o salário mínimo nacional

    2. affection

       Meu querido **filhinho**, que alegria me dás!

       Então, **Luisinha**, como estão os teus filhos?

    3. intensification

       Levantei-me hoje muito **cedinho**.

       Eles estão muito **magrinhos.**

       Obrigadinho!

    4. derision

       É uma **obrazinha** muito medíocre.

       Lá vem ele com as suas **piadinhas**.

B. In Portuguese **-inho,-a** and **-zinho,-a**, with their feminine and plural forms, are the most common diminutive suffixes.

---

[1] Remember the waiter in Lição 6 mentioning **um *copinho* de água.**

If a word ends in an unstressed **o** or **a**, remove it before adding **-inho,-a,-os,-as**:

um livro, um livrinho
Tenho um **livrinho** de direcções.
um carro, um carrinho
O **carrinho** do bebé está ali fora.
uma casa, uma casinha
Eles têm uma **casinha** na praia.
uma festa, uma festinha
Vamos ter uma **festinha** este sábado.

If the word ends in another untressed vowel, add **-zinho,-zinha,-zinhos, -zinhas.**

uma cidade, uma cidadezinha
Eles vivem numa **cidadezinha** de província.
um biquini, um biquinizinho
Aquilo não é um biquini, é um **biquinizinho.**

The final **s** in the plural is also removed:
uns gatos, uns gatinhos
Ela agora tem dois **gatinhos** lá em casa.
umas cestas *baskets*, **umas cestinhas**
No mercado vendem umas **cestinhas** para fruta muito
engraçadas.

If a word ends in a stressed vowel, diphthong or any consonant except **s** or **z**, just add **-zinho,-a,-os,-as**. If the word has an acute accent, delete it since the stress is transfered to the **-i-** of **-zinho** series.

um café, uma cafezinho
Queres tomar um **cafezinho**?
só, sozinho
Ela vai **sozinha** para a Alemanha?
um avião, um aviãozinho
Ele comprou um **aviãozinho** de brinquedo para o filho
uma mãe, uma mãezinha
Mãezinha, posso comer umas bolachas?.
um motor, um motorzinho
Isto funciona com um **motorzinho** eléctrico.
um papel, um papelzinho
Deram-lhe um **papelzinho** qualquer nesse filme.[2]

Nouns that have an irregular plural form add the **-zinho** diminutive suffixes to the *plural* forms of the words minus the final **s**.

---

[2] **Um papelinho** is a small *piece of* paper.

uma associação / umas associações - umas associaçõezinhas
> Há por aí umas **associaçõezinhas** sem importância.

um pão / uns pães - uns pãezinhos
> Compra-me meia dúzia de **pãezinhos** para o lanche.

uma animal/uns animais - uns animaizinhos
> Que **animaizinhos** são esses?

um hotel/uns hotéis - uns hoteizinhos[3]
> Há uns **hoteizinhos** simpáticos nessa praia.

In the **-es** plural forms the **e** is also deleted before adding the suffix.
> uns computadores, uns computadorzinhos
> > Essa casa só vende uns **computadorzinhos** que não valem nada.

If the word ends in **-es** in the singular (and very few do), just add **-zinho, -zinhos**.
> um pires *saucer*, um pireszinho
> > Traz-me o **pireszinho** que está em cima da mesa.

If the word ends in **z**, just add **-inho,-os**.
> rapaz, rapazinho
> > Quem é esse **rapazinho**?

Words ending in **m** change it to **n** before adding the **-zinho,-a,-os,-as** suffix.
> um homem, um homenzinho
> > Não conheço esse **homenzinho**.
> uma viagem, uma viagenzinha
> > Vamos fazer uma **viagenzinha** à Madeira.

NOTE: There are numerous exceptions to these rules. For instance, words ending in **-ora,-oras** add **-inha,-inhas** directly: **uma professorazinha**. **À tarde** becomes **à tardinha**. Some words ending in **-ente** may lose the final **e**: **quentinho, dentinho, gentinha**. **Adeus** becomes **adeusinho**. The most common diminutive of **pequeno** is **pequenino**. Also, of course, don't forget the spelling changes: **amigo-amiguinho, banco-banquinho.**

Prática oral

Actividade A. Nas frases abaixo transforma em diminutivos as palavras em tipo grosso.

1. Ainda tenho que fazer umas **coisas** aqui em casa.
2. A senhora pode esperar um **minuto**?
3. Não me fazes um **favor**?
4. **Obrigado**, não te incomodes!

---

[3] Notice that the accent is also lost in this case.

5. Vou fazer isso à **tarde**.
6. Paulinha, dá um **beijo** à senhora.
7. Deite só duas **colheres** de sal na feijoada.
8. Ela ainda é muito **jovem**.
9. Os filhos deles são muito **pequenos**.
10. **Adeus**, até logo!
11. A casa está **quente**.
12. Já viste aqueles **cães**?
13. Santo Deus, tantos **papéis**!
14. Elas vão ir **sós**?
15. O teu filho precisa de uns **empurrões**.

Actividade B. Preenche os espaços com um diminutivo apropriado.
1. Não demoro nem um _____!
2. Davas-me um _____ de água?
3. A tua gata teve _____?
4. Essa camisola é muito _____.
5. Come a sopa enquanto está _____.
6. O paizinho e a _____ estão bem?
7. Onde é que puseste o _____ com os números de telefone?
8. O meu filho está a brincar com os seus _____.
9. Vamos jantar naquele _____ ali da esquina.
10. O meu apartamento só tem um _____ onde mal cabe a minha cama.

O entusiasmo do 25 de Abril

C. Augmentatives are much less frequent than diminutives. They convey an idea of largeness or great quantity. They may also show deprecation or admiration. The most common suffixes are **-ão,-ona** or **-zão,-zona.** The same basic rules for diminutive suffixes apply to the augmentatives.

> um carro, um carrão
> um camião, um camiãozão
> uma rapariga, uma raparigona
> uma mulher, uma mulherzona (or mulherona)
> uma casa, um casarão

In time, you will be able to tell by the context, and especially by intonation, whether the augmentative is for size alone, size and deprecation, just deprecation, or admiration.

Some augmentatives have become specialized words of their own:

> **um comilão, uma comilona** *a glutton*
> **um beberrão, uma beberrona** *a drunkard*
> **um dormilão, uma dormilona** *a person who sleeps a lot*
> **um folião, uma foliona** *carouser*
> **um dinheirão** *a lot of money*
> **um palavrão** *a "bad" word*
> **um garrafão** *a five liter jug*
> **um vidrão** *a glass recycling receptacle*
> **uma cavalona** *a tomboy*

Prática oral

Actividade. Completa as frases abaixo com um aumentativo.
1. Pedrinho, se tornas a dizer _____, ponho-te pimenta na língua![a]
2. Voltar a pintar toda a casa? Mas isso vai ser um _____ desnecessário!
3. Se fores ao supermercado compra um _____ de vinho branco.
4. Com oito assoalhadas isso não é um apartamento, é um _____!
5. Não comas mais cozido! Não sejas tão _____!
6. Para levares toda essa roupa na viagem precisas de um _____!
7. A minha irmã está muito alta e forte. Está uma _____!
8. 40° à sombra! Que _____![b]
9. Vais ficar no Waldorf Astoria? Isso vai-te custar um _____!
10. A minha filha anda sempre a subir *climb* às árvores *trees* e a saltar *jump* muros *fences*. É uma verdadeira _____!

NOTES:
   [a] The threat of putting pepper on a child's tongue as a punishment for profanity is evidently the equivalent of threatening to wash his or her mouth out with soap.
   [b] Remember that 40°C is exactly 104°F.

Vozes portuguesas

Miguel shows his concern regarding employment opportunities for recent college graduates.

E depois da Universidade, o quê?

Já se começa a sentir um pouco o desemprego para jovens qualificados em Portugal visto que a oferta de recém licenciados nos últimos dez anos... Não seria exagerado se eu dissesse que aumentou cinco vezes. Em alguns cursos certamente que sim, como é o caso da Gestão, da Administração de Empresas, o caso da Economia, o caso de Direito.[a] Obviamente o mercado fica saturado muito rapidamente. No entanto é preciso notar que os alunos das boas faculdades, com boas notas, conseguem bons empregos, com boas posições, com bons salários, etc., etc.

NOTE:

[a] Portuguese law schools produce over 2,000 graduates per year. Many of them are unable to find adequate employment in the limited job pool.

aumentou increased	**licenciados** graduates	**sentir** feel
cursos majors	**oferta** supply	**últimos** last
desemprego unemployment	**recém** recent	**visto que** since

Prática oral

Compara esta situação com a do teu país. As preocupações dos jovens são as mesmas? Quais são agora as probabilidades de um recém licenciado obter um bom emprego? Quais são as áreas em que existe maior oferta de trabalho? E menor? No teu caso particular, o que prevês que vai acontecer?

Diálogo

Depois do 25 de Abril

A Susan e o Sr. Saraiva conversam na sala.

SUSAN: O Sr. Saraiva estava em Lisboa quando foi o 25 de Abril?

SR. SARAIVA: Estava, sim. Nessa manhã eu não tinha ligado a rádio nem a televisão e não sabia de nada. Fui para o Banco e então vi as ruas cheias de povo, soldados e tanques.

SUSAN: E as pessoas não estavam assustadas?

SR. SARAIVA: Não, não, de maneira nenhuma. Confraternizavam com a tropa, subiam para os tanques. As raparigas davam cravos vermelhos aos soldados, que eles punham nos canos das espingardas.

SUSAN: Mas depois começaram os problemas, não foi?

SR. SARAIVA: A princípio foram poucos. Houve um pide[a] que disparou de uma janela contra as pessoas que se manifestavam em frente da sede da DGS. E, claro, os pides eram caçados pelas ruas. Mas havia uma atitude de absoluto entusiasmo. Depois veio o 1° de Maio, o primeiro a ser celebrado em liberdade. Foi uma absoluta loucura. Toda a gente veio para a rua com letreiros e bandeiras. Aí é que começaram a aparecer as primeiras bandeiras vermelhas.

SUSAN: Mas depois?

SR. SARAIVA: Depois, minha filha, os cravos murcharam. Nos primeiros tempos só se pensou em destruir tudo o que recordasse o antigo regime. Começou a haver divisões entre os militares. Os mais radicais tentaram conquistar o poder.

SUSAN: Mas não havia civis no Governo?

SR. SARAIVA: Sim, havia. Mas também existia o Conselho da Revolução, constituído exclusivamente por militares, que se podia sobrepor às decisões do Governo.

Vi as ruas cheias de povo, soldados e tanques

SUSAN: Mas pouco a pouco as coisas foram melhorando, não foram?

SR. SARAIVA: Foram. O Spínola foi afastado da Presidência.[b] Vieram outros, como o Vasco Gonçalves e o Otelo,[c] bastante radicais. 1975 foi um ano em que parecia que a extrema esquerda ia dominar o país. Mas a partir do fim de 1975 os militares mais moderados tomaram conta do poder, realizaram-se eleições livres e a situação política começou a estabilizar--se.

SUSAN: E a economia?

SR. SARAIVA: Isso já é outra história. Depois do 25 de Abril foi de mal a pior. Os preços subiam e Portugal vivia praticamente de empréstimos de países estrangeiros. Nos anos 80, sobretudo depois da entrada de Portugal para a CE, houve uma época de grande desenvolvimento. Mas no momento em que podíamos esperar uma recuperação tivemos o azar de nos cair em cima a crise económica mundial.

SUSAN: Mas o 25 de Abril não trouxe só desgraças, pois não?

SR. SARAIVA: Claro que não. Gerou-se um ambiente de liberdade, criou-se um governo democraticamente eleito, houve uma certa protecção ao trabalhador.

SUSAN: E a sociedade portuguesa mudou muito.

SR. SARAIVA: Sim, com efeito. Já nos últimos anos da ditadura se notava uma evolução, aliás comum a todo o mundo, mas o ambiente de liberdade veio incentivá-la.

SUSAN: Em que medida é que os Portugueses são agora diferentes?

SR. SARAIVA: Bem, há uma maior facilidade de convívio, de comunicação. Quebraram-se muitas das barreiras sociais. Perdeu-se bastante do formalismo de antigamente. Antes era uma sociedade muito fechada, muito aferrada a preconceitos e regras de comportamento.

SUSAN: Mas isso representa realmente um progresso social?

SR. SARAIVA: Bem, não é só isso. Temos agora uma sociedade mais evoluída. As pessoas estão mais informadas. Há liceus e universidades por todo o país, mesmo em zonas onde antes só tinha chegado a escola primária. Criou-se um clima de diálogo, nem sempre isento mas enfim, diálogo. E há uma intensíssima actividade cultural.

SUSAN: Sim, essa actividade tenho-a notado. Vejo por aí imensas exposições, concertos, espectáculos teatrais de qualidade, sei lá... Estão-se a publicar sempre livros...

SR. SARAIVA: Tem razão, nesse aspecto estamos a aproximar-nos do resto da Europa. Não estamos ainda bem lá mas com o tempo chegaremos.

NOTES:

[a] **Um pide** means a PIDE/DGS agent.

[b] As mentioned before, General Spínola, the first President, still smacked of the old regime he had served and consequently represented too much of an authoritarian figure for the younger officers.

[c] Vasco Gonçalves and Otelo Saraiva de Carvalho were left wing officers. Otelo was later tried and sentenced for his alleged involvement with a terrorist group, the FP-25 or Forças Populares do 25 de Abril.

aferrada a holding fast to	**comportamento** behavior	**esquerda** left
antigamente the old days	**conquistar** conquer	**exposições** exhibitions
assustadas frightened	**conselho** council	**imensas** numerous
azar bad luck	**conta** charge	**letreiros** placards
barreiras barriers	**cravos** carnations	**ligado** turned on
bem quite	**de mal a pior** from bad to worse	**loucura** madness
caçados hunted down	**desgraças** misfortunes	**mudou** changed
canos barrels	**empréstimos** loans	**murcharam** wilted
civis civilians		**preconceitos** prejudices

quebraram-se were broken   **regras** rules   **trabalhador** worker
                                subiam rose, climbed on

Prática oral

Explica com certo detalhe as situações que vais ouvir.

Leitura

O tormentoso caminho até à democracia

O período imediatamente posterior ao 25 de Abril foi marcado por violentas confrontações políticas. Notou-se um movimento progressivo para a esquerda, mas uma esquerda extremamente dividida. Nos dois primeiros meses da revolução formaram-se cerca de cinquenta partidos, criando-se aquilo a quem alguém chamou "uma sopa de letras política." A total abertura das formas de expressão levou ao aparecimento de numerosos jornais das mais variadas colorações ideológicas. Obras de doutrinação política enchiam as montras das livrarias. O público afluía agora aos cinemas que exibiam filmes como **Emmanuele**. **O Último Tango em Paris** e **Garganta Funda**.

As reformas então implementadas desenvolveram-se de uma maneira apressada e frequentemente caótica. As grandes empresas foram nacionalizadas. Outras entraram em autogestão.[a] Deram-se ocupações selvagens de casas. No sul grandes propriedades foram também ocupadas e transformadas em unidades colectivas de produção, de tipo soviético.[b] Muitos funcionários civis e militares e muitos gestores foram "saneados." Grande número deles refugiou-se no Brasil ou em Espanha. O Partido Comunista controlava a Intersindical, um conglomerado de sindicatos, e as greves sucediam-se.[c] Foi rapidamente concedida a independência às antigas colónias e mais de meio milhão de "retornados"[d] chegou subitamente a Portugal.

Depois de seis governos provisórios e de duas tentativas de golpes de estado, uma da direita e outra da esquerda, começou a esboçar-se um processo de normalização da democracia. A 25 de Abril de 1975 tinham-se já realizado as primeiras eleições livres em 49 anos. 92% dos eleitores acorreram às urnas. O grande vencedor foi o Partido Socialista[e] que contudo não conseguiu logo afirmar-se, ante a intensa agitação levada a cabo pela extrema esquerda. Foi só depois da fracassada tentativa de golpe de estado esquerdista de 25 de Novembro de 1975 que a facção moderada do Conselho da Revolução predominou.

Em fins de 1985 o Partido Social Democrata (PSD) subiu ao poder e o seu líder, Cavaco Silva, foi nomeado Primeiro Ministro. Nos princípios do ano seguinte Mário Soares, antigo Primeiro Ministro e secretário-geral do Partido Socialista, foi eleito Presidente da República. Era o primeiro presidente civil desde 1926. Um política centrista e de integração europeia começou então a ser posta em prática e muitas empresas nacionalizadas foram privatizadas.

No plano económico registou-se um crescente progresso,[f] acentuado pelo aumento de investimentos estrangeiros. Em 1985 o custo horário médio da mão-de-obra em Portugal era de US$ 1,63, em oposição a 12,93 nos Estados Unidos. Juntando-se a umas agora muito mais reduzidas exigências laborais, este factor contribuiu para que Portugal se tornasse um país atraente para o investidor estrangeiro.[g] Uma vez que o medo à agitação revolucionária se desvaneceu, o turismo, a chamada "indústria sem chaminés," voltou a avolumar-se e a contribuir com importantes entradas de divisas para a economia nacional.[h] Com a adesão de Portugal à Comunidade Europeia em 1986 e o auxílio financeiro daí resultante a economia portuguesa floresceu até 1991.

O 1º de Maio foi uma absoluta loucura.
Toda a gente veio para a rua
com letreiros e bandeiras

Depois desse ano a situação agravou-se, embora se registassem ainda aspectos positivos. A inflação, que tinha chegado a orçar pelos 20% no princípio dos anos 80, era em 1994 de 6,7%. O desemprego anda por pouco mais de metade da média de 12% dos países da CE. O nível económico dos Portugueses é contudo ainda bastante mais baixo do que o dos países industrializados. O trabalhador português ganha em média US$ 2,50 por hora, enquanto que o seu colega espanhol faz 7,60, o francês 10,00, o norte-americano 14,00 e o alemão 16,00. A renda per capita era em 1994 de US$ 8 970.[i]

Profundas alterações tiveram lugar na sociedade portuguesa depois do 25 de Abril. Durante os primeiros tempos a aristocracia comercial exilou-se ou optou por uma prudente obscuridade, só voltando a renascer pelos fins da década de 80. Um maior potencial económico das classes menos privilegiadas permitiu um acesso a novos bens de consumo e mais amplos estilos de vida. A frequência do ensino superior tornou-se mais factível para os filhos dos trabalhadores pior remunerados. A posição da mulher na sociedade também atingiu uma notória melhoria. Só para dar um exemplo, a um nível etário inferior aos 30 anos as mulheres constituem presentemente mais de 60% dos diplomados universitários.

A criminalidade, grandemente motivada pela disseminação da droga, tem aumentado. Há assaltos na rua e por vezes a bancos. Muitas casas tem agora complicados sistemas de fechaduras. Alguns taxistas instalaram nos seus veículos vidros à prova de bala para os separar dos passageiros. O número de reclusos excede em muito a capacidade das prisões mas a liberalização do sistema judiciário permite agora penas mais leves e uma relativa impunidade dos delinquentes juvenis.

Nas últimas décadas têm-se igualmente registado consideráveis fluxos demográficos, em especial uma deslocação para os mais importantes núcleos populacionais, à volta dos quais se têm erguido vastas cidades-dormitório. Uma certa ascensão na escala salarial dos Portugueses tem levado a que muito do trabalho manual menos remunerador seja agora exercido por cabo--verdianos e outros africanos.[j] Criou-se também uma comunidade brasileira, constituída em grande parte por técnicos de informática e de turismo, assim como um apreciável número de dentistas.[k] Com a entrada na CE e a consequente fluidez do movimento fronteiriço, o número de estrangeiros residindo ilegalmente em Portugal atingiu um alto índice, apesar de uma generosa política de legalização por parte do Governo Português.[l]

No meio de um mar de contradições, muitos portugueses sentem-se perplexos e mesmo pessimistas. Será todavia necessário compreender que a transição de uma longa ditadura para uma democracia solidamente estruturada pode ser dura e morosa. Resta esperar que uma nova geração colha plenamente os benefícios de uma sociedade menos dicotómica do que a presente.

NOTES:

[a] **Autogestão** meant that the workers would expel the owners and executives and take over the management.

[b] This happened mainly in the Alentejo, a province of large estates often owned by absentee landlords. The land was then transformed into some 600 kolkhos-style cooperatives. Few of these UCP's achieved any measure of economic success.

[c] It is estimated that the Soviets funneled about ten million dollars a month to support the Portuguese Communist Party.

[d] The **retornados** were the former colonists who left hurriedly to escape the fierce civil wars that erupted in Angola and Mozambique. The word **retornado** is actually a misnomer since a good number of them were third or even fourth generation residents of the colonies. Many arrived in Lisbon with only the clothes on their backs, and had to be lodged in hotels the Government requisitioned. When the colonies acquired independence the Portuguese population was reduced by 65% and the Portuguese territory by 95%.

[e] In an atmosphere of intense leftist repudiation of the past and fiery revolutionary rhetoric, many moderates and even rightists were afraid of appearing "fascist" and voted Socialist as the only viable alternative to a Communist takeover. The Communist Party received only 12% of the vote.

[f] In the first years after the revolution the economy suffered greatly. With many executives and technicians being kicked out, management suffered as worker

committees or Army officers appointed as managers did not possess the know-how to run businesses. In addition, absenteeism and frequent strikes diminished production and in many cases delivery deadlines ceased to be met.

[g] Spain invested heavily in Portugal. Nowadays 15% of the banks are Spanish owned.

[h] US$1,574,000,000 in 1986

[i] $10,000 in the United States in the same year.

[j] In addition, many Indians and Pakistanis have settled in Portugal and gone into businesses that may range between ownership of movie theaters or restaurants and street vending. A number of Filipinos and Romanians have also entered Portugal recently.

[k] In many cases degrees in odontology from Brazilian universities have not been recognized by Portugal, which has caused considerable friction. Thus some of the circa 360 Brazilian dentists practicing in Portugal have been working as underpaid dental technicians.

[l] Documented aliens number circa 170,000. It is estimated that some 85,000 undocumented aliens also live in Portugal.

à prova de bala bulletproof
abertura liberalization
apressada hasty
assaltos muggings; holdups
atraente attractive
bens goods
caminho path
cidades-dormitório bedroom communities
colega counterpart
colha gathers
desvaneceu faded away
diplomados graduates
divisas foreign currency
dura hard
ensino superior higher education
esboçar-se take shape

esquerdista left wing
etário age
exigências demands
fechaduras locks
fracassada failed
fronteiriço border
funcionários officials
funda deep
garganta throat
gestores administrators
horário hourly
índice rate
informática computer technology
juntando-se adding to
levada a cabo carried out
médio average
medo fear
montras store windows
morosa slow in coming

motivada caused
orçar por be estimated at about
penas sentences
plenamente fully
propriedades estates
reclusos prisoners
refugiou-se took refuge
renascer ressurrect
renda income
"saneados" purged
selvagens wild
sindicatos trade unions
sopa de letras alphabet soup
subitamente suddenly
taxistas taxi drivers
tentativas attempts
tormentoso turbulent
urnas polls
vencedor winner

Prática oral

O teu professor/a tua professora vai fazer o papel de Sr. Saraiva. Um aluno ou aluna fará o papel de D. Fernanda. Cada um dos restantes alunos assumirá o papel de Susan e fará então uma pergunta à "D. Fernanda" sobre o período pós-25 de Abril. Se "ela" não souber a resposta perguntará ao "Sr. Saraiva" e transmitirá depois a resposta à "Susan."

Um bocadinho de humor

Portugal acumulou grandes reservas de ouro durante o Estado Novo. No caos económico que se seguiu imediatamente ao 25 de Abril essas reservas foram quase totalmente gastas. Contava-se então que uma manhã um funcionário do Banco de Portugal veio alvoroçadamente comunicar à direcção que da noite para o dia as reservas de ouro do Banco tinham duplicado. "Como é que isso aconteceu?" perguntaram-lhe. "A mulher da limpeza deixou a sua aliança de casamento em cima do lavatório."

aliança de casamento
  wedding ring
alvoroçadamente
  excitedly

da noite para o dia
  overnight
direcção board of directors

lavatório washbasin
mulher da limpeza
  cleaning lady

19
Está na hora da telenovela!

1. O futuro composto

The "future perfect" expresses a situation in which an action will be completed at some point in the future, prior to another future action. Whereas the simple future means "I will do it" or "they will arrive," the future perfect means "I will have done it," or "they will have arrived."

It is formed by using the future of **ter** + *past participle*.

	THE FUTURE PERFECT	
eu	**terei ido**	*I will have gone*
tu	**terás ido**	*you will have gone*
o senhor/a senhora/ você/ele/ela/	**terá ido**	*you, he, she will have gone*
nós	**teremos ido**	*we will have gone*
os senhores/as senhoras/ vocês/ eles/elas	**terão ido**	*you (pl.), they will have gone*

Elas **terão aprendido** todas as fórmulas antes do exame.
Eu **terei feito** o trabalho antes de Setembro.
Vocês **terão chegado** antes do fim do ano.

The future perfect is also used to show conjecture about the past from the point of view of the present.
Eles **terão entrado** na sala de aula há meia hora.
They *must have gone into* the classroom half an hour ago.
Ela já **terá ido** para casa.
She *must have gone* home already.
O David **terá feito** pouca coisa esta tarde.
David *probably didn't do* much this afternoon.
Ela **terá ganho** o concurso.
She *must have won* the contest.

NOTE: A more colloquial equivalent of the conjectural future perfect may be expressed by a form of **dever+ter**+past participle:

> Eles **devem ter entrado** na sala de aula há meia hora.
> Ela já **deve ter ido** para casa.
> O David **deve ter feito** pouca coisa esta tarde.
> Ela **deve ter ganho** o concurso.

Prática oral

Actividade A. Completa as frases que vais ouvir usando um futuro composto.

> MODELO: Quando o pai chegar a casa, os filhos já...
> ...terão ido para a cama.

Actividade B. Traduz, usando formas do futuro composto.

Actividade C. Comenta as frases que vais ouvir usando um futuro composto.

> MODELO: O Jorge tem as mãos todas sujas de óleo.
> Ele terá trabalhado no motor do carro.

2. O condicional

The conditional is the equivalent of the English "would" (as in "I said that I *would* do it"). It is to the past tenses what the future tense is to the present—it looks toward the future, but from the past point of view. It works the same way in English: whereas we use the future tense to say: "I *know* that he *will* arrive in two hours," we use the conditional to say: "I *knew* that he *would* arrive in two hours." Both show the same relationship of time, but one is from the present point of view and the other is from the past. In colloquial speech the imperfect usually replaces the conditional.

THE CONDITIONAL		
eu	**visitaria**	*I would visit*
tu	**visitarias**	*you would visit*
o senhor/a senhora/ você/ ele/ela	**visitaria**	*you, he, she would visit*
nós	**visitaríamos**	*we would visit*
os senhores/as senhoras/ vocês/ eles/elas	**visitariam**	*you (pl.), they would visit*

A. The basic forms of the conditional use the same stems as the future, as the chart above shows, and their endings are the familiar **-ia** imperfect endings.[1]

The three irregular conditional forms are similar to the corresponding future ones:

	FAZER	DIZER	TRAZER
eu	faria	diria	traria
tu	farias	dirias	trarias
o senhor/ a senhora/você/ ele/ela	faria	diria	traria
nós	faríamos	diríamos	traríamos
os senhores/ as senhoras/ vocês/eles/elas	fariam	diriam	trariam

O professor disse-nos que **daria** a lição vinte amanhã.
Eu prometi que o **traria** na semana que vem.
O chefe pensava que **trabalharíamos** mais depressa.
Eu sabia que a Rosa me **escreveria** durante o verão.

Prática oral

Actividade A. Passa as frases que vais ouvir no presente/futuro para o passado/condicional.

MODELO: Eu sei que o Paulo chegará às oito.
Eu sabia que o Paulo chegaria às oito.

B. Aside from its use as the "future tense of the past," the conditional is also used (as it is in English) for courtesy, mainly in requests: **Poderia** explicar isso outra vez?

The conditional is also used to give advice, especially where tact and

---

[1] Rememebr that English has another "would" not associated with the conditional but rather with the imperfect—it means "used to." "When I was a kid, I *would* go to the movies every week." **Quando *era* pequeno *ia* ao cinema todas as semanas.**

courtesy are necessary: No seu caso, eu **escreveria** a carta em português e não em inglês.

Actividade B. Usando o condicional na forma negativa torna mais corteses as frases que vais ouvir.
MODELO: Faça-me um favor!
Não me faria um favor?

Actividade C. Usando o condicional, formula uma pergunta segundo a indicação que vais ouvir.
MODELO: Pergunta a um-a colega se ele-a vai a pé à Baixa ou toma o autocarro.
Tu irias a pé à Baixa ou tomarias o autocarro?

Actividade D. Imagina que ganhaste mil contos na lotaria. O que farias com esse dinheiro?

1. Para mim...
2. Para os meus pais...
3. Para os meus amigos...
4. Para o meu/a minha namorado,-a...
5. Para os pobres...

Actividade E. Responde às perguntas que vais ouvir. Cada pergunta tem várias partes.

Actividade F. O que farias no meu caso? Dá um conselho, segundo cada situação.
MODELO: O meu carro avaria-se constantemente.
No teu caso, eu compraria um carro novo.

Notas culturais

As telenovelas e a língua portuguesa

In recent years Portuguese TV viewers have become addicted to **telenovelas**. If you look at a **TV Guia**, you will notice that a good part of the day's programming is taken up by these soap operas. A few of them are Portuguese, but the great majority come from Brazil. The most popular of the Brazilian productions was undoubtedly **Roque Santeiro**, which for months enthralled Portuguese audiences with its excellent acting and light dose of political and social satire.

One interesting side effect of these Brazilian series is that they have managed to change to a considerable extent the everyday language of Portugal, especially among the younger generation. In fact, Brazilianisms are now ever present in speech and even in newspaper writing.

Vozes portuguesas

Dona Cristina does not seem too enthusiastic about TV programing.

Esta televisão, ai, meu Deus!
Olhe, eu vou-lhe dizer, a televisão está uma coisa muito esquisita.

Muito esquisita. Eu, telenovelas só vejo duas. Agora as outras todas não vejo mais nenhuma porque então não fazia mais nada do que ver telenovelas. A única coisa portuguesa que dizem,[a] que eu não vejo porque é a uma hora em que eu geralmente tenho que fazer qualquer coisa, não é?, é **A Banqueira do Povo**.[b] Dizem que é bom. Mas de resto programas portugueses, ai, meu Deus! Por amor de Deus! Olhe que eu ontem estava ansiosa por ver aquele filme que davam no primeiro,[c] que era **Assalto ao Aeroporto** mas não consegui ver porque deram uma coisa portuguesa, uma chachada que eu acabei por não perceber nada daquilo. Mas que coisa! Que tristeza! Eu acabei por ir para a cama!

NOTES:

[a] Dona Cristina evidently meant to say **que dizem que é boa.**

[b] This soap opera is based on a woman known as **Dona Branca** or **a banqueira do povo** who in the late eighties conned many Portuguese by offering extremely high interest on cash deposits and then defaulting on payments.

[c] Dona Cristina means **o primeiro canal**, i.e. RTP.

acabei por ended up by	**de resto** apart from that	**perceber** understand
cama bed	**esquisita** strange	**que tristeza!** how
chachada a real bomb	**olhe** look	disappointing!

Prática oral

Responde às perguntas que vais ouvir.

3. O condicional expressando conjectura

The conditional can be used to show conjecture, much like the future does. In most cases the action is in the past:

> **Seriam** dez horas quando telefonaram.
>> It *must have been* ten o'clock when they called.
> Quantos anos a D. Fernanda **teria** quando casou?
>> How old *do you suppose* Dona Fernanda *was* when she married?
> Em 1955 o pai dele ainda **estaria** na universidade.
>> In 1955 his father *would* still *be* in college.

In other cases the conjectural conditional may act as a more emphatic alternative to the conjectural future:

> Eles **farão** uma coisa dessas?
>> Eles **fariam** [realmente] uma coisa dessas?
> O banco **estará** disposto a emprestar essa quantia?

O banco **estaria** [realmente] disposto a emprestar essa quantia?

Prática oral

Actividade A. Seguindo o modelo, diz de novo as frases de probabilidade que vais ouvir.

MODELO: Seria que a Inês queria falar com alguém?
A Inês quereria falar com alguém?

Actividade B. Formula uma conjectura sobre as situações que o teu professor mencionar.

MODELO: Hoje faltaram à aula cinco alunos.
Estariam doentes.

Vozes portuguesas

Miguel refers here to the influence TV has had on the speech of the younger generation.

Telenovelas a toda a hora

Hoje em dia há quatro canais de televisão em Portugal, dois estatais e dois privados. Cada canal transmitirá[a] duas, três telenovelas por dia, uma telenovela com a duração média de uma hora. Já se nota que os jovens portugueses usam certas palavras... começam a utilizar palavras[b] que ouvem nas telenovelas com muita frequência.[c]

NOTES:
[a] Note how a conjectural future was used here. An equivalent of **transmitirá** would be **pode transmitir**.
[b] Miguel is obviously referring here to Brazilianisms.
[c] It would have been more correct if Miguel had said **começam a utilizar com muita frequência palavras que ouvem nas telenovelas**.

canais channels   **ouvem** hear   **palavras** words

Prática oral

Responde às perguntas que vais ouvir.

4. «Se eu estudasse mais, teria uma boa nota»

The conditional is frequently used in sentences that express a hypothetical or even a contrary-to-fact situation: I *would do* it, if.... You already know that in these cases colloquial Portuguese represents the verb in the main clause by an imperfect, although a regular conditional would also be in order.

A contrary-to-fact sentence can begin either with **se** or with the conditional verb (as the following examples show: **Se tivesse tempo, iria ao cinema. Iria ao cinema se tivesse tempo**).

> CONTRARY-TO-FACT SENTENCES
> se + *past subjunctive*, + *conditional*:
> Se estudasse mais, **teria** uma boa nota.
> *conditional* + se + *past subjunctive*:
> **Teria** uma boa nota **se** estudasse mais.

Se tivesse tempo eu **gostaria** de ver essa telenovela.
Se eles fossem ricos não **teriam** esses problemas.
Nós **compraríamos** esse computador se não fosse tão caro.

Prática oral

Actividade A. Segundo o modelo, une as frases que vais ouvir.
MODELO: Quero ir ao cinema. Não tenho dinheiro.
Iria ao cinema se tivesse dinheiro.
Actividade B. Completa as frases que vais ouvir usando sempre um condicional ou um pretérito imperfeito do conjuntivo.

5. O condicional composto e o pretérito mais-que-perfeito do conjuntivo

The conditional perfect parallels the future perfect, the only difference being that it expresses a hypothetical situation. Whereas the simple conditional means "I would go," the **conditional composto** means "I would have gone." This tense is formed with the conditional of **ter** plus a past participle.

	THE CONDITIONAL PERFECT	
eu	**teria ido**	*I would have gone*
tu	**terias ido**	*you would have gone*
o senhor/a senhora/ você/ele/ela/	**teria ido**	*you, he, she would have gone*
nós	**teríamos ido**	*we would have gone*
os senhores/as senhoras/ vocês/ eles/elas	**teriam ido**	*you (pl.), they would have gone*

subjunctive, but it expresses a situation in the past: "If I were there" versus "if I had been there." It is often used in conjunction with the conditional perfect: "I would have gone if I **had known** about it beforehand." This tense is formed with the imperfect subjunctive of **ter** plus a past participle.

THE PLUERFECT SUBJUNCTIVE		
se eu	**tivesse ido**	*if I had gone*
se tu	**tivesses ido**	*if you had gone*
se o senhor/a senhora/ você/ele/ela/	**tivesse ido**	*if you, he, she had gone*
se nós	**tivéssemos ido**	*if we had gone*
se os senhores/ as senhoras/vocês/ eles/elas	**tivessem ido**	*if you (pl.), they had gone*

Eu **teria ido** ao concerto se não **tivesse tido** tanto trabalho.
Tu **terias aceitado** esse emprego se **tivesses estado** aqui?
Nós **teríamos comprado** essas camisolas se não **tivessem sido** tão caras.
Eles **teriam chegado** a tempo se não **tivesse havido** tanto trânsito.

Prática oral

Actividade A. Quais teriam sido as consequências das situações que vais ouvir?

> MODELO: O que teria acontecido se o despertador não tivesse tocado?
> Eu teria perdido o avião.

Actividade B. Completa as frases abaixo usando o pretérito mais-que-perfeito do conjuntivo dos verbos entre parênteses.

1. Eu teria ido esquiar se _____ (ter).
2. Nós teríamos telefonado ao Hugo se _____ (saber).
3. Tu terias feito a apresentação oral se não _____ (preparar-se)?
4. Ele não teria tido o acidente se não _____ (beber).
5. Eles não teriam passado no teste se _____ (cabular).

Dois a dois

Formando pares, um aluno deve fazer uma pergunta a outro. Depois de responder, o segundo aluno deve fazer a mesma pergunta ao primeiro, que terá de responder também. Todas as perguntas devem conter um imperfeito do conjuntivo e um condicional.

> MODELO: Se tu fosses rico-a, o que farias?
> Se eu fosse rico, viajaria muito.

6. Mais formas de ênfase

In previous lessons you have learned how to emphasize certain words or expressions. You must also have noticed emphatic forms such as **realmente, efectivamente, de facto, na verdade, para dizer a verdade** and a few more. Here are other emphatic expressions.

A. Expressões introdutórias

Like English, Portuguese uses some phrases to call the listener's attention to what is going to be said next. Here are some of the most common:

Atenção	Oiça*	Ora vejamos
Bem	Ora bem	Vamos lá a ver
Escute*	Olhe*	Veja bem*

NOTE: Expressions marked with an asterisk are imperatives and therefore vary according to whom you are addressing: **escute, escuta, escutem**, etc.

Considerando que os africanos são o maior grupo estrangeiro em Portugal...
  Atenção, muitos têm nacionalidade portuguesa.
Pode-me recomendar um bom hotel?
  Bem, há vários...
Dá-me licença que fume, Sr. Director?
  Escute, o senhor sabe que não gosto que se fume aqui.
Vou agora ao correio.
  Oiça, podia-me também trazer uns selos?
Quero comprar um carro em segunda mão.
  Olhe, é preciso ter muito cuidado com esses negócios.
Quando podemos almoçar juntos?
  Ora vejamos, quinta-feira está bem?
Que vinho preferem?
  Vamos lá a ver, comemos peixe ou carne?
Gostava de alugar uma casa no Estoril.
  Veja bem, as rendas lá são muito altas.

Prática oral

Actividade: Preenche os espaços com uma expressão introdutória adequada.
1. Onde é que posso encontrar postais aqui perto? _____, há ali adiante uma tabacaria.

2. Não sei se vá ao Algarve ou aos Açores. _____, quando é que deixas de ser tão indeciso?

3. Vou a Montreal mas estou com medo de não me entender bem com o inglês. _____, em Montreal fala-se principalmente francês.

4. Eu sou do PS mas votei pelo PSD. _____, afinal tu és socialista ou não és?

5. O que é que fazemos este fim-de-semana? _____, podemos dar uma volta até Sintra, ir à praia, ir ao cinema...

B. **Perguntas confirmativas**

You have already learned how to form some tag questions. You may also use the following:

..., entende?*	..., percebe?*	..., não é verdade?
..., está a peceber?*	..., está bem?	..., não foi?
..., está a ver?*	..., não é?	..., pois não?

NOTE: Although frequently heard, expressions marked with an asterisk may be considered somewhat impolite, since in a way one is questioning the other person's intelligence. More polite alternatives are **Faço-me entender?** or **Não sei se me faço entender.**

Não é? and **não foi?** may be used as tag questions with verbs other than **ser**. **Pois não?** always follows a negative statement.

Prática oral

Actividade. Completa as frases abaixo com uma pergunta confirmativa.

1. Não acho bem ser eu a falar com ele, _____?
2. O convite não é para hoje, _____?
3. Eles chegam sempre atrasados, _____?
4. Tu não deves fazer isso, _____?
5. Não é boa ideia irmos lá hoje, _____?

C. **Expressões intensificativas**

cá = pela minha/nossa parte
   Eu cá sei o que faço.
   Nós cá vamos andando bem de saúde.
danado-a,-os-as = muito[2]
   Está um calor danado!
   Ela tem uma sorte danada!
de todo o tamanho = muito grande
   Isso é uma mentira de todo o tamanho!

---

[2] This expression by no means assumes the somewhat objectionable character of its cognate in English.

Tivemos um problema de todo o tamanho.

e ... que = imagine que[3]

E o meu irmão que não telefona!

E elas que não dizem nada!

lá = pela tua/sua parte, pela parte dele-a,-es-as

Tu lá sabes o que deves comprar.

Eles lá se entendem.

mas = quanto!

Mas que alto está o Ruizinho!

Mas que vergonha foi isso!

mísero-a,-os-as = insignificante, insuficiente

Ele ganha uns míseros trinta contos.

Só me deram uma mísera omelete.

nada = de modo nenhum[4]

Ele não está nada contente com o emprego.

Ela não é nada parva.

super = muito[5]

A roupa é supercara nesta loja.

O exame foi superdifícil.

um balúrdio = muito dinheiro[6]

Este jantar vai custar um balúrdio

O nosso director ganha um balúrdio

uma porrada de = uma grande quantidade[7]

Estava lá uma porrada de gente.

Ele bebeu uma porrada de cervejas.

Prática oral

Actividade. Traduz as frases que vais ouvir, usando sempre uma expressão da lista acima.

D. **Intensificação de palavras interrogativas**

In *very* colloquial speech interrogative words may be followed by a somewhat angry intensifier:

Porque **raios** é que não vieste ontem?

Porque **carga de água** é que fizeste isso?

Que **diabo** é isto?

---

[3] This construction implies a slight displeasure

[4] **Nada disso!** expresses a strong denial: **Ouvi dizer que a Gabriela se vai divorciar. Nada disso!**

[5] This use of **super** came to Portugal from Brazil.

[6] This expression is slightly slangy.

[7] This expression is somewhat vulgar.

Com que **demónios** fizeste esta sopa?

Prática oral

Actividade. Traduz as frases que vais ouvir, usando sempre uma expressão enfática da lista acima.
Why on earth... / What on earth...

Uma voz brasileira

Fabiano, born in São Paulo, was a salesman in Brazil and works now as a waiter in Portugal.

Uma visão distorcida?

No Brasil nós temos uma visão de Portugal muito distorcida da realidade. Nós temos a visão de que tem um crescimento económico[a] muito bom. Mas isso não é a realidade. Eu tinha um salário muito superior ao que eu tenho aqui em Portugal. Tinha um padrão de vida muito melhor do que eu levo aqui em Portugal. Por isso eu digo que para mim foi uma desilusão.

Contudo aqui, se eu saio deste trabalho que eu faço, de hotelaria, e vou para uma construção civil eu ganho um pouco mais do que eu ganho aqui. No Brasil eu, como um homem de vendas, trabalhando na secção[b] comercial, se vou para uma construção civil, eu não ganho nem dez por cento daquilo que eu ganharia no meu segmento.[c]

NOTES:
[a] Fabiano—Brazilians—would have spelled this word **econômico**.
[b] Fabiano would have spelled this word **seção**.
[c] Notice that the sentence structure and the vocabulary Fabiano used do not differ from current European Portuguese speech.

crescimento growth	**distorcida** distorted	**padrão** standard
desilusão disappointment	**hotelaria** hotel and restaurant work	**vendas** sales

Prática oral

Responde às perguntas que vais ouvir.

E. *Ser* como adversativo

Tens fome? Tenho **é** sede! [Não, não tenho fome. Tenho sede.}
Compraste uma blusa? Comprei **foi** uma saia. [Não, não comprei uma blusa. Comprei uma saia.]
Querias dormir? Queria **era** jantar. [Não, não quero dormir. Quero jantar.]
Quem tocou à porta **foi** o carteiro. [E não outra pessoa.]

Onde a Susan está é em Cascais. [E não noutro sítio.]
O que o James alugaria **seria** um Toyota. [E não outro carro.]
Hoje **é que** vou ao dentista. [E não noutro dia.]
O Pedro **é que** telefonou. [E não outra pessoa.]
De pêssegos *peaches* **é** que eu gosto. [E não de alguma outra fruta.]

Prática oral

Actividade A. Responde às perguntas que vais ouvir segundo o modelo.
  MODELO: Dançaste com o Rodrigo? (meu namorado)
       Dancei foi com o meu namorado.

Actividade B. Traduz, usando sempre a expressão **é que**:
  MODELO: It's them who are arriving.
       Eles é que vão chegar.

F. Repetição do verbo para expressar uma negativa moderada[8]

Ele guia bem? Guiar bem, não guia.
Tu vês mal? Ver mal, não vejo.
A senhora quer mesmo ser operada? Querer mesmo, não quero.
A secretária trabalha depressa? Trabalhar depressa, não trabalha.

Prática oral

Actividade. Responde às perguntas que vais ouvir usando a construção dos exemplos acima.

G. Inversão da ordem normal da frase

Tens caneta? Caneta, não tenho.
Vais muito ao teatro? Ao teatro, não vou nunca.
Gostas de lulas? De lulas, não gosto.
Aqui vendem selos? Selos, só se vendem no correio.
O teu pai foi de avião ao Porto? Ao Porto, foi de comboio.

Prática oral

Actividade. Responde negativamente às perguntas que vais ouvir, invertendo sempre a ordem da resposta.

Vozes portuguesas

Fernanda acknowledges Portuguese hospitality towards foreign visitors.

    Os Portugueses e os estrangeiros

---

[8] This construction expresses a "not really" attitude.

As pessoas daqui, para os estrangeiros, são muito afectuosas. Quando elas vêem um estrangeiro em apuros... pronto, à procura de uma indicação qualquer, elas só se não puderem levá-los ao local[a] e tudo o mais. Quanto a isso é dos melhores aspectos que nós temos. Os Portugueses por norma são todos assim.

NOTE:

[a] The rest of the idea is implied: it is only if they cannot accompany foreign visitors to the places they are looking for, that they will resort to giving them directions to get there.

afectuosas kind	**daqui** from here	**local** place
apuros difficulties	**estrangeiros** foreigners	**procura** search
	indicação directions	

Prática oral

Segundo o que diz a Fernanda, imagina uma situação em que um turista estrangeiro procura chegar ao Hotel Internacional. Representa o papel do turista e um-a colega representará o papel de um português ou uma portuguesa que o pretende ajudar. Como será o diálogo entre eles?

H. *Se* em respostas exclamativas

This expression implies "Of course!"

Gostavas de ter um cão? Se gostava!
Vocês querem ir à praia? Se queremos!
O pai dele é rico? Se é!

Prática oral

Actividade. Responde afirmativamente às perguntas que vais ouvire usando a construção dos exemplos acima.

I. Repetição de uma palavra

Sentes-te bem? Sim, sim. / Sim, sim, sim.
Na Jamaica fala-se espanhol? Não, não. / Não, não, não. Fala-se inglês.
A senhora sabe inglês? Sei, sei.
Eles chegam realmente hoje? Chegam, chegam.
A empregada fez as camas? Fez, fez.

Prática oral

Actividade. Responde às perguntas que vais ouvir com uma forma repetitiva.

7. Brasileirismos no português europeu

We have been indicating throughout this book that in recent years, mainly due to ever popular Brazilian soap operas, many Brazilianisms have come into the speech of the Portuguese, especially young people. Here are some, together with their "Portuguese" equivalents:

Uma família brasileira
em Portugal

bacano = óptimo
   Esse filme é bacano.
balear = ferir a tiro
   A polícia baleou dois dos
   assaltantes.
curtir = divertir-se, gozar de
   Eles estão a curtir as suas férias.
estar numa boa = estar alegre
   Com tantas raparigas à volta ele está
   numa boa.
farra = pândega, paródia
   A farra durou até às duas da manhã
há [+expressão de tempo] atrás = há
[+expressão de tempo]
   Eles casaram-se há dez anos atrás.
não tem problema = não há problema
   Queres vir connosco? Não tem
   problema.
ó meu = eh pá
   Ó meu, onde é que vamos esta
   noite?
Ói! = Olá!
   Ói! Tudo bem?
o policial = o polícia
   O policial passou-lhe uma multa por
   excesso de velocidade.

tudo bem = está bem
   Desculpa ter chegado tarde. Tudo bem, não te preocupes.
um pouquinho = um bocadinho
   Estás cansada? Um pouquinho.
virar = tornar-se, fazer-se
   Ele virou actor.

Prática oral

Actividade. Traduz as frases que vais ouvir, usando sempre um brasileirismo.

8. Anglicismos e cognatos falsos

A. Anglicismos
English words commonly used in Portuguese speech are too numerous to list here. Some of them suffered some adaptation (**futebol, hóquei,**

basquetebol) whereas most have retained their original form. A few have even acquired a special meaning in Portuguese:

box = boxing
camping = camp ground
clip = paper clip
cup = fruit punch
girl = chorus girl

maple = easy chair
parking = parking facility
shopping = shopping center
smoking = tuxedo

The following list only represents a rather general sampling:

after-shave
barman
blazer
catering
CD
CD-ROM
check-in
check-up
cornflakes
cowboy
detective
disc-jockey
drive-in

fair play
ferry-boat
flash (photography)
gangster
hamburger (Pronounce
     it "um**boor**ger)
kitchenette
marketing
muffin
night-club
part-time
pet-shop
playboy

ranking
time-sharing
self-service
shorts
slide (photography)
slot-machine
software
spray (noun)
VIP (Singular and
     plural. Pronounce
     it "veep")
windsurf

Some words that are not hyphenated in English take a hyphen in Portuguese.

Prática oral

Actividade. Constrói dez frases usando termos da lista acima.

B. Cognatos falsos

False cognates are words that appear to mean the same thing in different languages, but actually don't. Some of them may be only partial false cognates: **ignorar** may mean *to ignore*, but it usually means *not know*. Here are some Portuguese false cognates:

ENGLISH WORD	PORTUGUESE FALSE COGNATE
Adjectives	
actual *(verdadeiro)*	actual *(present, current)*
candid *(sincero)*	cândido *(naive)*
casual *(pouco cerimonioso)*	casual *(incidental)*
comprehensive *(completo)*	compreensivo *(understanding)*
exquisite *(requintado)*	esquisito *(strange)*
intoxicated *(embriagado)*	intoxicado *(poisoned by food or fumes)*
miserable *(triste, deprimido)*	miserável *(destitute)*
particular *(especial)*	particular *(private)*

prejudice *(preconceito)*

prejuízo *(damage, financial loss)*

rude *(grosseiro)*

rude *(rough)*

sensible *(sensato)*

sensível *(sensitive)*

vulgar *(ordinário)*

vulgar *(common)*

Verbs

anticipate *(antever)*

antecipar *(to bring closer[an event])*

apply *(requerer, concorrer, pedir [um emprego])*

aplicar *(to apply [a product])*

appoint *(nomear)*

apontar *(to point at, out)*

capture *(captar)*

capturar *(to aprehend)*[9]

elaborar *(desenvolver)*

elaborar *(to develop [as a project])*

realize *(dar-se conta de)*

realizar *(to carry out)*

support *(apoiar)*

suportar *(to put up with)*

Nouns

administration *(governo)*

administração *(administration, executive department)*[10]

affluence *(prosperidade)*

afluência *(influx)*

appointment *(consulta, encontro)*

apontamento *(note)*

commodities *(bens de consumo)*

comodidades *(comfort)*

college *(universidade)*

colégio *(private school)*

disgrace *(vergonha)*

desgraça *(tragic event)*

exit *(saída)*

êxito *(success)*

facilities *(instalações)*

facilidades *(means)*[11]

faculty *(corpo docente)*

faculdade *(university department)*[12]

infant *(bebé)*

infante *(prince)*

library *(biblioteca)*

livraria *(bookstore)*

medic *(enfermeiro militar)*

médico *(physician)*

sympathy *(pena)*

simpatia *(friendliness)*

tempo *(ritmo)*

tempo *(time, weather)*[13]

Prática oral

Actividade A: Traduz para inglês as frases que vais ouvir.

---

[9] On the other hand, **apreender** means *to confiscate.*

[10] You may say **a administração da companhia** but it is **o presente governo dos Estados Unidos**.

[11] As in **O Governo deu todas as facilidades aos jornalistas estrangeiros.**

[12] **Faculdade** also means *faculty* in an abstract sense: **Eles têm a faculdade de aceitar ou rejeitar a nossa proposta.**

[13] Portuguese immigrants in North America and their children often use false cognates. Sentences like **Apliquei para entrar no colégio** [Requeri a entrada na Universidade], **Tenho um apontamento** [uma consulta] **com o médico** or **Tenho que escrever um papel** [um trabalho] **para a aula de História** would not be acceptable in Portugal.

Actividade B. Completa as frases abaixo:

1. A companhia dos telefones precisa de técnicos. Não vais _____?
   (apply)
2. O preço _____ *(present)* desse produto é muito mais alto.
3. O exame foi muito _____ *(comprehensive)*.
4. O meu médico é muito _____ *(understanding)*.
5. Não coma esses mariscos. Pode ficar _____ *(poisoned)*.
6. Não faça caso do que ele diz. Está _____ *(intoxicated)*.
7. Quer a minha opinião _____ *(candid)*?
8. Vão _____ *(appoint)* outro reitor para a nossa Universidade.
9. Amanhã tenho uma _____ *(appointment)* com o meu dentista.
10. Este hotel é muito _____ *(exclusive)*.

Ganhaaaaaaaaram!

9. Provérbios, frases idiomáticas e construções humorísticas

A. Provérbios

Proverbs are used at all levels of language, although they are somewhat more common in the speech of the working class. Some Portuguese proverbs have an exact or almost exact equivalent in English while others may express an identical message in different words. Here are some Portuguese proverbs with English equivalents:

Nem tudo que luz é ouro. *All that glitters is not gold.*
Mais vale tarde que nunca. *Better late than never.*
Todos os caminhos vão dar a Roma. *All roads lead to Rome.*
A cavalo dado não se olha o dente. *Don't look a gift horse in the mouth.*
Mais vale um pássaro na mão que dois a voar. *A bird in the hand is worth two in the bush,*
Cão que ladra não morde. *His bark is worse than his bite.*
O hábito faz o monge. *Clothes make the man.*

Burro velho não aprende línguas. *You can't teach an old dog new tricks.*
A galinha da minha vizinha é sempre melhor que a minha. *The grass is always greener on the other side.*
Patrão fora, dia santo na loja. *When the cat's away, the mice will play.*
Roma e Pavia não se fizeram num dia. *Rome was not built in a day.*
Homem prevenido vale por dois. *Forewarned is forearmed.*
Águas passadas não movem moinhos.   *That's water under the bridge*
Filho de peixe sabe nadar. *Like father like son* or *A chip off the old block.*

Other proverbs do not correspond:

Quem casa, quer casa = He who marries wants a home, i.e. to live away from his parents.
É o olho do dono que engorda o porco = It's the owner's eye that fattens the pig, i.e. you yourself will have to look after your business.
Ao menino e ao borracho põe-lhe Deus a mão por baixo = God holds up children and drunks with His hand, i.e. children and drunks often escape being hurt in accidents.
Dá Deus nozes a quem não tem dentes = God gives walnuts to those that have no teeth, i.e. Fortune often brings wealth to those who are unable to enjoy it.
Grão a grão enche a galinha o papo = The chicken fills its stomach grain by grain, i.e. slowly but surely.

Prática oral

Actividade. Comenta as frases que vais ouvir com um provérbio apropriado.

B. Frases idiomáticas

In Lesson 8 you learned a number of idiomatic expressions related to parts of the body, some of which had a direct correlate in English. Idiomatic expressions may be heard daily in colloquial Portuguese speech. Here are just a few of them that somehow correspond to English usage:

a passo e passo = step by step
chover a potes = to rain cats and dogs
deitar água fria na fervura = to pour oil on troubled waters.
despedir-se à francesa = to take French leave
entre a espada e a parede = between a rock and a hard place; up against the wall
Essa é boa! = That's a good one!
fazer uma fita = to make a fuss
há muitas maneiras de matar pulgas = there's more than a way to skin a cat
isso é outra história = that's a horse of a different color
lançar poeira aos olhos de alguém = to pull the wool over someone's

eyes
meter o pé na argola = to put your foot in your mouth
não ter a mínima ideia = not to have the foggiest idea
quando o rei faz anos = once in a blue moon
rato de biblioteca = bookworm
um lugar ao sol = a place in the sun

Prática oral

Actividade. Completa os espaços com uma expressão da lista acima.
1. Sabes onde é a Rua Correia Teles? Não tenho _____.
2. Vais muitas vezes à ópera? Não, muito poucas. Só _____.
3. Ele não te disse adeus? Não, é costume dele _____.
4. Leva a gabardine e o guarda-chuva. Está _____.
5. Não queiras fazer tudo de uma vez. Vai _____.
6. Preciso pagar essa conta amanhã e não tenho maneira de arranjar dinheiro. Estou _____.
7. Perguntei à Rosário como estava o marido sem me lembrar que ele já tinha morrido. _____!
8. Se ela está furiosa contigo, não discutas mais com ela. É melhor _____.
9. Tens várias opções para resolver esse problema. _____.
10. Ela _____ quando eu lhe disse que não lhe podia emprestar os vinte contos

C. Construções humorísticas

The Portuguese like to play with words, sometimes joining two together, using deliberate spoonerisms or forming nonsensical constructions. You have already come across **preguicite (aguda)** in Lição 10. Here are a few more:

analfabruto = a stupid, illiterate jerk (analfabeto+bruto)
anja = in a metaphorical sense a female angel (the word **anjo** has no feminine form)
antes sesse = antes fosse, if it were only so (a regular formation of the irregular imperfect subjunctive of **ser**)
aprochegar-se = to come close (aproximar-se+chegar-se)
as iludêndias aparudem = as aparências iludem
cabisbundo e meditabaixo = cabisbaixo e meditabundo, down cast and pensive
cigarros marca Semedão = bummed cigarettes (from **se me dão**)
comigo ou sem migo = comigo ou sem mim
defuntar = morrer (de **defunto**)
Emboremos! = Vamos embora! (a subjunctive form of a nonexistant verb **emborar**, from **embora**)
emprestadado = a nonreturned lent item (emprestado+dado)
estar a pensar na morte da bezerra / na imortalidade do caranguejo = to

be up in the clouds

não aquenta nem arrefenta = it doesn't make any difference (from   a nonexistant **aquentar** for **aquecer** + an equally nonexistant **arrefentar** for **arrefecer**)

no dia de São Nunca à tarde = never; when Hell freezes over (**São Nunca** obviously is not a recognized saint)

Parvónia = the boondocks (from **parvo** *stupid*)

quando as galinhas tiverem dentes = never, when the pigs begin to fly

Prática oral

Actividade. Completa os espaços com uma expressão adequada da lista acima.

1. O anel parece muito caro mas tem um diamante falso. _____.
2. Fernanda, vais realmente trazer *pizza* para todos nós? És uma _____!
3. Onde é a aldeia dele, o Vale de Porcos? É lá no fim da _____.
4. O **Diário Popular** já não existe. _____ há bastantes anos.
5. Quando é que vais comprar um Lamborghini? _____.
6. A festa está muito chata. _____!
7. Não precisas escrever todas essas cartas esta noite, Podes escrever amanhã. _____ porque no fim de contas só vão sair amanhã à tarde.
8. Para onde é que estás a olhar? Vamos, trabalha! Não fiques todo o dia a _____!
9. Senta-te aqui ao pé de mim. Vai buscar uma cadeira e _____.
10. Não faças caso do que ele diz. O tipo é um verdadeiro _____.

Diálogo

"Gostava que me desse uma orientação para o meu trabalho"
A Susan vai ao gabinete da seu professor de Português Avançado para que ele a oriente quanto a um trabalho que pretende fazer.

SUSAN: Dá licença, senhor doutor?

PROFESSOR: Entre, entre!. Então o que é que temos?

SUSAN: Se o senhor doutor tivesse tempo, gostava que me desse uma orientação para o meu trabalho.

PROFESSOR: Com certeza. Já escolheu o tema?

SUSAN: Queria fazer qualquer coisa sobre influências estrangeiras no português moderno.

PROFESSOR: Só no português moderno? Porque é que não estuda as influências através da história?

SUSAN: Não sei se serei capaz. É muito complicado.

PROFESSOR: Não é, não. Eu dou-lhe umas pistas. Ora vamos lá a ver. Começando pelo princípio, claro que sabe de onde teria vindo o português, não sabe?

SUSAN: Do latim.

PROFESSOR: Exactamente. Do latim vulgar. Não o latim clássico, mas o que era falado pelos soldados, colonos e mercadores. Depois vieram outros povos. Sabe quais?

SUSAN: Bem, os Árabes invadiram a Península...

PROFESSOR: Certo. Mas antes deles?

SUSAN: Para falar verdade, não saberia dizer.

Entre, entre.

PROFESSOR: Foram várias tribos germânicas. Só deixaram umas duzentas palavras, muitas relacionadas com a guerra ou com a equitação.

SUSAN: O senhor doutor poderia dar alguns exemplos?

PROFESSOR: Sim. A própria palavra guerra. E depois outras como **esgrimir, estribo, galope, luva, roubar,** muitas mais. Depois deles é que chegaram os Árabes. Sabe quando?

SUSAN: Em 711.

PROFESSOR: Muito bem. Aqui é que poderia desenvolver mais o seu trabalho. Procure palavras começadas por **al.** Muitas têm que ver com a agricultura, a navegação, pesos e medidas, a administração. Pode pensar em algumas?

SUSAN: Começadas por **al**? **Almoço, alcatifa, alface, Alfama, Alcântara, Algarve...**

PROFESSOR: Sim, há muitos topónimos de origem árabe.[a] Mas repare que «almoço» não vem do árabe. Vem do latim. Procure mais palavras no dicionário e divida-as por categorias. Depois relacione-as com as actividades dos Árabes e tire conclusões.

SUSAN: Também queria falar da influência das navegações.

PROFESSOR: Pois. Falámos disso na aula. Veja os seus apontamentos. E depois pode então entrar no português mais moderno e falar do francês, do inglês, do espanhol, do italiano,[b] de outras línguas de menor impacto. Por exemplo, em que áreas é que acha que o francês teve influência?

SUSAN: Na culinária? Na moda?

PROFESSOR: Sim, claro. Quanto à culinária, palavras como **rissol, puré, *hors d'œuvre, vol-au-vent*, entremeses**, etc. Quanto à roupa, **robe, cachecol, *collant*...** Mas o francês também tem influência em termos relativos à habitação, decoração, vida social.[c]

SUSAN: Também estou sempre a ouvir palavras inglesas.

PROFESSOR: Há muitíssimas. Primeiro relacionavam-se com o desporto,[d] a roupa,[e] certos hábitos sociais. Agora é sobretudo no campo da tecnologia, da música e de formas modernas de vida que mais aparecem.

SUSAN: Bem, senhor doutor, parece-me que já tenho uma ideia do que vou fazer. Muito obrigado.

PROFESSOR: De nada. Olhe, faça um plano geral e depois apareça outra vez para conversarmos mais.

NOTES:

[a] Many towns in central and southern Portugal, where the Arabs settled for a longer period, have indeed names beginning in **al**: Almada, Alverca, Alcoentre, Alcácer do Sal, Alvor, Albufeira, etc.

[b] Most Italian words are musical terms.

[c] Among them are **chalet, bibelot** *knick-knack*, **rendez-vous** (an amorous encounter) and others.

[d] You may have noticed that most games have English names: futebol, basquetebol, voleibol, andebol, *rugby, cricket*, etc

[e] Some examples are *T-shirt, jeans* and *blazer*.

alcatifa carpet	**entremeses** appetizers	**pistas** clues
aparecem show up	**equitação** horseback	**povos** peoples
cachecol muffler	riding	**princípio** beginning
capaz able	**esgrimir** fence	**repare** notice
collant leotard	**estribo** stirrup	**roubar** rob
colonos settlers	**luva** glove	**tire** draw
dá licença may I	**mercadores** merchants	**topónimos** place names
entre come in	**moda** fashion	**verdade** truth

Prática oral

Responde às perguntas que vais ouvir.

Leitura

O português além fronteiras

Variantes do português podem encontrar-se hoje em dia nos cinco continentes. Povo de navegantes, colonizadores e emigrantes, os Portugueses introduziram nas terras por onde peregrinaram um idioma que em cada quadrante foi adquirindo formas próprias, influenciado pelos falares locais.

Não é este contudo o caso do galego, uma língua paralela à portuguesa.

Com efeito, durante a Idade Média o galaico-português era o idioma comum da Galiza e do Norte de Portugal. A independência de Portugal e a sujeição da Galiza a Castela fizeram todavia com que se desenvolvessem duas correntes linguísticas. Enquanto o galego resistiu apenas como forma de expressão de camponeses e pescadores, o português tornou-se língua nacional e imperial. Foi só na segunda metade do século XX, quando a Espanha começou a reconhecer a autonomia das suas províncias periféricas, que o galego conseguiu de pleno um estatuto oficial.

Através dos séculos o galego manteve-se no entanto como uma vigorosa voz poética. Foi em galaico-português que trovadores dos dois lados do Rio Minho, cantaram os seus amores:

> Quen amores á[a]
> Como dormirá?
> Ai, bela frol![b]

Ainda hoje a quadra popular galaica apresenta um frescura que muito a aproxima da sua congénere portuguesa:

> Os fillos da miña filla
> Todos meus netiños[c] son;
> Os fillos da miña nora
> quizáis si o quizáis non!

Uma vez consolidado como forma divergente do galego, o português criou também raízes em solo estranho. O crioulo de Cabo Verde, que arranca do português do século XVI, é presentemente de difícil compreensão para os não iniciados, como o pode ilustrar a primeira estrofe de uma morna[d] muito popular no arquipélago:

> Hora de bai,   De cada bêz
> Hora de dor,   Qu' n ta lembrâ,
> Ja'n q'ré   Ma'n q'ré
> Pa el ca manchê!   Ficâ 'n morrê![e]

O português é o idioma oficial de Cabo Verde, embora o crioulo seja o veículo de comunicação diária das ilhas. É uma língua de estrutura extremamente simplificada. Assim, não existem desinências de plural: **três casas** diz-se **tres casa**. O presente do indicativo do verbo **ir** é **am bai, bu bai, el bai, no bai, nhoze bai, eze bai.** Os tempos verbais são geralmente indicados por um auxiliar e uma expressão de tempo. **Am sta cumé gossi** quer dizer **estou a comer agora [agora sim]. Onte no cumé** é evidentemente **ontem nós comemos** e **no ta cumé manhã** é nós vamos comer [amanhã].[f]

O português falado nos outros países africanos de expressão portuguesa não difere sensivelmente da língua usada em Portugal, embora se utilizem vocábulos relacionados com uma ambiência específica, como por exemplo

tabanca (uma aldeia indígena na Guiné-Bissau), **musseque** ou **caniço** (um bairro africano, respectivamente em Angola e Moçambique), **capim** (erva alta), **maruvo** (vinho de palma em Angola) ou **mainato** (em Moçambique um criado africano encarregado de lavar a roupa). Só em poucos casos um conceito comum se traduz por uma palavra específica: na Guiné-Bissau **mancarra** é amendoim, em Angola um **maximbombo** é um autocarro e em Moçambique **mata-bicho** é uma gorjeta.[g]

O papiamento, com fortes componentes portuguesas e espanholas, é a língua oficial das Antilhas Holandesas. Não é pois difícil entender o Primeiro Ministro desse país quando num discurso fala da "bida de e gran escritor," Camões, e relata como ele "studia na Coimbra, bringa na Afrika kaminda ela perde un wowo, bai prison, despues bai India, den un viahe kua dura 17 anja, bai Goa i jega te China." Não podemos assegurar que Camões tivesse realmente estudado em Coimbra, mas o discursante tem razão quando refere que o poeta "brigou" [combateu] no Norte de África, onde, segundo a história, perdeu um olho, esteve preso na cadeia do Tronco, em Lisboa, e viajou por 17 anos pela Ásia, tendo chegado até Macau.

O português é falado no Brasil por cerca de 150 000 000 de habitantes. Quanto ao seu repositório léxico diverge do português falado em Portugal por grande número de palavras de origem índia ou africana. Também expressões de criação posterior à independência do país diferem nos dois falares. Entre uma enorme variedade de casos, poderiam citar-se os termos brasileiros **rodovia** (auto-estrada), **bombeiro** (canalizador *plumber*), **geladeira** (frigorífico), **secretária electrônica** (atendedor automático *answering machine*) ou **arqueiro** (guarda-redes *goal keeper in soccer*).

Na Malásia existe uma pequena cidade de pescadores, apropriadamente conhecida como Portuguese Settlement, onde o português, para aí trazido no século XVI, é ainda língua corrente. Sofreu inevitavelmente influências estranhas (o plural é formado por redobro: **filhos** é **filho-filho**) e houve necessidade, com o rodar dos tempos, de criar vocábulos para referir novos elementos. Assim um avião é um **barco a buá** (um barco a voar) e um jornal é um **papel de novas**, possivelmente uma tradução directa de *newspaper*.

"Burger Recrei Clube sua Anual Grandi Juntumantu Domingo die trinte de mes Agosto, a trade quatra hora meia" é uma frase extraída de um anúncio escrito no crioulo de Sri Lanka. Não é difícil, mesmo para um português que não conheça esta variante, entender que se trata do anúncio de uma reunião (ajuntamento) de um clube recreativo, para domingo, 30 de Agosto, às quatro e meia da tarde.

O dialecto macaense, também chamado **patoá**[h] ou a **dóci papiaçám di Macau** encontra-se hoje em via de desaparecimento. Está contudo documentado, entre outras formas, na canção popular, como na seguinte marcha de Carnaval:

Àqui bobo, olá bobo   Àqui bobo, olá bobo
Tá passá na basso di janela.   Tirá máscara pa nôs olá![i]

Trazido por emigrantes para distintos países, o português sofreu a influência da fala das zonas de acolhimento. O chamado "emigrês," usado por mais de 5 000 000 de Portugueses e luso-descendentes, não é pois um dialecto homogéneo mas o somatório de diversas variantes regionais, com vocabulário próprio.

Trata-se muitas vezes de elementos desconhecidos ou mal conhecidos dos recém-chegados. Um antigo emigrante açoriano nunca tinha visto um supermercado nas ilhas e portanto desconhecia o termo. Transformou pois a palavra *market* em **marqueta.** Um operário português em França, vindo da sua aldeia para trabalhar na construção civil em Paris, acharia um grande edifício uma visão pouco habitual, que ele não saberia verbalizar. O termo que ele ouvia, *bâtiment*, passou então a ser usado com a forma aportuguesada de **batimento.**

Tal como fizeram os Portugueses de quinhentos em idênticas circunstâncias, os emigrantes adaptaram palavras estrangeiras a um contorno português. Por vezes uma certa identidade fonética facilitava a assimilação. Um emigrante na Holanda que ouvia a palavra *straat* passou a usar o termo **estrada** em vez de rua, enquanto que um português em França pode usar **viatura** (*voiture*) em vez de carro. Nos Estados Unidos uma esfregona é um **mapa** *mop*, o **Alferes** *second lieutenant* é o *welfare*, um **bloco** é um quarteirão *block* e a **frigideira** (*frying pan* in Portugal) é o **frigorífico** (de *frigidaire*). Ocasionalmente criam-se mesmo palavras próprias, como **leitaria** (vacaria *dairy farm*), **leiteiro** (*dairyman* mas *milkman* em Portugal) ou **escola baixa** (*elementary school*, formada por oposição ao "emigresismo" **escola alta** *high school*).

De vez em quando as aproximações tomam um cunho humorístico. Nos Estados Unidos chama-se **cara de prata** a um *chiropractor*, na França a esquadra da polícia (*gendarmerie*) é conhecida como o **João da Maria**, na Alemanha embaixador (*Botschafter*) dá **bate-chapas** *body shop worker* e na Holanda a Caixa de Previdência (*Ziekenfons*) personifica-se no **Chico Afonso.**

Sim, não são apenas os onze milhões que vivem em Portugal que falam português. Transplantada para vários pontos do mundo, esta língua reflecte bem a longa trajectória da diáspora lusa.

NOTES:

[a] **á** (**há**) means **tem.**

[b] **Frol** is an old form of **flor.**

[c] The **morna** is the melancholic song most associated with Cape Verdean music.

[d] Notice that Spanish **ll** and **ñ** correspond respectively to **lh** and **nh.**

[e]

Hora da partida,	De cada vez
Hora de dor,	Que a lembro
É meu desejo	Prefiro
Que ela não amanheça!	Ficar e morrer!

[f] **Crioulo** is also the lingua franca of Guinea-Bissau.

[g] Speakers of African languages, however, use a special brand of Portuguese, in which structures are altered to conform to native linguistic habits. Angolan novelist Luandino Vieira vividly portrays this speech in his works, as the following fragment illustrates: "—Ená, seu sacana! Você pensas podes abusar autoridade, pensas? Dou-te com o chicote, ouviste, se você não ganhas juízo! Já se viu, um velho todo velho e ainda quer pelejar..." José Luandino Vieira, **Luuanda**, Lisboa, 1972, p.65)

[h] From the French *patois* or dialect.

[i]   Ah que bobo *fool*, olha o bobo,
   [que] está a passar debaixo da janela.
   Ah que bobo, olha o bobo,
   Tira a máscara para nós olharmos.

acolhimento, de host	**combateu** fought	**máscara** mask
além beyond	**congénere** counterpart	**perdeu** lost
ambiência atmosphere	**contorno** configuration	**peregrinaram** wandered
amendoim peanuts	**cunho** nature	**prata** silver
anúncio ad	**de pleno** fully	**quadra** quatrain
arranca stems	**discursante** speaker	**quadrante** region
assegurar guarantee	**discurso** speech	**quinhentos** 1500's
bombeiro firefighter (Por.);	**estatuto** status	**redobro** duplication
plumber (Brazil)	**estranho** alien	**rodar** course
cadeia jail	**estrofe** stanza	**somatório** sum total
Caixa de Previdência	**frescura** freshness	**sujeição** subjection
health insurance	**Holandesas** Dutch	**trovadores** troubadours
office		**viatura** vehicle
Castela Castile		**voar** fly

Prática oral

Responde às perguntas que vais ouvir.

Um bocadinho de humor

Um emigrante português acabado de chegar aos Estados Unidos fracturou uma perna. Dias depois, com muletas e a perna engessada, foi à clínica para ser observado pelo médico. Chegou a uma porta que abria para fora e tentou puxá-la para dentro. "*Push!*," disse-lhe uma senhora que vinha atrás dele. "Que língua tão esquisita!," pensou o português. "Dizem 'puxe' quando querem dizer "empurre"." Mais adiante chegou a outra porta, que desta vez abria para dentro e tentou empurrá-la. "*Pull!*," disse-lhe uma enfermeira. Nessa altura o homem indignou-se: "Como é que a senhora quer que eu pule com a perna neste estado?" .

dentro inside	**engessada** in a cast	**muletas** crutches
empurre push	**mais adiante** farther on	**pule** jump
enfermeira nurse		**puxá-la** pull it

20
Uma carta de Fall River

1. Diga o que disser

If you want to say "No matter what I do, I can't convince them," "Be what it may, I can't use the service," or similar constructions, you must use the *present subjunctive of the verb* + **o que** *what* + *the future subjunctive* of the same verb.

Diga o que disser, nunca estás de acordo comigo.
Façam o que fizerem, eles nunca apanham boas notas.
Não quero ir a esse concerto hoje, **toquem o que tocarem**.
Não podemos impressionar o professor, **escrevamos o que escrevermos**.

For emphasis or clarification you may use a pronoun after the present subjunctive verb form: **Diga *eu* o que disser,...**

Prática oral

Actividade. Completa as frases abaixo segundo o modelo.
    Modelo: A companhia nunca pagará mais aos empregados, ... (insistir)
                A companhia nunca pagará mais aos empregados, **insistam (eles) o que insistirem**.
1. Eu não compreendo o que a professora diz, ... (explicar)
2. Não te esqueças de me telefonar, ... (acontecer)
3. Eles contam histórias bem interessantes, ... (mentir)
4. O Pedro não consegue melhorar a sua situação, ... (trabalhar)
5. Nós pensamos em ir aí,... (haver)

Notas culturais

A emigração portuguesa

Being a small country, with few natural resources, modest industrialization and, in earlier times, a relatively high birth rate, throughout history Portugal has been unable to support her growing population adequately. Portuguese maritime exploits paved the way to the colonization of Brazil and African territories and served as an outlet for overpopulation.

Emigration per se began in force in the second half of the nineteenth century when Brazil and the United States, as well as the then Kingdom of

Hawaii, needed unskilled labor to fill the needs of their developing economies. A similar situation took place in the second half of the twentieth century when large numbers of Portuguese began to settle in Canada, Venezuela, South Africa, Australia and several European countries, although this time the demand for manpower was mainly in the areas of industry and services.

Emigration from Portugal came to a virtual stop in the early seventies, partly due to unemployment caused by an economic crisis in industrialized countries and partly because working conditions improved in the homeland.

2. O discurso indirecto

Direct discourse is when you repeat the *exact words* that someone says inside quotation marks: Eva tells me: "My brother is sick." *Indirect discourse* is when you relate what someone says using the word "that" (**que** in Portuguese), and without quotation marks—Eva tells me *that* her brother is sick.

In indirect discourse, possessives and personal pronouns will have to change according to who is reporting what. Thus, if I ask you: "Did you bring your lesson for me to look at?" I might say "Did you ask me if *I* had brought *my* lesson for *you* to look at?" Also note that if you change form the present tense (**diz**) to the past tense (**disse**), everything has to move in lock step into the past as well, as the examples below show. You'll see that present-tense verbs become imperfect when reported in past indirect discourse.

When you examine the examples below, you will see that indirect discourse works basically as it does in English, with changes in verb forms, pronouns, possessives, and the grammatical function of the person spoken to. These changes are shown in boldface.

A. In a statement

RODRIGO: "Eu entendo a lição."
   O Rodrigo diz que **entende** a lição.
   O Rodrigo disse que **entendia** a lição.
SUSANA: "Estou muito nervosa"
   A Susana diz que **está** muito nervosa.
   A Susana disse que **estava** muito nervosa.
MARGARIDA: "O meu professor não me conhece."
   A Margarida diz que o **seu** professor não **a** conhece.
   A Margarida disse que o **seu** professor não **a** conhecia.[1]
JOÃO CARLOS: "Ana Maria, vou para o Algarve no verão!"
   O João Carlos diz **à Ana Maria** que **vai** para o Algarve no verão.
   O João Carlos disse **à Ana Maria** que **ia** para o Algarve no verão.

---

[1] In these two sentences **o professor dela** could substitute for **o seu professor**.

ALEXANDRA: "Rui, não conheço o teu irmão."

A Alexandra diz **ao Rui** que não **conhece** o **seu** irmão.

A Alexandra disse **ao Rui** que não **conhecia** o **seu** irmão.[2]

***B.* In a question**

When you report a question in indirect discourse the question mark disappears. The verb *to ask a question* is **perguntar**, as you know. All question words remain the same in indirect discourse.

MANUELA: "Quem é o professor novo, Teresa?"

A Manuela pergunta **à Teresa** quem é o professor novo.

A Manuela perguntou **à Teresa** quem era o professor novo.

JORGE: "Como está o teu irmão, Margarida?"

O Jorge pergunta **à Margarida** como está o seu irmão.

O Jorge perguntou **à Margarida** como estava o seu irmão.[3]

LAURA: "Quando vais à Madeira, Guilherme?"

A Laura pergunta **ao Guilherme** quando **vai** à Madeira.

A Laura perguntou **ao Guilherme** quando **ia** à Madeira.

CARLOS: "O que há para o jantar?"

O Carlos pergunta **o que** há para o jantar.

O Carlos perguntou **o que** havia para o jantar.

If there is no question word (such as **como?** or **o que?**), the question is preceded by **se** *if*, as it would be in English.

FERNANDO: "Tens um lápis, João Carlos?"

O Fernando pergunta ao João Carlos **se** ele tem um lápis.

O Fernando perguntou ao João Carlos **se** ele tinha um lápis.

ROSA: "A professora está doente?"

A Rosa pergunta **se** a professora está doente.

A Rosa perguntou **se** a professora estava doente.

RAFAEL: "Podes dizer-me que horas são, Carlos?"

O Rafael pergunta ao Carlos **se** lhe pode dizer que horas são.

O Rafael perguntou ao Carlos **se** lhe podia dizer que horas eram.

***C.* In an answer or an explanation**

When you are reporting an answer, the verb **responder** *to answer* is called for, and in an explanation, **explicar** *to explain* is useful.

ISABEL: "São três da tarde."

A Isabel **responde** que são três da tarde.

A Isabel **respondeu** que eram três da tarde.

O PROFESSOR: "É preciso estudar a Lição 18 para o exame."

O professor **explica** que é preciso estudar a Lição 18 para o exame.

---

[2] Or **o irmão dele.**

[3] Or **o irmão dela.**

O professor **explicou** que era preciso estudar a Lição 18 para o exame.

D. If you are reporting more than one clause or sentence, **(e) que** is necessary before every sentence or clause. Long sections of indirect discourse should be broken up with more verbs of communication (**explicar, contar, acrescentar** *to add*).

EDUARDO: "Vou ao Brasil. Quero ficar uns dias no Rio. Depois vou ao Nordeste."

O Eduardo diz **que** vai ao Brasil **e que** quer ficar uns dias no Rio. **Acrescenta que** depois vai ao Nordeste.

O Eduardo disse **que** ia ao Brasil **e que** queria ficar uns dias no Rio. **Acrescentou que** depois ia ao Nordeste.

Prática oral

Actividade A. O teu professor vai dizer várias frases. Explica no presente e no passado o que foi dito.

Actividade B. Muda as frases abaixo para o discurso indirecto.
1. HELENA: "Vou escrever à minha irmã."
2. ALBERTO: "A professora diz que preciso de estudar mais."
3. ANITA: "Paulo, não te posso ajudar hoje."
4. ÁLVARO: "O meu pai não me entende."
5. JOANA: "Jorge, o que fazes amanhã?"
6. FRANCISCO: "Quando é a festa, Rafael?
7. SOLANGE: "Vais escrever-me no verão, Paulo?
8. RAUL: "Podes me dizer que dia é hoje, David?
9. MATILDE: "Sabe quando é o exame final, Filipe?"
10. ÓSCAR: "Manuel, quero apresentar-te à minha irmã, Ana Paula."

Dois a dois

Os alunos devem formar pares. Um deles lê uma das frases abaixo e o seu colega explica o que ele disse. Depois invertem-se os papéis e o aluno que leu a frase é quem terá agora de a passar para o discurso indirecto.

MODELO: CARLA: "Não **posso** fazer o teu trabalho porque **tenho** que fazer o meu."

A Carla disse que não **podia** fazer o meu trabalho porque **tinha** que fazer o dela.

1. Quero ir ao Porto com os meus amigos.
2. Amanhã vou à Baixa para comprar um presente.
3. A senhora que trabalha aqui não me conhece bem.
4. Tenho que estudar todo o fim-de-semana.
5. Acabo de telefonar para a minha amiga Júlia.

6. Quero dizer-lhe que não posso ir à sua casa.
7. Os meus pais vão a um concerto esta noite.
8. Não sei quando é a festa de anos do João.

Vozes portuguesas

Fernanda refers here to the reasons for emigration and to the conditions found in the host country.

Um nível de vida melhor

A finalidade de eles irem é procurarem um nível de vida melhor, portanto conseguirem um património[a] em muito menos tempo, talvez trabalhando até mais porque é sabido que todas essas pessoas que vão para fora por vezes até trabalham muito mais do que trabalham cá e possivelmente até fazem tipos de trabalhos que aqui não fariam,[b] trabalho duro que em princípio os nacionais não fazem. Portanto vão para lá com a finalidade de adquirir um património em muito menos tempo do que se estivessem cá. Porque aqui não é possível acumular dinheiro. Uma pessoa ou outra consegue juntar uns tostõezinhos[c] no banco mas isso hoje em dia é quase uma utopia.

NOTES:
[a] This **património** (property) comes most often in the form of a house. Transcontinental emigrants (i.e. those in European countries) normally build their houses in Portugal. Transoceanic emigrants normally acquire one in the host country.
[b] When Azoreans began to emigrate to Canada in the 1950's, consular officers looked at the applicant's hands to see whether they were callused, a proof that the man was used to hard manual labor. In order to pass the test, many shopkeepers, barbers, public officials, police officers and others took to working in their gardens until they acquired the required calluses. Fernanda is quite right in stating that Portuguese immigrants often accept humbler jobs than those they had at home, albeit better paying.
[c] i.e. a few pennies

duro hard   **finalidade** objective   **nível** standard

Prática oral

Responde às perguntas que vais ouvir.

E. In indirect discourse, a command becomes a subjunctive. You need the present subjunctive if the first verb is in the present, and you need a past subjunctive if the first verb is past.

O PROFESSOR: (aos alunos): "Façam o exercício número três!"

O professor **diz** aos alunos que **façam** o exercício número três.

O professor **disse** aos alunos que **fizessem** o exercício número três.

A SECRETÁRIA: (ao professor): "Volte cedo."

A secretária **diz** ao professor que **volte** cedo.

A secretária **disse** ao professor que **voltasse** cedo.

HENRIQUE (à irmã): "Telefona-me!"

O Henrique **diz** à irmã que lhe **telefone**.

O Henrique **disse** à irmã que lhe **telefonasse.**

Prática oral

Actividade A. Transforma as frases que vais ouvir segundo o modelo.

MODELO: Cheguem a tempo!

O professor diz que cheguemos a tempo.

Actividade B. Muda as frases abaixo para o discurso indirecto segundo o modelo.

MODELO: O Jorge (à filha): "Come depressa!"

O Jorge disse à filha que comesse depressa.

1. O médico (à Sílvia): "Tome este remédio."
2. A professora (aos alunos): "Entreguem-me os trabalhos!"
3. A Maria Helena (a nós): "Não me façam isso."
4. O empregado (a mim): "Pague na caixa, por favor."
5. O Francisco (a eles): "Leiam o texto agora."
6. O aluno (ao professor): "Dê-me uma boa nota, por favor!"
7. O polícia (ao criminoso): "Diga a verdade!"
8. A Susana (a ti): "Faça este trabalho, por favor!"
9. O Sr. Sousa (ao mecânico): "Veja os travões *brakes*!"
10. A Vanda (ao namorado): "Telefona-me no sábado!"

Vozes portuguesas

Paulo is an immigrant from the island of São Jorge who became a trucking operator in San Diego.

A comunidade portuguesa
de San Diego

A comunidade portuguesa e luso-americana[a] de San Diego tem evoluído ao máximo. Temos inúmeros empresários, pessoal docente, até mesmo no campo político também já temos... No campo fraternal hoje temos diversas organizações e grupos de desporto de que muito nos orgulhamos. O Salão[b] apoiou recentemente a iniciativa de mudar o nome de Addison Street para Avenida de Portugal. Quanto à pesca do atum estamos aquém do que já estivemos,[c] muito embora ainda haja alguns armadores de vulto. A pesca do atum tinha grande peso económico. Os pescadores ganhavam rios de dinheiro e com o encerramento das fábricas de conserva sofreu-se aí um bocado no princípio mas talvez até mesmo fosse bom para a emigração portuguesa em geral porque se viram obrigados a enveredar por outras profissões... Estamos ramificados em muitas profissões. Temos construtores, temos pintores, temos soldadores, temos engenheiros, arquitectos, desenhadores, temos uma imensa variedade de pequenas empresas e diferentes profissões.

NOTES:
[a] You already know that a **luso-americano** is an American of Portuguese ancestry.
[b] Practically every Portuguese community in California has its hall, a rallying point for communal life.
[c] Tuna fishing employed many Portuguese in San Diego. During the 1970's, when the tuna industry was at its peak, Portuguese fishermen owned and operated about 70% of the tuna boats based in San Diego. Foreign competition, questions regarding territorial waters and pressure from ecologists (in defense of porpoises inevitably caught in the net along with a tuna shoal) have drastically reduced San Diego based tuna fishing.

armadores ship owners	**encerramento** closing	**orgulhamos** pride
atum tuna	**enveredar** enter	**pessoal docente** educators
campo field	**estar aquém de** not come	**pintores** house painters
construtores contractors	up to	**ramificados** diversified
desenhadores draftsmen	**evoluído** developed	**rios de dinheiro** a fortune
desporto sports	**fábricas de conserva**	**soldadores** welders
empresários business	canneries	**vulto** importance
owners	**inúmeros** inumerable	

Prática oral

Completa as frases abaixo.
1. O Paulo nasceu _____.
2. O Paulo _____ um negócio de camionagem.
3. San Diego está situado _____.
4. Um luso-americano é um _____.
5. A comunidade portuguesa e luso-americana de San Diego tem

   _____.

6. Um empresário é um _____.

F. The future subjunctive becomes the past subjunctive in *past* indirect discourse:
   RUI: "Se tu quiseres, podes vir comigo, Beatriz."
      O Rui diz à Beatriz que se ela quiser, pode ir[4] com ele.
      O Rui disse à Beatriz que se ela quisesse podia ir com ele.

---

[4] Notice how, since the point of view of the speaker changes, **vir** becomes **ir**.

3. Mais sobre diminutivos e aumentativos

A. **-ito,-a,-os,-as** are diminutive suffixes often expressing warmth: **um filhito, uma rapariguita, uns miuditos.** Depending on the context, it may also denote some benign derision: **um hotelzito barato, um autorzito pouco conhecido.** **-ete, -eta** only signify smallness: **toalhete** *face towel*, **murete** *low wall*, **estatueta** *statuette*, **praceta** *small city square*, **vareta**, *small rod*.

B. Other diminutives imply contempt or lack of appreciation:

-eco/-eca: Um livreco is a small, unimportant book, **uma lojeca** a small, not particularly well stocked store, and **uma soneca** a nap.

-ote/-ota: Baixote refers to a somewhat short, not particularly attractive individual, **uma casota** is a shack.

-ucho/-ucha: Baratucho may describe an inexpensive, presumably low quality item. **Uma menina gorducha** is a chubby young girl.

-ela/-elas often refers to a hurried action: **uma olhadela** is a glance, **uma picadela** a small sting, **uma telefonadela** a quick phone call. You might also say **Ele tem umas lambuzadelas de latim**, meaning that he possesses some vague notions of Latin.

C. You have already seen how some first names may show special forms to denote familiarity or affection. In many cases an **-inho/-a** suffix is added: **Joãozinho, Paulinho, Mariazinha, Isabelinha.** Other names take specific forms:

Ana – Anita, Aninhas	Manuel – Manel
António – Tó, Toni	Manuela – Manela, Nela, Nelinha
Emília – Mila	Margarida – Guida
Eugénia – Geninha	Maria da Conceição – São, Sãozinha
Francisco – Chico	Maria José – Mizé, Zé, Zezinha
Helena – Lena	Maria de Lourdes – Milú,
Joaquim – Quim	Lourdinhas
José – Zé, Zeca	Regina – Gina

NOTE: **Tina** is a common diminutive for Ernestina, Valentina, Albertina, etc.

D. Diminutives of endearment for family members include **papá, paizinho, mamã, mãezinha, titi** (for **tia**), **mano, mana** (for **irmão** and **irmã**) **vovô, avozinho, vovó** and **avozinha.**

E. **-al** is an augmentative suffix most often applied to a grove: **olival** (olive trees), **eucaliptal** (eucaliptus trees), **pinhal** (pine trees), **laranjal** (orange trees), etc.

F. Some augmentative suffixes also imply a rather derogatory connotation.

-aço/-aça(s): Ricaço is a pejorative term for a rich man. **Uma mulheraça** is a big, stout woman. **Bigodaça** or **barbaças** respectively mean a somewhat unsightly large moustache or beard.

-**ada/-agem:** With some exceptions (**sardinhada, feijoada** or **bacalhoada** carry a positive connotation), these collective suffixes imply a belittling attitude on the part of the speaker. **Uma pratada/ pratalhada** is an inordinate amount of food on a plate. **Papelada** hints at red tape. **-agem** often denotes a group of undesirables or acts practised by them: **gatunagem** and **ladroagem** refer to thieves (**gatunos, ladrões**) or thievery, whereas **malandragem** points at a group of **malandros** (rogues) or roguery.[5]

-**orra: Cabeçorra** is a large head, **patorra** a large hand or foot (from **pata**, *paw*).

Prática oral

Actividade A. Forma dez frases usando diminutivos acima mencionados.

Actividade B. Forma dez frases usando aumentativos acima mencionados.

Vozes portuguesas

Sara is a secretary who lived in Canada for ten years. Here she takes a hard look at what she found upon her return.

Uma nova percepção de Portugal

Acho que a maior parte das coisas continuam uma complicação danada. Isso é uma das coisas em que eu acho uma enorme diferença em relação ao Canadá porque lá procura-se facilitar a vida às pessoas e não complicá-la e aqui realmente é impossível. Há pessoas que dão informação que parece que gostam de a reter, não sei... Ou não sabem o que estão a fazer, pronto... A burocratização é uma das coisas horríveis que esta terra tem. A outra eu acho que é a própria mentalidade das pessoas que tentam dificultar ao máximo... O trânsito, a poluição, o estilo de vida. Não há qualidade de vida, eu acho que não. As coisas não funcionam. A maior parte das coisas não funcionam. Pelo menos não funcionam como deviam funcionar.

complicação tangle	**parece** seems	**reter** withhold
	própria itself	

---

[5] In the Azores **malandro** mainly means a loafer.

Prática oral

Que contrastes encontra a Sara entre a vida canadiana e a portuguesa?

4. Como escrever uma carta

A. **O envelope**

The addressee's name on the envelope should be preceded by **Exmo. Senhor** or **Exma. Senhora**. Names and titles, including **D. [Dona]** should be used on the next line.

João Carlos Andrade
Avenida do Mar, 37
9000 Funchal

                    Exmo. Senhor
                    Dr. Sérgio Soares Mendonça
                    R. Teodoro de Sousa, 87-5°-Dto.
                    1000 Lisboa

Other examples would be:

Exma. Senhora
D. Rosa Maria Silva Tavares

Exmo. Senhor
Arq. Henrique de Castro Medeiros

Exma. Senhora
Professora Doutora Cristina Fonseca

Exmo. Senhor
Major Jaime da Costa Reis

B. **O corpo da carta**

Writing an informal or semi-formal letter does not require that you observe very strict rules. However, a few points ought to be remembered. First, you should begin by writing the date on the top right hand side, preceded by the location. Then begin with the greeting on the left with no punctuation following.

> Coimbra, 19 de Maio de 1996
>
> Querida Cristina
>
> Desculpa não te ter escrito antes mas só ontem terminaram os exames finais. Parece que correram bem. Vamos a ver.
>
> Chego ao Porto no próximo sábado, no Foguete da manhã. Podias ir esperar-me a São Bento? Vou ficar aí quinze dias.
>
> Nada mais por hoje. Depois conversamos.
>
> Um beijo da tua irmã,
>
> Madalena

NOTES: Madalena might have abbreviated the date to 19/5/96, 19.5.96 or 19-V-96. Remember that Roman numerals may be used for months. The Foguete is a fast train between Lisbon and Oporto, with a stop at Coimbra.

For the greeting you may use other forms of address in a decreasing order of familiarity:

[Meu/minha] Caro-a [Luís/Anabela, Amigo-a][6]
Luís/Anabela
Estimado-a/Prezado-a] Amigo-a [Sr. Lemos/Sra. D. Irene]
Estimado-a Senhor-a

Also according to the degree of intimacy (or formality), there are numerous other possibilities for the closing. Here are some:

Um [grande/afectuoso] abraço [do teu amigo/da tua amiga],
Saudades,
Com as melhores [as mais cordiais] saudações.
Com os melhores [mais respeitosos] cumprimentos,
[Muito] Atentamente

In a business letter, if you are not using letterhead, you should include your name and address at the top right hand corner, followed by the addressee's name and address and the date on the left.

---

[6] If you happen to be in a very romantic mood, you may prefer **Meu amor** (both masculine and feminine).

MARIA FERNANDA DE SOUSA REIS
R. MESTRE DE AVIZ, 15-7°-C
1300 LISBOA

Hotel Praia Sol
R. Gago Coutinho, 47
8635 Armação de Pera

Lisboa, 28 de Maio de 1996

Prezados Senhores

   Muito agradeceria que reservassem em meu nome
um quarto com duas camas, de preferência com
vista para o mar, do dia 1 ao dia 15 do próximo
mês de Julho. Seria obséquio confirmar esta
reserva para a morada acima ou pelo telefone 606784.

   Atentamente,

      Maria Fernanda de Sousa Reis

Adalino Cabral

Em Provincetown, Massachusetts, também
gostam de malassadas

Business or official letters may be extremely formal.

Sociedade Portuguesa de Mobiliário, Lta.
Avenida dos Descobrimentos, 147-8°-D
1100 Lisboa
Telefone 671 87 24 (12 linhas)—Telefax 671 87 54

N/refª: 144/DRP-MV-Al
V/ref: carta de 26/5/95
Lisboa, 2/6/95
Assunto: Envio de catálogo

   Exmo. Senhor
   Pedro Miguel de Bastos Correia
   Móveis Primavera
   Avenida Duque de Bragança, 364-B
   1000 Lisboa

Exmo. Senhor

   Acusamos a recepção da v/ amável carta, na qual solicita informações sobre preços de revenda dos n/ móveis. Tenho o prazer de levar ao conhecimento de V.Excia. que dentro de aproximadamente duas semanas lhe será enviado o n/ novo catálogo, onde poderá encontrar uma completa descrição dos n/ produtos e condições de entrega e pagamento.
   Sem outro assunto de momento, aproveitamos este ensejo para apresentar a V. Excia. os n/ melhores cumprimentos

    Jorge Figueiredo
    Gerente de Vendas

Prática oral

Actividade A. Que formas de saudação usarias para te dirigires numa carta às seguintes pessoas:

1. o teu irmão
2. os teus pais
3. o teu namorado/a tua namorada
4. um bom amigo
5. o teu professor/a tua professora
6. uma colega
7. um conhecido
8. o director de uma firma

9. o reitor da Universidade de Lisboa
10. o Primeiro Ministro de Portugal

Actividade B. Que formas de despedida usarias para as mesmas pessoas?
Actividade C. Que diferenças encontras entre o estilo epistolar português
e o americano?

Vozes portuguesas

*João points out here the main causes that led Portuguese workers to settle
in other countries during the so-called Estado Novo.*

Ditadura e emigração

Nós tivemos uma ditadura durante
praticamente meio século, não é? Então, como
havia essa ditadura, havia sempre dificuldades
em se expandir, em fazer fortuna em Portugal.
E então tudo o que não fosse cidade eram
aldeias muito pobres e com grandes
dificuldades. Nós... a televisão tivemos vinte
anos depois da Europa, pronto, e toda a cultura
estava vinte anos atrasada em relação à Europa.
Então seria atraente, ou era atraente, sair de
Portugal para ter novos confortos e novos
carros e dinheiro diferente. Nessa altura os
emigrantes sujeitavam-se à mão-de-obra que havia. Por conhecimento penso
que o português, em termos de qualidade, trabalha melhor fora do que
dentro. Portanto quando se sente num país diferente é um bom trabalhador
e há frutos disso. De maneira que, principalmente os da África do Sul, da
Venezuela, do próprio Brasil... fizeram grandes fortunas.

atraente attractive   **frutos** results   **sujeitavam-se** subjected
conhecimento knowledge   **mão-de-obra** manual labor   themselves

Prática oral

Responde às perguntas que vais ouvir.

5. Substantivos colectivos

Collective nouns are those that show a singular form, but express plurality.
Examples of collective nouns in English are *swarm* (of bees), *pack* (of
wolves) and *fleet* (of ships). Portuguese collectives **always** require a singular
verb form. Here are some frequently used collective nouns:

alcateia (de lobos *wolves*)   cacho (de uvas ou de bananas)
bando (de pássaros *birds*)   caravana (de veículos seguindo-se
baralho (de cartas de jogar)   uns aos outros)

cardume (de peixes)

esquadra (de navios de guerra)

esquadrilha (de aviões)

enxame (de abelhas *bees*)

frota (de navios de guerra ou mercantes)

manada (de vacas, touros, búfalos ou cavalos)

matilha (de cães)

praga (de gafanhotos *locust*)

quadrilha (de ladrões)

rebanho (de ovelhas *sheep* ou cabras *goats*)

vara (de porcos)

NOTE:

Collectives also include designations for military groupings: **pelotão. companhia, batalhão, regimento,** etc.

Prática oral

Actividade A. O James está sempre a enganar-se com palavras portuguesas e a Susan tem de o corrigir constantemente. Como é que achas que ela o corrigiu nos seguintes casos?

MODELO: "Olha, Susan, quando estive no Ribatejo vi um enorme rebanho de touros."

"Não, Jaime, não se diz **rebanho de touros**, diz-se **manada de touros.**"

"Olha, Susan,

1. como se chama aquele romance de Lídia Jorge em que se fala de um enxame de gafanhotos?"
2. leste no jornal que este inverno matilhas de lobos atacavam o gado em Trás-os-Montes?"
3. viste o pacote de cartas de jogar que estava aqui em cima da mesa?"
4. é verdade que o teu tio foi comandante de uma frota de aviões no Vietname?"
5. sabes que a polícia prendeu um companhia de ladrões de automóveis que actuava no teu bairro?"

Actividade B. Completa as frases abaixo de uma forma lógica.

1. Uma esquadra americana...
2. Uma quadrilha de assaltantes de bancos...
3. Um rebanho de ovelhas...
4. Um batalhão de infantaria...
5. Uma caravana de camiões...

Vozes portuguesas

*Ana Paula is a social worker who lived for fifteen years in Canada. This **Voz** was transcribed six months after her return to Portugal.*

No fundo não há grandes diferenças

A juventude, por exemplo, começando por aí, eu não vejo grande diferença entre um jovem de vinte anos cá e um jovem de vinte anos lá.[a] Na forma de comportamento, o sistema de valores é muito próximo do sistema de valores de um jovem, vamos lá, canadiano. Nesse sentido dá a impressão de que existe uma globalização de valores e de comportamentos a nível das gerações mais novas. A outro nível, ao nível das pessoas que estão na minha faixa etária[b] e que têm que se deslocar numa base regular para Lisboa, portanto para trabalhar, que vivem nos subúrbios e que confluem... [c] A esse nível eu vejo a diferença. A diferença para mim principal é a agressividade. Eu acho que as pessoas aqui são muito mais agressivas.

NOTES:
   [a] She is evidently comparing Portuguese and Canadian youth.
   [b] Ana Paula was in her mid-thirties at the time this Voz was recorded.
   [c] She did not finish the sentence. She must have meant to say **confluem para a cidade**.

comportamento behavior	**deslocar** travel	**juventude** young people
confluem come	**faixa etária** age group	**próximo** close

Prática oral

A Ana Paula concorda inteiramente com a Sara? Que semelhanças vê ela na vida canadiana e na portuguesa?

6. Coisinhas várias a recordar

A. **Senhor** and **senhora**. Don't use these words to call a waiter/waitress or somebody's attention. Just say **Faz favor!**
   Faz favor! Trazia-me mais uma bica?
   Faz favor! Aquela senhora está a chamá-la.

You may, however, address a woman formally as **minha senhora.**
   Bom dia, **minha senhora**, como tem passado?

Senhor and **senhora** may follow **sim** and **não** as a form of emphasis, not necessarily of deference.
   Vendem selos aqui? Sim senhor.
   Há um telefone público aqui? Não senhora, não há.

B. **Próximo** and **seguinte**. **Próximo** and **seguinte** express both temporal and spatial relations and are used much as *next* and *following* respectively, with the difference that *next* can refer to past, present or future whereas **próximo** implies closeness to the here and now. That is, **próximo** designates the closest object in time or space and **seguinte** designates the one that follows. For instance if today is Friday, the fifth, **o próximo domingo** will be the seventh and **o domingo seguinte** the fourteenth. Some time later you may

say: "Sexta-feira foi dia cinco e portanto o domingo seguinte foi dia sete."
You may use **próximo** and **seguinte** (or their plural or feminine forms—
seguinte is both masculine and feminine) either before or after the noun.

Olha, chegámos ao Estoril. A próxima estação é Cascais.

O meu amigo saiu em Carcavelos e eu saí na estação seguinte.

Na próxima semana tenho um teste de História e na semana
seguinte um de Literatura Portuguesa.

NOTES: **Seguinte** also means *following* before an enumeration or a statement. Your instructor
may tell the class: "Para o exame final preparem bem os seguintes capítulos: 8, 9, 11,
14 e 15." Or your father may tell you: "Lembra-te bem do seguinte: Nem tudo que
luz é ouro." Remember that for time you may say **que vem** instead of **próximo/a**: Na
semana que vem tenho um teste de História.

Festival Cabrilho em San Diego: a chegada
do navegador português

C. **São** and **Santo.** Um **santo** or uma **santa** are obviously a saint, literally or
metaphorically (**A minha tia é uma santa**). However, before a male saint's
name you must normally use **Santo** if the name begins with a vowel and
São if it begins with a consonant.

Santo António, São João e São Pedro são os três Santos Populares.

Santa is invariable: Santa Isabel, Santa Engrácia, Santa Justa e Santa Marta
são topónimos lisboetas.

D. O infinito usado como imperativo. In public signs you will often see the
infinitive used as a command form:

Circular pela direita	Não deitar papéis no chão
Apertar os cintos de segurança	Não fumar

E. a e **à.** Don't forget the accent in **à** when the preposition **a** and the feminine article **a** fuse into a single vowel. The lack of the accent may give the sentence a completely different meaning. Contrast:

Bater a porta = *to slam the door*
Bater à porta = *to knock at the door*
Correr a porta = *to slide the door closed*
Correr à porta = *to run to the door*
Matar a fome = *to eat, to feed a hungry person*
Matar à fome = *to starve someone to death*

F. A letra q. Students who know Spanish must make sure they pronounce the letter **q** as **kê** and not as **ku,** which means *anus* in Portuguese.

Em espanhol escreve-se **cuanto** com c [cê] mas em português escreve-se **quanto** com q [kê].

Prática oral

Actividade. Traduz as frases que vais ouvir.

Diálogo

Uma carta de Fall River

A Fátima mostra à Susan uma carta que recebeu de uma prima que mora em Fall River, Massachusetts.

FÁTIMA: Queres ver esta carta? É da minha prima, que nasceu nos Açores e foi para a América quando era ainda pequenita. Há por aqui várias coisas que eu não percebo.

SUSAN: Deixa ver. Talvez eu te possa ajudar.

FÁTIMA: Vê aqui em cima. Ela deve-se ter enganado ao escrever a data. Pôs 6/14/96. O ano não tem catorze meses.

SUSAN: Não, não. Ela quer dizer 14 de Junho. Nós escrevemos primeiro o mês e depois o dia.

FÁTIMA: Ah, agora entendo. Mas olha aqui esta frase: "O meu pai amanhou muito bem a cela e agora às vezes comemos lá." O que é que ela quer dizer? Amanhar é só o peixe.[a] E que cela é esta? Eles não estão nem na prisão nem num convento!

SUSAN: Amanhar não sei o que é. Agora cela... Será que ela quer dizer *cellar*?

FÁTIMA: O que é *cellar*?

SUSAN: É a cave. Tu sabes, as casas na Nova Inglaterra têm uma cave que às vezes serve de sala de estar ou mesmo de quarto de dormir. Também pode ter uma cozinha.

FÁTIMA: Então deve ser isso. Tu conheces Fall River, onde ela mora?

SUSAN: Não mas tenho uma amiga na Universidade que é de New Bedford, perto de Fall River. É filha de portugueses. Ela fala-me muito dessas duas cidades.

FÁTIMA: Há muitos portugueses lá?

SUSAN: Muitíssimos, segundo ela diz. Parece que metade da população de New Bedford é de origem portuguesa. Ela fala-me de uma avenida onde quase todas as lojas e restaurantes são portugueses e onde só se fala português.[b]

ELEJA

RAIMUNDO DELGADO
Para Mayor de New Bedford

— *Um líder para a próxima década*

Venha e encontre-se com o candidato a 7 de Setembro, pelas 7:00 da tarde, no Café Portugal

Venha ao "town meeting" 93 a ter lugar no dia 3 de Outubro no Clube dos Pescadores

Não se esqueça! Registe-se a 13 de Setembro para votar!

Pago pelo Comité para eleger Raimundo Delgado. 996-1991.

FÁTIMA: Trabalham sobretudo no campo, não é?

SUSAN: Na Califórnia é que muitos trabalham no campo, principalmente na criação de vacas. Na Nova Inglaterra estão geralmente nas fábricas. E também há muitos pescadores. O pai da minha amiga é dono de um barco. Aliás o barco tem um nome português mas não me lembro qual é.

FÁTIMA: Falando de fábricas. A Rosie diz aqui que o pai dela, que é primo direito da minha mãe, trabalha agora numa fábrica de colas.[c]

SUSAN: De colas? Mostra-me a carta outra vez. Ela escreveu "collas," com dois eles...[d] Acho que ela quer dizer... Como é que se chamam as golas das camisas de homem?

FÁTIMA: Colarinhos.

SUSAN: Pois. O que ela com certeza quer dizer é que o pai trabalha numa fábrica de confecções, fazendo colarinhos para camisas. Há bastantes fábricas dessas nessa zona.

FÁTIMA: Se eles falam assim, parece-me que não me ia entender se fosse lá.

SUSAN: E não serias a única. Na Califórnia contaram-me uma história gira. Um rapaz acabou o curso do liceu nos Açores e depois foi para a

América, para trabalhar na fazenda do tio. No primeiro dia o tio disse-
-lhe "Jampa na dicha!" e o rapaz ficou a olhar para ele sem perceber nada.

FÁTIMA: Eu também não percebo. O que é "Jampa na dicha"?

SUSAN: É *Jump in the ditch*, salta para dentro da vala de irrigação. E o mais
engraçado é que o tio então voltou-se para o sobrinho e perguntou-lhe:
"Ó rapaz, então tu estiveste no liceu e não entendes português?"

FÁTIMA: Bem, isso deve querer dizer que depois de algum tempo a palavra
adaptada se torna absolutamente natural.

SUSAN: Acho que sim. Tens mais algum problema com a carta da tua
prima?

FÁTIMA: Parece-me que não. O resto percebe-se bem.

NOTES:

[a] In mainland Portugal **amanhar** means to clean a fish. In the Azores it has a
broader meaning of to get or to fix up.

[b] Susan's friend was referring to Acushnet Avenue.

[c] **Colas** means *glues*.

[d] The name of the letter l is pronounced with an open **e** (the *e* of *set*). The
personal pronoun **ele** is pronounced with a close **e** (the *a* of *sale*)

cela cell	**engraçado** funny	**nasceu** was born
confecções garments	**fazenda** farm	**percebo** understand
criação raising	**golas** collars	**primo direito** first cousin
deixa let	**metade** half	**sala de estar** living room
enganado mistaken		**voltou-se** turned

Prática oral

Responde às perguntas que vais ouvir.

Leitura

A diáspora portuguesa

Na segunda metade do século XIX eram praticamente só dois os rumos
seguidos pelos emigrantes portugueses: o Brasil[a] e os Estados Unidos. O
Brasil recebia sobretudo gente do norte de Portugal e dos Açores, enquanto
que os que se dirigiam para a América do Norte eram quase exclusivamente
açorianos.

Quando o Brasil aboliu a escravatura voltou-se para a Europa afim de
conseguir a mão-de-obra de que necessitava para a sua expansão económica.
Entre os emigrantes que então chegaram, os Portugueses constituíram um
grupo significativo. Adaptando-se facilmente devido à identidade linguística
e cultural, dedicaram-se ao comércio e a serviços humildes. Pouco a pouco,
contudo, muitos adquiriram fortuna e criaram mesmo grandes empresas.
Com o início da emigração portuguesa para a Europa o Brasil deixou de ser
um destino desejável e hoje em dia são os Brasileiros que emigram para
Portugal.[b]

A emigração para os Estados Unidos teve o seu início quando as barcas baleeiras da Nova Inglaterra começaram a tocar em portos açorianos (e cabo--verdianos) para recrutar tripulantes. Muitos deles fixaram-se depois em cidades baleeiras, como por exemplo New Bedford, no estado de Massachusetts.[c]

Com a descoberta do petróleo a baleagem perdeu importância e acabou por desaparecer, na década de 1920. Os investidores da Nova Inglaterra começaram então a aplicar os seus capitais à indústria têxtil e as fábricas de fiação floresceram. Os operários eram geralmente estrangeiros e foi nessas fábricas que muitos portugueses conseguiram ocupação. As comunidades portuguesas na Costa Leste concentram-se sobretudo em cidades como New Bedford e Fall River, ambas em Massachusetts, East Providence, em Rhode Island, e Newark, em New Jersey. Aí os Portugueses encontraram emprego em variadíssimos níveis, com certa incidência na indústria, construção civil e comércio.[d]

Adalino Cabral

A celebração do Espírito Santo em Cape Cod

Tal não é bem o caso da Califórnia. As primeiras vagas migratórias portuguesas chegaram logo a seguir à Corrida ao Ouro, em 1849.[e] Nessa época a Califórnia era um estado predominantemente rural e muitos portugueses dedicaram-se à horticultura e à criação de galinhas, ovelhas e vacas. (Ainda hoje têm um papel de destaque da produção de lacticínios.[f]) Presentemente existem também comunidades urbanas, como nas cidades de San José e San Diego. Perto da primeira destas cidades situa-se o chamado Silicon Valley, onde muitos portugueses encontraram ocupações na indústria electrónica. Em San Diego criaram uma importante frota atuneira.

Em 1878 aportou a Honolulu a barca alemã **Priscilla** trazendo a bordo um grupo de portugueses: 63 homens, 16 mulheres e 35 crianças. Tratava-se de uma leva de trabalhadores, acompanhados das suas famílias, que se destinavam às plantações de cana-de-açúcar. Depois foram chegando outras levas, todas de acordo com um tratado estabelecido entre o então Reino do Havai e o Governo Português.[g]

Muitos destes portugueses estabeleceram-se mais tarde em vários pontos das ilhas como pedreiros,[h] agricultores[i] e comerciantes. A emigração terminou virtualmente na década de 1920 mas os luso-havaianos constituem hoje em dia cerca de 10% da população do arquipélago.[j] O *ukulele*,[k] as malassadas,[l] a sopa de feijão e o *Portuguese sweet bread*[m] são alguns dos elementos da sua cultura que trouxeram para o Havai.

Foi só a partir de 1953 que se começou a registar uma emigração significativa para o Canadá.[n] Mediante um acordo entre os dois países, levas sucessivas partiram de Portugal Continental e dos Açores para laborar na agricultura e na manutenção de linhas de caminhos de ferro. O ponto alto destas levas foi o ano de 1974, em que 16 333 portugueses desembarcaram no Canadá.

A dureza do clima e do trabalho, assim como o isolamento e as dificuldades linguísticas,[o] fizeram com que quase todos afluissem depois às cidades, especialmente Toronto, Montreal e Vancouver. As condições de habitação em zonas urbanas foram a princípio extremamente precárias. Por vezes três homens reuniam-se e alugavam não um quarto mas uma cama, onde cada um tinha direito a dormir oito horas. Actualmente estas três cidades albergam comunidades prósperas, concentradas em zonas de forte visibilidade portuguesa.

Nas Bermudas vivem portugueses há mais de cem anos. São sobretudo micaelenses que se dedicaram primeiro à agricultura e à pesca e presentemente à jardinagem e hotelaria.[p]

A corrente migratória para a Venezuela iniciou-se por volta de 1945. Hoje calcula-se que os portugueses[q] e luso-descendentes sejam um pouco mais de meio milhão. Muitos são donos de supermercados, padarias, restaurantes e empresas de camionagem.

Pouco depois do fim da Segunda Guerra Mundial, muitos portugueses, entre eles um bom número de madeirenses, começaram a fixar-se na África do Sul. Com o processo de descolonização que teve lugar em 1974-1975 chegaram cerca de 100 000, anteriormente residentes em Moçambique e Angola. Hoje em dia estima-se que a comunidade portuguesa conta com umas 600 000 pessoas, das quais cerca de 70% se concentram em Joanesburgo. As suas ocupações são muito diversificadas, embora se note um certo predomínio do pequeno comércio, em especial de mercearias, frutas e hortaliças,[r] da indústria e da construção civil. Foram também criadas importantes empresas, entre as quais o Bank of Lisbon, fundado em 1965.

A partir da década de 1950 intensificou-se a emigração para a Austrália. Os primeiros a chegar nessa época foram madeirenses residentes na África do Sul. Tratava-se de um grupo de dezoito, que tinha partido da Cidade do Cabo numa pequena embarcação de pesca e navegado durante 73 dias. Hoje em dia calcula-se que vivam cerca de 50 000 portugueses na Austrália, dedicando-se à pesca, à indústria, ao pequeno comércio, sobretudo no ramo da alimentação, à construção civil e ao cultivo da banana e de produtos hortícolas.

Na década de 1960 são os países industrializados da Europa que atraem os emigrantes portugueses. No quadro da emigração transcontinental, a França ocupa um lugar de destaque. Entre 1960 e 1974, quando praticamente se fecharam as portas à emigração portuguesa, a média anual de entradas orçou pelos 50 000. Um número muito considerável saiu clandestinamente de Portugal.[s] Na periferia de Paris os recém-chegados viviam em condições verdadeiramente deploráveis nos *bidonvilles* (bairros da lata). Mais tarde, quando puderam trazer as suas famílias conseguiram alojar-se em apartamentos de renda moderada subsidiados pelo governo francês.

Presentemente vivem em França cerca de 700 000 portugueses, trabalhando maioritariamente na construção civil, na agricultura e em várias indústrias. As mulheres dedicam-se à limpeza de casas ou são porteiras de edifícios de apartamentos.

Muitos portugueses emigraram também para a Alemanha. Entre 1960 e 1980 entraram no país cerca de 135 000. A residência permanente era-lhes dificultada e uns 20% regressaram ao seu país depois de terem passado alguns anos na condição de *Gastarbeiter*, ou seja literalmente trabalhador convidado. As actividades industriais ocupam cerca de 75% da comunidade. Existem numerosos restaurantes, localizados principalmente em Hamburgo.

O Benelux[t] acolheu também muitos portugueses. Na Bélgica residem uns 23 000, bastantes em situação ilegal. Agrupam-se sobretudo em Bruxelas, onde se inserem na indústria, na hotelaria e no serviço doméstico. Na província de Limburgo trabalham como mineiros e em Ostende formou--se um pequeno núcleo piscatório. Quanto à Holanda, distribuem-se por várias cidades, sobretudo Amesterdão e Roterdão. Alguns empregaram-se em estaleiros e outros foram contratados pela linha aérea nacional, a KLM, onde desempenham vários tipos de serviços, enquanto ainda outros trabalham nas fábricas Philips e na limpeza de escritórios.[u] Cerca de 33 000 portugueses (à volta de 10% da população do país) vivem no Luxemburgo, onde se dedicam principalmente a trabalhos fabris, de construção civil e de hotelaria.

Para além destes países existem também consideráveis comunidades lusas na Grã-Bretanha, Espanha, Suíça, Argentina, Zaire, Zimbabwé e Suazilândia. Na realidade é difícil encontrar algum país onde não se tenha radicado pelo menos um punhado de portugueses.

NOTES:
   [a] Brazil acquired its independence from Portugal in 1822. It is thus only after that year that you can properly refer to Portuguese emigration to that country.
   [b] Soon after the 1974 coup a number of dissatisfied industrialists and executives settled in Brazil. Most returned to Portugal once the political situation in the homeland stabilized.
   [c] The most important American cities where the Portuguese settled in the nineteenth century, such as New Bedford, San Francisco or Honolulu, were all

whaling ports.

[d] The typical Portuguese store in the United States, as well as in Canada or Europe, caters to the so-called **mercado da saudade**, i.e. Portuguese foodstuffs and other items.

[e] Actually the first immigrant to be documented, António José Rocha, from northern Portugal, arrived in Monterey in 1814. After him, only some twenty were recorded before the Gold Rush.

[f] The Portuguese and their descendants own about 30% of the dairy farms in California.

[g] Between 1878 and 1899, 12,780 Portuguese contract workers and their families, mainly from São Miguel and Madeira, arrived in the islands. It is estimated that between 1890 and 1914 about half of the Portuguese immigrants left Hawaii due to declining salaries. Most resettled in northern California. Alvarado Street in San Leandro, where many lived, became then known as Kanaka Lane or **Rua dos Canecas**.

[h] Portuguese stone masons were prized on the islands for their skill in the use of volcanic rock for house construction.

[i] Many received small land grants from the Hawaiian government, where they grew coffee and sugar cane and raised dairy cattle.

[j] Many ethnic Portuguese married outside their group.

[k] The ukulele is the Portuguese **braguinho** or **cavaquinho**, introduced into Hawaii by Madeiran immigrants.

[l] **Malassadas** is the name by which **filhós** (already mentioned in Lição 13) are known in São Miguel.

[m] The very popular Portuguese sweet bread is the Azorean **massa sovada**, already mentioned in Lição 16.

[n] The first group, composed of 85 men, arrived in Halifax on May 13, 1953, aboard the Italian liner **Saturnia**. Until 1957 arrivals were almost exclusively male.

[o] In an isolated farm in northern Canada three Portuguese decided to make soup for dinner and walked miles to the nearest store. When they said **sopa** the store clerk understood *soap*. It was only when the men saw foam bubbling out of the pot and cascading all over the stove that they realized that had been sold a package of detergent.

[p] It is estimated that some 12 to 14% of the 50,000 Bermudans are of Portuguese ancestry.

[q] Portuguese immigrants in Venezuela hail primarily from the districts of Funchal and Aveiro.

[r] The Portuguese in South Africa control approximately 85% of produce marketing.

[s] The **passadores** (runners) often abandoned their unwitting charges before their final destination. In one case, after collecting the full passage price, they left a busload of them at a village in Trás-os-Montes called França. They pointed to the sign at the entrance of the village, convinced the prospective immigrants that they were indeed at the French border and drove back.

[t] Benelux is the group of nations formed by Belgium, the Netherlands and Luxemburg.

[u] Many educated young Portuguese sought refuge in the Netherlands to escape military service during the colonial wars. They found employment in education and social services.

acordo agreement
afluissem a flocked to
agricultores farmers
albergam house
alojar-se live
aportou made port
baleagem whaling
barcas baleeiras whaling
  ships
comerciantes merchants
corrente flow
Corrida ao Ouro Gold
  Rush
desejável desirable
desempenham perform
destino goal

dureza harshness
embarcação boat
escravatura slavery
escritórios offices
estaleiros shipyards
estranhar be surprised
fábricas de fiação textile
  mills
fixaram-se settled
floresceram flourished
horticultura truck farming
humildes humble
jardinagem gardening
lacticínios dairy products
Leste East

leva group
limpeza cleaning
linha aérea airline
mediante by means of
mineiros miners
pedreiros stone masons
porteiras concierges
punhado handful
radicado settled
recém-chegados
  newcomers
registar register
rumos directions
tocar call at
tratado treaty
vagas waves

Prática oral

Certo ou errado? Se errado, corrige.

Um bocadinho de humor

Uma emigrante portuguesa de New Bedford, foi consultar o médico e este diagnosticou-lhe uma flebite. Então a senhora telefonou ao seu seguro médico para perguntar se o tratamento estaria coberto pelo plano de saúde que tinha. Atendeu-a um empregado também português e a senhora mencionou *flebitis* porque não conhecia a palavra na sua própria língua. Contudo pronunciou-a mal e o empregado exclamou: "Por amor de Deus, então a senhora quer que o seguro lhe pague por picadelas de pulgas?"

diagnosticou diagnosed

pulgas fleas
saúde health

seguro insurance

Adalino Cabral
Pescador português em Provincetown, Massachusetts
(o filho também ajuda)

Vocabulário

This **Vocabulário** lists words from each **Voz**, **Leitura**, and **Diálogo** [starting with Lição 11], as well as major words introduced in the grammar sections. Following each meaning, in brackets, is a reference to the lesson where the word was first introduced. Many of the words retain here the specific meaning that they have in the lessons.

Verbs that appear in their conjugated form in the lesson vocabularies are generally given here in their infinitive form, excepting some irregular forms which might have to be looked up. Present and past participles have generally been listed under their infinitives. Similarly, adjectives are listed in the masculine singular form unless the plural is irregular, and nouns—which may be plural in their sources—are listed in the singular. Words with diminutive or augmentative suffixes, or ending in **-íssimo** are generally not listed, assuming that the base form is known.

a the [1]
à parte extra [6]
abaixo below [8]
abalar to shake [17]
abalo de terra tremor [14]
abastado affluent [11]
abatido slaughtered [16]
abertamente openly [1]
aberto open [4]
abertura liberalization [18]
abotoado buttoned up [8]
abranger to include [10]
abrir to open [5]
acabar to finish [2], **— por** to end up by [11]
acalmar-se to calm down [9]
acampamento camp [14]
acção action [1]
acendido lit [14]
achar to find, to believe, to think [2], **— mal** not to think it's right [8]
acima above [17], **— de tudo** above all [5]
acolá over there [11]

acolhimento, de host [19]
acompanhar to follow [9]
acontecer to happen [4]
acontecimento event [9]
acordado awake [4]
acordo agreement [20]
acorrer to flock [16]
actual present, current [19]
actualmente nowadays [10], at present [18]
actuavam performed [13]
açúcar sugar [14]
adeus goodbye [2]
adianta, não it's no good [11]
adquirir to buy [11]
afastar to drive away [12], to pull away [9]
afazeres things to do [4]
afectuoso kind [19]
aferrado a holding fast to [18]
afiar to sharpen [13]
aficionado enthusiastic about [9]
afilhada goddaughter [5]
afilhado godson [5]

afinal after all [6]
afluência influx [19]
agarrado clinging to [13], **— ao dinheiro** tightwad [13]
agarrar to grab [9]
agência de viagens travel agency [16]
agitado excited [9]
agitar to wave [9]
agora now [2]
agradável pleasant [2]
agravar-se to deteriorate [17]
agricultor farmer [20]
agricultura de cedo early crops [18]
agro-pecuária farming and cattle raising [16]
água water, **— corrente** running water [4]
aguardente brandy [16]
agudizar to intensify [17]
aguentar-se to manage [5]
ai gee [11]
aí uns about [12]

ainda still [1, — **não** not yet [17], — **que** although [17]

airoso graceful [14]

ajaezado adorned [9]

ajuda help [17]

ajudar to aid [15] to help [2]

ajustar to agree upon [11]

albergar to house [20]

alcatifa carpet [19]

alcatra a Terceiran beef dish [16]

alcunha nickname [12]

aleijar-se to hurt oneself [16]

além beyond [19], besides [1]

Alemanha Germany [4]

alemão German [1]

alface lettuce [1]

álgebra algebra [1]

algibeira pocket [8]

algodão cotton [8]

alguém someone [13]

algum,-ns some [2], **alguma coisa** something [13]

algures somewhere [17]

ali em baixo down there [2]

aliança de casamento wedding ring [18]

aliás incidentally [14]

alimentado fed [6]

almirante admiral [12]

almoço lunch [4]

almofada cushion [11]

alojamento lodging [16]

alojar-se to live [20]

alto top [16]

alto tall [2], high [4]; top [8]

altura period [10], time [16], height [13]

alugar to rent [4]

aluno student [1]

alvoroçadamente excitedly [18]

ama nanny [13]

amanhã tomorrow [7]

amarrar to tie [9]

amável friendly [2]

ambiência atmosphere [19]

ambiente scene [13]

ambos both [15]

ameaça threat [17]

ameaçador threatening [13]

ameaçar to threaten [9]

amêijoa clam [6]

amendoim peanuts [19]

amigo da onça false friend [12]

amizad friendship [15]

amor love [9]

analfabeto illiterate [5]

ananás pineapple [16]

andar to walk [2], — **de** go by [11]; floor [4], — **por** to wander about [10]

andas litter [11]

anel ring [12]

angústia anguish [16]

angustiante anguishing [17]

animado lively [12]

anjo angel [6]

ano year [1]

antecipar to bring closer[an event] [19]

anteontem the day before yesterday [7]

antes rather [14], — **de** before [6], — **que** before [17]

antigamente the old days [18], before [2]

antipático unpleasant [2]

antropologia anthropology [1]

anúncio ad [19]

ao upon [6]

apaixonado por in love with [4]

apanhar to take [11]

aparatosamente lavishly [16]

aparecer to show up [13]

apavorado in fright [13]

apenas only [5], solely [9]

aperceber-se de to perceive [16]

aperitivo apéritif [16]

apesar de in spite of [16]

apetitoso tasty [8]

aplicar to apply [a product] [19]

apodo nickname [12]

apoiar to support [5]

apoio support [5]

apontamento note [19]

apontar to point at, out [17]

aportação contribution [12]

aportar to make port [20]

aposta challenge [17]

apregoar to hawk [13]

aprender to learn [5]

apressado hasty [18]

aproveitar to use [4], —**se de** to take advantage of [16]

aproximar-se to approach [6]

apuros difficulties [19]

aquecedor heater [5]

aquecer to get hot, to warm up [12]

aquele that over there [11]

arcebispado archbishopry [15]

ardina newsboy [13]

areia sand [17]

armador ship owner [20]

armar to set up [16]

arrancar to stem [19]

arranjar to get [5]

arredar to get out of the way [12]

arredores outlying areas [14], surroundings [15]

arrematado auctioned off [16]

arremessar to throw [13], to hurl [9]

arroz rice [6]

artérias thoroughfares [13]

artigo article [9]

asiático Asian [6]

assado roast [4]

assalto mugging [18]

assar to grill [4]

assegurar to guarantee [19], to provide [11], to secure [18]

assente sitting [8]

assento de trás rumble seat [11]

assim que as soon as [9]

assim como as well as [16]

assinar to sign [5]

assinatura basic rate [11]

assistência médica health care [10]

assistir to attend [2]

assolar to devastate [10]

assunto topic [2]
assustador frightening [10]
assustar to startle [13], to frighten [18]
Astronomia astronomy [1]
atapetado carpeted [11]
até until [1], — **que** until [17]
atenção attention [1]
atender to help [10], to wait on [5]
atentado bombista bomb attack [17]
atirar to let loose [9]
atraente attractive [18]
atrair to attract [2]
atrás after [9], ago [10], — **de** behind [4]
atrasado late [14]
atraso de vida hinderance [12]
através through [18]
atum tuna [16]
aula class [1], subject [1]
aumentar to increase [18], to raise [6]
aumento increase [17]
autocarro bus [11]
auxiliar to aid [9]
avançar to come up with [17]
avenida avenue [2]
avental apron [8]
aves fowl [6]
avesso, ao inside out [13]
avisar to let know [12]
avizinhar to draw near [13]
avós grandparents [5]
avultado sizable [17]
azar bad luck [18]
azedo bitter [18]
baía bay [7]
bailar to dance [16]
bailarico street dance [13]
baile dancing [16], dance [14]
bairrista traditionalistic [13]
bairro neigborhood [18]
baixo shoal [16], short [2], soft [12]
balão baloon [14]
balbúrdia confusion [10]
balcão counter [7]
baleagem whaling [20]

baleia whale [16]
banco bench [2]
bandeira flag [11]
banho bath [16]
barato cheap [2], inexpensive [4]
barba shave [6], beard [8]
barca baleeira whaling ship [20]
barra edge [8]
barraquinha small stall [14]
barreira barrier [18]
barrete stocking cap [8]
barriga belly [6]
barrista clay sculptor [15]
barro clay [15]
barulho noise [11]
bas-fonds underworld [12]
bastante rather [1]
batatas fritas French fries [4]
bater to hit [5], — **a bota** to die [12]
batina long black coat [15]
baton lipstick [13]
bebedeira getting loaded [12]
beber to drink [2]
beberrão,-ona drunkard [18]
bebida drink [6]
beijar to kiss [13]
beleza beauty [16]
bem quite [2]; well [4]; love [16]
bens goods [18]
besuntados smeared [13]
bezerro calf
biberão baby bottle [13]
biblioteca library [2]
bibliotecário librarian [8]
bicórnio two cornered hat [13]
bife steak [4]
bifurcado forked [9]
bigode mustache [8]
bilhete note [5], fare [11]
biologia biology [1]
bisavó great-grandmother [5]
bisavô great-grandfather [5]
bisneto,-a great-grandchild [5]
bispo bishop [14]
bitoque small steak [6]
bloqueio blockade [6]

blusa blouse [8]
boa good [1], — **noite!** good evening/good night!, — **tarde** good afternoon [2]
boca mouth [8]
bocadinho little bit [1]
bocado, um for a while [12], somewhat [6]
bochecha cheek [8]
bodo meal [16]
bofetada slap in the face [12]
boieiro ox driver [16]
boleia ride [13]
bolsa purse [7]
bom good, — **dia!** good morning! [2], — **bocado** good while [7]
bomba de gasolina gas station [15]
bombeiro firefighter [19], —**s** fire department [11]
bombo big drum [15]
boneco doll [16]
bonito beautiful [2]
bordado embroidery [8]
borla tassel [8]
botar pancada to hit [5]
botim boot [8]
braço arm [8]
branco white [5]
bravo fighting [8]
brincadeira play [16], joke [7]
brincar to play [16], to kid [14]
brinco earring [8]
bué a lot [12]
bula decree [13]
bule teapot [17]
buraco hole [13]
burguesia bourgeoisie [14]
burro donkey [4], dumb [2]
buscar to pick up [13]
cá around here [11]
cabeça head [7]
cabelo haircut [6], hair [8]
cabular to cheat [12]
caça hunting [16]
caçado hunted down [18]
cacau money [12]
cachalote sperm whale [16]

cachecol muffler [19]
cachimbo (smoking) pipe [17]
cachorro hot dog [12]
cada each [1]
cadeia jail [19]
cadeira chair [1], (school) sub-
    ject [1]
cair to fall [8]
caixa de fósforos match box
    [4]
Caixa de Previdência health
    insurance office [19]
calçada steep street [12]
calçado footwear [15]
calção breeches, — de banho
    swimsuit [8]
calçar to wear [8]
calcular to estimate [10]
caldeirada seafood stew [6]
caldo broth [6]
calefacção heating [5]
calor heat [16], hot [6]
cama bed [19]
camarim box [11]
caminhar to walk [11]
caminho road [17], way [12],
    path [5]
camisa shirt [8]
camisola sweater [7]
campo country [8], field [12]
camponês peasant [6]
cana sugar cane [16]
canastra basket [14]
cancanista can-can dancer
    [13]
canção song [9]
cândido naive [19]
canela cinnamon [13]
caneta pen [1]
cano barrel [18]
cansado tired [4]
cantar to sing [9]; song [15]
cantiga song [15]
cantina school cafeteria [2]
canto corner [13]
cão dog [9]
capa cape [15]
capaz able [19], — de possibly
    [12]
capela chapel [16]

capítulo chapter [17]
capturar to aprehend [19]
cara face [5]
carcereiro prison guard [12]
carência shortcoming [10]
carga load [16]
cargo position [18]
caridade charity [10]
carinhoso affectionate [12]
carne meat [6]
caro expensive [2]
carregar to load [10]
carreira route [11]
carrinho (simulated)
    baby carriage [13]
carris rails [11]
carro car [1], — alegórico float
    [13]
carrocel merry-go-round [14]
cartão card [11]
carteira wallet [8]
carteirista pickpocket [1]
casa house [1], home [4], em
    — at home [2], — de
    banho bathroom [4]
casado married [5]
casal married couple [5]
casamento wedding [9]
casar to get married [5], —se
    (com) to get married (to)
    [16]
cascavel rattle [13]
Castela Castile [19]
castelhano Castilian [6]
castiço traditional [15]
casual incidental [19]
catorze 14 [1]
cavaleiro horseman [9]
cavalhadas equestrian parade
    [16]
cavalo horse [8]
cavalona tomboy [18]
cebola onion [6]
cedo early [11]
cegada Mardi Gras street pan-
    tomime [13]
ceia supper [6]
cela cell [20]
cem 100 [5]
censura censorship [17]

centeio rye [6]
cercado enclosed [14]
cercar to set siege [14]
cerco siege [6]
certo particular, sure [2]
cerveja beer [2]
céu Heaven [6]
chá tea [16]
chachada a real bomb [19]
chama flame [14]
chamada call [11]
chamado so-called [4]
chamar (a) to call [2], —se to
    call oneself [16]
chão floor [11]
chapéu hat [8]
chatear to cause problems
    [12]
chato boring [2], disagreeable
    [12]
chavalo,-a young person [12]
chave key [1]
cheché a kind of Mardi Gras
    reveler [13]
chefe leader [17]
chega it's enough [12]
chegar (a) to arrive [2], — a ter
    to get to be [4]
cheio full [7]
cheirar to smell [13]
chicharro horse mackerel [16]
chicote whip [5]
chifre horn [15]
chinela slipper [8]
chorar to weep [14]
chui policeman [12]
chumbar to fail a test [12]
cidade city [1], —dormitório
    bedroom community [14]
cigarro cigarette [10]
cima, em on top [13]
cinco 5 [1]
cinema falado sound movies
    [2]
cinquenta 50 [5]
cinta cummerbund [8]
cinto belt [8]
cintura waist [8]
cinza ash [13]
cirurgia surgery [10]

cirurgião surgeon [10]
citar to challenge [9]
civil civilian [18]
claro of course [8]
clérigos clergy [11]
cliente patron [2]
clima climate [16]
cobertura cover [18]
cobrir to cover [8]
coche carriage [7]; a while [12]
cocheiro coachman [11]
coelho rabbit [4]
coisa thing [2]
colar necklace [8]
colega classmate [2], counterpart [18]
colégio private school [19]
colete vest [8]
colgadura drapery [16]
colher to gather [18]
collant leotard [19]
colocar-se to place [16]
colono settler [19]
colorido colorful [8]
com with [1], — **licença** pardon me [2], — **certeza** sure [2]
combater to fight [19]
comboio train [7]
começar to begin [2]
comentário comment [18]
comer to eat [2]
comerciante merchant [20]
comida food [4]
comigo with me [4]
comilão,-ona glutton [18]
como like [4], as [2]
como? what? [2]; — **está?** how are you? [2]
comodidade comfort [11]
cómodo practical [11]
complicação tangle [20]
comportamento behavior [18]
comprar to buy [2]
compreender to understand [5]
compreensivo understanding [19]
comprido long [2]
concha shell [16]

concorrência competition [8]
concorrer to compete in [9], to apply [10]
concurso contest [9]
condado county [15]
conduzido driven [12], led [16]
confecções garments [20]
conferência lecture [14]
confins outer reaches [17]
confluir to come [20]
conforme as [13]
congelado frozen [4]
congénere counterpart [19]
conhecer to know [4]
conhecido well known [2]
conhecimento knowledge [8]
conjunto group [15]; **em —** together [2]
connosco with us [4]
conquistar to conquer [18]
conseguir to manage [5]
conselho council [18]
consoante according to [16]
construtor contractor [20]
conta bill [11], **em —** inexpensive [6]
contente happy [4]
contigo with you [4]
contista short story writer [17]
conto 1000 escudos [5], popular folk tale [6]
contorno configuration [19]
contra against [17]
contrapartida, em on the other hand [4]
contrariar to oppose [17]
contudo however [4]
convivência socializing [15]
conviver to socialize [15], to be in contact [12]
convívio socializing [15]
corada sautéed [6]
corda rope [9]
cores, a color [5]
coro chorus [2]
coroa crown [16]
coroação crowning [16]
corpo corps [17]
corredor hallway [12]

correeiro leather worker [14]
correios post office [11]
corrente running [4], flow [20]
correr to run [5]
corrida ride [11], — **ao ouro** gold rush [20]
corso Mardi Gras parade [13]
cortador meat cutter [13]
cortar to cut [13]
cortiça cork [18]
cortina curtain [16]
costa coast [16]
costumar to be used [7], to do usually [16]
costume custom [1]
cotovelo elbow [8]
cova hole [16]
cozedura cooking [16]
cozinha cooking [6], kitchen [4]
cozinhar to cook [5]
cozinheira cook [5]
cravo carnation [13]
crer to believe [15]
crescer to grow up [9], to grow [17]
crescimento growth [5]
criação raising [20]
criado created [1]
cristalizado candied [13]
cristão Christian [17]
cristianismo Christianity [17]
cruz cross [13]
cruzado crossed [8]; crusader [14]
cruzar to ply [6]
cuidado care [7], **ficar em —** to worry [12]
culpa guilt [15]
cume mountain top [1]
cumprimento bow [17], greeting [2]
cumprir to fulfill [17]
cunho nature [19]
curandeiro healer [10]
curioso interesting [4]
curso major [1], — **superior** higher education course [8]
curtir to like a lot [12]
curto short [2]
custo de vida cost of living [10]
cutelo meat cleaver [13]
dado given [9]

dão give [1]
daqui from here [19]
dar to give [4], —**-se bem** to get along well [5], — **licença** to allow [11], — **uma volta por** to go by [12], — **os parabéns** wish a happy birthday [11], —**-se conta** to realize [13]
data date [11]
de of, from [1]
debaixo under [6], — **de** underneath [4]
debelar to extinguish [14]
decair to decline [10]
decidir-se a to decide to [16]
décimo tenth [1]
decorrer to take place [16]
dedicado reserved for [14]
dedicar-se a to devote oneself to [16]
dedo finger, toe [8]
degradado run-down [4]
deitar(-se) to go to bed [13], — **abaixo** to knock down [4]
deixar to leave [11], — **para trás** to leave behind [9]
delicadamente politely [6]
demais too [2]
demorar to take time [11], take long [14], —**-se** to delay [16]
denominado called [17]
dente tooth [8]
dentro inside [10]
depois after [2], after(wards) [1], then [1], — **de** after [6]
derrame cerebral stroke [17]
derrubar to demolish [4], to bring down [17]
desafio duel [16]
desagradável unpleasant [11]
descansar to take it easy [14]
descer to step down [9], to walk down [14], to get out [11]
desculpa,-e! sorry! [14], Excuse me! [2]
desde since [1], from [14]
desejável desirable [20]
desempenhar to perform [20]
desemprego unemployment [18]
desenhador draftsmen [20]
desenho design [16]

desenvolver-se to develop [6]
desenvolvimento development [14]
desfile parade [16]
desgraça tragic event [19], misfortune [18]
desilusão disappointment [19]
desligar to hang up [11]
deslizar to slide [16]
deslocar to travel [20]
despedida farewell [2]
desporto sports [2]
destacar to stand out [4]
destino goal [20]
destroçar to rout [17]
desvairado out of one's mind [14]
desvanecer to fade away [18]
desviar to divert [9]
determinado certain [2]
detrás de, por behind [1]
devagar slowly **[9]**
dever must [4], ought to [6], to owe [11]
devido due [1]
devorar to devour [9]
dez 10 [1]
dezanove 19 [1]
dezasseis 16 [1]
dezassete 17 [1]
dezoito 18 [1]
dia day [2]
diabo devil [11]
dianteira front [16]
diário everyday [8]
difícil difficult [2]
digamos let us say [2]
digno serious [18]
diligência stage coache [11]
dinheirão lot of money [18]
dinheiro money [2]
diplomado graduate [18]
direcção board of directors [18]
direita de, à to the right of [4]
direito right [1]
dirigente leader [17]
dirigido directed [1]
discursante speaker [19]
discurso speech [18]
discutir to discuss [5]
disfarçar to disguise [6]
disfarce costume [13]

disparar to fire (a gun) [17]
dispensado exempted [1]
dispensar to do without [4]
disponibilizar-se to make oneself available [5]
disponível available [6]
distorcido distorted [19]
ditar to dictate [6]
diversão entertainment [7]
divertido amusing [18]
divertir to have a good time [13], —**-se** to enjoy onrself [7]
dívida debt [17]
divisas foreign currency [18]
diz says [5]
dizer to say, tell [6]
doca dock [12]
doçaria sweets [6]
doce sweet [2]
doença disease [10]
doente sick [4]
dois, duas 2 [1]
domingo Sunday [1]
dono owner [4]
dor pain [10]
dormilão,-ona person who sleeps a lot **[18]**
dormir to sleep [4]
dotado de furnished with [11]
doze 12 [1]
duas two [1]
durante during [1]
durar to last [10]
dureza harshness [20]
duro hard [18], harsh [14]
dúvida doubt [13], **sem — nenhuma** without a doubt [5]
duvidar (de) que to doubt that [15]
duzentos,-as 200 [5]
eficaz efficient [11]
egoísta self centered [13]
ela she [1]
elaborar to develop [as a project] [19]
elas they [1]
ele he [1]
eles they [1]
em in [4], — **cima de** above [4]
embarcação boat [20]
embora although [2]

embrulhado wrapped up [16]
ementa menu [16]
empilhado stacked [4]
empinar to memorize [12]
empreendimento complex [16]
emprego job [5]
empresa firm [11]
empresário business owner [20]
emprestar to lend [12]
empréstimo loan [18]
empurrar to push [11]
encerramento closing [20]
encimado topped [8]
encontrar to find [2]
enfim in short [8], well [6]
enfrentar to confront [9]
enganado fooled [13], mistaken [20]
enganar-se to be mistaken [15]
engano wrong number [11]
engarrafamento traffic jam [15]
engenheiro engineer [5]
englobado engulfed [17]
engraçado funny, cute [2]
engraçado funny [20]
enquanto while [5], whereas [8], por — in the meanwhile [5]
ensinar to teach [14]
ensino: de — educational [8], — superior higher education [18]
entalhar to carve [16]
entanto, no however [1]
então then [4]
enteado,-a step-child [5]
entender to understand [5]
enterrar to bury [16]
entrada admission charge [12]
entrar (em) to enter [2]
entre between [1], among [1]
entregar to entrust with [15], — se to enjoy [6]
entremeses appetizers [19]
entreposto trading station [14]
entretanto meanwhile [11]
enveredar enter [20]
envergadura scope [16]
envergar to wear [13]
enviar to send [6]
enxotar to shoo off [16]
época period [9], time [8]
equitação horseback riding [19]

era it was [2]
esboçar-se to take shape [18]
escada stairs [16]
escadório stairs [15]
escalão step [11]
escama fish scale [16]
escassear to be scarce [10]
escola school [1], — primária elementary school [8]
escolha choice [16]
escolher to choose [6]
esconder to hide [13]
escorbuto scurvy [10]
escravatura slavery [20]
escravo slave [14]
escrever to write; to spell [4]
escritor writer [12]
escritório den [4], office [20]
escuro dark [8]
esgoto sewer [4]
esgrimir to fence [19]
esguicho squirt [13]
espaço space [7]
espaçoso spacious [4]
espera, à waiting for [8]
esperança hope [17]
esperar to wait [11], to hope [15]
espetado stuck [13]
espingarda rifle [17]
Espírito Santo Holy Ghost [16]
esplanada sidewalk café [2]
esponja sponge [10]
espora spur [9]
esquadra police station [4], fleet [6]
esquecer to forget [6], —-se de to forget [16]
esquema system [17]
esquerda de, à to the left of [4]
esquerdista left wing [18]
esquerdo left [1]
esquisito strange [19]
esse that [1]
estabelecimento establishment [17]
estacionamento parking [14]
estacionar to park [14]
estadia stay [16]
estádio stadium [2]
Estados Unidos USA [2]
estalar to break out [17]

estaleiro shipyard [20]
estar to be [4], — aquém de not come up to [20]
estatuto status [19]
este this [11]
estender to spread [10], —-se to do well on a test [12]
estopa fibrous packing materials [13]
estrangeiro abroad [11], foreign [2]
estranhar to be surprised [20]
estranho alien [19], strange [10]
estreito narrow [14]
estrela star [16]
estribilho refrain [16]
estribo stirrup [19]
estritamente strictly [14]
estrofe stanza [19]
estudar to study [2]
estudioso studious [2]
estudos studies [1]
etário age [18]
eu I [1]
evitando avoiding [15]
evoluído developed [20]
exame exam [1]
excelente excellent [2]
exigência demand [18]
exigir to demand [16]
êxito success [19]
exposição exhibition [14]
exposição exhibition [7]
expulso expelled [10]
extinto defunct [12]
fábrica factory [8], — de fiação textile mill [20], — de conserva cannery [20]
fachada façade [16]
fácil easy [2]
facilidades means [19]
facilmente easily [8]
faço I do, make [4]
facto fact [1]
faculdade university department [2]
facultativo optional [16]
faixa etária age group [20], — arborizada tree-shaded planting strip [14]
fala this is [12]
falante speaker [1]

falar to speak [2]
falecer to pass away [17]
falta lack [10]
faltar to be left out [4]
familiar relative [13], family member [4]
famoso famous [2]
farinha flour [13]
farturas sweet fritter [13]
fato suit [8], — de banho swimsuit [8]
faúlha spark [11]
fava fava bean [13]
fazenda farm [20]
fazer to do, to make [4], — anos to have a birthday [6], — uma partida to play a trick [16], —-se to become [16]
fé faith [1]
febras de porco fried pork [13]
febre fever [10]
fechadura lock [18]
fechar to close [2]
fecho closing [16]
feio ugly [2]
feito made [13]
feitoria trading station [14]
felicíssimo extremely happy [7]
feliz happy [4]
felizmente fortunately [10]
fenício Phœnician [14]
férias vacation [1], fazer — to go on vacation [5]
fermento yeast [6]
ferozmente savagely [6]
ferro iron rod [13]
ferver to boil [13]
festa party [7]
festejar to celebrate [13]
Fevereiro February [1]
ficar to be situated, to sit [2], to stay [5]
fidalgo nobleman [9]
fiel faithful [13], loyal [14]
filho son, —s children [5]
fim end [17], a — de (que) so that [17]
finalidade objective [20]
finalmente finally [1]
fio cable [11]
física physics [1]
físico physician [11]

fita ribbon [15]
fixar-se to settle [1]
flagelo scourge [10]
flamengo Flemish [16]
Flandres Flanders [17]
flauta flute [1]
florescente flourishing [6]
florescer to flourish [20]
fogão stove [4]
fogareiro clay brazier [13]
fogo fire [17], — de artifício fireworks [15]
fogoso lively [8]
foguete skyrocket [15]
foi was [2]
foleiro in bad taste [12]
folha sheet [13], leaf [13]
folheto brochure [9], flier [16]
folião,-ona carouser [18]
fome hunger [6], famine [14]
fonética phonetics [1]
fonte source [17], fountain [4]
for it is [4]
fora outside [2], de — from out of town [7]
formar-se to be graduated [10]
formigueiro anthill [16]
forno oven [4]
forrado de lined in [11]
forte strong [2]
fosse would be [17]
fracassado failed [18]
fraco weak [2]
fragata Tagus sailing barge [6]
fragateiro *fragata* crew member [6]
francamente decidedly [17]
francês French [1]
frango chicken [4]
frase phrase [1]
freguesia parish [16]
freira nun [6]
frente front [1], para a — forward [9], em — de in front of [4]
frescura freshness [19]
frigideira frying pan [13]
frigorífico refrigerator [4]
frio cold [2]
frito fried [6]
fronteiriço border [18]
fruto result [20]

fugir to flee [5], to run away [13]
fumar to smoke [10]
fumo smoke [11]
funcho fennel [16]
funcionário official [18], employee [5]
fundado founded [1]
fundeado anchored [17]
fundo deep [18], no — in the end [5], ao — at the end [12]
futebol soccer [2]
gabardine trench coat [8]
gado para lacticínios dairy cattle [16]; — para abate meat cattle [16]
gafaria leper hospital [10]
gaita galega bagpipe [15]
gajo,-a person [12]
galão a glass of *café au lait* [7]
galeão galleon [16]
galinha chicken [4]
ganhar to earn [4], to win [18]
garganta throat [18]
garoto kid [1]
garrafão five liter jug [18]
garrido colorful [16]
garupa rump [16]
gastar to spend [6]
gasto expenses [17]
gato cat [16]
género type [17]
genro son-in-law [5]
gente people [7], a — we [16]
gentinha good people [16]
geografia geography [1]
geologia geology [1]
geometria geometry [1]
geração generation [2]
geral general [1]
gerar to generate [12]
gesto gesture [1]
gestor administrator [18]
giro interesting [12]
giz chalk [1]
gola collar [20]
golpe coup [17]
gordo fat [2]
gordura fatness [16]
gorjeta tip [11]
gostar (de) to like [2]

gosto taste [6]
gozar to enjoy [10]
graça joke [12]
grade railing [14]
gradeamento railing [4]
gramar to put up with [12]
grande large [1], big [2], — **Guer-ra** World War I [12]
grão de bico dry garbanzo beans [13]
gravata tie [8]
grelhado grilled [16]
gritar to shout [12]
grosso thick [8], drunk [12]
guarda-chuva umbrella [16], — **florestal** forest ranger [16], **—livros** bookkeeper [16], **—nocturno** night watchman [16], **—pó** duster [16],
guardador keeper [8]
guardanapo napkin [6]
guardar to keep [13]
guerrilheiro guerrilla [17]
gueto ghetto [4]
guisado stew [6], stewed [16]
guitarra stringed instrument [9]
há there is, there are [1], ago [7]
habitação housing [4]
habituar-se a to become accustomed to [16]
haver there to be
história history [1]
hoje today [1], — **à noite** tonight [7]
holandesa Dutch [19]
hora hour [2], — **de ponta** rush hours [11]
horário hourly [18]
hortaliça vegetable [12]
horticultura truck farming [20]
hotelaria hotel-restaurant work [19]
houve there was, were [9]
houver there is [9]
humildade humbleness [16]
humilde humble [20]
ia used to go [2]
iá yes [12]
idade age [8], — **Média** Middle Ages [11]
idoso aged [12]
igual equal [10]

ilha island [1]
imenso very [6]
imperador emperor [16]
imperar to reign [10]
impor to impose [18]
importante important [2]
imprensa press [17]
impressionado moved [9]
incapacitado disabled [17]
incapaz unable [17]
incêndio fire [14]
inclusive even [13]
incomodar to disturb [12]
incrível incredible [17]
indicação directions [19]
indicativo code [11]
índice rate [18]
indolente lazy [15]
ineficaz inefficient [10]
infante prince [12]
infelizmente unfortunately [10]
infiel infidel [14]
informática computer technology [18]
Inglaterra England [4]
íngreme steep [11]
inhame yucca [16]
iniciação initiation [1]
inquilino tenant [4]
insalubridade lack of sanitation [10]
inteligente intelligent [2]
intercâmbio exchange [17]
interessante interesting [2]
interligado coordinated [11]
intoxicado poisoned by food or fume [19]
intuito purpose [10]
inultrapassável impassable [17]
inúmero inumerable [20]
inundar to flood [14]
inútil unnecessary [9]
inverno winter [6]
investigador researcher [10]
ir to go [2], — **a pé** to walk [5], **—se (embora)** to go away [16]
irlandês Irish [16]
irrisório ridiculous [11]
isto this [2], — **e aquilo** this and that [5], — **é** that is to say [8]

já already [13], — **não** not any longer [1], — **bem entrada** well into [13]
janela window [1]
jantar to have dinner [5]
jardim garden [4]
jardinagem gardening [20]
javali wild boar [15]
jeito: **dar mais** to be more convenient [6] **ter — para** to be good at [15]
joelho knee [8]
jogar to play [2]
jogo game [2], — **de canas** jousting tournament [16]
jovens young people [5]
judeu Jew [6]
julgar to believe [17], to think [10]
Junho June [1]
juntar to gath [4], **—se** to add to [18]
junto close to [2]
juros bonificados subsidized interest [4]
juventude young people [9]
lá there [11], — **fora** outside [2], — **está** there you have it [5]
lábio lip [13]
lacaio footman [9]
lacticínios dairy products [20]
ladeira incline [16]
lado bank [14], **ao — de** next to [4], **para um —** on one side [8], **— a lado** side by side [11]
ladrão thief [12]
lago pond [2]
lagoa lagoon [16]
lágrima tear [14]
lamentar to be sorry [15]
lampreia lamprey [15]
lançar to throw [9]
lanche midafternoon snack [6]
lapa limpet [16]
lápis pencil(s) [1]
lareira fireplace [4]
largura width [4]
lauto abundant [13]
lavadeira washerwoman [13]
lavatório washbasin [18]
lazareto quarantine station [10]

legume vegetable [1]
leilão auction [16]
lembrança gift [13]
lembrar-se de to remember [16]
lenço scarf [8]
lentidão, com slowly [13]
lento slow [16]
lepra leprosy [10]
leproso leper [10]
ler to read [5]
Leste East [20]
letra letter [2], lyrics [16]
letreiro placard [18]
levantar-se to get up [16]
levar to take, to carry [2], — **a cabo** to carry out [18]
leve light [17]
libra pound [13]
licenciado graduate [18]
lidado fought [9]
ligação connection [11]
ligado faithful [9], turned on [18]
ligeiro light [6], slight [14]
limiar treshhold [16]
limpar to clean [5]
lindo pretty [14]
língua language [1], tongue [8]
linguíça pork sausage [16]
linha aérea airline [20]
liteira sedan chair [11]
livraria bookstore [2]
livre free [7]
livro book [1]
local place [19]
localizado located [10]
locatário resident [13]
logo a seguir immediately after [12]
loja de recordações gift shop [7]
longe far [2]
longo de, ao during [8]
louça pottery [15]
louco crazy [9]
loucura madness [14]
lugar place [9]
luta fight [17]
lutar to struggle [15]
luva glove [8]
luxação sprain [10]
luz light [15]
má bad [2]

madeira wood [4], timber [18]
madrasta step-mother [5]
madrinha godmother [5]
madrugada wee-small hours [10]
magoar-se to get hurt [9]
magro thin [2]
maior parte, a the majority [4]
maioral head man [16]
maioria majority [4]
mais most [1], plus [1], — **ou menos** more or less [1], — more, — **abaixo** farther down [2], — **do que** more than [13]
mal hardly [4]
mala-posta stage coach [11]
malaio Malay [6]
malcriado rude [5]
malta we, you [12]
mamar to suck [13]
manada herd [8]
mancha sprawl [14]
mandar to send [5], to order [6]
maneira way [11], **de — que** so [5]
maneta one-armed person [12]
manga sleeve [8]
manhã morning [2]
manjerico sweet basil [13]
manta blanket [16]
manter-se to be preserved [12]
mantimentos food supplies [6]
mão hand [8], **—-cheia** handful [13], **—-de-obra** manual labor [20], **—s postas** praying hands [16]
máquina machine, — **de lavar roupa** washing machine [4], — **de lavar loiça** dishwasher [4], — **a vapor** steam engine [11]
mar sea [1]
marcar to dial [11]
marechal marshall [12]
maremoto tidal wave [14]
marido husband [5]
marinheiro sailor [12]
marinho marine [8]
marmelo quince [14]
marrão studious person [12]
marrar to study a lot [12]

mas but [1]
máscara mask [13]
mascarilha small mask [13]
mastim mastiff [9]
matança killing [16]
matar saudades to cure homesickness [14]
matemática math [1]
matéria subject matter [1]
maternidade maternity clinic [5]
matilha pack [9]
mau bad [2]
meados middle [16]
média grade point average [1]
mediante by means of [20]
médico,-a physician [5]
médio medium priced [6], average [18]
medo fear [6]
meia stocking [8]
meio half [4], milieu [12]; **—s** means [11]
melhorar to improve [10]
mencionar to mention [17]
menos que, a unless [11]
mentir to lie [5]
mercador merchant [19]
merecer to earn [12]
mês month [1]
mesa table [1]
mesmo same [2], even [14], — **assim** nevertheless [9], — **que** even if [17]
metade half [12]
metalurgia metal work [15]
meter-se to get into [18]
metralhadora machine gun [12]
meu my [1]
mexer to move [9]
miar to meow [16]
micro-ondas microwave oven [4]
mil 1000 [1]
milho corn [6]
mineiro miner [20]
minifúndio small farm [18]
minifundismo small farm system [15]
miradouro belvedere [14]
mirar to look at [12]
miserável destitute [19]

mistura mixture [6]
mito myth [17]
miudezas gizzards [6]
miudinha very fine [13]
mobília furniture [5]
mocidade youth [14]
moço youngster [14]
moda fashion [12]
moinho windmill [16]
montado installed [18], — à am-
    azona riding side-saddle
    [16]
montando riding [9]
montanhoso mountainous [15]
montra store window [18]
morar to live [2]
morder to bite [9]
mordomo *festa* organizer [16]
moroso slow in coming [18]
morrer to die [9]
mortífero deadly [10]
morto dead [9]
mosca fly [16]
mostrar to show [8]
motivado caused [18]
motocicleta motorcycle [11]
mourisco Moorish [14]
movimentado busy [14]
muçulmano Muslim [14]
mudar to change [5], to move
    [4]
muito very [1], a lot [2], —
    menos much less, [4] —s
    many [1]
mulher woman [4], wife [5], —
    da limpeza cleaning lady
multa parking ticket [14]
mundo world [9]
muralha wall [14]
murchar to wilt [18]
muro wall [4]
música music [1]
músico musician [15]
nada, de you're welcome [2]
namorado,-a boy/girl friend [5]
namorar to date [5]
não no, not [1], unless [17]
nariz nose [8]
nascer to be born [4], — do sol
    sunrise [12]
nascimento birth [9]
natal native [16]

Natal Christmas [1]
natas cream [12]
natureza nature [17]
naufrágio shipwreck [16]
navalha knife [12]
navalhada knife stab [12]
navegação sea voyage [17]
necessitar to need [2]
negócio business [14]
nem nor [5], — sequer not even
    [9], — que not even if [17]
nenhum(a) any [1]
nervoso nervous [4]
neta granddaughter [5]
neto grandson [5]
ninguém nobody [4]
nível level [4], — de exigência
    standards [8]
no,-a,-s in the [4]
nobre nobleman [15]
noite evening [10], night [4],
    de/à — in the evening, at
    night [6]
noivo,-a fiancé(e) [5]
nome name [1]
nomeadamente namely [2]
nomeado appointed [17]
nono ninth [1]
nora daughter-in-law [5]
normalmente usually [1]
norte north [1]
nortenho Northern [15]
nós we [1]
nosso,-a your [4]
nota grade [1]
notar-se to notice [17]
noticiar to announc [12]
nove 9 [1]
novecentos,-as 900 [5]
noventa 90 [5]
novo new, young [2]
noz walnut [14]
nuca nape of the neck [8]
num in a [2]
nunca never [5]
o the [1]
o que é que? what? [1]
obra work [11]
obrigado,-a thank you [2],
    forced [14]
obrigatório required [1]
óculos eyeglasses [8]

oferecer to give [12]
oferenda offering [16]
oferta supply [18]
oiça lá listen [4]
oitavo eighth [1]
oitenta 80 [5]
oito 8 [1]
oitocentos,-as 800 [5]
olá! hi! [2]
olaria pottery [15]
oleado oilcloth [16]
olhar (para) to look at [2]
olho eye [8]
ombro shoulder [14]
onda wave [10]
onde where [1]
ónibus horse drawn buses [11]
ontem yesterday [2], — à noite
    last night [7]
onze 11 [1]
opção elective [1]
operário worker [8]
óptimo excellent [2]
ora now [5]
orçar por to be estimated at
    about [18]
ordem order [18]
orelha ear [8]
orgulhar-se to pride [15]
orla edge [8]
ornato ornament [11]
osso bone [16]
ourives goldsmith [14]
ouro gold [13]
outono, no in the fall [6]
outro another [2], other [1]
Outubro October [1]
ouvido inner ear [8]
ouvir to hear [6], to listen [5]
oxalá I hope [14]
padrão standard [19]
padrasto step-father [5]
padre priest [13]
padrinho godfather [5]
pagar to pay for [2]
página page [1]
pais parents [5]
país country [1]
paisagem landscape [1], view
    [15]
Países Baixos the Netherlands
palácio palace [1]

palavra word [17]
palavrão swear word [12]
palha straw [16]
panela pot [16]
panelão large pot [6]
pano cloth [9]
pão de forma sandwich bread [6]
papel paper [1], role [10], — **pardo** brown paper [13]
papo craw [6]
para to [1], for, — **onde?** to where?, — **lá** there [2], — **que** so that [17]
paraíso paradise
parar to stop [4]
parecer to seem [6], —**-se** to resemble [8]
parecido similar [15]
parente relative [5]
parte, por toda a everywhere [11]
particular private [5]
partida departure [10]
partido broken [10]
partir to leave [5], **a — de agora** from now on [10]
parvo foolish [2]
Páscoa Easter [1]
passadista passé [9]
passado past [15], last [7]
passagem passing [16]
passar to spend [2]
passear to go out [7]
passeio promenade [12]
passo step [9]
pasta de papel paper pulp [18]
pastor shepherd [8]
pastorícia sheep and goat raising [15]
pata paw [16]
pátria fatherland [9]
património property [20]
paus escudos [12]
pé foot [1], **ao — de** close to [4]
peão pedestrian [12]
peça piece [6]
peço I ask for [5]
pecuária cattle raising [15]
pedaço bit [6]
pedido request [2]

pedir to ask for [6], to order [11]
pedra rock [6]
pedreiro stone mason [20]
pegar to grab [9], to pick up [10]
peito breast [8]
pele skin [8]
pelo by the [1], — **menos** at least [15]
pena, é it's a pity [15]
pena sentence [18]
pender to hang [8]
pensamento thought [18]
pensar to think [2]
pentear-se to comb one's hair [16]
pepino cucumber [18]
pequeno small [2], — **almoço** breakfast [6]
perante towards [10]
perceber to understand [19]
perda loss [9]
perdão! Excuse me! [2]
perder to lose [6]
perdurar to last [13]
peregrinar to wander [19]
peregrino pilgrim [16]
perfil profile [4]
pergunta question [5]
perguntar to ask [4]
perícia skill [9]
perigo danger [9]
perigoso dangerous [17]
permeio middle [16]
perna leg [8]
perseguir to persecute [10]
pertencente belonging [8]
perto (de) near [2]
peru turkey [1]
pesca fishing [16]
pescoço neck [6]
peso de oiro, a at exhorbitant prices [13]
pessoa person [2]
pessoal docente educators [20]
peste plague [1]
pevide pumpkin seed [12]
pezinhos de lã, com quietly, on tiptoes [13]
picar to sting [16]
pico point [8]
pifo drunken binge [12]

pimento bell pepper [18]
pingo drop [6]
pintado painted [11]
pintor house painter [20]
pirar-se to leave [12]
piscatório fishing [15]
pista clue [19]
plenamente fully [18]
pleno full [9], **de —** fully [19]
pluripartidário multiparty [18]
pluviosidade rainfall [15]
pneu tire [11]
pobre poor [2], beggar [16]
pobreza poverty [16]
poder can, to be able [6]; power [17]
poderoso powerful [15]
pois as [1]
politécnico technical college [8]
polvilhar to sprinkle [13]
polvo octopus [6]
pólvora gunpowder [17]
ponte bridge [14]
ponto: de arranque starting point [14], — **de vista** point of view [15]
pontuação grade range [1]
por mais que no matter how much [17]
por detrás de behind [6]
pôr to put [6], — **tudo em dia** to catch up with everything [7]
porca sow [15]
porém however [11]
porque why [2]
porreiro neat [12]
porta door [1]
portagem toll [15]
portal doorway [13]
porteiro doorkeeper [12], concierge [20]
portuário harbor [14]
portuense Oporto native [6]
posta piece [14], — **transmontana** roast beef dish from Trás-os-Montes [15]
postal postcard [7]
posto rank [17]
pouco not very [2]; —**s** few [5]
povo people [4]

povoação setlement [16], village or town [16]
povoamento settlement [16]
praça market place [14]
praia beach [7]
prata silver [19]
prateada silvered [9]
prateiro silversmith [14]
prato do dia daily special [6]
prazer pleasure [9]
precisar (de) to need [2]
preciso, é it is necessary [2]
preço price [4]
preconceito prejudice [15]
precursor forerunner [11]
prédio building [1]
preferir to prefer [5]
prego fried beef sandwich [12]
preguiça laziness [15]
prejuízo damage, financial loss [19]
prémio prize [13]
prenda gift [13]
prender to arrest [4]
preocupante worrisome **[10]**
preocupar-se com to worry about [16]
presa prey [9]
presidente do conselho prime minister [12]
pressa hurry [6]
pretender to intend [12]
primavera spring [6]
primeiro first [1]
primo,-a cousin [5], — **direito** first cousin [20]
princezinha little princess [9]
principezinho little prince [9]
princípio beginning [1]
probleminha little problem [5]
proceder to move forward **[9]**
procura search [19]
procurar to look for [2], —**-se** to try [13]
profe professor [12]
promessa promise made to God or a saint [16]
pronto punctual [11]
proporcionar to provide for [16]
propósito purpose [16]
propriedade estate [18]

próprio him/her/themselves, etc. [5]
prospecto brochure [6]
proteger to protect [8]
prova exam [1], à — **de bala** bulletproof [18]
próximo next [7], close [20]
psicologia psychology [1]
pulseira bracelet [8]
punhado handful [20]
punho, em in hand [9]
puto boy, nothing [12]
puxado pulled [11]
quadra quatrain [13]
quadrante region [19]
quadro career [17]
quais what [2]
qual which [1]
qual? what? which? [9]
qualquer any [1], — **coisa** something [2]
quando when [1]
quantia amount [10]
quantidade amount [16]
quanto,-a? how much [5]
quanto a as for [16]
quantos,-as? how many [5]
quarenta 40 [5]
quarta-feira Wednesday [1]
quartel barracks [12], —**-general** headquarters [18]
quarto bedroom [4]; fourth [1], — **duplo** double room [16]
quase almost [2]
quatro 4 [1]
quatrocentos,-as 400 [5]
que tal what about [2]
quebrar to break [18]
queima burning [15]
queimar to burn [15]
queixar-se (de) to complain (about) [16]
quem? who? [2]
querem want [2]
querer to want [6], — **dizer** to mean [6]
quieto still [9]
química chemistry [1]
quinhentos,-as 500 [5], 1500's [19]
quinta-feira Thursday [1]
quinto fifth [1]

quinze 15 [1]
quis wanted [9]
quiser, se if you want [6]
quotidiano daily [16]
radicar de to stem from [15]
raia rayfish [15]
raio bolt of lightning [11], radius [11]
raíz root [15]
ramificado diversified [20]
rapariga young woman [1]
rapaz boy [1]
rapidez speed [11]
razão, ter to be right [6]
razoável reasonable [4]
realizar to carry out [19], to take place [2]
rebuçado hard candy [14]
recado message [11]
recanto corner [11]
receber to receive [5]
recém recent [18], —**chegado** newcomer [20]
reclamar to complain [13]
recluso prisoner [18]
recolhido sheltered [10]
Reconquista Reconquest [15]
recontro confrontation [17]
recordação memory [15]
recordar to remind [15]
recuar to back away **[9]**
recurso resource [18]
rede network [11]
redobro duplication [19]
redondo round [8]
refeitório lunch room [6]
refrigerante soft drink [2]
refugiado refugee [14]
refugiar-se to take refuge [18]
registar to register [20]
regra rule [18], — **geral** as a rule [6]
regressar to return [9]
regresso return [16]
rei king [1]
reinar to reign [6]
reino kingdom [10]
relatório report [4]
relógio watch [8]
remontar to go back [9]
renascer to be reborn [9], to ressurrect [18]

renda rent [4], income [18]; lace [8]

reparar to notice [9]

repetir to repeat [5]

repolho cabbage [16]

representar to put on a play [16]

respirar to breathe [14]

responder to respond [5], to answer [5]

ressurgir come back to life [14]

resto, de apart from that [19]

resultado result [1]

resumo, em in short [6]

reter to withhold [20]

retirar to move [14], to take away [18]

retomado reinstated [15]

reunir-se to meet [16]

rever to reconsider [16]

revestimento upholstering [11]

rico rich [2]

rio river [6], —s de dinheiro a fortune [20]

riqueza wealth [16]

riquíssimo very rich [13]

rir-se de to laugh at [16]

risca stripe [8]

roda gigante Ferris wheel [14]

rodado full [8]

rodapé painted strip [16]

rodar to drive by [13]

rojão fried pork [15]

romance novel [12]

romeiro pilgrim [16]

rosnar to growl [9]

rosto face [13]

roubar to rob [19], to steal [12]

roupa clothes [16]

rude rough [19]

rumo direction [20]

sábado Saturday [1]

saber to know [5]

saboroso tasty [14]

saco bag [14]

sacudido shaken [14]

safões chaps [8]

sagrado sacred [5]

saia skirt [8]

saída departure [16]

sair to leave [5], go out [6]

sala living room [4], — de aula classroom [1]

saltada short visit [15]

salvar to save [16]

sandes sandwich [13]

saneado purged [18]

sangria bloodletting [10]

sanguessuga leech [10]

santo holy [14]

sapateia Azorean dance [16]

sapateiro remendão cobbler [12]

sapato shoe [8]

saqueio pillage [14]

saquinho small bag [13]

saudação greeting [16]

saudades homesickness [15], ter — de to miss [6]

se one; if [2]

seco dry [10]

século century [1]

seda silk [9]

sede seat [15]; thirst [6]

seguinte following [9]

seguir to follow [5], a — afterwards [17]

segunda-feira Monday [1]

segundo according to [4]; second [1]

segurança security [12]

seguro confident [9]

sei I know [2]

seis 6 [1]

seiscentos,-as 600 [5]

seja it is [10], ou — that is to say [8]

selvagem wild [18]

sem without [2], — que without [17]

semáforo stop light [14]

semana week [7]

sempre always [1], — que whenever [9]

senão except [9]

senhor gentleman [1]

sensível sensitive [19]

sentar-se to sit down [6]

sentido sense [5]

sentir(-se) to feel [9]

ser to be [1]

sério serious [2]

serpentina streamer [13]

serradura sawdust [13]

servir to serve [5]

sessenta 60 [5]

sete 7 [1]

setecentos,-as 700 [5]

setenta 70 [5]

sétimo seventh [1]

seu(s) his, her, your [4]

sexta-feira Friday [1]

sextilha six line stanza [16]

sexto sixth [1]

significado meaning [13]

simpatia friendliness [19]

simpático nice [2]

sinal sign [16], — de marcar dial tone [11]

sindicato trade union [18]

singela simple [16]

sítio place [7]

situar to be situated [4]

soar to sound [17]

soberano sovereign [9]

sobrancelha eyebrow [8]

sobrar to be left over [4]

sobre above [4], about [2]

sobremesa dessert [6]

sobretudo mainly [2], especially [7], above all [17]

sociedade society [1]

soco clog [15]

sofrer to suffer [8]

sogra mother-in-law [5]

sogro father-in-law [5]

soldador welder [20]

solto released [9]

som sound [16]

somado added [1]

somatório sum total [19]

sono sleepiness [6]

sopa de letras alphabet soup [18]

sorte luck [6]

sortido stock [14]

sossegado quiet [12]

sua their [2]

sua(s) his, her, your, their [4]

subida incline [11]

subir to go up [5]

subitamente suddenly [18]

sueco Swede [16]

sujeição subjection [19]

sujeitar-se to subject oneself [20]

sumo juice [7]

suportar to put up with [19]

suprimir to suppress [18]
surgir to appear [2]
surpreender to surprise [15], — se com to be surprised at [16]
suspenso suspended [11]
sustentáculo supporter [17]
tal, e and such [4]
tal ou qual such and such [12]
talha dourada gilt woodcarvings [11]
tamanho the size of [14]
também also [1], — não not either [13]
tambor drum [15]
tanto so much [7], as many [13]
tão so [2], as [13]
tapar to cover [13]
tapete carpet [1]
tarde afternoon [1], de/à — in the afternoon [6]
taxímetro meter [11]
taxista taxi driver [18]
tchau! ciao! [2]
tecido fabric [8]
tecto de colmo thatched roof [16]
tejadilho canopy [16]
tem has [1]
têm they have [1]
temos we have [1]
tempo time, weather [2]
tenda de campanha tent [14]
tenho I have [1]
tens you have [1]
tentar to try [9]
tentativa attempt, [18], experiment [2]
ter to have [1], — medo to be afraid [15]
terça parte third [15]
terça-feira Tuesday [1]
terceiro third [1]
termas hot springs [10]
termo end [10]
terra earth [16], field [16]
tertúlia conversation circle [2]
testa forehead [8]
testemunho testimony [17]
teu(s) your [4]
teve had [2]
têxtil textile [15]

tia aunt [5]
tijolo brick [4]
tingir to dye [16]
tinta dye [16]
tio uncle [5]
típico quaint [13]
tirando except [11]
tirar to draw [19], to take out [9], —se to take time off [7]
tiro shot [17]
título title [1]
tive had [1]
toada tune [16]
toalha towel [1]
tocar to play [2], to call at [20], to prod [8]
tocha large candle [6]
todo all [10]
todos juntos all together [1]
tomada de poder seizing of power [17]
tomar to drink [2]
tombar to fall down [14]
topónimo place name [19]
tormentoso turbulent [18]
tornar to make [16], —se to become [10]
torradeira toaster [4]
torresmos Azorean fried meat dish [16]
touca cap [13]
toucinho saltpork [6]
touro bull [8]
trabalhador worker [18]; hard-working [15]
trabalhar to work [11]
trabalho academic paper [2], work [7]
traje dress [8]
tranquilo calm [4]
transeunte passerby [13]
transferido transferred [1]
tratado treaty [20]
tratamento care [10]
travar to engage in [13]
trazer to bring [4], to wear [8]
trecho passage [9]
trela leash [9]
trem de praça hansom cab [11]
tremoços lupini beans [14]
trenó sleigh [16]
três 3 [1]

treze 13 [1]
trezentos,-s 300 [5]
tribunal courthouse [17], court [1]
tricórnio three cornered hat [9]
trigo wheat [6]
trincheira trench [17]
trinta 30 [5]
tripa tripe [6]
tripulante crew member [10]
triste sad [4]
troca exchange [13]
trono throne [11]
trouxa bundle [13]; sucker [12]
trouxe brought [9]
trovador troubadour [19]
tu you [1]
tua(s) your [4]
tudo everything [1], — bem? everything ok? [2]
último last [1], latter [17]
ultrapassado left behind [18], exceeding [14]
um(a) 1 [1]
umas some [1]
unidade de crédito credit unit [8]
universitário pertaining to the university [2]
uns some [1], — aos outros each other [4]
urgência emergency room [10]
urna ballot box [18]
utente user [11]
útil useful [2]
vaga wave
vai goes [1]
valer a pena to be worth it [15]

válido able bodied [9]
valor point [8], value [9]
vamos we go [2], — **embora!** let's go! [2]
vão they go [2]
vara rod [16], pole [8]
varanda balcony [4]
variar to vary [8]
varíola smallpox [10]
vários several [1]
vaso pot [13]
vêem they see [4]
vejo I see [4]
vela candle [14], sail [6]
velho old [2]
veludo velvet [8]
vem comes [2]
vêm they come [2]
vencedor winner [18]
venda sale [11]
vender to sell [5]
venho I come [2]
ver see [2]
verão summer [4]
verdade truth [9]
verdejante lush green [16]
verdura vegetable [6]

verificar-se to observe [10]
verniz patent leather [9]
vertiginosamente very fast [16]
véspera eve [13]
vestido dress [8]
vestir-se to dress, get dressed [16]
vez time [1], **de — em quando** every now and then [1], **uma — que** since [7]
via way [17]
viação transportation [11]
viagem trip [1]
viajar to travel [2]
viatura vehicle [19]
vida life [2], — **nocturna** night life [16]
videogravação videotape [2]
vidrão glass recycling receptacle [18]
vime wicker [16]
vimos we come [2]
vinda visit [6]
vingar to avenge [9]
vinte 20 [1], twentieth [1]
vintém 20 **réis** [13]
viola guitar [9]

vir to come [2]
virar to turn around [16]
visto que since [18]
viver to live [4]
vivida celebrated [13]
vivo alive [5], lively [16]
vizinhança neighborhood [17]
voador flying [8]
voar to fly [19]
você you [1]
volta turn [15], tour [15], walk [7], **por —** around [9], **à —** around [2]
voltar to return [2], **—-se** to turn [20]
vontade: à — wherever you want [11], **ter — de** to feel like [6], **estar à —** to feel comfortable [8]
vou I go [2]
voz voice [9]
vulcão volcano [16]
vulgar common [19]
vulto importance [20]
xadrez checkered [8]
zangado angry [4]

Index

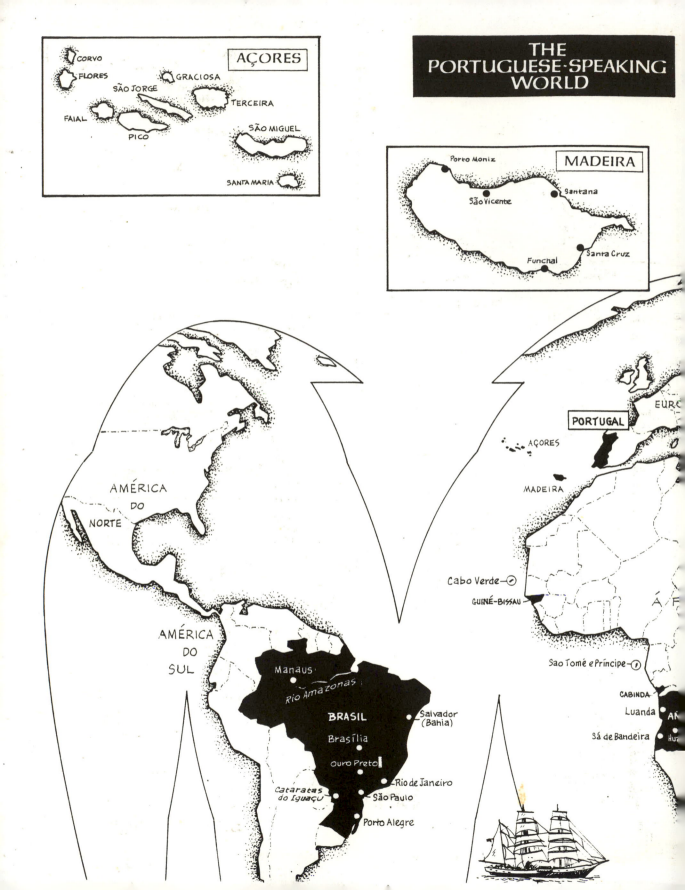

THE PORTUGUESE·SPEAKING WORLD

AÇORES

CORVO
FLORES
SÃO JORGE
GRACIOSA
TERCEIRA
FAIAL
PICO
SÃO MIGUEL
SANTA MARIA

MADEIRA

Porto Moniz
São Vicente
Santana
Funchal
Santa Cruz

PORTUGAL

EURO

AÇORES

MADEIRA

AMÉRICA
DO
NORTE

AMÉRICA
DO
SUL

Cabo Verde

GUINÉ-BISSAU

Á F

Sao Tomé e Príncipe

CABINDA

Luanda

AN

Sá de Bandeira

Hu

Manaus
Rio Amazonas

BRASIL

Brasília

Ouro Preto

Salvador
(Bahia)

Cataratas
do Iguaçu

Rio de Janeiro
São Paulo

Porto Alegre